歷代雷氏人物

雷献民　编著

中国文史出版社

# 序　言

　　姓氏专家雷献民先生的大著《历代雷氏人物》即将出版，我有幸作为最早的读者之一，花费了两个多月的时间通读了这部皇皇巨著。该书收录雷氏人物一千三百多（正文实际人数已超过二千余），参阅各类资料近千种，主要以收录和考证为主，内容丰富、考证精确，看后感慨良多，这里把读过之后的一些不成熟的想法写下来，权作读后感吧。

　　恩格斯在《家庭、私有制和国家的起源》中指出：人类社会的生产主要有两种，一是生产资料的生产和再生产；一是人类自身的生产。人类自身的生产是家庭、社会存在的基础，这种基础在人类社会早期，特别是社会生产尚不发达、社会产品尚不丰富的情况下，受血缘关系的制约是特别强烈的，于是家庭和家族这种存在就特别受重视，维系家庭、家族的利益和生存发展就成为第一位的大事。个体的生命有限，血脉文化的延续、传承和发扬，就需要人类对自己家庭、家族的历史去做记录。这种记忆和保存催生了最早的家庭、家族谱系的诞生。

　　受社会生产力发展的影响，人类的家庭和家族形态随着历史的发展不断变化。从三代到春秋，以一家一户的小农家庭为主，至两汉时代，由于生产力和生产关系的进步，逐渐形成了数量众多的豪强大族，并在魏晋时期发展成为著名的"门阀士族"。

　　门阀士族凭借自己强大的经济实力，干预国家政治运作，左右地方治理，在政治、文化、军事方面甚至拥有垄断性地位。那时不管是求官入仕，还是互结姻娅，都必须熟悉门第和族姓，门第的高下、世系的显晦，都是考量的重要标准。于是，维护门阀士族利益的谱系之学、姓氏之学就应运而生，并盛极一时。《隋书·经籍志》说：

　　　　氏姓之书，其所由来远矣。《书》称："别生分类。"《传》

曰："天子建德，因生以赐姓。"周家小史定系世，辨昭穆，则亦史之职也。秦兼天下，划除旧迹，公侯子孙，失其本系。汉初，得《世本》，叙黄帝以来祖世所出。而汉又有《帝王年谱》，后汉有《邓氏官谱》。晋世，挚虞作《族姓昭穆记》十卷，齐、梁之间，其书转广。后魏迁洛，有八氏十姓，咸出帝族。又有三十六族，则诸国之从魏者，九十二姓，世为部落大人者，并为河南洛阳人。其中国士人，则第其门阀，有四海大姓、郡姓、州姓、县姓。及周太祖入关，诸姓子孙有功者，并令为其宗长，仍撰谱录，记其所承。又以关内诸州，为其本望。

《隋书·经籍志》所述姓氏书的来由及其发展，大致是准确的。从中我们可以知道，自北魏迁洛之后，姓氏之书开始进入繁荣发达的时期，这种情况直至隋唐而不衰。唐代著名的谱学专家柳芳在氏著《氏族论》中有这样的议论：

魏氏立九品，置中正，尊世胄，卑寒士，权归右姓已。其州大中正、主簿，郡中正、功曹，皆取著姓士族为之，以定门胄，品藻人物。晋、宋因之，始尚姓已。然其别贵贱，分士庶，不可易也。于是有司选举，必稽谱籍，而考其真伪。故官有世胄，谱有世官，贾氏、王氏谱学出焉。由是有谱局，令史职皆具。

柳芳关于姓氏之学兴盛发达之论，道出了现实社会政治和姓氏之学之间的密切关系，姓氏之学的功用就在于区分士庶、分辨门第的高下。宋代史家郑樵的《通志·氏族略》对此论述更为精确周详，他说：

自隋唐而上，官有簿状，家有谱系。官之选举，必由于簿状；家之婚姻，必由于谱系。历代并有图谱局，置郎令史以掌之。仍用博古通今之儒知撰谱事。凡百官族姓之有家状者，则上之官为考订详实，藏于秘阁，副在左户。若私书有滥，则纠之以官籍。官籍不及，则稽之以私书。此近古之制，以绳天下，使贵有常尊，贱有等威者也。所以人尚谱系之学，家藏谱系之书。

姓氏之学的这种实用性决定了它在社会生活中的地位和生生不息的传承性。

隋唐之后，科举制的盛行使得讲求郡望门第之风稍衰，但传统的惯性使姓氏之学并未退出历史舞台，虽然此前的官谱、郡谱、宗谱已不再流行，但家谱、族谱这种新形式的姓氏之书却迅速地流行起来，直至帝制时代的结束。

20世纪以来，姓氏书的整理、编写虽几度潮起潮落，但不管是在学术界还是在民间，为继承和发扬中国优秀传统文化，也为实现"两个一百年"之奋斗目标，"寻根问祖"，从走过的道路中总结经验、汲取智慧，已然成为一种时代的需要。在当前纷繁复杂的国内外形势和百年未有之大变局中，对我们祖先的历史不断叩问，对我们祖先的奋斗足迹进行审慎的审视，有助于我们探寻历史根源、把握历史脉络、揭示历史规律，从而更好地坚定"四个自信"，更好地坚持和发展中国特色社会主义，助力实现中华民族伟大复兴的中国梦。

献民先生的《历代雷氏人物》就是这样一本符合时代需要的好书。本书虽以对历代雷氏主要人物进行研究为核心，但其内容的丰富已远远超出于此。姓氏书本身即属于史书，尽管宋、元以后的姓氏书甚少受人重视，这大概与它们的修撰背景有关。只要我们能披沙淘金，去伪存真，认真研读姓氏书，就总能有所收获。献民先生在对历代雷氏人物的考察（籍贯、时代、行事、居地、迁徙、官爵等）过程中，挖掘出的历史资料相当丰硕——

一、关于家族、民族起源和迁徙发展。该书虽局限于对雷氏一姓的考察，实际上却通过对雷氏起源的追溯，联系起了我们整个中华民族的族源与发展。今天我们公认黄帝是中华民族的始祖，献民先生通过对雷氏族源、雷氏的得姓、史书记载方雷氏世系的梳理考证，进一步佐证或者说深化了这个认识。

二、作者搜集的有关雷姓族源的资料中保存了大量的神话资料。古代人在追溯自己祖源时，往往喜欢把本族的祖先和某位神话人物联系起来，以神化自己的姓氏或抬高其宗族的社会地位，所以其所谓的初祖，

3

往往就被演化为伟大的神灵，甚至成为此后的民间信仰。这些神话传说虽有虚构的地方，但毕竟保存了一个家族和民族对历史的演绎，灌注了这个群体的共同记忆，对于神话史的研究，也有一定的参考价值。

三、作者发掘了大量雷氏族人因战争、灾荒、避仇、政府强制性移民等原因迁徙的相关史料。透过这些详实的记载，我们可以了解其背后更为复杂的政治、经济、军事、文化、自然环境变迁背景，这些在一般官修的史书中是很难看到的。民族的迁徙也是一个民族融合的过程，特别是在魏晋南北朝时代。在本书第三部分，作者整理了许多碑石、造像、墓志，这些当时人写当时事的第一手资料，让我们得以看到其时民间民族之间互通婚姻、相互交往而促进民族融合的一些印迹：比如集资造像中同邑人物题名之中既有汉姓，又存在大量的少数民族姓氏，一个家庭中丈夫为少数民族、妻子为汉族，或妻子为少数民族、丈夫为汉族之事例多有，这些都反映了当时胡汉民族融合、胡汉一家的时代特征。

四、本书中的一些史料可以作为国家观念、民间信仰和宗教研究的相关依据。书中有很多中古时代的民间造像和碑刻资料，反映了虽然底层民众的社会活动范围较小，在一定程度限制了他们的视野，但他们祈愿国家"四方安宁""祚隆万代"的拳拳爱国之心未曾受阻，当时的社会认同感由此可见一斑。更多的造像和碑刻资料则反映了中古时代战乱频仍，人民渴望国家统一，渴望过上和平安宁、安居乐业生活的强烈愿望。书中还保存了许多佛教、道教等宗教信奉者的活动资料，对宗教史的研究应大有裨益。

本书还收录了一大批近现代雷氏人物，他们之中不乏包括科技、社会、文学、艺术在内的各行各业的拔尖人才和爱国人士，可以说这本书不仅是一笔丰厚的"家族"遗产，还是一部爱国主义教育的鲜活教材。

献民先生这部著作的价值诚如上述，相信它的面世不仅会对雷氏姓族文化、其他姓氏文化的传承有推波助澜之功，而且有助于从更广阔、更深入的角度推动历史研究的发展，这也是我乐于把它推荐给读者的原因。

咸阳师范学院历史文化学院教授　雷依群
2022 年孟春之月于茂陵寓舍

# 自　序

　　雷姓是中华大家庭中的一个古老姓氏，或源自于自然崇拜。据《中国少数民族姓氏》，当今全国五十五个少数民族中二十四个有雷姓。雷姓源流之方雷氏"以国为氏"是大多数雷姓人认定的得姓始祖。嫘祖、女节是轩辕黄帝两个妃子，相传分别发明了养蚕和梳子。雷公精通医术，曾与黄帝讨论医学理论，为上古名医。《楚辞·天问》中的"雷开"、《左传》中的"累虎"是不是雷姓人，均存在不同说法。汉代淮南王手下郎中雷被，豫章郡鄱阳人官拜侍御史的雷义，南郡（今湖北荆州）潳山蛮雷迁，庐江（今安徽庐江）雷绪，《玺印姓氏征》戎狄姓氏中的雷比平、雷比干，以及三国下辨（今甘肃成县）氐帅雷定（包括下文的西羌雷氏和襄阳蛮）等，说明雷姓又是一个多民族、多源流的姓氏。

　　《豫章记》所载西晋时期的雷焕为地方名宦，江南大部分雷姓人以雷焕为始祖。江西永修和南昌火车站出土晋代古墓中的雷天有、雷鍂、雷陔等，印证了"鄱阳雷氏"是汉晋时期豫章郡大姓之一。《华阳国志》中的雷逢、雷炤父子活动在南中（今云贵川毗邻）地区。前秦"南安羌"雷弱儿，"新平羌"雷恶地，《邓太尉祠碑》《广武将军□产碑》中的雷夫龙、雷道、雷蹉屠、雷丘耳等，为雷氏南安郡（今甘肃陇西）、新平郡（今陕西彬县）、冯翊郡（治今陕西大荔）三个地区这一时期的代表人物。

　　南朝宋豫章雷次宗精于《三礼》《毛诗》，是一代帝师名儒。雷敩对药物炮制研究颇深，撰有《雷公炮炙论》。《魏书》所载广陵侯拓跋衍母雷氏，披露北魏时期雷姓与鲜卑族阳平王的一桩婚姻。武川镇（今内蒙古武川）雷绍善骑射，通《孝经》《论语》，《北史》有传。北朝

5

造像碑（记）诸多雷氏人物，以"民望土豪"雷标家族影响最大，家族中的雷标、雷支油、雷汉王等人皆有重要官职。《雷标造像残碑》发愿文曰五十人，实际可辨认家族男性成员四十六人。本书收录的造像碑（记）等发现出土地点主要分布在陕西耀州、富县、蒲城、白水、富平等渭北地区。立于曲阜孔庙的《张猛龙碑》碑阴题名新阳县族望雷天宝、雷僧强等为石刻文献记载最早的山东雷氏。

隋唐争霸唐军第一个攻入长安城的勇士叫雷永吉。"安史之乱"期间，雷万春面中六矢神色不改，雷海清掷琴于地宁死不屈。京兆进士雷咸官居秘书少监、左庶子，为已知史料雷姓进士第一人。唐代中后期，蜀地"雷氏琴"制作世家，以雷威成就最高，他制作的古琴至今尚有十余床存世。陕西、河南出土墓志铭志主雷廓、雷氏、雷海、雷询、雷况、雷定真、雷讽等人的籍贯与唐代敦煌《新集天下姓望氏族谱》雷姓为同州冯翊郡八大姓之一完全吻合。唐末五代武陵"洞蛮"雷满父子名噪一时，朝廷曾封其为"冯翊郡王"。潮州"山越人"雷万兴反抗朝廷，是各族百姓敬仰的英雄。南汉雷岳能词章，尤工骈偶文，《南汉书》有传。

宋代同州郃阳（今陕西合阳）雷德骧家族是皇室认定的亲戚。雷德骧、雷有邻、雷有终、雷孝先、雷简夫一门"四世五杰"，历经太祖、太宗、真宗和仁宗四朝"其有家传义声，世济直气"为千载望族。开封雷允恭官居内侍省押班权势炙人，警示世人得意不可忘形。筠州新昌（今江西宜丰）雷孚清白为官，十一世以来未尝讼人于官，时以为积善之家。雷孚与子孝友词赋闻名于世，人称"雷家夫子"。郴州雷应春以诗擅名，著有《洞庭》《玉虹》《日边》等集。潭州长沙雷滁建学宫，有善政，民间立祠祀之。"雷州雷氏"是苏辙贬谪雷州的房东，揭示这里最迟在北宋时期就有雷姓人生活。四川青城雷延赋、雷延谊惨遭酷刑而亡为千载之冤。同州白水（今陕西白水）雷祥能医善陶，所造瓷器精工绝人，世称"雷公器"。宋末丰城雷宜中父子、清流雷三益父子、建安雷龙济等舍生取义名垂青史。

金代坊州（今陕西黄陵）雷琯博学能文，作诗典雅，多有佳句。金元时期，山西浑源雷思、雷渊、雷膺祖孙三人被誉为"文学世家"。雷膺母侯氏含辛茹苦教子有成，堪比孟母。河中府河东县（治今山西永

6

济）关辅学者雷复始为饱学之士，时辈称之。雷德润、雷机、雷杭父子以精通《易经》，人称"雷门易"。雷机、雷栱、雷杭、雷燧、雷灿、雷埏等一门三世六进士，为建安世家大族，文脉数百年延绵不衰。陕西高陵雷贵、雷禧、雷裕、雷祯、雷德诠、雷德谊等"高陵雷氏，族华且盛，善积德累，介麘多庆"。秦州雷天作积德行善福泽延绵，其后裔雷清以秦州万户府万户义归明朝。

明代江西"丰城雷氏"雷诚、雷礼、雷逵、雷梦麟等政绩卓著，以雷礼为最。雷礼官至工部尚书，督修北平奉天、华盖、谨身三殿，且擅长书法，工于诗文，著述颇丰。陕西泾阳人，寓居江南江都的诗文家雷士俊，攻古文经史，潜研理学多有建树。山东恩县（今属平原县）雷稽古先后巡抚云南、河南、安徽、湖南、湖北、甘肃等地，民间传说为"八府巡按"，铁面无私享有清誉。武昌府嘉鱼（今湖北嘉鱼）雷上儒做官为民，免造冤狱。夷陵（今湖北宜昌）雷思霈是晚明荆楚文学一面旗帜。湖广宁远（今湖南宁远）雷复端恪守法，得军民心。巩昌（治今甘肃陇西）雷龙，祖籍秦州，都督佥事，镇守宁夏总兵官，其功勋可与西汉陇上名将赵充国、唐代军事家李晟相提并论。安徽"太湖雷氏"雷缜祚授刑部主事，擢武德道兵备佥事，为人陷害，含冤离世。南明澄江府新兴州（今云南玉溪）雷跃龙入阁宰辅，后隐居山林，著有《昆明篇》等。

清代江西"永修雷氏"雷发达、雷金玉、雷声徵、雷家玮、雷家玺、雷家瑞、雷景修、雷思起、雷廷昌、雷献彩等"样式雷"建筑世家，为中华历史上最具影响的一百个家族之一。顺天府通州（今北京通州）雷学淇治学态度严谨，好求会通，学术成果今天仍可借鉴。山西平遥雷履泰是晋商票号鼻祖，中国票号业创始人。辽阳雷兴，清初为陕西巡抚，与民休养生息，荣获朝廷嘉勉。江苏"华亭雷氏"英才辈出，其中雷补同为雷姓驻外大使第一人。江苏"吴县雷氏"雷大升为中成药"六神丸"创始先祖，他创办的雷允上药业至今昌盛不衰。钱塘（今浙江杭州）雷汪度，历官知县、知州、知府，时人评之为"志在爱民，去任后民伐石以纪其德"。福建宁化散文家雷铉为文坛"桐城派"杰出人物。陈州淮宁（今河南淮阳）雷显宗，孝行闻名天下，祀乡贤，入国史。湖南新宁雷再浩为湘桂边区瑶族农民起义首领。"井研雷氏"

自明季雷嘉祥之后，以科第世其家，清代以雷畅、雷翀霄、雷腾霄、雷轮等为代表的"井研雷氏"位列地方四大望族之首。同州朝邑（今陕西大荔）雷榜荣、雷棣荣、雷镇华个个通经史工诗文，勤政爱民多有善政。

近现代湖北恩施土家族雷世兴参加了林则徐在广州的抗英杀夷战斗，立下战功受到朝廷嘉奖。四川中江雷正绾、雷正芳战功彪炳，雷正绾官至提督，是德阳近代史上官爵最高的人物。湖北咸宁雷以诚首创税收"厘金制"。湖南"嘉禾雷氏"清代以来诸多贤达，其中雷照雄、雷飞鹏、雷沛泽、雷忠等最为杰出。广东"台山雷氏"雷洁琼、雷砺琼，广西"邕宁雷氏"雷在汉、雷沛涛、雷经天，四川"富顺雷氏"雷铁崖；福建"上杭畲族雷氏"以及开国将军雷震、雷永通、雷绍康、雷钦、雷起云、雷英夫等为中华民族独立、解放事业做出了卓越贡献。湖南"长沙雷氏"雷悦、雷恺、雷恪三兄弟，绘画、篆刻成就被称之为"湘史三杰"；"最美奋斗者"雷锋全心全意为人民服务，是家喻户晓的道德楷模。贵州修文雷振瀛热心教育，敬恭桑梓，至今邑人缅怀。陕西耀县（今铜川耀州区）雷天一收藏北朝造像碑六十余通，并全部捐赠创建"耀县碑林"博物馆，为现代历史和民族学家研究北朝姓氏提供了弥足珍贵的石刻文献。

本书目录人数一千三百九十九人，正文实际人数二千余人。通过这些人物，可以看出雷姓的源流、族别，以及各个历史时期的迁徙、分布和民族融合留下的痕迹。姓氏二字在词典解释为姓和氏。姓起于女系，氏起于男系。秦汉以后姓氏合一通称姓或兼称姓氏。山西省社会科学院中国家谱研究中心原主任李吉在《中国人的姓氏文化》中说："'姓氏'是人类个体与生俱来的第一符号，也是具有血缘传承关系的家庭或宗族的群体标志，是人类社会维系血亲、区分族别的重要依据。"姓氏是表征每个人及其家族血缘关系的文化符号，使具有这个符号的人们能找到自己的根源。同一姓氏不同源流的人即使没有血缘关系，也可以通过这个符号彼此认同。在人类繁衍过程中，由于不同姓氏相互通婚，姓氏之间你中有我，我中有你，相互依存。姓氏文化是中华民族生生不息的血缘纽带和中华儿女文化认同的基石。本书所收录的人物，无论是国史列传或者其他人物，还是旧方志中的名宦、乡贤、儒林、忠义、孝友、义行、方技人物，新方志中的先驱、英贤，以及碑铭中的人物，他们身上都深深打上了中华传统文化的烙印。对于传统文化我们应该取其精华，去其糟粕。对于历史人物我们应该以历史的眼光看待他们，汲取激励我们勇往直前的正能量，以资借鉴，指导我们的人生。

编　者
2021 年 10 月于北京

# 例　言

## 一、考证依据

（一）国史、方志。国史以二十五史为主，《资治通鉴》《资治通鉴长编》《续资治通鉴》《新元史》《南明史》以及部分实录、会要等为补充。方志以明、清、民国各省通志为主，部分重点旧府、州、县志和新志为补充。

（二）石刻文献。摩崖石刻、经幢、造像碑（记）、墓志、墓表等。

（三）人物工具书。行业、地方人名辞典，包括：综合、历史、民族、军事、美术、中医等；二十五史、地方志、历代文等人名索引，以及《唐代进士录》《宋代登科总录》《金代科举》《元代进士辑考》《明清进士题名碑录索引》等科举资料。

（四）诗文、传记。历代诗、词、文集，如：《全唐诗》《全宋诗》《全宋词》《全上古三代秦汉三国六朝文》《全北魏东魏西魏文补遗》《全唐文》《全宋文》《全元文》及部分个人诗文集。传记，如：《国朝献征录》《国朝耆献类征初编》等人物传记汇编。

（五）姓氏、民族专著。原则上以民国前为主，民国后为补充。考虑到雷氏一些重要文物发现、出土于近现代或当代，本书吸收了当代学者对于雷姓研究的重要成果，如：《北朝胡姓考》《碑铭所见前秦至隋初的关中部族》等专著。

（六）期刊、论文。科研、考古、教学单位正式发行的刊物和少量报纸。

## 二、考证时段

上古、古代、近现代。宋、辽、金虽为同一历史时期，考虑到元代时间短，雷氏人物少，本编将宋代单列，辽、金、元划为一个时段。朝代更替人物界定按照人物主要活动朝代划分。近现代人物界定：道光二十年（1840）至宣统三年（1911），参与影响近代历史如"鸦片战争""太平天国""同治回变""戊戌变法""辛亥革命"等历史事件的人物，划归近代，未参与的划归清代；中华人民共和国成立后离世，但主要事迹在民国时期的人物划归现代。如：保定军校、陆军大学、黄埔军校的将帅及其同期人物。

## 三、收录原则

国史中的人物，无论男女一律收录。方志中的人物，明朝以前，有名讳人物一般均收录，没有名讳的人物有选择收录；明朝以后，原则上仅收录有传记人物和科举进士，如：名宦、宦迹、乡贤、儒林、忠义、孝友、方技、流寓等。旧版志书人物传记有明显荒诞情节，或字迹不清且难于辨认的人物没有收录。为了呈现雷氏历史迁徙分布和影响，国史、造像碑（记）、姓氏专著中仅有名讳的雷氏人物亦录入本书。

## 四、目录人名

墓志（行状）目录人名仅为志主（或状主）。造像碑（记）等目录人名，只有一个人为该碑题（或碑文代表）人名，如《雷文伯造像碑座》，目录为"雷文伯"；二个以上者加"等"字，本碑其他雷氏人物事迹在这个目录下叙述，如《雷香妙造像碑》，目录为"雷香妙等"。碑文缺字或字迹不清以"□"表示。两个人参与同一事件，事迹相近，目录为"××（兄弟、夫妇……）"，如"雷延赋兄弟""雷潮夫妇"。

## 五、人物排列

按照时段排列，籍贯不明者，排在每个时段前面。有明确籍贯者，按《中国古今地名对照表》政区顺序排列；同一个县（市）人物，按生卒先后排列。前秦到唐代造像碑（记）人物集中排在相应时段后面。

## 六、人物考述

按姓名、生卒年（生卒年不确定用"？"，引用资料编辑时尚在世者，为空白）、字、号、时代、籍贯、事迹、著述等。个别人物为官职或习惯称呼（字、号），如：五代，雷押牙；宋代，雷隐翁。

（一）籍贯、民族。考述中能确定人物籍贯的注明（郡）县，或府、州，并在括号内加注今地名。确定是少数民族的人物标明民族。如：三国，雷定，氐族；东晋，雷恶地，羌族。

（二）参考文献。考述中原文引用为"按《××》"，并将引文放在引号内，引文中如有错别字，在该字后加括号，括号内标注正确的字。原文或原文有删减为"见《××》"。多本书有记载（收录），且内容相近为"《××》《××》均有载（收录）"。引用书所引用的书和地方志资料丛刊所选录的方志为"《××》（方志）。见《××》"。如："雷潜，《建安县志》。见《古今图书集成》。""雷学淦，《光绪通州志·文学》。见《地方志人物传记资料丛刊·华北卷》第3册。"引用书所引用的书和地方志资料丛刊所选录的方志名在附录二《参考文献》书目中不再列出。

## 七、历史纪年

宣统三年以前皆采用历史纪年，根据《中国历代年号》在括号内标注相应的公元纪年。如："雷被，汉武帝元朔五年（前124）。""雷陔，生于孙吴末帝孙皓甘露二年（266）。"自民国元年（1912）开始，除了引文限制，一般均采用公元纪年。

## 八、人名索引

按拼音字母顺序排列。人名后六角括号内为朝代和地域或身份，六角括号后为页码。姓名相同的人，以地域、官职或者其他易于识别身份的名称标注。如："雷震〔南宋 南昌〕""雷震〔南宋 眉州〕"；"雷氏〔元 燕公楠母〕""雷氏〔元 王义妻〕"。朝代标注按照惯例，以汉代为例：能区分具体年代的标为西汉或东汉，不能区分的标为汉。对于东晋十六国、南北朝、五代十国等能区分国名的标出国名，不能区分的只标朝代名。如："雷弱儿〔前秦〕""雷岳〔南汉〕"。

# 目　录

# 上古到三国

## 方雷氏

方雷氏，《中国历史大辞典·先秦史卷》："方雷氏传为上古氏族。"《〈百家姓〉新解》："方雷氏是传说中的上古氏族，在黄帝之前早就存在，相传黄帝次妃女节即方雷氏女。"据此，方雷氏为早于黄帝或与炎、黄同时代部落或诸侯国首领，大多数雷姓以方雷氏为得姓始祖。民国前《古今姓氏书辩证》写为"万"雷氏，民国版《古今姓氏书辩证》"万"字后加注释："案：原本方作万，盖方万形近而讹，依《元和姓纂》改。"按《元和姓纂》："雷姓，方雷氏之后。"《大宋故雷公（有终）墓志铭》："其先曰方雷氏，女为黄帝妃。"《世本·王梓才撰本》杂录一："帝世，黄炎诸国：黄帝时，西陵，方雷即雷。"宋濂《方氏族谱序》："方雷者，西陵氏女，轩辕之正妃，为嫘祖。或曰，榆罔之子曰雷，封于方山，后人因以方为氏，未详孰是？"一些持有与方姓同源观点的人以此为依据认为，方雷氏是末代炎帝榆罔长子，所谓"太子雷"，姜雷，因协助黄帝打败蚩尤，分封方山，后方姓以祖封地为氏，雷姓以祖名为氏。《炎帝氏族考略》附表三·神农姜炎氏族蚩尤、三苗、氐羌、吐蕃分支流徙与氏姓考略表："族源，氐羌氏支；氏姓考略，雷氏，氐羌后裔有雷姓。"

## 嫘　祖

嫘祖，轩辕黄帝元妃。《中国历史大辞典·先秦史卷》："嫘祖，嫘又作傫、雷。相传为西陵氏之女，黄帝之元妃，传说她始创养蚕。南朝以来尊为蚕神。"嫘祖，从先秦到清代多部史籍有记述。"嫘祖"嫘：

1

《史记·五帝本纪》为"嫘";《山海经·海内经》为"雷";《汉书·古今人表》为"累"。《史记·五帝本纪》:"黄帝居轩辕之丘,而娶于西陵之女,是为嫘祖。嫘祖为黄帝正妃,生二子,其后皆有天下;其一曰玄嚣,是为青阳,青阳降居江水;其二曰昌意,降居若水。"《清史稿·先蚕》:"雍正十三年河东总督王士俊疏请祀先蚕略言:'《周礼》郑《注》上引房星以马神为蚕神。蚕、马同出天驷,然天驷可云马祖,实非蚕神。《淮南子》引《蚕经》,黄帝元妃西陵氏始蚕,其制衣裳自此始。'按《山海经·海内经》:'黄帝妻雷祖,生昌意。'《山海经行笺疏》:'雷,姓也;祖,名也。'"《世本·帝王世本》:"黄帝娶于西陵氏之女,谓之累祖,产青阳及昌意。"韦昭注《国语·晋语四》:"方雷,西陵氏之姓。"《集韵·平脂》:"嫘,姓也。黄帝娶于西陵氏之女,是为嫘祖。嫘祖好远游,死于道,后人祀以为行神。"《中国人名大辞典》附录《姓氏考略》:"方雷,黄帝妃西陵氏名方雷之后。"

## 女 节

女节,亦称方雷氏,轩辕黄帝次妃。《中国历史大辞典·先秦史卷》:"女节,相传为方雷氏之女,黄帝次妃,生青阳(《史记·五帝本纪》司马贞索隐引皇甫谧说)。一说青阳为黄帝正妃嫘祖所生(《史记·五帝本纪》)。"《帝王世纪》:"黄帝四妃,生二十五子。元妃西陵氏女,曰嫘祖,生昌意;次妃方雷氏女,曰女节,生青阳;次妃肜鱼氏女,生夷鼓,一名苍林;次妃嫫母,班在三人之下。"《汉书·古今人表》:"方雷氏,黄帝妃,生玄嚣是为青阳。"《大戴礼记·帝系》"黄帝居轩辕之丘,娶于西陵氏之子,谓之嫘祖氏,产青阳及昌意"句,集注:"黄帝子有两青阳。"《三统历》曰:"少昊曰清,清者,黄帝之子青阳也。是方雷氏所出,己姓青阳也。此为嫘祖之子,是姬姓青阳,即玄嚣也。"

## 雷 公

雷公,又称雷伯[①],雷姓人称"医圣雷公"。《帝王世纪》:"黄帝

---

① 雷学淇辑本《世本》,淇按西陵氏:"又黄帝时有雷伯,《见素问》。"

有熊氏命雷公、岐伯论经脉，旁通问难八十一，为《难经》。"《姓觿》引《姓苑》云："古有雷国，黄帝臣雷公是也。"《姓氏急救篇》："雷氏，黄帝时雷公之后。"《世本·王梓才撰本》杂录二："附殷商诸臣之有氏可纪者，雷氏雷公之后。"《百家姓考略》："雷，商音。冯翊郡。系出黄帝子雷公之后。"按《中医人名大辞典》："雷公，上古传说时代人。为黄帝臣，精通医术。《黄帝内经》多载黄帝与雷公问答之辞，乃后世伪托之文。明代天坛北有药王庙，侧祀十名医，雷公居桐君下。"《旧唐书·经籍下》有《雷公药对》；《新唐书·艺文三》有《雷氏〈灸经〉》，亦疑为托雷公之名。《中国历史大辞典·先秦史卷》："相传为黄帝时人。擅长医术，曾与黄帝论医道。"《中文形音义综合大字典》："雷，姓，黄帝臣有雷公，为雷姓之始；又方雷氏，古诸侯国，女为黄帝妃者，其后以国为姓，复省为雷氏；后汉有侍御史雷义。"陕西耀州药王山"十大名医殿"雷公名排首位，塑像标识牌写道："雷公，上古神医，黄帝时期人，曾与黄帝讨论医学理论和养生方法。"见《神奇的药王山》。《古今图书集成医部全录·医术名流列传》："按《古今医统》，雷公为黄帝臣，姓雷名敩，善医，有《至教论》《药性炮制》二册行世。"受此影响，一些姓氏著作误将《雷公炮炙论》撰写者雷敩，视为黄帝臣雷公。雷公《万姓统谱》《古今图书集成》均有传，《太平御览》《中国历代人名大辞典》《中国人名大辞典》等，以及诸多姓氏著作均有收录，是姓氏著作认定的雷姓源流之一。按《中华道教大辞典》："雷神：司雷之神，亦称'雷公''雷师'。"据此，雷姓起源或来自于自然崇拜。

## 雷　开

雷开，相传为商纣王的臣子。《辞源》："雷开，商纣时佞人。"屈原《楚辞·天问》："比干何逆，而抑沈之？雷开何顺，而赐封之？"《钱文忠解读百家姓》雷姓源流之一说，源于子姓，始祖是商纣王的宠臣雷开。商纣王在很大程度上就是被雷开教唆坏的。周武王灭商以后，雷开的后裔子孙就姓雷。而徐铁生《〈百家姓〉新解》："战国时楚国爱国诗人屈原（前 340？—前 278）在《天问》中提到殷纣王时有一位佞臣雷开。这个人物可能是有的，但有人说他出自方雷氏之后却并无根

3

据，他还不一定姓雷呢！商代末年人的名字前边一般不冠姓氏，雷开可能只是一个人名而已。"而《楚辞》原本已佚，现存为汉代刘向等所辑。吉家林《屈原〈天问〉解疑》认为，"我取吉城释'雷开'为'累启'（指微子启）之说。按《史记·殷本纪》之记载，微子是纣王的庶兄，名启（汉代文献中因避汉景帝刘启之讳而改作'开'），赐封于微（今山东梁山西北），故称'微子'。传说微子启因见商将亡，数谏纣王，王不听，遂出走。武王灭商后封纣王之子武庚为诸侯，武王死后武庚作乱被周公诛杀，为续殷族之后才重新封微子于商丘（今河南商丘），国号宋。"按《中国历史大辞典·先秦史卷》："微子启，微作魏，启或避汉讳作开，又称殷公。"《元和姓纂》宋姓："子姓，殷王帝乙长子微子启，周武王①封于宋，传国三十六世，至君偃为楚所灭，子孙以国为氏。"《历史文化名城商丘览胜》："殷微子之墓，在古城西南二十五里青岗寺，有墓冢。"这说明雷开并不姓"雷"，雷开姓"子"，雷开的子孙也不姓"雷"，雷开的子孙姓"宋"。雷开《北堂书抄》《中国人名大辞典》《中国历代人名大辞典》《中华万姓谱》均有收录。

## 累 虎

累虎，春秋晋国七舆大夫。《世本八种·雷学淇校辑本》西陵氏：淇案"晋献公时有累虎，见《左氏内外传》。此则以雷为氏者"。《中华古今姓氏大辞典》："纍（累），现行较罕见姓氏。今山西之运城、临汾及吕梁地区有分布。汉族姓氏。《郑通志·氏族略》收载。"由此可见，"累"与"雷"是两个独立姓氏。

## 雷 被

雷被，西汉人。仕淮南王刘安郎中。善击剑。安太子刘迁召与戏，误中太子，太子怒。被恐，从军愿击匈奴，王使郎中令斥免。武帝元朔五年（前124）被上书自明，廷尉逮淮南太子。见《史记》卷一百一十八、《汉书》卷四十四。《淮南要略》："（刘）安养士数千，高才者八人，苏非、李尚、左吴、陈由、伍被、毛周、雷被、晋昌，号曰'八

① 编者注：实际为周成王。

公’也。”见《史记·索隐》。按《八公山志》："今安徽省淮南市有'八公山'。"雷被参与《淮南鸿烈》编撰。见《淮南鸿烈集解》。《万姓统谱》《古今图书集成》均有传。《太平御览》《太平广记》《册府元龟》《资治通鉴》《中国历代人名大辞典》《中华万姓谱》等均有载。《姓觽》："汉书有雷祥、雷义。"这里雷祥应为雷被之误。

## 雷 义

雷义，字仲公。东汉鄱阳（今江西鄱阳）人。初为郡功曹，尝救人出死罪，罪者以金二斤谢，不受。举孝廉，拜尚书侍郎，有同时郎坐事当刑，义默自表取其罪，事觉，顺帝诏除刑。后拜侍御史，除南顿（治今河南项城县西南）令。见《后汉书》。按《光绪江西通志》："雷义宅在县东北七十里，大雷冈。后汉雷义字仲公，所居宅基有井，井中有铁釜。""胶漆自谓坚，不如雷与陈"典故，为成语"胶漆之交"。《后汉书》卷八十一、《万姓统谱》、《古今图书集成》、《雍正河南通志》均有传。《同治鄱阳县志·儒林》《同治分宜县志·寓贤》亦有传。见《地方志人物传记资料丛刊·华东卷上编》第58、61册。《北堂书钞》《元和姓纂》《太平御览》《册府元龟》《中华万姓谱》《中国人名大辞典》《中国历代人名大辞典》《江西历代人物辞典》《图解姓氏：画说百家姓》等均有载。

## 雷 授

雷授，东汉鄱阳（今江西鄱阳）人。雷义之子，官至苍梧（今广西苍梧）太守。见《后汉书》卷八十一。《古今图书集成》有传。《雍正广西通志》亦有载。

## 雷 迁

雷迁，东汉南郡（今湖北荆州）人。潺山地区少数民族起义首领。建武二十三年（47）率族众起义，后遭汉武威将军刘尚镇压，族众七千余口被徙于江夏（今湖北安陆）境内。见《中国民族史人物辞典》、《后汉书》卷八十六。《太平御览》《册府元龟》《中华万姓谱》均有载。《中国姓氏大辞典》《中华姓氏源流大辞典》《中国古代少数民族姓氏研究——秦汉魏晋南北朝少数民族姓氏研究》等姓氏专著把雷迁作为雷姓源流之一。按《朗州蛮与唐末五代长江中游政治地理格局的变迁——以雷氏父子为中心的考察》："屡屡见诸秦汉文献的'武陵蛮'，则是先秦时期由江汉平原逐渐迁徙至湘北的'三苗'或'濮人'，与当地土著长期相互融合演变而成的族群。具体就武陵雷氏而论，东汉建武二十三年（47），'南郡山蛮雷迁等反叛'，足见其时的雷氏已经是该地区比较有势力的蛮酋。在此之后，雷氏子孙世代相传，至南北朝时期，雷氏与向氏成为本地的两大著姓。"本文刊登于《思想战线》2020 年04 期。

### 雷 薄

雷薄，东汉末年袁术部将。按《三国志》卷六："术前为吕布所破，后为太祖所败，奔其部曲雷薄、陈兰于潜山，复为所拒，忧惧不知所出。"《后汉书》《册府元龟》《资治通鉴》等均有载。

### 雷 绪

雷绪，东汉末年庐江（今安徽庐江）人。将军。按《三国志》卷三十二："先主表琦为荆州刺史，又南征四郡。武陵太守金旋、长沙太守韩玄、桂阳太守赵范、零陵太守刘度皆降。庐江雷绪率部曲数万口稽颡。琦病死，群下推先主为荆州牧，治公安。"《同治太湖县志·兵事》："东汉，献帝建安五年庐江梅城、雷绪、陈兰以其徒数万扰江淮郡县，曹操表刘馥为扬州刺史辑之。陈兰、梅城入天柱山，张辽攻之杀兰、城。"《彭蠡泽名由来与彭氏、雷氏》："东晋或刘宋时期突然在荆州出现一个松滋县，一定是庐江流民所立，笔者认为就是源自雷绪的部属。"本文刊登于《地方文化研究》2016 年 02 期。雷绪《古今图书集成》有传，《华阳国志》《册府元龟》《资治通鉴》等均有载。

### 雷 定

雷定，东汉末年下辩（治今甘肃成县西北）氐族统帅。按《三国志》卷二十五："建安二十二年（217）十月，刘备与曹操争霸于汉中之地，马超与张飞、吴兰、雷铜等将领屯兵于下辩，氐族雷定七部万余人响应马超。"《中国姓氏大辞典》《中华姓氏源流大辞典》《中国古代少数民族姓氏研究——秦汉魏晋南北朝少数民族姓氏研究》《中国姓氏：群体遗传和人口分布》等当代姓氏专著把雷定作为雷姓源流之一。按《中国姓氏：群体遗传和人口分布》："氏族雷氏后融入氏族杨氏之中，到隋唐时，随氏族杨氏一起完全汉化。"

## 雷　铜

雷铜，又作雷同。建安二十三年（218）先主率诸将进兵汉中，分遣将军吴兰、雷铜等入武都，皆为曹公军所没。见《三国志》卷三十二。《古今图书集成》《万姓统谱》均有传。《华阳国志》《册府元龟》均有载。《中国古代少数民族姓氏研究——魏晋南北朝民族姓氏研究》：雷铜当即雷定同族。两传所记同时事，肯定其为敌即标明族属，许其为己服务则视为同族，此乃封建史家一种惯例。

## 雷　谭

雷谭，三国吴宜都太守。凤凰元年（272）西陵督步阐据城以叛，遣使降晋。宜都太守雷谭言至恳切，抗欲服众，听令一攻。攻果无利围备始合。见《三国志》卷五十八。《万姓统谱》《古今图书集成》《民国湖北通志》均有传，《册府元龟》亦有载。

## 雷　氏

雷氏，三国吴鄱阳人。《浙江余姚发现孙吴时期虞氏家族成员墓》：部分墓砖上发现有铭文多种，依其内容可分三类：纪年类 1 种，为"永安七年太岁甲申三月虞氏造"；身份类 5 种，分别为"虞氏""吴故平虏将军都亭侯虞君""吴故散骑侍郎豫章上蔡长虞君""夫人鄱阳雷氏全德播宣""夫人吴郡陈氏奉礼纯淑"。本文刊登于《中国文物报》2017 年 9 月 22 日第 08 版。

## 雷比平

《中国古代少数民族姓氏研究——秦汉魏晋南北朝少数民族姓氏研究》附录《玺印姓氏征》所载戎狄姓："雷，雷比平（类纂）。"

### 雷比干

传世汉印有雷比干，雷字作畾（见孟方孺《汉印文字类纂》卷十一），与下辩雷氏当非一族。附录《玺印姓氏征》所载戎狄姓："雷氏，雷比干（类纂）。"见《中国古代少数民族姓氏研究——秦汉魏晋南北朝少数民族姓氏研究》。

# 晋

## 雷 重

雷重，十六国后秦扬武将军。北魏道武帝天兴五年（402）冬十月，兴安远将军不蒙世、扬武将军雷重等将士四千余人，随平投水。太祖令泗水钩捕，无得免者。平众三万余人，皆敛手受执，擒兴尚书右仆射狄伯支，越骑校尉唐小方，积弩将军姚梁国，建忠将军雷星、康官，北中郎将康猥，兴从子伯禽已下四品将军已上，四十余人。见《魏书》卷九十五、《北史》卷九十三。《十六国春秋》亦有载。

## 雷 星

雷星，《册府元龟》误作雷星康，十六国后秦建忠将军。北魏天兴五年（402）冬十月，平赴水而死，俘其余众三万余人。语在《兴传》。获兴征虏将军、尚书右仆射狄伯支，越骑校尉唐小方，积弩将军姚梁国，建忠将军雷星、康官，北中郎将康猥，平从弟伯禽已下、四品将军已上四十余人。见《魏书》卷二。《十六国春秋》《晋书》《魏书》卷九十五均有载。

## 雷 焕（265—334）

雷焕，字孔章。西晋鄱阳（今江西鄱阳）人。妙达纬象，张华荐补丰城令。至县掘狱基，入地四丈余得古剑二。丰名宦可纪自焕始。见《道光丰城县志》。《光绪江西通志·胜迹略》："雷焕宅在县东北九十里小雷冈，晋雷焕所居之处。"《江西历代人物辞典》："雷焕（265—334），字孔章，西晋豫章郡南昌人。"《同治新建县志·贤良上·雷焕》

9

按语："雷焕事载《张华传》中，据晋史，焕乃豫章人。考乐史、《寰宇记》，鄱阳初属豫章，汉建安十五年，吴分豫章为鄱阳郡，迨晋时鄱阳久别为郡，不属豫章矣。焕果鄱人，史传不应仍称豫章，不知林志、安志更有何据皆以为鄱阳人？白志改为南昌，据史传之文也，今从之。"见《地方志人物传记资料丛刊·华东卷上编》第45册。《光绪南昌县志·方技》《同治鄱阳县志·儒林》均有传。见《地方志人物传记资料丛刊·华东卷上编》第45、58册。《万姓统谱》《古今图书集成》亦有传。《太平御览》卷三四三·兵部七四·剑中有雷焕别传。雷焕《晋书》卷三十六、《北堂书抄》、《元和姓纂》、《册府元龟》、《宋本太平寰宇记》、《古今姓氏书辩证》、《辞源》、《中国历代人名大辞典》、《中华万姓谱》、《中国人名大辞典》、《图解姓氏：画说百家姓》等诸多书均有载。〔唐〕王勃《秋日登洪府滕王阁饯别序》、李白《古风》其一十六、李群玉《宝剑》、韩偓《宝剑》、苏辙《赋丰城剑》等诗作为千古名篇。〔宋〕王应麟《困学纪闻》："放翁《丰城剑赋》谓'吴亡而气犹见，其应晋室之南迁'。愚谓丰城二剑事，出雷次宗《豫章记》。所谓孔章者，雷焕也，盖次宗之族。此刘知几《史通·杂说篇》所云庄子鲋鱼之对，贾生服鸟之辞，'施于寓言则可，求诸实录则否'。而唐史官之撰《晋史》者取之，后人因而信之，误矣。"

## 雷　华

雷华，《太平御览·雷焕别传》误作雷爽，西晋鄱阳（今江西鄱阳）人。雷焕之子，州从事。《晋书》卷三十六、《册府元龟》、《宋本太平寰宇记》、《民国福建通志》总卷三十二均有载。《太平御览·雷焕别传》："后焕亡，焕子爽（华）带剑经延平津，剑无故堕水，令人没水逐觅，见二龙，长数丈，盘交，须臾光采微发，曜日映川。"而《虚构与汉魏六朝杂传的小说化——从〈雷焕别传〉说起》："《太平御览》卷三四三·兵部七四·剑中·雷焕别传所传宝剑故事，离奇玄妙，虚构性十分明显。"本文刊登于《辽宁大学学报》（哲学社会科学版），2006年7月第34卷第4期。〔元〕王恽有《周文榘雷剑化龙图》诗作。

### 雷天有

雷天有，西晋永修（今江西永修）人。1975年11月，永修县杨家岭军山砖瓦厂发现一座砖古墓，部分墓砖上有"雷天有"铭文，可能是墓主人的姓名。根据墓葬形制和随葬器物的特点，该墓当为西晋时代的墓葬。见《乐平、永修、上高县发现古墓葬》。本文刊登于《文物工作资料》1976 年 01 期。

### 雷 鍄

雷鍄，字仲处。晋鄱阳（今江西鄱阳）人。贵族。该墓葬年代为西晋晚期至东晋早期，稍早于 1997 年 9 月清理的南昌火车站东晋墓葬群。见《南昌市火车站东晋雷鍄墓》《江西南昌雷鍄墓出土墨锭的分析研究》。

### 雷陔（266—352）

雷陔，字仲之。晋鄱阳（今江西鄱阳）人。东晋命官。1997 年 9 月，南昌火车站施工时发现一组古墓群。经过挖掘、整理、鉴定出土名刺、印章等文物，确定墓主为东晋雷陔夫妇。雷陔享年 87 岁[①]。生于孙吴末帝孙皓甘露二年（266）[②]，也就是司马炎称帝建立西晋第二年，卒于东晋永和八年（352）七月戊子朔五日壬辰。历经东吴、西晋、东晋三朝，醉酒身丧。按《太平寰宇记》："熊、罗、雷、湛、章"当为晋时南昌的大族，从随葬的木印刻有"臣陔"二字来看，雷陔应为东晋命官。其墓室内道教色彩浓厚，当为道教徒。见《南昌火车站东晋墓葬群发掘简报》《江西南昌东晋永和八年雷陔墓道教因素试析》。

### 雷 氏

雷氏，人称"雷尚书"。东晋丞相王导妾。生子恬、洽。按《世说新语笺疏》："王丞相有幸妾姓雷，颇预政事纳货。蔡公谓之'雷尚书'。《语林》曰：'雷有宠，生恬、洽。'"《增补姓氏族谱笺释》：政事争称乎尚书，风姿不让乎林下。晋雷氏，王导妾，颇豫政事，人称"雷尚书"。

---

[①] 编者注：《南昌火车站东晋墓葬群发掘简报》为 86 岁。

[②] 编者注：《南昌火车站东晋墓葬群发掘简报》为甘露三年，但东吴孙皓甘露年只有二年。

## 雷 逄

雷逄，一作雷逢。西晋时期人。建宁（今四川成都周边）太守巴西杜俊约受都尉雷逄赂，举逄子焰孝廉。不礼李猛，猛等怨之。太安元年（302）秋，诳、睿逐俊以叛。见《华阳国志·南中志》。四库全书版《华阳国志》为雷"逄"，本编从之。

## 雷 焰

雷焰，又作雷照。晋朱提（今云南昭通）人。平夷（今贵州毕节）太守。按《晋书》卷五："建兴四年（316）五月，平夷太守雷焰害南广（今四川筠连）太守孟桓，帅二郡三千余家叛降于李雄。"《华阳国志》、《十六国春秋》、《资治通鉴》卷第八十九、《道光遵义府志》等均有载。

## 雷恶地

雷恶地，又作雷征东。东晋新平郡（今陕西彬县）人。羌族。以众数万降前秦苻登，拜征东将军，将兵在外。晋太元十四年（389）十二月，闻后秦主姚苌使其安定东门将军开城诱登入城，以姚多诈，不可信，劝动阻登，使登免于被难。因勇略过人，为登所忌，恐被害，降后秦，为镇军将军。次年，后秦镇东将军魏褐飞举兵，自称冲天王，他起兵应之。及褐飞为苌所击杀，复降后秦。岭北诸豪皆惮之。见《晋书》卷一百一十五、卷一百一十六。《十六国春秋》、《太平御览》、《册府元龟》、《资治通鉴》卷第一百七、《重纂秦州直隶州新志》、《中国民族史人物辞典》、《中华万姓谱》等均有载。《北朝胡姓考》把"新平羌"和"南安羌"均归为西羌雷氏。《中国姓氏大辞典》《中华姓氏源流大辞典》《中国古代少数民族姓氏研究——秦汉魏晋南北朝少数民族姓氏研究》等当代姓氏专著把"新平羌"作为雷姓源流之一，这些雷姓人后来逐步汉化。

## 雷弱儿（？—355）

雷弱儿，东晋南安郡（治今甘肃陇西东南）人。羌族。仕苻健，积战功拜丞相。健死，弱儿受遗诏辅苻生。性刚鲠，好直谏，为苻生嬖臣赵韶、董荣所谮，与其九子二十七孙俱为苻生所杀。见《晋书》卷七十六、卷七十七、卷一百一十二。雷弱儿《十六国春秋·前秦录十》《古今图书集成》均有传。《太平御览》《册府元龟》《资治通鉴》《中华万姓谱》《中国人名大辞典》《中国历代人名大辞典》等书均有载。按《北朝胡姓考》："南安雷氏，本西羌累祖种，以种名为氏。据此，可知雷氏乃羌中豪族，苻秦时且有位至丞相者。唯姓氏诸书，仅谓雷氏为方雷之后，女为黄帝妃，生元嚣云，不言羌族有雷氏。"《中国姓氏大辞典》《中华姓氏源流大辞典》《中国古代少数民族姓氏研究——秦汉魏晋南北朝少数民族姓氏研究》等当代姓氏专著把"南安羌"作为雷姓源流之一，这些雷姓人后来逐步汉化。

### 雷王保（318—404）

雷王保，晋天水郡（今甘肃天水）城东人。父仲华，室人高氏梦吞金像，觉而有娠。元帝太兴元年（318）五月十一生，祥云满庭，异香馥郁。幼敏慧，悟医药，贯彻经史。咸康元年（335）举孝廉。仕历耀、襄、瀛等州刺史，递转升至尚书左仆射、紫金光禄大夫，辞官入道修行。于白石镇之大皇山即雷王山，元兴三年（404）三月八日道成上升。郡人思其德行立祠祀之。《光绪甘肃新通志·仙释》《重修礼县新志·仙释》。见《地方志人物传记资料丛刊·西北卷》第14、18册。《重纂秦州直隶州新志·附考三·雷王保传》按："今据州城雷氏家谱所载，历代敕牒之文略为订正。然家谱载王保历任官名多非晋世所有，盖亦传闻多舛云。"屈荣芳有《三阳雷氏》刊登于《寻根》2013年05期。

### 雷夫龙等

雷夫龙等，前秦建元三年（367），军主簿和戎雷夫龙，字道藏。雷道，字子安。雷川，字玉光。雷永，字景文。军录事和戎雷颜，字道口。功曹书佐和戎雷陵，字道进。军主簿宁戎雷树，字进夒。见《冯翊护军郑能进修邓太尉祠铭》。本碑俗称《邓艾祠碑》，原在陕西蒲城阿村，1972年入藏西安碑林博物馆。《北朝胡姓考》《碑铭所见前秦至隋初的关中部族》《中国古代少数民族姓氏研究——秦汉魏晋南北朝少数民族姓氏研究》《羌族石刻文献集成》等均有专门评述，认为这一历史时期雷姓在冯翊郡是大姓，这些人为西羌雷氏。

### 雷蹉屠等

雷蹉屠等，前秦建元四年（368），阴题名有雷蹉屠。碑侧，酋大雷株户、雷上□、雷丘耳。见《广武将军□产碑》。按《增补校碑随笔》："碑原在陕西白水县史官村仓颉庙，乾隆初石佚，民国九年（1920）陕人雷召卿复访得。（拆除仓颉庙前影壁时发现。）1972 年移置西安碑林。"《北朝胡姓考》《碑铭所见前秦至隋初的关中部族》《中国古代少数民族姓氏研究——秦汉魏晋南北朝少数民族姓氏研究》《羌族石刻文献集成》等均有专门评述，认为这一历史时期雷姓在冯翊郡是大姓，这些人为西羌雷氏。

### 雷 奇

雷奇，东晋十六国姚秦将军。见《古今姓氏书辩证》。《姓韵》："姚秦将军雷奇、立节将军雷星、扬威将军雷重。"雷奇，现代版《十六国春秋》未见载，疑现代版与宋版不同，现代版有佚。

### 雷 群

雷群，东晋十六国后燕阳翟公。见《古今姓氏书辩证》。现代版《十六国春秋》未见载，疑现代版与宋版不同，现代版有佚。

# 南 北 朝

## 雷道赐

雷道赐，南朝·宋元徽五年（477）七月七日，昱乘露车，从二百许人，无复卤簿羽仪，往青园尼寺，晚至新安寺就昙度道人饮酒。王敬则先结昱左右杨玉夫、杨万年、吕欣之、汤成之、陈奉伯、张石留、罗僧智、钟千载、严道福、雷道赐等二十五人，谋共取昱。见《宋书》卷九。

## 雷 敩

雷敩，南朝·宋人。按《中医人名辞典》："雷敩，南北朝刘宋时期人。生平里居未详。于药物炮制有研究，撰有《雷公炮炙论》（一作《炮炙方》）三卷。原书已佚，今有辑佚本传世。见《隋书·经籍志》《宋史·艺文志》《本草纲目·序例》《中医图书联合目录》。"雷敩在《中医人名大辞典》《中国人名大词典·历史人物卷》《四库全书百科大辞典》《图解姓氏：画说百家姓》均有收录。刊登于《江西中医药》1981 年 04 期，白永波《雷敩与〈雷公炮炙论〉研究》有专门论述。按〔明〕徐春甫《古今医统大全》："雷公为黄帝臣，姓雷，名敩，善医。"受此影响一些姓氏著作误将《雷公炮炙论》当作《黄帝内经》中的雷公所撰。

## 雷次宗（386—448）

雷次宗，字仲伦。南朝·宋豫章（今江西南昌）人。名儒。少入庐山，师从名僧释慧远，又精于《三礼》《毛诗》。元嘉中，被朝廷召至京师，开馆于鸡笼山，从学生徒至百余人。久之，返庐山。元嘉二十五年（448）复征入京，文帝在钟山（今江苏南京）西为他建"招隐馆"，给皇太子讲《丧服经》，未几而卒。见《中国历代人名辞典》。《江西历代人物辞典》："雷次宗著有《豫章记》《豫章古今记》《雷次宗集》等。"《中国方志大辞典》："雷次宗，所著《豫章古今记》是现存江西最早的地方志书，为后世修志保存了不少珍贵资料。"《光绪南昌县志·隐逸》："阿志原跋、《述异记》：次宗家东郊外，雷氏谱后裔居西乡西堡。"见《地方志人物传记资料丛刊·华东卷上编》第 45 册。雷次宗在《宋书》卷九十三、《南史》卷七十五、《万姓统谱》、《古今图书集成》、《雍正江西通志》、《历代名人姓氏全编》均有传。《同治新建县志·高士》《同治德化县志·寓贤》亦有传。见《地方志人物传记资料丛刊·华东卷上编》第 46、48 册。鲍远航《南朝宋雷次宗〈豫章记〉考论》则认为，"《豫章记》与《豫章古今记》实为二不同著作。《豫章记》为南朝·宋雷次宗撰；《豫章古今记》或为唐人假托雷次宗而撰，抑或原雷次宗本有是书而后人附益之"。《隋书》《太平御览》《册府元龟》《资治通鉴》《辞源》《中国历代人名大辞典》《中国人名大词典·历史人物卷》《中国人名大辞典》《中国文学大辞典》《中华万姓谱》等均有载。雷次宗《与子侄书》《答袁悠问》收编在《全上古三代秦汉三国六朝文》。谢灵运《送雷次宗》诗，见〔唐〕徐坚《初学记》。

## 雷肃之

雷肃之，南朝·宋豫章（今江西南昌）人。雷次宗之子。《宋书》卷九十三："子肃之，颇传其业，官至豫章郡丞。"《隋书》卷三十二："梁有《义疏》三卷，宋豫章郡丞雷肃之撰，亡。"《光绪南昌县志·文苑》有传。见《地方志人物传记资料丛刊·华东卷上编》第 45 册。《古今图书集成》亦有传。《南史》卷七十五、《册府元龟》均有载。

## 雷仲显

雷仲显，南朝·齐将军张敬儿随从。《南史》卷四十五："初，左右雷仲显常以盈满诫敬儿，不能从，至是知有变，抱敬儿泣，敬儿脱冠貂投地曰：'用此物误我。'"《南齐书》卷二十五亦有载。

## 雷豹狼

雷豹狼，南朝·梁宛州刺史。萧衍遣其前江州刺史王茂先率众数万次于樊雍，招诱蛮夏，规立宛州，又令其所署宛州刺史雷豹狼、军主曹仲宗等领众二万偷据河南城。见《魏书》卷七十三。《册府元龟》《资治通鉴》均有载。

## 雷能胜

雷能胜，南朝·梁东荆州刺史。《魏书》卷十一："萧衍劳州刺史曹凤、东荆州刺史雷能胜等举城内属。"《册府元龟》《资治通鉴》均有载。

## 雷乱清

雷乱清，南朝·梁宛州刺史。《魏书·源贺传》云："为荆州刺史，……时叛蛮雷乱清，受萧衍宛州刺史章绥，入为寇掠，诸蛮从之，置立郡县，子恭讨平之。雷婆思、雷乱清，皆此族人。"见《中国古代少数民族姓氏研究——魏晋南北朝民族姓氏研究》。《册府元龟》亦有载。

## 雷道勤

雷道勤，南朝·陈巴陵内史。《陈书》卷十："太建二年（570），既而周兵大出，巴陵内史雷道勤拒战死之，文季仅以身免。"《周书》《北史》《册府元龟》均有载。

## 雷婆思

雷婆思，南北朝襄阳（今湖北襄阳）蛮酋。《魏书·蛮传》云："襄阳酋雷婆思等十一人率户千余内徙，求居大和川①，诏给廪食。后

---

① 按《嘉庆鲁山县志》卷九：《魏书·高祖纪》太和十七年五月，襄阳蛮首雷婆思等率部内千余户内徙，居于太和川。案，蛮徙鲁阳，自此迭相煽变故，悉书于左。蛮列传太和十七年，襄阳酋雷婆思等十一人率户千余内徙，求居太和川，诏给廪食。后开南阳，令有沔北之地。蛮人安堵，不为寇贼。

17

开南阳，令有沔北之地。雷婆思、雷乱清，皆此族人。"见《中国古代少数民族姓氏研究——魏晋南北朝民族姓氏研究》。《北史》《太平御览》《册府元龟》均有载。

### 雷 氏

雷氏，北魏广陵侯拓跋衍母。《魏书》卷十九上："颐弟衍，字安乐，赐爵广陵侯。……后所生母雷氏卒，表请解州。"《北史》卷十七亦有载。

### 雷 绍

雷绍，字道宗。北魏武川镇（今内蒙古武川）人。善骑射，通《孝经》《论语》。为贺拔岳长史。高欢起兵，绍劝岳迎魏孝武帝西都长安。后为京兆太守。岳被杀，绍迎宇文泰，以功授大都督，官终渭州刺史。雷绍在《北史》卷四十九、《古今图书集成》、《乾隆西安府志》均有传。《光绪山西通志·乡贤》《光绪神池县志·人物》《民国绥远通志稿·乡宦》《光绪归化城厅志·乡贤》《顺治凉州府志备考·职官》亦有传。见《地方志人物传记资料丛刊》华北卷、西北卷第40、45、64、68册/第18册。《资治通鉴》《中国历代人名大辞典》《中国人名大辞典》《中国军事人物辞典》《中华万姓谱》等均有载。雷绍《遗敕其子》收编在《全上古三代秦汉三国六朝文》。

### 雷 涣

雷涣，北魏武川镇（今内蒙古武川）人，雷绍之子。见《北史》卷四十九。

### 雷五安

雷五安，北朝西魏大将王思政帐下。《周书》卷十八、《北史》卷六十二："有帐下督雷五安于战处哭求思政，会其已苏，遂相得。乃割衣裹创，扶思政上马，夜久方得还。"《太平御览》《册府元龟》《资治通鉴》均有载。

## 雷显和

雷显和，北齐建州道行台左仆射。《北齐书》卷四十一、《北史》卷五十三："又有雷显和，晋州败后，为建州道行台左仆射。周帝使其子招焉，显和禁其子而不受。闻邺城败，乃降。"《册府元龟》《中华万姓谱》均有载。

## 雷　相

雷相，北齐军士。《北史》卷九十二：有军士雷相，告称："阿那肱遣臣招引西军，行到文侯城，恐事不果，故还闻奏。"

## 雷文柔

雷文柔，一名雷又柔，又作雷文策，《册府元龟》误作雷柔。南朝后梁宣帝王琳部将。萧詧五年（559）王琳又遣其将雷文柔袭陷监利郡，太守蔡大有死之。见《周书》卷四十八。《北史》卷九十三、《资治通鉴》均有载。

## 雷亥郎妻文氏

北魏武定五年（547）《雷亥郎妻文罗气墓志》："夫人望斑乡鼎，贞节昭著，礼从降适雷亥郎为妻，时郎太和廿四年鲁阳太守石公辟为中正，令充乡道，鸦左信服，远近祗肃。世宗宣武皇帝景明之季，因乡人逆乱，横染徒党，文唯与儿魏伏波将军、园池丞暄，携抱孤遗，俱坠宫禁。女刘贵华挺胄谯国，窈窕美称，正光之世，孝明皇帝聘为淑仪。嫔敬上抚下，光扬椒闱，不幸花叶早落。"本墓志《墨香阁藏北朝墓志》有著录。胡鸿《蛮女文罗气的一生——新出墓志所见北魏后期蛮人的命运》："从传世文献中可知，文氏与雷氏都是蛮中大姓，尤其活跃于襄阳、南阳周边的山区。……雷氏和文氏从蛮酋、乡望、鲁阳郡中正，陡然沦落为北魏朝廷的罪犯，文罗气和儿子雷暄，作为罪臣家属被没入宫禁，成为女奴和宦官。"见《魏晋南北朝隋唐史资料》2017年01期。

## 雷买德

《陕西富县博物馆藏北魏隋代造像碑研读》北魏太和九年（485）

造像碑，由于该碑保存状态不完整，可见文字中有：马车下方，邑子雷买德。见《敦煌学辑刊》2016 年 2 期。

### 雷众保等

2004 年 7 月发现于甘肃省宁县北魏正始元年（504）《豳州刺史山累立追献寺碑》："外长流掾雷众保，骑兵掾雷守各，录事雷毛骑取，记室雷太安，土曹掾雷丘琨拔，铠曹史雷□，兵曹史雷俱取，富平县录事雷景养，兵曹掾雷道明，金曹史雷□拔，兵曹史雷道平，兵曹史雷拔，赵安县兵曹掾雷进安，录事雷□，户曹掾雷□，兵曹掾雷□等。"见《北朝关中地区造像记整理与研究》。《羌族石刻文献集成》有著录。按《〈大代持节豳州刺史山公寺碑〉考释》："此碑属羌族者最多，其中有雷氏 16 人。"见《考古与文物》2010 年 03 期。

### 雷　炽

出土于甘肃泾川的北魏永平三年（510）《南石窟寺碑》："□□□□□□平雷炽。"见《北朝关中地区造像记整理与研究》。《全北魏东魏西魏文补遗》亦有载。

### 雷花头等

北魏永平三年（510）《雷花头造像记》："永平三年七月十五日□弟子雷花头造像一躯供养佛时。清信妻姜□□，雷兴，息□爱，息观□□。"标题注："日本大阪市立美术馆藏。此种佛像衣纹绵密，平行排列，据日本佛教美术史家松原三郎氏研究，是陕西鄠县一带的独特样式，称为鄠县式佛像。"见《全北魏东魏西魏文补遗》《北朝关中地区造像记整理与研究》。《羌族石刻文献集成》有著录。

### 雷天生等

《雷天生造像记》：雷天生，北魏北部郡土门县（今陕西富平）人。永平四年（511），在鲁阳郡龙阳县小留山北淳于村北（今河南宝丰），造浮屠一躯，石浮屠一躯。造像记文中还有雷天保、雷天奇。《雷天生造像记》原文见《宝丰县志》。录文收编在《全北魏东魏西魏文补遗》。

《羌族石刻文献集成》有著录。

## 雷丰等

北魏神龟二年（519）《夫蒙文庆造像碑》碑下部供养人题名"像主夫蒙文庆，母雷□□"。碑阴左侧下部供养人题名"清信士雷丰"。本碑现藏于陕西耀州药王山碑林。《陕西药王山碑刻艺术总集》（第一卷）、《羌族石刻文献集成》均有著录。《全北魏东魏西魏文补遗》《北朝关中地区造像记整理与研究》均有录文。马长寿《碑铭所见前秦至隋初的关中部族》："从这幢碑铭上看到的是祖父、父和自己的三代婚偶的姓氏。祖父妻赏（党）氏，母姓雷氏，妻姓雷氏，这说明北魏时的关中西羌仍保持着同族异姓的婚姻习惯。"

## 雷天宝等

立于山东曲阜北魏正光三年（522）《张猛龙碑》碑阴题名有："新阳县族望，雷天宝、雷僧强、雷天恩、雷良振、雷普明、雷乞德。"本碑文录于《全北魏东魏西魏文补遗》。按《魏书·志第六·地形二中》："新阳，前汉属东海，后罢，刘骏复，魏因之。"新阳县，治今山东省枣庄市薛城区邹邬镇。

## 雷乘龙

北魏孝昌三年（527）《法义兄弟一百余人造像记》，石刻于山东省历城县黄石崖，摩崖刻，雷乘龙为法义兄弟一百余人之一。《北京图书馆藏中国历代石刻拓本汇编》（第五册）。见《汉魏六朝碑刻校注》（第六册）。《全北魏东魏西魏文补遗》《魏晋南北朝碑刻人名研究》均有载。

## 雷标等

北魏《雷标造像残碑》发愿文曰五十人造像，实际可辨雷氏供养人四十六人。除了雷标外，还有雷文照、雷阿□、雷阿午、雷文伯、雷元丰、雷阿胡、雷丞拔、雷丰众、雷众德、雷川伯、雷丰、雷双丰、雷众略、雷阿□、雷定众、雷兴□、雷黄伯、雷申生、雷低生、雷保安、雷周生、雷万度、雷阿智、雷僧胤、雷丞候、雷清光、雷武男、雷龙文、雷荣真、雷万生、雷苌洛、雷伯虬、雷桃树、雷伏念、雷龙标、雷虎子、雷道生、雷周光、雷阿昌、雷豹进、雷胤受、雷伏敬、雷石龙、雷□周等。原编者按语："北魏永安二年（529）《雷汉仁造像碑》《雷标造像残碑》两碑在人名姓氏上有辈分相同的供养人题名，而且都残毁了半部，从这一现象分析，两碑可能出于同一地点，有同时被毁的可能。推测此碑建于北魏孝明帝时期（516—528）。"本碑《陕西药王山碑刻艺术总集》（第一卷）、《羌族石刻文献集成》均有著录。李松《依据图像还是文字——以北魏雷氏造像碑的断代为例》："此碑的像主不是北周的雷标，而是由雷氏合邑五十人建于北魏孝明帝时期（516—527），家族后人在北周加刻了雷标等三位有官职的家族成员姓名。"本文刊登于《民族艺术》2008年02期。本碑马长寿《碑铭所见前秦至隋初的关中部族》有专门评述。《北朝关中地区造像记整理与研究》将本碑和《雷文伯造像碑座》合并命名为《雷文伯造像记》，年代推断为北周保定元年（561）。

## 雷汉仁

北魏永安二年（529）《雷汉仁造像碑》碑题人物。碑刻损毁严重，碑阳左侧题名为"伯父雷汉仁"。原编者按："雷氏应为羌族大姓，雷支油、雷汉王原皆羌酋，推测应是在北地追随毛鸿宾兄弟者，是'氐、羌多赴之'中的一支西羌族人。雷氏另有《雷标造像残碑》，碑中记录了雷氏家族。这两碑雷氏供养人名排行上有重合，应是同一个家族。"本碑《陕西药王山碑刻艺术总集》（第一卷）、《羌族石刻文献集成》均有著录。

### 雷阿远等

北魏永安二年（529）《雷（阿）远造像记》："□州建忠郡安□县雷阿远伯父雷汉仁。祖雷支油，父雷汉王。弟雷众喜，弟安王，弟安庆，弟□祖……"见《北朝关中地区造像记整理与研究》。《全北魏东魏西魏文补遗》亦有收录，标题注："原文见《鲁迅辑校石刻手稿》。"本造像记马长寿《碑铭所见前秦至隋初的关中部族》命名为《雷汉王等造像记》，并有有专门评述。

### 雷贵姬

北魏永熙二年（533）《儁蒙文姬妇女合邑三十一人造像碑》："碑阴第二层，邑子雷贵姬。"本碑出土于1934年。见《陕西药王山碑刻艺术总集》（第一卷）。《羌族石刻文献集成》亦有著录。《碑铭所见前秦至隋初的关中部族》《全北魏东魏西魏文补遗》《北朝关中地区造像记整理与研究》均有录文。

### 雷法生等

北魏永熙二年（533）位于陕西宜君县《雷法生造像记》："佛弟子雷□□，佛弟子雷法生。"见《北朝关中地区造像记整理与研究》。

### 雷苌等

北魏永熙二年（533）或东魏武定元年（543）河南淇县《邑义五百人造像记》："都维那雷苌，维那雷安宗，维那雷显，维那雷继伯，维那雷道，维那雷珍贵，维那雷肆，邑子雷法归，邑子雷欢，邑子雷抱成，邑子雷普贤，邑子雷真奴，临洮太守雷珍，邑子雷安兴，邑子雷勘，邑子雷树，邑子雷僧和，邑子雷惠谦，邑子雷荣显，邑子雷像，邑子雷惠进，邑子雷金，邑子雷长乐，邑子雷灵和，邑子雷显宾，邑子雷文和，邑子雷显宗，邑子雷毗楼，邑子雷珍国，邑子雷神龟，邑子雷孝邕，邑子雷阳生，邑子雷神珍，邑子雷胡奴，邑子雷台遵，邑子雷保受，邑女雷法奈，邑女雷姜仁，邑女雷胜容。"见《全北魏东魏西魏文补遗》。

### 雷昙畅

陕西蓝田县北魏《邑子罗晖造像题名》："像主雷昙畅为右系一石人物之一。"见《〈关中石刻文字新编〉点校汇编》。《北朝关中地区造像记整理与研究》《从石刻看北朝关陇的民族分布及其融合》均有载。《羌族石刻文献集成》有著录。马长寿《碑铭所见前秦至隋初的关中部族》有专门评述。《从石刻看北朝关陇的民族分布及其融合》刊登于

《齐齐哈尔大学学报》（哲学社会科学版），2016 年 1 月。

## 雷廻姬

北魏陕西富平县《僧棚造像题名》，右第一列，嫂雷廻姬供养。见《〈关中石刻文字新编〉点校汇编》。

## 雷阿王

《陕西白水北宋妙觉寺塔基及地宫的发掘》，属于北魏时期的造像碑有二通。2 号造像碑刻铭中的"南面菩萨主雷阿王"。《陕西白水北宋妙觉寺塔基及地宫的发掘》刊登于《考古与文物》2005 年 4 期。

## 雷法达等

陕西澄城县赵庄乡白家河村北魏《造像石刻》右侧"邑子雷口有，邑子雷清口"。左侧"邑子雷口同邑子雷法达"。见《东汉以来内迁羌族在关中的分布研究》。《澄城碑石》有著录。

## 雷元德

北魏刻《弟子雷元德造像题记》："位置位于古阳洞北壁第 180 号龛。"见《龙门石窟碑刻题记汇录》。

## 雷元和

陕西宜君县西魏大统元年（535）《福地水库石窟造像》："主簿雷元和。"见《北朝关中地区造像记整理与研究》。

## 雷并州

西魏大统四年（538）《和伏庆观世音造像座》背面，分二层线刻，上层为一排八人，邑子雷并州。见《陕西药王山石刻艺术总集》（第五卷）。《北朝关中地区造像记整理与研究》刊登的《和伏庆造像记》亦有"邑子雷并州"。

## 雷买德

东魏武定元年（543）《道俗九十人等造像碑》，石刻在河南省泌阳县。碑侧第三列，邑子雷买德侍佛时。《北京图书馆藏中国历代石刻拓本汇编》（第六册）。见《汉魏六朝碑刻校注》（第七册）。

### 雷篆等

西魏大统十二年（546）《荔非郎虎、任安保六十人等造像记》，邑子尚书刑部令史雷篆，邑子雷金昌等。见《北朝关中地区造像记整理与研究》《耀县新发现的一批造像碑》。《耀县新发现的一批造像碑》刊登于《考古与文物》1994 年 02 期。《羌族石刻文献集成》有著录。

### 雷买奴

出土于陕西洛川县西魏大统十二年（546）《法龙造像记》："邑子雷买奴。"见《北朝关中地区造像记整理与研究》。《羌族石刻文献集成》有著录。

### 雷寿等

1991 年发现于耀州的西魏大统十五年（549）《法寿造像碑》，碑面磨损严重，可辨西羌雷氏家族 25 人题名。其中碑阳：第二层，□主雷寿。碑阴：第二层，弟雷僧□、兄雷平寿、兄雷金寿、叔雷□□。碑左侧：第一层，雷门前、雷金绣。第二层，徒孙雷丑□。本碑《陕西药王山石刻艺术总集》（第二卷）、《羌族石刻文献集成》均有著录。《北朝关中地区造像记整理与研究》将此碑命名为《比丘法寿造像记》。

### 雷子成等

陕西临潼西魏废帝二年（553）《沙弥僧法辉等造像记》："化主军主雷子成，邑谓雷同祖，典坐雷方相等。"见《北朝关中地区造像记整理与研究》。

### 雷子□等

陕西富平县西魏恭帝二年（555）《富平雷氏造像碑》，原碑应立于富平县美原镇美原中学。曾经被盗，被公安局截获。1995 年由政府交临潼博物馆收藏。碑右侧可辨"军统主雷□□""像主军主雷子□"

等，约有二十余人，多为雷氏的题名。《陕西药王山碑刻艺术总集》（第七卷）有著录。

### 雷荣标等

出土于陕西白水县西魏恭帝三年（556）《荔非广通造像记》："都化主雷荣标，阿难开明主雷尊某，邑子雷永昌，邑子雷贵和。右相菩萨开明主雷贵姬。"见《北朝关中地区造像记整理与研究》。《羌族石刻文献集成》有著录。按《陕西白水北宋妙觉寺塔基及地宫的发掘》："3号造像碑即《荔非广通造像记》，除了上述人物外，左侧刻铭有故优婆夷雷曹姬、清信优婆夷雷早姬。"本文刊登于《考古与文物》2005年4期。

### 雷车容等

陕西耀州西魏《王永兴等造像题名》："邑子□□郡主□□□雷炽、邑子镇北将军□□都督雷车容，邑子□□□□主雷源，邑子领民酋长雷善，邑子雷默孩。"见《北朝关中地区造像记整理与研究》。

### 雷清女等

陕西耀州西魏《高三造像题名》："妻雷清女，妻雷女□等。"见《北朝关中地区造像记整理与研究》。

### 雷伏娥等

西魏《雷伏娥、荔非郎虎造像碑座》编撰者分析："此碑雷氏为主要组织者。雷氏除了雷伏娥外，还有雷明女、雷仵花、雷鲁女、雷桃花、雷双媚、雷伏花、雷早花、雷香媚、雷娥媚、雷似妃、雷祥妃、雷庆妃、雷周女、雷幸男、雷玉女等人。"《陕西药王山碑刻艺术总集》（第二卷）有著录。

### 雷道生等

甘肃正宁县北周保定元年（561）《合邑一百三十人等造像记》："邑生雷道生，邑生雷智显，邑生雷婆非，邑生雷道奴，邑生雷兴郎，邑生雷阿父女，邑生雷子乾等。"见《北朝关中地区造像记整理与研究》。

## 雷文伯

北周保定元年（561）《雷文伯造像碑座》碑题人物。《雷标造像残碑》亦有"典坐雷文伯"。本碑《陕西药王山碑刻艺术总集》（第三卷）、《羌族石刻文献集成》均有著录。《北朝关中地区造像记整理与研究》将本碑与《雷标造像残碑》合并命名为《雷文伯造像记》。

## 雷玉姜等

北周保定二年（562）《荔非兴度造像记》："妻雷玉姜，母雷娥媚，□雷双媚，□□县令雷龙，□雷明花，□□雷欢□，□雷□□，□亲雷宜王等。"见《北朝关中地区造像记整理与研究》。《羌族石刻文献集成》有著录。

## 雷洪俦等

陕西蒲城县北周保定四年（564）《圣母寺四面造像碑》，碑阴第一层，左箱香火主雷洪俦；第二层，邑子雷郎非、雷奴德、雷丰拔、雷景族；第三层，邑子雷僧明、雷子宽、雷庆受、雷洛受、雷汉奴、雷清奴、雷伯奴、雷延贵、雷嘿雀、雷万郎、雷定族。碑左侧第一层，邑主旷野将军殿中司马雷荣显；第二层，邑子雷荣俦、雷庆俦、雷长命；第三层，邑子雷里子。碑右侧第一层，无量寿像主白水郡五官雷洪达；第二层，邑子雷俊炽、雷阿归、雷道显、雷僧愿；第三层，邑子雷显顺、雷蒲智。本碑现存于陕西省博物馆。《陕西药王山碑刻艺术总集》（第七卷）、《羌族石刻文献集成》均有著录。《北朝关中地区造像记整理与研究》有录文。《碑铭所见前秦至隋初的关中部族》《北朝胡姓考》有专门评述。

## 雷郎兴

北周保定四年（564）《同提氏造像记》："邑子雷郎兴。"见《北朝关中地区造像记整理与研究》。

### 雷欢引等

陕西蒲城北周天和元年（566）《昨和拔祖一百廿八人等造像记》，南面维那雷欢引。邑子雷阳昌。见《北朝关中地区造像记整理与研究》。《羌族石刻文献集成》有著录。本碑《〈关中石刻文字新编〉点校汇编》名为《邑子一百廿八人等造像记》。

### 雷僧等

北周天和三年（568）《雷氏家族合家造像碑》，由于文字不完整，人名中仅有姓氏，名讳不全者六人，可明确辨认右面发愿文"佛子雷僧、佛弟子雷洪略、雷石柱"等。此碑为雷氏家族的合家造像碑，并按照家族辈分分排座次，诸如祖父、祖母，以及父亲、母亲、弟妹等。见《陕西富县博物馆藏北魏隋代造像碑研读·大周造像碑》。本文刊登于《敦煌学辑刊》2016年2期。

### 雷明香等

根据北周天和六年（571）《雷明香造像碑》，编者分析："此碑为雷明香为亡夫同蹄乾炽所造，碑中题名有其兄雷□标，从弟雷显庆。充分体现了雷明香在家庭经济中拥有一定的自主地位。"本碑现藏于陕西耀州药王山碑林。《陕西药王山碑刻艺术总集》（第三卷）、《羌族石刻文献集成》均有著录。《北朝关中地区造像记整理与研究》有录文。

### 雷小豹等

北周《雷小豹造像题名》："北面像主雷小豹，邑子雷钟□等。"见《北朝关中地区造像记整理与研究》。

### 雷屈弱等

北周《钳耳儁造像碑》，按原编者分析："钳耳儁为亡夫雷屈弱发愿造像，碑阴有雷明□、雷世□。佛弟子雷洛周，兄嫜雷兴标，亡兄嫜雷道狠。"本碑1991年4月发现，《陕西药王山碑刻艺术总集》（第三卷）有著录。《东汉以来内迁羌族在关中的分布研究》《北朝关中地区造像记整理与研究》均有录文。

### 雷万尊等

《陕西白水北宋妙觉寺塔基及地宫的发掘》："根据风格应为西魏时物，但正面造像为北周至隋的典型风格，显系以后补雕而成。4 号造像碑刻铭中有雷□龙、雷福□、雷万尊等。"《陕西白水北宋妙觉寺塔基及地宫的发掘》刊登于《考古与文物》2005 年 4 期。

### 雷伯定

《吕村钳耳氏残碑》〔北朝〕，雷伯定为其中人物之一。见《耀县新发现的一批造像碑》。本文刊登于《考古与文物》1994 年 02 期。

### 雷遵妃

陕西韩城北朝《甞（党）氏佛教造像碑》碑右侧："邑子雷遵妃。"本碑《陕西药王山碑刻艺术总集》（第七卷）有著录。碑石存于陕西省韩城市博物馆。

# 隋、唐、五代

## 雷永吉

雷永吉，唐攻克长安军头。隋恭帝义宁元年（617）十一月丙辰，军头雷永吉先登[①]，遂克长安。见《资治通鉴》卷第一百八十四。《册府元龟》亦有载。

## 雷世猛

雷世猛，隋唐时期人。大业十三年（617），岳州校尉董景珍、雷世猛等同谋叛隋。萧铣僭称皇帝，封董景珍为晋王，雷世猛为秦王。见《旧唐书》卷五十六、《新唐书》卷八十七。《资治通鉴》亦有载。

## 雷四郎

雷四郎，隋唐时期人。武德三年（620）辛酉，王世充陷邓州，总管雷四郎死之。见《新唐书》卷一。

## 雷长颖

雷长颖，隋唐时期人。武德四年（621），伪将雷长颖以鲁山降。见《新唐书》卷八十七。《册府元龟》《资治通鉴》《唐刺史考全编》均有载。

## 雷少颖

雷少颖，唐司文郎中。高宗东封泰山返回，下诏封赠孔子太师之

---

① 《考异》曰：《唐高祖实录》作"雷绍"，今从《创业注》。

衔，司文郎中雷少颖撰文不合旨意，改命嗣真撰文……见《新唐书》卷九十一。按《新唐书·百官志二》："武德四年（621），改著作曹曰局。龙朔二年（662），曰司文局；郎曰郎中，佐郎曰司文郎。"《古今姓氏书辩证》："唐著作郎雷颖。""雷颖"应为"雷少颖"之误。

## 雷文成

雷文成，唐左领军郎将。高宗显庆三年（658）遣左领军郎将雷文成送布失毕归国。见《资治通鉴》卷第二百。《册府元龟》亦有载。

## 雷仁智

雷仁智，唐武则天时朝廷平叛偏将。徐敬业据扬州作乱，左玉铃卫大将军李孝逸督军讨之，则天诏元忠监其军事。孝逸至临淮，而偏将雷仁智为敬业先锋所败，敬业又攻陷润州，回兵以拒孝逸。见《旧唐书》卷九十二、《新唐书》卷一百二十二。《册府元龟》《资治通鉴》均有载。

## 雷楚珪

雷楚珪，唐玄宗时期人。内侍员外置同正，知内侍使，赠其母和氏冯翊郡君。见《册府元龟·内臣部·恩宠》。1955年出土于西安东郊韩森寨，现藏西安碑林博物馆《唐故正议大夫行内侍上柱国雷府君夫人故乐寿郡君宋氏（功德山）墓志铭》，刻于天宝四年（745），志中雷府君当为雷楚珪。墓志《新中国出土墓志》（陕西·贰）有著录。

## 雷万春（？—757）

雷万春，唐玄宗时期人。张巡部将。令狐潮围雍丘，万春立城上与潮语，伏弩发，万春中六箭而不动，潮疑刻木偶人，后知实情，大惊。每战，张巡皆委之以任。睢阳城破与巡同遇难。见《中国历代人名大辞典》。雷万春遇难后，先葬于睢阳城外，范成大有诗《雷万春墓》。1991年版《商丘县志》："雷将军庙，唐代宋州南门雷万春将军死节处。万历年间，郡守郑三俊建雷万春庙于此。"《乾隆归德府志·祀典》："元，徐琰《重建睢阳双雄庙记》，唐张许死节，庙食睢阳，以南霁云

31

配，世称双庙者是也。历代赠官皆至州大都督，继而增祀贾贲、雷万春称五王庙。宋大观中赐爵侯，谥巡忠烈，远忠义，霁云忠壮，贲忠济，万春忠勇而表其庙曰协忠。"陕西同州、大荔等地方志对雷万春籍贯、葬地亦有记载。《光绪同州府续志·列传上》："雷万春，同州人，事唐张巡为偏将。"《道光大荔县续志·冢墓》："将军雷万春墓在新兴寨南，其后裔有碑记，地址盖百亩云。"见《地方志人物传记资料丛刊·西北卷》第9、10册。雷万春《新唐书》卷一百九十二、《万姓统谱》、《古今图书集成》、《历代名人姓氏全编》均有传。《新唐书》《资治通鉴》《辞源》《中国人名大词典·历史人物卷》《中华万姓谱》《中国人名大辞典》等均有载。《道光大荔县续志·节义新编、耆旧传下》载有雷兴智，杨村人；雷纪明，贾家庄人，均为唐将军雷万春后裔。同时，大荔今有太夫雷村，因雷万春葬地在此而得名。而《古今同姓名大辞典》："雷万春《四川通志》引《巫山县志》，唐巫山跳石里人。张巡之将，至德二载，睢阳城陷，死之。"《嘉庆直隶郴州总志·流寓》："唐，雷万春，《兴宁志》元（玄）宗时命讨徭寇，驻兴宁，今有庙，俗称雷太尉是也。"《元故翰林待制朝散大夫致仕雷府君墓志铭》："府君讳机，字子枢。姓雷氏，其先出万春之后，传至五代时，有讳鸾者由光州固始，迁建宁之建安。"志中所言的万春，或为张巡部将雷万春。雷万春颇为后人敬仰，全国各地张巡庙均供奉雷万春，并有专门雷万春祠庙。有多种形式文学艺术作品讴歌其英勇不屈的英雄气概，如：〔宋〕范成大《雷万春墓》、徐钧《雷万春》、张舜民《五王庙》，〔清〕段绍印《吊雷万春》等诗作；明清小说《混唐后传》《隋唐演义》《锦香亭》；当代影视作品《血战睢阳》《血色大唐》等。

### 雷海清（？—756）

雷海清，又作雷海青，唐宫廷乐师。天宝末年（756）"安史之乱"期间，安禄山攻克洛阳和长安，在长安禁苑凝碧池大宴部下，强迫被俘的乐工演奏，雷海清掷乐器于地，面向西而痛哭不从，群贼恼怒，将雷海清当场肢解。被关押在洛阳菩提寺的王维，得知这一消息后，赋诗《闻逆贼凝碧池作乐》："万户伤心生野烟，百官何日再朝天？秋槐落叶空宫里，凝碧池头奏管弦。"见《明皇杂录补遗》。王维这首诗，不仅描写了发生在凝碧池这一历史事件，而且证明了自己在"安史之乱"期间的清白。此后，历代诗、词、小说等多种体裁文学作品，咏叹雷海清忠贞不屈的高尚气节。雷海清《嘉庆长安县志·忠节》有传。见《地方志人物传记资料丛刊·西北卷》第3册。《资治通鉴》《中国历代人名大辞典》《中国人名大词典·历史人物卷》《中华万姓谱》《图解姓氏：画说百家姓》等均有载。〔南宋〕葛立方《天宝三绝》、郑思肖《题明皇按乐图》，〔元〕周霆震《读天宝雷海清舞马事有感》、黄玠《读唐史》、杨维桢《雷海青》等诗作。明清小说《混唐后传》《隋唐演义》《锦香亭》以其为原形，编写了更多故事情节。至今福建、台湾等地民间将雷海清作为戏神供奉。按1993年版《南安县志》："梨园祖师雷海清籍隶本县。"《台湾戏神雷海青信仰》："台湾民众认为戏神雷海青的发源地是福建南安罗东的坑口宫。坑口宫，坐落现南安市罗东镇振兴村，供奉主神为戏神田都元帅雷海青。"本文摘要则云："明清以来，在台湾移民社会的形成过程中，各种戏剧纷纷传入台湾。雷海青成为了台湾的主要戏神。雷海青信仰反映了台湾民间戏曲的渊源流派及民众的信仰习俗，具有行业性、混杂性和虚构附会性等特点。"由此可见，雷海清是今福建南安人的说法并不可靠。本文刊登于《福建大学学报》（哲学社会科学版），2009年第3期。

## 雷卢俊

雷卢俊，又作雷灵俊。唐肃宗幼女宁国公主出嫁回纥，送亲中使。见《旧唐书》卷一百九十五、《新唐书》卷二百一十七上。

## 雷殷符

雷殷符，唐监军判官。唐僖宗乾符三年（876）乙酉，敕赦王仙芝、尚君长罪，除官，以招谕之。仙芝陷阳武，攻郑州，昭义监军判官雷殷符屯中牟，击仙芝，破走之。见《资治通鉴》卷第二百五十二。

## 雷延美

雷延美，唐五代雕版刻工。善刻木版书籍，《鸣沙山石室秘录》有载。后晋开运四年（947），雷延美为曹元忠雕刻观世音菩萨像，此像上图下文，末尾署"匠人雷延美"。原物出于敦煌，可惜已被法国人窃走。天福十四年（949），木刻印本《金刚般若波罗蜜经》，英国、法国各藏两件，有"雕版押衙雷延美"题名。见《曹元忠与雷延美》《中国美术家人名辞典》。《曹元忠与雷延美》刊登于《出版史料》2004年04期。

## 雷 邺

雷邺，唐末检校工部尚书。朱全忠讨黄巢，饷粟三万斛、马二百匹。秦宗权乱，复诏弘信以粟二万斛助军，未输，检校工部尚书雷邺来责粟，弘信素胁于牙军，擅杀邺。见《新唐书》卷二百一十、《旧五代史》卷一。《册府元龟》《资治通鉴》均有载。

## 雷景从（857—921）

雷景从，字归礼。五代后梁人。元祖诶官居北魏上台掌武，上祖球，球子镗，官居峡州牧兼亚相。曾祖韬，祖勋，父文素。母韩昌黎（韩愈）女韩氏。兄弟六人：敬安，景从，敬存，敬崇，敬晖，敬全。其五弟敬晖"官兼八座"。夫人苏氏，生子公留。雷景从出道初期，一度归顺诸葛爽，诸葛爽降唐后，他亦随之归唐。后来，他投奔后梁太祖朱温，参加了许多重要战事，在多地为官，建功立业。太祖去世后，深受末帝器重，命其镇守洛京，担任左龙虎统军兼西京内外马步都指挥。龙德元年（921）因病去世，赠太傅衔。见《后梁赠太傅冯翊雷公景从墓志铭》《新出〈梁赠太傅冯诩雷公墓志铭并序〉考释》。墓志录文在《五代墓志汇考》。志石2000年孟津县出土。《洛阳出土墓志目录续编》有著录。《新出〈梁赠太傅冯诩雷公墓志铭并序〉考释》刊登于《唐史论丛》（第十六辑）2013年4月。本墓志2016年武汉大学博士论文《中古胡姓家族研究——以族源、地域、文化为中心》附录《唐代胡姓家族墓志目录》列为雷氏（羌）。雷景从《旧五代史》卷九亦有载。

## 雷福德

雷福德，《册府元龟》误作雷福。五代后晋监使。天福三年（938）十二月戊寅，回鹘使都督李万全为归义大将军，监使雷福德为顺化将军。见《旧五代史》卷七十七。

### 雷德备

雷德备，唐观州（今河北东光）人。武德四年（621）十月庚寅，刘黑闼陷瀛洲，杀刺史卢士叡。观州人执刺史雷德备，以城降之。见《资治通鉴》卷第一百八十九。《唐刺史考全编》亦有载。

### 雷 现

雷现，又作雷观，《册府元龟》误作雷岘，五代南吴右威卫将军。天成二年（927）丁酉，伪吴杨溥遣移署右威卫将军雷现贡端午礼币。见《旧五代史》卷三十八。

### 雷 鸾

雷鸾，唐代人。按《元故翰林待制朝散大夫致仕雷府君墓志铭》："府君讳机，字子枢。姓雷氏，其先出万春之后，传至五代时，有讳鸾者由光州固始，迁建宁之建安。"《康熙建安县志·山川》："璜溪源出丁坑，合九漈、白塔、大富四流，经房村口入大溪，其溪环如佩璜，故名。又云，唐雷鸾钓璜之所。"雷鸾《康熙建宁府志》亦有载。按《中国家谱总目》："《福建建瓯雷氏简史》，雷耀久主编。1993年建瓯市档案馆铅印本，一册，平装。书名据封面题。始迁祖兰（鸾），字景瑞，唐代人。系根据建瓯市房道镇璜溪雷氏宗族留存十七部宗谱提要编写。系畲族族谱。福建档。"雷鸾为畲族？值得商榷。

### 雷押牙

雷押牙，五代建安（今福建建瓯）人。雷押衙徐将军祠，在房村上里之璜溪，以忠烈义勇著称，寇攻其乡，率众御之遇害，乡人立祠祀之。见《康熙建宁府志·祀典志》《康熙建安县志·秩祀》。按《唐五代押牙（衙）考略》："押牙，又作押衙，是唐中叶以后普遍出现的一种武职。"本文刊登于《魏晋南北朝隋唐史资料》1998年00期。

### 雷 衡

雷衡，唐洪州高安（今江西宜丰）人。为人长厚，行义不倦，尝创建洞山寺以寿国。八世孙孚、九世孙孝友累代显荣，皆潜德之报也。《同治新昌县志·义士》。见《地方志人物传记资料丛刊·华东卷上编》第64册。

## 雷 载

雷载，南唐丰城（今江西丰城）镡舍人。升元丁酉（937）进士。历官屯田员外郎。《同治丰城县志》卷八。见《江西历代进士全传》。

## 雷 浑 （737—812）

雷浑，唐巩县（今河南巩县）洛汭人。高祖赞，父振。夫人韩氏，子三人：恒、协、憺。见《雷浑墓志》。墓志《洛阳出土少数民族墓志汇编》有著录。志石2002年伊川县出土。见《洛阳出土墓志目录续编》。《雷浑墓志》，2016年武汉大学博士论文《中古胡姓家族研究——以族源、地域、文化为中心》附录《唐代胡姓家族墓志目录》列为雷氏（羌）。

## 雷 满

雷满，唐武陵（今湖南常德）人。洞蛮。以勇悍著称。广明元年（880），武陵地区饥荒而赋税不减，激起人民不满，遂与族人区景思、周岳等聚众数千人，猎于大泽中。聚议起事，组织"土团军"，被推举为帅，各族人民纷起响应。后被荆南高骈召于麾下，从徙淮南，至广陵逃归，杀刺史崔翥，据朗州。请命于唐，昭宗以澧、朗为武贞军，封其为武贞军节度使。为防御计引沅水堑朗州城。天祐（904—907）中卒。见《中国民族史人物辞典》。雷满为"使相三十九人"之一。见《唐会要》卷二。雷满《旧五代史》卷十七、《新五代史》卷四十一、《古今图书集成》、《湖南省志·人物志》、《湖南名人志》有传。《旧唐书》《新唐书》《册府元龟》《资治通鉴》《中国历代名人辞典》《中国历代人名大辞典》《中国人名大辞典》《中国人名大词典·历史人物卷》《中国军事人物辞典》《中华万姓谱》《湖南通志》等均有载。《唐末五代初朗州雷氏政权的兴衰和意义》："雷满以上世系不详，今湖南省张家界市地方传说有雷满祖父雷万春和父辈雷霆发、雷霆俊、雷霆进，或来自

36

家谱，难以确证。见王正鹏《四十八寨文物及相关考证》2014年10月8日，2014年10月28日浏览，网址：http：/sersinovision. net/home/space/uid/34269/do/blog/id/237833. html。"本文刊登于《唐史论丛》（第二十四辑）。《朗州蛮与唐末五代长江中游政治地理格局的变迁——以雷氏父子为中心的考察》："屡屡见诸秦汉文献的'武陵蛮'，则是先秦时期由江汉平原逐渐迁徙至湘北的'三苗'或'濮人'，与当地土著长期相互融合演变而成的族群。具体就武陵雷氏而论，东汉建武二十三年（47），'南郡山蛮雷迁等反叛'，足见其时的雷氏已经是该地区比较有势力的蛮酋。在此之后，雷氏子孙世代相传，至南北朝时期，雷氏与向氏成为本地的两大著姓。尽管隋唐武陵地区存在不同的土著蛮夷，包括'清江蛮''峡中蛮''武陵蛮''石门蛮''五溪''思州蛮'等众多族群，但因其时的武陵郡或朗州，下辖武陵、龙阳二县，故而其时的'武陵蛮'仅指'朗州蛮'，不再是秦汉和魏晋南北朝时期活动在湘西北、湘西与黔东北'诸蛮'的统称。就此而言，唐末武陵土著族群实为'朗州蛮'。唐末'朗州蛮'的兴起与壮大，与武陵雷氏关系至为密切，雷满则是带领这支地方族群卷入区域纷争的首要人物。"本文刊登于《思想战线》2020年04期。

### 雷彦威

雷彦威，唐末五代武陵（今湖南常德）人。洞蛮。雷满之子。满卒彦威自立。闻荆南节度使成汭兵出袭江陵，入之，焚楼船，践村落，数千里无人烟。后为其弟雷彦恭所逐，还走朗州。见《中国历代人名大辞典》。《古今图书集成》有传。《新唐书》《旧五代史》《资治通鉴》《中华万姓谱》《中国人名大辞典》等均有载。《唐末五代初朗州雷氏政权的兴衰和意义》："根据《册府元龟》记载，广顺元年（951）'八月，环州刺史雷彦洪以名下一字犯御名，改之'。这里雷彦洪因避后周太祖郭威而改名，可知其原名雷彦威，或即雷满之子雷彦威。"本文刊登于《唐史论丛》（第二十四辑）。

### 雷彦恭

雷彦恭，唐末五代武陵（今湖南常德）人。洞蛮。雷满之子。唐天复元年（901），父为武贞军节度使。据朗州（治今湖南常德）附于杨行密。常劫掠沿江各地。三年，乘成汭救鄂州杜洪的机会，袭破江陵，尽掠其人与货财而去。梁开平二年（908），为楚马殷所破，逃奔广陵（今江苏扬州），后死于淮南。见《中国人名大词典·历史人物卷》。《古今图书集成》有传。《旧唐书》《新唐书》《旧五代史》《新五代史》《册府元龟》《资治通鉴》《中华万姓谱》《中国人名大辞典》《中国历代人名大辞典》等均有载。

### 雷彦雄

雷彦雄，唐末五代武陵（今湖南常德）人，洞蛮。雷满之子。《旧五代史》卷十七、《新五代史》卷四十一均有载。

### 雷　晖

雷晖，五代朗州（今湖南常德）人。隐皇帝乾祐三年（950）朗人雷晖衣潭卒之服潜入礼寨，手剑击礼，不中，军中惊扰。见《资治通鉴》二百八十九。

### 雷万兴

雷万兴，唐潮州（今广东潮州）人。畲族农民起义领袖。高宗仪凤二年（677），与畲族首领苗自成等率畲民起义，会同广东陈谦所率汉民起义军，攻陷广东潮阳，击败唐军，后被陈元光所率唐军镇压。中宗景龙二年（708），又与苗自成子和畲民首领兰奉高等领导起义，集军潮州，挺进岳山，战陈元光军。后陈元光被兰奉高追杀于绥安老巢。见《中国民族史人物辞典》。《中国人名大词典·历史人物卷》《中华姓氏源流大辞典》《中华万姓谱》《图解姓氏：画说百家姓》《中国少数民族姓氏》等均有载。

### 雷　岳

雷岳，五代南汉人。少绩学，能词章，尤工骈偶文。乾和末，历官御书院给事，才名雅为中宗所知。朝廷有大著作，多出其手。先是，韶州证真寺僧文偓，自高祖时屡加钦重，至是，死。其徒将葬之，乞铭。

中宗允所请，命岳撰写《塔铭》，词极宏赡，抄诵者踵门，一时纸贵。见《南汉国史》卷十三、《康熙乳源县志》。《大汉韶州云门山光泰禅院故匡真大师实性碑》录文收编在《全唐文新编》，碑石今存广东省韶关市乳源县云门寺碑廊。

### 雷 霄

雷霄，唐代蜀（今四川）人。根据四川著名琴家裴铁侠的"大雷""小雷"琴题识，制作者为雷霄，时间为唐开元十年（722），由此可判定他的活动时期应为唐玄宗时期（712—756）。又据《四川通志》卷一六六："雷霄、雷威、雷珏、郭亮皆蜀人。"《陈氏乐书》："然斫制之妙，蜀称雷霄、郭亮……凡琴高响者则必虚干，无温粹之韵，雷氏之琴其音宽大复兼清润。"现有文献可知雷霄传世琴有"来凤""应谷"及"大雷""小雷"。见《巴蜀琴艺考略》。

### 雷 俨

雷俨，唐代蜀（今四川）人。据《莼湖漫录》记载：雷俨为雷威的先辈。由于安禄山叛乱，玄宗皇帝避难入蜀，这期间（756—758），雷俨被诏为琴待诏，从而他的琴艺被官方承认。由此我们可认为玄宗时期是雷俨活动的时期。见《巴蜀琴艺考略》。

### 雷 威

雷威，唐代蜀（今四川）人。著名古琴制作大师。按《巴蜀琴艺考略》："雷威，在较多文献中称他为'雷君''雷氏'或'雷公'。活动年代应在唐大历年间。活动地域主要在成都、峨眉、绵竹。……据有关文献记载，雷威有'春雷''响泉''百衲''松雷''雷琴''峰阳亡味''奔雷''鹤鸣秋月''巨泉''独幽''雪中山'及无名琴等十余床留世。"雷氏所制的琴被尊称为"雷氏琴""雷公琴""雷琴"。《蜀中广记》引《西溪丛语》对雷威斫琴亦有描述。陈拙《琴书说》："明皇返蜀（约756），诏雷俨充翰林斫琴待诏。父子工习三世不绝……又有雷威、雷俨，或云霹雳乎，皆雷氏一门也。"神品"春雷"琴被北京琴家郑珉中收藏。见《宋宣和内府所藏"春雷"琴考析》。苏轼《杂书琴事·家藏雷琴》："余家有琴，其面皆作蛇蚹纹，其上池铭云，开元十年造，雅州灵关村。其下池铭云，雷家记八日合。"据此，疑雷琴制作者或为雅州人，或者制琴作坊在雅州。《全宋诗》第15册收录刘敞《雷琴》，《全元诗》收录黄玠《濮乐闲得唐雷霄琴黄南窗鼓之》。个别书籍误将雷威当成晋代或宋代人。如：《夜航船》："斫琴名手，晋雷威、雷珏、雷文、雷迅、郭亮并蜀人……"《中国历代人名大辞典》《中国人名大辞典》："雷威，宋人。善制琴。遇大风雪独往峨眉山，戴蓑笠入深松中，听其声连延悠扬者，伐以为琴，琴音妙过于桐木所制者。"

## 雷 珏

雷珏，唐代蜀（今四川）人。《四川通志》卷一六六、《志雅堂杂钞》《南村辍耕录》均称斫琴名手唐代雷珏为蜀人。见《巴蜀琴艺考略》。

## 雷 文

雷文，唐代蜀（今四川）人。据《南村辍耕录》《莼湖漫录》载：雷文为雷威的后继者，据《今虞琴刊》记载有琴传世。与张越为同时代人，活动在唐开元至天宝年间（713—756）。据记载，两人都采用"秘技"造琴，制作精良，具有很好的共鸣效果，使琴音"具内涵""余音回荡"。姜顺蛟修乾隆十年本《吴县志》卷七九载："王吉治铜。雷文、张越治琴。范昌白治三弦子……皆名闻朝野。"《今虞琴刊》载雷文有"习静""唐雷文琴""金玉音"三琴留世。见《巴蜀琴艺考略》。

## 雷 生

雷生，唐代蜀（今四川）人。贞元年间（785—805）人，在成都名噪一时。唐代段安节《乐府杂录》载："古者能士固多，贞元中成都雷生善斫琴，至今尚有孙息不坠其业，精妙天下无比，弹者亦众焉。太和中，有贺若夷尤能，后为待诏，对文宗弹一调，上嘉赏之，仍赐朱衣，至今为《赐绯调》。"这说明雷生所斫的琴很精妙，名琴家用他斫

40

的琴弹曲给皇帝听，皇帝听后大加赞赏，并赐给朱衣，这算是大赏了。见《巴蜀琴艺考略》。《蜀中广记》亦有载。

### 雷 会

雷会，唐代蜀（今四川）人。据载：雷会约于宝历三年（827）斫过一床琴，该琴后被著名诗人、音乐鉴赏家欧阳修（1007—1072）所有，他对这张当时已有二百五十年古老历史的"金声玉振"琴倍加赞赏。见《巴蜀琴艺考略》。

### 雷 迅

雷迅，唐代蜀（今四川）人。《云烟过眼录》载：雷迅斫有"玉涧鸣泉"琴一床，作于咸通二年（861）。见《巴蜀琴艺考略》。

### 雷 绍

雷绍，唐代蜀（今四川）人。据《琴书》所录的《斫琴记》一书的注释中，绍之名列于雷震、雷威之前。见《巴蜀琴艺考略》。

### 雷 震

雷震，唐代蜀（今四川）人。北京图书馆藏有一本无名氏撰的手抄本《琴苑要录》，收有已失传的《碧落子斫琴法》，书中有雷震之名。见《巴蜀琴艺考略》。

### 雷 息

雷息，唐代蜀（今四川）人。据德国嵇穆（Martin Gimm）《段安节的乐府杂录》一书记载，雷息为雷氏子孙，生活于九世纪末，其父可能是雷会或雷迅。见《巴蜀琴艺考略》。

### 雷 焕

雷焕，唐代蜀（今四川）人。民国初著名大琴家杨时百在《琴学丛书》中介绍过一床"遏云"琴，说是癸丑冬月得琴，刻"大唐雷焕斫，万历三十九年仲夏月"等字。见《巴蜀琴艺考略》。

## 雷延鲁

雷延鲁，五代后唐西川节度使孟知祥部将。天成三年（928），唐徙季良为果州团练使，以何瓒为节度副使。知祥得制书匿之，表留季良，不许。乃遣其将雷延鲁至京师论请，明宗不得已而从之。是时，瓒行至绵谷，惧不敢进，知祥乃奏瓒为行军司马。见《新五代史》卷六十四。

## 雷昌培

雷昌培，唐宣宗时期窖场官员。按《和籴粟窖砖文》："东南场东南院，从北第三行，从西第二窖，贮大中三年户部和籴粟壹万陆阡玖佰捌贰硕。从大中十年□月廿二日起，重毫量扬掷入窖。至八月廿六日毕，□用五石函，元纳行概人南公素、王义、张荣，□□人李行儒，函头段楚□□□并入窖场□□雷昌培，元纳监事焦密，元纳专知官陈洙，丞替入窖专知官窦全真，元纳卿薛从，丞替入窖卿卢藉。"见《唐文续拾》卷十、《全唐文续编》卷九八五。

## 雷定真 （704—770）

雷氏，字定真，名讳不详。唐代人。曾祖庆之，祖宽，父匪石。适于朱府君，生六子三女。见《唐故左武卫泽州安平府折冲都尉吴郡朱府君夫人冯翊县太君雷氏（定真）墓志铭》。墓志《新中国出土墓志》（陕西·贰）有著录。志石出土于西安近郊。《全唐文新编》有录文。本墓志2016年武汉大学博士论文《中古胡姓家族研究——以族源、地域、文化为中心》附录《唐代胡姓家族墓志目录》列为雷氏（羌）。

## 雷颜芬妻冯氏

雷颜芬妻冯氏，唐代人。贞元三年（787）十月四日葬。生子三：希进、希愿、迅。墓志由吴通玄撰，雷迅书。见《雷颜芬妻冯氏墓志》。墓志《新中国出土墓志》（陕西·贰）有著录。志石出土于西安东郊郭家滩，现藏西安碑林。《隋唐五代墓志汇编》《全唐文补遗》均有录文。

## 雷府君

《民国续修陕西通志稿·金石》:"大唐故朝请大夫雷府君墓志"(永泰二年),其志石磨泐,仅存数十字,不能成诵。可辨者春秋六十有五,以永昌元年(689)十月十三字,夫人以总章二年(669)十月二十三日十二字。盖雷君卒于武后永昌元年,其夫人则先卒二十年,至始合葬也。见《地方志人物传记资料丛刊·西北卷》第2册。《民国咸宁长安两县续志·金石考下》亦有载。

## 雷咸 (? —794)

雷咸,《册府元龟》误作雷威。唐京兆(今陕西西安)人。进士。唐《赵勋暨妻杨氏墓志并盖》:"京兆进士雷咸撰并书。"见《西安碑林博物馆新藏墓志续编》。"贞元八年八月诏曰:秘书少监雷咸往镇、冀、德、隶、深、赵等州。"见《唐会要》卷七十七。"十年二月,诏应文武朝官有薨卒者,自今以后,其月俸料宜皆全给,仍更准本官一月俸钱,以为赙赠。若诸三品已上官,及尚书省四品官,仍令有司举旧令闻奏,行吊祭之礼,务从优备。初,左庶子雷咸,以是月朔卒,有司以故事计其月俸,以月数给之,上闻之,故有是命。"见《唐会要》卷九十一。"远祖咸,仕唐为左庶子,作相春宫,实允人望。"见《大宋故雷公(有终)墓志铭》。"雷咸工于翰墨,有名当世。《佩文斋书画谱》。"见《书史会要》《中国美术家人名大辞典》《中国美术家大辞典》。唐德宗兴元元年(784),梁肃《为雷使君祭孟尚书文》注释,"文中雷使君即为雷咸"。见《全唐文》卷五百二十二、《梁肃年谱稿》。贞元五年(789),雷咸在赴任秘书少监时,途经苏州,刺史韦应物作诗《送雷监赴阙庭》为其送行。

## 雷讽 (787—844)

雷讽,字国时。唐万年(今陕西西安市)人,鸿胪寺丞。曾祖晟,河南府士曹参军。祖致,试太常寺奉礼郎。父玉,试大理评事。夫人胡氏、郭氏、骆氏。子方儒。女,出阁配吕氏。志石藏陕西省西安市小雁塔保管所。见《唐故朝散大夫行鸿胪寺丞上柱国赐鱼袋雷府君墓志铭并

43

序》。《唐代墓志汇编》、《隋唐五代墓志汇编》陕西卷（第四册）均有录文。本墓志 2016 年武汉大学博士论文《中古胡姓家族研究——以族源、地域、文化为中心》附录《唐代胡姓家族墓志目录》列为雷氏（羌）。

### 雷景中

雷景中，唐万年（今陕西西安市）人，雷讽从兄。《唐代墓志汇编》《隋唐五代墓志汇编》收编其撰并书《唐故朝散大夫行鸿胪寺了丞上柱国赐鱼袋雷府君墓志铭并序》；太和元年（827）撰写并书梁守谦《知内侍省邠国公梁守谦墓志铭》；大中二年（848）撰写并书齐志英《唐故银青光禄大夫检校太子宾客行金吾卫翊府左郎将兼御史中丞上柱国食邑三百户高阳齐公墓志铭并序》。三个墓志署衔皆为"右神策军奉天镇判官承议郎试太子舍人"。

### 雷　海

雷海，唐冯翊（治今陕西大荔）人。曾祖慎，祖进，父恒，夫人成氏，生子遇等三男一女。雷海本关内冯翊人，贞元初，游于汝南，丧殁。夫人卒于贞元九年（793），执汉仪招魂合祔葬于龙门乡南主村。志石 2008 年出土于河南洛阳洛龙区。见《大唐故名海雷府君（雷海）合祔墓铭并序》。《秦晋豫新出墓志蒐佚》有著录。本墓志 2016 年武汉大学博士论文《中古胡姓家族研究——以族源、地域、文化为中心》附录《唐代胡姓家族墓志目录》列为雷氏（羌）。

### 雷况（？—870）

雷况，唐冯翊郡韩城（今陕西韩城）人。祖行。夫人元氏，生五子：从晖、彦愠等。孙无载名讳。志石二十世纪九十年代后韩城市东赵村西出土，现藏韩城市博物馆。见《唐故雷府君（况）墓志铭并序》。墓志《新中国出土墓志》（陕西·叁）有著录。《全唐文补遗》有录文。本墓志 2016 年武汉大学博士论文《中古胡姓家族研究——以族源、地域、文化为中心》附录《唐代胡姓家族墓志目录》列为雷氏（羌）。

## 雷廓 （596—646）

雷廓，字亮。唐冯翊郡冯翊县（今陕西大荔）人。其先为晋司空雷璋。曾祖华，祖悼，长子伏奴。志石 1986 年 4 月大荔县城北环路文殊新塔东侧出土，现藏大荔县文物管理委员会。见《唐故业善府录事骑都尉雷君（廓）墓志铭》。墓志《新中国出土墓志》（陕西·叁）有著录。《全唐文补遗》有录文。本墓志 2016 年武汉大学博士论文《中古胡姓家族研究——以族源、地域、文化为中心》附录《唐代胡姓家族墓志目录》列为雷氏（羌）。

## 雷氏 （547—640）

雷氏，唐冯翊白水（今陕西白水）人。祖通，周武卫将军。父俊，隋虎贲郎将，或教穆中邦，或威稜遐裔。夫人适于巨鹿魏氏，生二男。见《雷氏（魏府君妻）墓志》。雷氏卒于贞观十四年（640），志石出土于洛阳，具体时间不详，现藏开封博物馆。《洛阳出土少数民族墓志汇编》《羌族石刻文献集成》均有著录。《唐代墓志汇编》有录文。本墓志 2016 年武汉大学博士论文《中古胡姓家族研究——以族源、地域、文化为中心》附录《唐代胡姓家族墓志目录》列为雷氏（羌）。

## 雷询 （？—746）

雷询，字明远。唐冯翊郃阳（今陕西合阳）人。祖路，隋末唐初人，在隋官为锦司，在唐为司马。父通，唐初人，官居上柱国。唐玄宗天宝五年（746）六月五日，雷询因病去世，葬于仙宫原（今合阳县甘井镇仙宫村一带）。夫人赵氏，子宾泰。见《大唐故处士陪戎副尉雷君墓志铭并序》。《羌族石刻文献集成》有著录。《唐代墓志汇编》《全唐文新编》《民国续修陕西通志稿·金石》均有录文。按《民国咸宁长安两县续志·金石考上》："雷询墓志铭，石出郃阳县，今存邑人段氏。"

## 雷宾泰

雷宾泰，唐冯翊郃阳（今陕西合阳）人。《唐代墓志汇编》《全唐文新编》收编其撰写的《大唐故处士陪戎副尉雷君墓志铭并序》，注释云："宾泰，天宝中人。"

## 雷 牛

雷牛，唐秦州（今甘肃天水）人。炼丹于长道县之南，明皇时宫中有病，召至长安，所治皆愈，封雷王。今山一药曰尚存，有古槐一株液出似酒，饮之去病，人谓雷峰仙酒。《光绪甘肃新通志·仙释》《民国重纂礼县新志·仙释》。见《地方志人物传记资料丛刊·西北卷》第14、18册。《光绪重纂秦州直隶州新志·附考三·方技》亦有载。

## 雷惠祖等

隋开皇二年（582）《弥姐显明造像碑》碑阳第二层，邑主雷惠祖；第四层，开明主雷贵。碑阴第三层，邑子雷吕晖；第四层，邑子雷道晖；第五层，邑子雷仕儒、雷道粲。碑左侧第二层，典录都督雷元僑；第三层，邑子雷元超、雷洪庆；第四层，邑子雷道胜、雷元炽；第五层，邑子雷元亮、雷元荣。碑右侧第二层，邑子雷欢庆；第四层，邑子雷双炽；第五层，邑子雷晖荣。本碑《陕西药王山碑刻艺术总集》（第四卷）、《羌族石刻文献集成》均有著录。《北朝关中地区造像记整理与研究》有录文。

## 雷明姬

隋开皇四年（584）《钳耳神猛造像记》："猛母雷明姬"。见《北朝关中地区造像记整理与研究》。《羌族石刻文献集成》有著录。《碑铭所见前秦至隋初的关中部族》《东汉以来内迁羌族在关中的分布研究》均有评述。

## 雷香妙等

隋开皇六年（586）《雷香妙造像碑》碑阳第二层左侧为"亡夫柱国参军赏文表"骑马出行图，右侧为"像主雷香妙"乘车出行图。碑阴右侧为"祖雷合姬"乘车出行图。本碑《陕西药王山碑刻艺术总集》（第四卷）、《羌族石刻文献集成》均有著录。碑石现藏于陕西耀州药王山碑林。《药王山石刻集萃》《北朝关中地区造像记整理与研究》均有

46

录文。

### 雷香香等

隋开皇六年（586）《邑主弥姐后德合邑子卅人等造像记》北面像主雷香香，邑子雷男姐。碑阴面下半部分唐乾封元年（666）增刻"邑子雷师绪、雷神帅等"。见《北朝关中地区造像记整理与研究》。《羌族石刻文献集成》有著录，碑题为："弥姐后息造像碑"。

### 雷景郎等

隋开皇九年（589）《开皇九年造像碑》，由于碑残缺，下方发愿文和功德主名单中可辨认雷杞郎、雷景郎。左侧西面化主雷元晖。碑阴化主雷洪女。根据发愿文，此碑同为雷氏家族合邑造像碑，其中多有邑义职务，并有少数外姓。见《陕西富县博物馆藏北魏隋代造像碑研读》。本文刊登于《敦煌学辑刊》2016 年 2 期。

### 雷保和等

隋开皇十四年（594）《开皇十四年碑》，由于碑残缺，发愿文中可辨认人名雷保和、雷仁荣、雷明幕、雷白昌、雷仲和、雷印贵。碑阴功德主名单中可辨认：雷花女、雷庆和、雷文贵、雷熙容、雷长文。由此发愿文可知，此碑还是雷氏家族合邑造像碑，从供养人的姓氏看，除了妻姓除外，几乎全为雷姓，亦即为合宗之邑。见《陕西富县博物馆藏北魏隋代造像碑研读》。本文刊登于《敦煌学辑刊》2016 年 2 期。

### 雷　槙

隋开皇十五年（595）《刘伐廿八人造像记》："佛堂主雷槙"。《全隋文补遗》题作《雷填造像记》，宋莉考证为本标题，并将"填"判为"槙"。见《北朝关中地区造像记整理与研究》。《羌族石刻文献集成》有著录。

### 雷广炽等

隋开皇年间（581—600）《郭羌四面造像碑》，右侧，第三层，外生雷广炽。碑阴，第三层，雷□庆。见《北朝关中地区造像记整理与研究》。本碑《陕西药王山碑刻艺术总集》（第四卷）有著录。《东汉以来内迁羌族在关中的分布研究》《碑铭所见前秦至隋初的关中部族》均有评述。

### 雷男妃等

隋大业二年（606）《夫蒙子祥造像碑》，碑阳第一层，北面佛堂主雷男妃；第二层，邑子雷道安、雷初生；第三层，邑子雷石孙。碑左侧，邑子雷明妃。右侧，邑子雷树生。本碑《陕西药王山碑刻艺术总集》（第四卷）有著录。《北朝关中地区造像记整理与研究》碑题为《大业二年合村老少造像记》。

### 雷明府等

隋大业五年（609）《雷明府石像碑》，大隋南宫县令奉车都尉雷明府石像之碑，原编者按语，雷明府讳字里居及祖与曾祖名讳，造像处所俱无考。见《金石萃编》卷四十。按《咸丰同州府志》：石像之碑，正书，在马村清凉寺内。

### 雷伏爱等

唐总章二年（669）《雷伏爱造像碑》，造像、线刻和题记："本碑为耀州华原县雷伏爱一家九口发愿造像。"《陕西药王山碑刻艺术总集》（第五卷）有著录。

### 雷览仁等

唐仪凤三年（678）《同官县武定村造阿弥陀四面像铭》："佛弟子雷□妻□、雷定□、雷览仁、雷双仁、雷智静、雷三娘。同官县（今陕西铜川市）。"见《〈关中石刻文字新编〉点校汇编》。

### 雷延德等

武周长寿二年（693）九月《党□等造像碑》载有雷延德、雷休连、雷意，雷密等人。汇考认为，该造像碑由"冯翊郡党□"带领，合邑造像，存党氏 15 人，常氏 1 人，雷氏 7 人，羌人。碑上存多为女性题名，所以羌人题名实际远远大于上述数字。造像碑出土地点不明，据端方光绪三十年（1904）题跋，"焦山定慧寺""金山江天寺"俱在江苏镇江。造像碑或出于江苏。"外迁王冯翊郡党后当家老兄弟五人"，确指冯翊郡党氏"外迁"，他们与雷氏等羌人至迟在唐长寿二年（693）前，即已有徙至江苏一带者。见《羌族石刻文献集成·贰》。

### 雷昌等

唐贞元五年（789）《奉先县怀仁乡敬母村经幢》，次生花主雷昌。佛龛主僧郭延母雷、雷进、雷昌妻吕、雷瓘母韦氏、雷寂妻杜、陈玼妻雷、雷昌男嘉和、雷寂女大娘二娘。（奉先县，今陕西省蒲城县。）见《〈关中石刻文字新编〉点校汇编》。《羌族石刻文献集成》有著录。马长寿《碑铭所见前秦至隋初的关中部族》评述认为，《奉先县怀仁乡敬母村经幢》"以上十七项内①包括了建经幢男女羌民的各种亲属关系，其中有夫妻关系、父母子女关系、祖孙关系和岳父母女婿关系等等。从各种关系的姓氏可以看到，唐代在奉先县怀仁乡敬母村内羌汉互婚的习俗已经十分流行了"。

### 雷希有等

唐《魏文智等造像记》载有佛弟子雷希有娘，雷奄男志贞，雷斌女优昙等雷氏人名。汇考认为，题名以雷氏为主，次为夫蒙、同蹄，皆羌姓，是以羌人为主的合邑造像碑。造像记《羌族石刻文献集成》有著录。

### 雷文扬

唐（618—907）《雷文扬造像并记》。刻立地：河南省洛阳市龙门山老君洞下边。拓片特征：正书；馆藏信息：造像 4759。见"国家图书馆网站-碑帖菁华"。

---

① 《〈关中石刻文字新编〉点校汇编》校者注：指本经幢后部分题名。

# 宋

### 雷　说

雷说，北宋人。南唐进士，开宝八年（975）礼部试，殿试屡试不合格，特赐《三传》出身。太宗淳化间（990—994）历官大宁监，时百姓汲泉，强弱相凌，因于穴旁创石池以潴之，另设横板三十孔，承以修竹，谓"笕筒"，人皆称便。见《宋代登科总录》。《古今图书集成》《历代名人姓氏全编》《雍正四川通志》均有传。《宋史》《续资治通鉴长编》《续资治通鉴》《宋会要辑稿》《蜀中广记》《中国地方志宋代人物资料索引续编》《中华万姓谱》《中国人名大辞典》《中国历代人名大辞典》《宋登科记考》等均有载。

### 雷　贞

雷贞，北宋解州闻喜镇遏使。按《山右石刻丛编》："《闻喜县志》斠，雷贞，宋太平兴国三年（978）闻喜镇遏使。见《后稷庙碑》。今拓本残阙，本文见者尚未阙之。"《民国闻喜县志》亦有载。

### 雷德源

雷德源，宋太平兴国四年（979）五月太原平，命左赞善大夫雷德源入城点检书籍图画。见《宋会要辑稿·崇儒四》。

### 雷　泽

雷泽，宋大中祥符七年（1014）既而御史雷泽、高弁上言，"溉讼事得实，被责太过"。见《续资治通鉴》卷三十一。

## 雷子元

雷子元，宋仁宗时试秘书省校书郎。康定元年（1040）十一月一日，以草泽雷子元试秘书省校书郎。子元进封事故也。见《宋会要辑稿·选举三十三》。《续资治通鉴长编》卷一百二十九亦有载。

## 雷周式

雷周式，宋庆历大理寺丞。庆历五年（1045）五月，赐大理寺丞、通判镇戎军雷周式五品服，仍升一任差遣。先是西贼围镇戎，周式收散卒二万余人入保，贼遂引去，故赏及之。见《续资治通鉴长编》卷一百五十六。

## 雷　况

雷况，宋庆历中（1041—1048）知益州。治尚和易，去苛细，奖进儒业，禁缉奸暴，以德化人，人自不欺。见《雍正四川通志·名宦》。

## 雷应昌

雷应昌，宋至和间（1054—1056）任潮州推官。见《雍正广东通志》卷二十六。《中国地方志宋代人物资料索引续编》亦有载。按《郑伸文公祠记》至和元年（1054）："至和甲午岁，建文公祠堂。知州事郑伸、权监押史□、签判陈□□、知县欧阳景、推官雷应昌，落成之时十二月初吉记。"《郑伸文公祠记》收编在《潮汕金石文征》（宋元卷）。

## 雷承昊

雷承昊，北宋人。官殿直，石恪有诗作《赠雷殿直》。按《诗话总龟·神仙门上》："石恪，西蜀人，善画，尤长于山水禽鱼，亦攻歌诗，言论粗暴，多诮人短。开宝中，王师下西蜀，遣名画入京，恪在其数。宣于相国画壁，工毕上状乞归，奉敕任便，出京卒于道中。雍熙元年，殿直雷承昊奉命来衡阳，风土殊俗，恪痛勉之，为七言诗送承昊，迟暮与恪宿于公舍，达晓分携。承昊行经数里，思恪已卒数年，遽出所赠诗，多言衡阳风物，其诗曰：'衡阳去此正三千，一路程途甚坦然。深遂门墙三楚外，清风池馆五峰前。西边市井来商客，东岸汀洲簇钓船。公退只应无别事，朱陵后洞看神仙．'及到任，公宇一如恪言，诗章好事者争传之。"《五代诗话》亦有载。

### 雷殿直

雷殿直，北宋书画家。工画竹。梅尧臣诗《和江邻几学士得雷殿直墨竹二轴》："昔见雷子之小篆，今见雷子之墨竹。节瘦已似蛟龙孙，叶暗曾无凤皇宿。"《画史会要》《中国美术家人名辞典》《中国历代人名大辞典》《中华万姓谱》《中国人名大辞典》《中国美术家大辞典》等均有载。

### 雷 宪

雷宪，宋庆历六年（1046）三月十九日，赐前延州司户参军雷宪同进士出身。召试学士院入等命之。官著作佐郎管勾河东路机宜文字。嘉祐元年（1056）尝书宋马端《司马晋州待制哀辞》小石刻在夏县司马祠堂西馆中。见《宋会要辑稿·选举九》。《中国美术家人名辞典》。《司马光茔祠碑志》《宋登科记考》《宋代登科总录》《中国美术家大辞典》均有载。

### 雷周询

雷周询，北宋人。按《宋人传记资料索引》："东头供奉官雷周询可内部崇班制。"韩维有《东头供奉官雷周询可内部崇班制》收编在《全宋文》第 49 册。

### 雷显忠

雷显忠，北宋人。雷宋臣父。"大理寺丞雷宋臣除太子中舍，以父名乞回避，从其请。"见《续资治通鉴长编》卷一百九十三、《宋会要辑稿·礼制十三》。

### 雷宋臣

雷宋臣，一作雷宗臣。宋嘉祐六年（1061）五月二十八日，大理寺丞雷宋臣除太子中舍，以父名显忠乞回避，从其请。见《续资治通鉴长编》卷一百九十三、《宋会要辑稿·礼制十三》。《宋人传记资料索引》均有载。王安石《薛宗弼雷宋臣太子中舍刘师旦殿中丞制》《雷宋臣太子洗马制》收编在《全宋文》第63册。

### 雷中庆

雷中庆，宋神宗时著名舞人。舞艺极天下之工。舞有雷中庆，世皆呼之为雷大使。陈师道《后山诗话》："退之以文为诗，子瞻以诗为词，如教坊雷大使之舞，虽极天下之工，要非本色。雷大使乃雷中庆。陈师道认为舞者应为妙龄女子，以男子而舞，虽舞艺及工，亦非本色。"见《铁围山丛谈》。

### 雷　甲

雷甲，北宋人。按《宋史》卷二百九十八："殿侍雷甲以兵百余人逐盗竹山，甲不能戢，所至为暴。或疑为盗，告希亮盗入境，且及门。希亮即勒兵阻水拒之，命持满无得发，士皆植立如偶人。甲射之，不动，乃下马拜请死，曰：'初不知公官军也。'吏士皆欲斩甲以徇，希亮独治为暴者十余人，使甲以捕盗自赎。"《陈公弼传》《蜀中广记》均有载。

### 雷嗣文

雷嗣文，宋熙宁二年（1069）内殿承制雷嗣文柔远寨北路都巡检。熙宁八年（1075）五月甲子，都监雷嗣文为第三将知大顺城。见《续资治通鉴长编》卷二百十六、卷二百六十四、卷二百七十二。

### 雷　珣

雷珣，宋熙宁三年（1070）武举。三班院言，殿直雷珣乞试六韬、孙吴兵书、义十道，仍试骑射中选。诏免珣使权边寨监押巡检，代还依武举人例差注。三班使臣乞试兵书自珣始也。见《续资治通鉴长编》卷二百十八。《宋会要辑稿·选举一五、选举一七》均有载。

## 雷寿民

雷寿民，北宋熙宁《同州圣教序》碑阴题记人物。按《〈同州圣教序〉碑阴题记辑释》范育等题记："范育巽之。雷寿民安老，崔君授梦得，李衮希仲同观。熙宁四年（1071）六月二十三日。"本文刊登于《碑林集刊》2003 年第 00 期。

## 雷　章

雷章，北宋人。伏龙庙碑，皇祐六年（1054）二月建，雷章撰文，张天锡正书，篆额在伏龙村寺内。见《咸丰同州府志》。雷章《宋重建伏龙神庙碑》收编在《全宋文》第 48 册。小传云："雷章，皇祐间为将仕郎、试秘书省校书郎、守耀州司户参军。"熙宁六年（1073）司马光诗《送雷章秘丞知芮城》，两者或为同一人。

## 雷寿之

雷寿之，北宋人。著有《古文类纂》十卷。见《宋史·艺文六》。按《北宋故朝奉郎尚书虞部员外郎骑都尉赐绯鱼袋宋府君（寿昌）墓志铭》："宋神宗熙宁年间，承奉郎试大理评事权陇州防御判官雷寿之篆盖。"志石出土地点不详，现藏西安市文物保护考古所。墓志《新中国出土墓志》（陕西·叁）有著录。《宋史》与《墓志》雷寿之应为同一人。

## 雷　仲

雷仲，宋熙宁六年（1073）供备库使宋亨、雷仲提举京东教阅亨西路仲东路。元丰三年（1080）高阳关路钤辖兼河北第十将雷仲言，臣昨欲举行霸州教阅不依。见《续资治通鉴长编》卷二百四十六、卷三百三。

## 雷　易

雷易，宋元丰八年（1085）入内省申准赦内臣并与改转，黄经臣、雷易并令转出。见《续资治通鉴长编》卷三百五十四。

## 靁 恢

靁恢，宋元祐初人，任府学教授。按《姓氏寻源》："黄帝次妃方儡（即方雷）氏之后有靁氏、儽氏、累氏，古之儽与今之雷为同一字，故同雷。"靁音、字、意皆同雷，是雷的异体字。《中国姓氏大辞典》亦有载。

## 雷 瑜

雷瑜，宋元祐四年（1089）临口寨将官成赟、雷瑜等六人御蛮寇有功，诏各升一资。元祐五年左侍禁，阁门祗候，东南第九将雷瑜，特遣阁门祗候，勒停坐托疾，不赴邵州策应也。见《续资治通鉴长编》卷四百二十五、卷四百四十九。《宋会要辑稿·职官六七》亦有载。

## 雷 周

雷周，宋绍圣二年（1095）六月七日，皇城使李元辅降为皇城副使，准备将韩廉降监当差遣，部将雷周勒停。以鄜延路经略使范纯粹言元辅、廉与西贼战退走，周不救援故也。见《宋会要辑稿·职官六七》。

## 雷天民

雷天民，北宋人。宋绍圣乙亥（1095）题。正书。原在同州府匦谷。题名唯"雷天民三月上巳"及年代数字尚完好。见《陕西石刻文献目录集存》。《咸丰同州府志》亦有载，见《地方志人物传记资料丛刊·西北卷》第9册。

## 雷 秀

雷秀，宋元符二年（1099）融州刺史雷秀领维州团练使。见《续资治通鉴长编》卷五百十。

## 雷 迪

雷迪，宋元丰七年（1084）诏景灵宫管勾内品雷迪罚铜十斤，送西京洒扫班坐，欲移用美成殿奉祀物及应宿不直也。政和五年（1115）雷迪、丁升卿军前承受。见《续资治通鉴长编》卷三百四十九、《续资治通鉴》卷九十二。

### 雷　勉

雷勉，宣和六年（1116）五月九日，新差权提举京西南路常平等事雷勉状奏。见《宋会要辑稿·职官四三》。雷勉《乞委漕臣与州县当职官公共点检坑治事奏》收编在《全宋文》第174册。

### 雷寿松

雷寿松，宣和中直龙图阁、权发遣淮南西路提点刑狱公事。后以党附王黼，落职送吏部。见《宋会要辑稿》刑法六、兵一二、职官六九。雷寿松《禁绝捕盗官侥冒朝廷赏典事奏》《乞立定验尸官申发验状条限奏》事奏，收编在《全宋文》第174册。

### 雷彦兴（1065—1126）

雷彦兴，宋武泰军何灌帐下奇士。靖康元年（1126）正月二日，次滑州，方平南奔，灌亦望风迎溃。黄河南岸无一人御敌，金师遂直叩京城。灌至，乞入见，不许，而令控守西隅。背城拒战凡三日，被创，没于阵，年六十二。帐下韩综、雷彦兴，奇士也，各手杀数人，从以死。见《宋史》卷三百五十七。

### 雷　临

雷临，宋代诗人。其诗作《王官瀑布》："区区奔走漫华颠，一别王官十四年。绿玉峡中喷白玉，溉田浇竹满平川。"见《雍正山西通志》卷二二六。《王官瀑布》诗，收编在《全宋诗》第72册。

### 雷虞龙

雷虞龙，字虞卿。宋代人。周紫芝《时山观音神像记》："建炎三年（1129）冬十有一月，金人渡江，建康失守，兵马大都督杜充既降敌，诸将皆以兵叛。……龙溪士雷虞龙，字虞卿，一日偶谓居穆曰：

'余愿丐一观音像事之，久未之得，奈何？'居穆笑曰：'异哉，像其有归矣乎！'"见《全宋文》卷三五二九。本文收编在《全宋文》第162册。周紫芝诗《送舜卿游建昌》。见周紫芝《太仓稊米集》，集中多处有雷飞卿。雷飞卿与雷虞卿或为同一人。

## 雷 震

雷震，宋绍兴元年（1131）金人掠天水县徙治榆林。承奉郎、知县事赵璧方受贺，忽敌骑三百突入，坐上缚璧及统领官雷震、主簿张昔以去。璧等不屈，皆杀之。见《续资治通鉴》卷一百十九。

## 雷公达

雷公达，宋代人。释克勤《送雷公达教授》："灵山释迦文，百万亿贤圣，会集龙象如林，皆超群越众，大器大根，可以迎风投契，隔岳隔海领略，岂止闻一知十！"见《全宋文》卷二九〇二。释克勤《送雷公达教授》、郑刚中《跋雷公达所示潘仲严诗卷》、潘良贵《答雷公达》，分别收编在《全宋文》第134、178、185册。

## 雷 进

雷进，宋代人。王洋《雷进拉骆驼转官制》："具官某：帅四川之臣，贡一封之兽，而尔纪纲其至，亲护无伤。宠进品阶，用旌劳勋。《东牟集》卷七。"本文收编在《全宋文》第177册。

## 雷天锡

雷天锡，宋代人。范成大《记雷孝子事》："雷孝子天锡，十一岁剔骨救父。见《黄氏日抄》卷六七。又见《范成大佚著辑存》。"《记雷孝子事》，收编在《全宋文》第224册。

## 雷继晖

雷继晖，宋代人。著有《神圣集》三卷，已佚。见《宋史》卷二百〇七。《中医人名辞典》《中医人名大辞典》均有载。

## 雷受明

雷受明，宋代人。永福令。见《雍正广西通志》卷五十一。《中国地方志宋代人物资料索引续编》亦有载。

## 雷文刚

雷文刚，宋代人。永福令。见《雍正广西通志》卷五十一。《中国地方志宋代人物资料索引续编》亦有载。

## 雷　俨

雷俨，靖康元年（1126）以大理寺丞任知县。《白鹤观记》。见《道光丰城县志》。

## 雷道之

雷道之，南宋人。绍兴间为西岳知殿兼拱极观主，赐紫道士。《金石萃编》卷一四七《拱极观碑记》。见《全宋文》卷四二〇九。雷道之《拱极观碑记》，收编在《全宋文》第191册。

## 雷兴祖

雷兴祖，南宋人。周必大《雷兴祖文字回奏》："臣伏准圣旨，付下雷兴祖文字一件，候朝殿日面奏。臣已遵禀，伏乞睿照。《奉诏录》卷四。"本文收编在《全宋文》第228册。

## 雷嗣庆

雷嗣庆，南宋人。绍兴间（1131—1162）长乐县主簿。见《乾隆福建通志》职官三。《中国地方志宋代人物资料索引续编》亦有载。

## 雷鹏飞

雷鹏飞，南宋人。绍兴（1131—1162）间通判。见《民国湖北通志·职官》。《中国地方志宋代人物资料索引续编》亦有载。

## 雷陟

雷陟，宋张祖德墓志书丹人。庆元二年（1196）迪功郎前洋州司户参军雷陟书。见《宋故奉议郎前武兴通守张公（祖德）墓志铭》。墓志《新中国出土墓志》（陕西·壹）有著录。

## 雷益明

雷益明，南宋人。理宗时，蒲圻教谕。见《民国湖北通志》职官。《中国地方志宋代人物资料索引续编》亦有载。

## 雷震

雷震，南宋人。绍兴中为河南府等州镇抚司干办公事。《宋会要辑稿》食货六三之四、方域一〇之五，《建炎以来系年要录》卷六五。见《全宋文》卷四〇六九。雷震《乞许将探报贼马急速文字入急递赴行在投进奏》《乞蠲免京西路民户非泛科率五年奏》，收编在《全宋文》第185册。

## 雷仲

雷仲，南宋统制。绍兴十一年（1141）春正月乙卯，金人犯寿春府，守臣孙晖、统制雷仲合兵拒之。见《宋史》高宗六。张嵲《雷仲宋福为杀退金人各转一官制》，收编在《全宋文》第186册。《宋史》《宋会要辑稿》《续资治通鉴》等均有载。

## 雷济

雷济，南宋人。宋绍兴三十年（1160）十一月二十二日，吏部言，"前御书院艺学雷济等状，依本院指挥，书艺学满十年出职补保义郎。济等历过年劳实及九年四个月，少八个月，近因省罢，乞依年劳出职条法上降等补官"。诏并与补承信郎。见《宋会要辑稿·职官三六》。

## 雷世贤

雷世贤，南宋人。隆兴初为马军司前军第十将准备将。淳熙间为侍卫马军副都指挥使。见《宋会要辑稿》职官七、食货六三、兵一九。雷世贤《言犒设本司见管枪手奏》等奏章，收编在《全宋文》第283册。

## 雷世方

雷世方，南宋乾道四年（1168）七月十四日，诏马军司统制官、武功大夫关青、张俊，正将、武功大夫王成、孙万，敦武郎雷世方，武翼郎王汝弼，各特降一官。见《宋会要辑稿·职官七一》。"山阳旧屯军八千，雷世方乞止差镇江一军五千，必大曰：'山阳控扼清河口，若今减而后增，必致敌疑。'"见《宋史·周必大传》。周必大《择代雷世方回奏》，收编在《全宋文》第228册。崔敦诗《雷世方降一官制》，收编在《全宋文》第273册。

## 雷　志

雷志，南宋孝宗淳熙间（1174—1189），知昌化军事，后改南宁军。见《雍正广东通志·职官》。《宋代传记资料索引》亦有载。

## 雷彦雄

雷彦雄，南宋淳熙十六年（1189）十二月五日，诏建康都统司右军统领雷彦雄减二年磨勘，更支犒设钱。以枢密院审察拍试合格故也。见《宋会要辑稿·兵一九》。

## 雷世忠

雷世忠，南宋随州知州、后军统制。绍熙元年（1190）十一月一日，诏后军统制雷世忠、后军统领王处久、前军统领杨世雄、选锋军统领李显明各特降一官。见《宋会要辑稿·职官七三》。《金史》《开禧德安守城录》《湖北通志》均有载。陈傅良《泸州被害官兵故节度推官杜美赠两资与一子下州文学故忠训郎泸州驻泊兵马监押安彦斌赠三官与一子承信郎故下班祗应潼川府钤辖司指挥使雷世忠赠承信郎制》，收编在《全宋文》第267册。

## 雷世明

雷世明，南宋绍熙三年（1192）信等作乱，晨入帅府，杀孝芳及其家，又杀节度推官杜美、驻泊兵马监押安彦斌、训练官雷世明、军校张明等。见《续资治通鉴》卷第一百五十二。

## 雷　雾

雷雾，南宋庆元五年（1199）九月十四日，右军统制雷雾特降两官，充副将。坐贪婪不法，凌辱士卒，隳坏军政，以兴元都统制田世辅奏故也。见《宋会要辑稿·职官七三》。

## 雷　洙

雷洙，南宋嘉定间（1208—1224）任福建提点刑狱公事。《浸塘文集》。见《民国福建通志·职官》。

## 雷　云

雷云，南宋凤州（今陕西凤县）守臣。按《雍正陕西通志》卷八十一："嘉定十二年（1219）春正月甲午，金人破凤州，守臣雷云弃城去。"《宋史》卷四十、《宋会要辑稿》、《中国地方志宋代人物资料索引续编》均有载。

## 雷　灿

雷灿，南宋抗金将军李显忠部将。金人陷延安，授显忠父子官。永奇聚泣曰："我宋臣也，世袭国恩，乃为彼用邪！"会刘豫令显忠帅马军赴东京，永奇密戒之曰："汝若得乘机，即归本朝，无以我故贰其志。事成，我亦不朽矣。"显忠至东京，刘麟喜之，授南路钤辖，乃密遣其客雷灿以蜡书赴行在。见《宋史》卷三百六十七。

## 雷千户

雷千户，南宋抗金将领吴璘部将。雷千户约降，黎明，城破。以功授团练使，又以瓦亭功授郢州防御使。见《宋史》卷三百六十六。

## 雷去危

雷去危，南宋抗金名将孟珙部将。与刘全与金人战于夏家桥小捷。见《宋史》卷四百一十二。

## 雷大震

雷大震，宋扬州拨发官。德祐元年（1275），夏，四月，庚午，阿珠乘胜进趣扬州，姜才为三叠阵，逆之于三里沟，败之。阿珠佯退，才逐之，阿珠反战。至扬子桥，扬州拨发官雷大震出战，死之。见《续资治通鉴》卷一百八十一。《宋史》卷四十七、《宋人传记资料索引》均有载。

## 雷　豫

雷豫，北宋润州（今江苏镇江）人。皇祐五年（1053）进士。长乐知县。终福州通判。见《宋登科记考》《雷翁墓碣》。《乾隆江南通志》《民国福建通志》《中国地方志宋代人物资料索引续编》《宋代登科总录》均有载。

## 雷震（1132—1208）

雷震，南宋镇江府金坛（今江苏金坛）人。先世曾为显宦，后家道中衰，里俗轻重视家有无，无问其世者，于是夷为编氓。震思力振之，谨视丘垄，而纳仲季于学，已而其仲再选于乡，乃请于官为正户籍之久讹，得还旧观。嘉定元年卒，年七十七。见《宋人传记资料索引》。按刘宰《雷翁墓碣》："翁，故邑人朝请公孙。朝请讳豫，世裔所不得详。或曰其先连州人，擢皇祐五年进士第，终福州通判，禄弗及子。子灿入太学为诸生。灿之卒也，子彦强未壮，不及学。比长，娶于吴，继室于潘。翁吴氏出，潘媵己出，斥远之，育于外兄王氏。父卒而家益索。……翁名震，生于绍兴壬子，寿七十有七。配施氏。三子，伯文、仲选，应龙季也。女一人，适故殿中丞孙姚模。孙男六人。诸孤奉母命，将以八月甲子葬翁于县东里干之原。应龙妻，余四从侄女也，求文以志，余故得以余之所以哭翁者详于右云。《漫塘集》卷三二。"见

《全宋文》卷六七五八。墓碣收编在《全宋文》第 300 册。

## 雷潮夫妇

雷潮夫妇，宋临安（今浙江杭州）人。皆以雕塑名世称善手。吴县（今江苏苏州）洞庭东山紫金庵泥塑彩绘罗汉像，传为其夫妇所塑。造型精准，容貌怪伟，时称苏杭名山大刹之最。见《苏州历代人物大辞典》。《中国美术家人名辞典》《中国美术家大辞典》均有载。《紫金庵罗汉欣赏》引《苏州府志》："雷潮夫妇这两位雕塑家，一生只在三处塑造过作品，紫金庵是他们最花心血的地方。从这些绝妙的作品中，我看到了雷潮夫妇追求完美的心态，看到了他们合作协调的工作生活，也看到了他们俯视复杂人生时所表达的善良和宽容大度。"《紫金庵罗汉欣赏》刊登于《风景名胜》2001 年 06 期。

## 雷　就

雷就，北宋临安（今浙江杭州）人。按《淳祐临安志》："雷峰，在净慈寺前，有宝塔五层，传收西湖胜迹云，昔郡民雷就之所居，故名雷峰庵。"《西湖百咏》："雷峰，在显严院，开宝中，钱氏妃建塔院，院侧有雷峰庵，郡人雷就故屋。"据此，雷就应为宋开宝以前临安人。

## 雷三益

雷三益，南宋汀州清流（今福建清流）人。魁岸有勇略。端宗景炎初文天祥入汀，开府集兵，三益同雷丙、雷戊、雷庚三子应召。父子英烈，皆卒于勤王。见《中国历代人名大辞典》。《道光清流县志·忠烈》有传。见《地方志人物传记资料丛刊·华东卷上编》第 80 册。《古今图书集成》《雍正汀州府志》《乾隆福建通志》《民国清流县志》均有传。《中华万姓谱》《中国人名大辞典》《图解姓氏：画说百家姓》等均有载。按 1994 年版《清流县志》：为纪念三益，特建专祠春秋祀奉。

## 雷　宣

雷宣，字明之。宋汀州宁化（今福建宁化）人。皇祐元年（1049）

进士。历江州户曹、言州判官、迁知抚州宜黄县，终承务郎诸王宫大小学教授。见《乾隆福建通志·选举》。《宋人传记资料索引》《中国地方志宋代人物资料索引续编》《宋登科记考》《宋代登科总录》均有载。

## 雷 尧

雷尧，改名衍，字中道。宋汀州宁化（今福建宁化）人。元丰三年（1080）进士。调江州户曹，泉州教授，改京秩，终连州通判。见《宋代登科总录》。《宋人传记资料索引》《中国地方志宋代人物资料索引续编》均有载。

## 雷 协

雷协，字彦一。宋汀州宁化（今福建宁化）人。政和二年（1112）进士。雷尧堂弟。以通《易》知名。为上饶尉，终宣教郎、兴化军教授。见《中国历代人名大辞典》。《康熙宁化县志·先宪》有传。见《地方志人物传记资料丛刊·华东卷上编》第 80 册。《万姓统谱》《古今图书集成》《乾隆福建通志》《历代名人姓氏全编》《民国宁化县志》均有传。《宋人传记资料索引》《中国地方志宋代人物资料索引续编》《中国人名大辞典》《中华万姓谱》《宋代登科总录》等均有载。

## 雷彦国

雷彦国，南宋汀州宁化（今福建宁化）人。隆兴元年（1163）进士，恭城簿。见《乾隆福建通志·选举》。《雍正广西通志》《中国地方志宋代人物资料索引续编》《宋代登科总录》均有载。

## 雷 倬

雷倬，字友章。南宋汀州宁化（今福建宁化）人。嘉泰二年（1202）壬戌傅行简榜，特奏名进士。见《乾隆福建通志·选举》。《中国地方志宋代人物资料索引续编》《宋代登科总录》均有载。

## 雷 靖

雷靖，南宋汀州宁化（今福建宁化）人。绍兴十五年（1145）进士。海丰簿。见《乾隆福建通志·选举》。《中国地方志宋代人物资料索引续编》《宋代登科总录》均有载。

## 雷 硕

雷硕，南宋汀州宁化（今福建宁化）人。隆兴元年（1163）特奏名登进士第，敕授嘉州文学。见《宋代登科总录》。《乾隆福建通志》《中国地方志宋代人物资料索引续编》均有载。

## 雷逢年

雷逢年，宋建州（今福建建瓯）人。以子抗贵，为从事郎、浙江儒学副提举。见《康熙建宁府志·封赠》。《宋代传记资料索引补编》亦有载。按《全宋文》卷四〇二九："雷抗，宣和初知岳州临湘县。"疑与雷逢年子为同一人。

## 雷 抗

雷抗，宋建州（今福建建瓯）人。宣和初知岳州临湘县。见《全宋文》卷四〇二九。按《宋代传记资料索引补编》："雷逢年，以子抗贵，为从事郎、浙江儒学副提举。"雷抗《处士李黻墓志铭》，收编在《全宋文》第183册。

## 雷 孜

雷孜，宋建州（今福建建瓯）人。以子颐贵，除承事郎、揭阳县丞。见《康熙建宁府志·封赠》。《宋代传记资料索引补编》亦有载。

## 雷文英

雷文英，字士华。宋建安（今福建建瓯）人，以父潜荫为县丞。见《康熙建宁府志·封赠》。《宋代传记资料索引补编》亦有载。

## 雷觉民

雷觉民，字将道。宋建州建安（今福建建瓯）人。性至孝，父将得官，卒，其祖悲念不已，觉民发奋攻读，期继父业。逾十年，登绍圣元年（1094）进士第，调漳浦尉，大有政声。改湖州司录，太守不以时给粮，诸军喧于庭，久不退，觉民谕以经制钱代给，后当积月俸为偿之。诸军感谢而去。知南华县，丁母忧，庐墓三年。后倅乡郡，未老丐祠。卒年九十五。先是，于官所买婢从嫁，询知为宦家，遂辍女奁嫁之。尝有盗窃其妻家，觉民怜其贫，遗之以米，乡人称之。子：光远，兴化理掾；光胄，通判广州。《民国建瓯县志·独行》。见《地方志人物传记资料丛刊·华东卷上编》第76册。《康熙建宁府志》《民国福建通志》均有传。《宋代传记资料索引补编》《中国地方志宋代人物资料索引续编》《宋代登科总录》均有载。

## 雷光远

雷光远，宋建州建安（今福建建瓯）人。宣和间（1119—1125）任兴化军司狱事。见《民国福建通志》总卷三十二。《中国地方志宋代人物资料索引续编》亦有载。按《康熙建宁府志》：雷觉民，子：光远，兴化理掾；光胄，通判广州。

## 雷光胄

雷光胄，宋建州建安（今福建建瓯）人。南安县铜鱼桥，乾道间（1165—1173），县令雷光胄修。见《乾隆福建通志》。按《康熙建宁府志》：雷觉民，子：光远，兴化理掾；光胄，通判广州。

## 雷 霆

雷霆，南宋建宁府建安（今福建建瓯）人。乾道八年（1172）黄定榜进士，授宾州通判。后入国史院。《粤西金石略》卷九："雷霆，字复之，淳熙年间（1174—1189）人。或即一人。"见《宋代传记资料索引补编》。《中国地方志宋代人物资料索引续编》《宋代登科总录》《广西石刻人名录》均有载。

## 雷 盈

雷盈，南宋建宁府建安（今福建建瓯）人。以子绍贵为承事郎，邵武知县。见《康熙建宁府志·封赠》。《宋代传记资料索引补编》亦有载。

### 雷绍（1181—1261）

雷绍，字承可。南宋建宁府建安（今福建建瓯）人。年六十四登淳祐四年（1244）留梦炎榜进士。为永丰县尉，终邵武知录，年八十一。见《宋代传记资料索引补编》。《中国地方志宋代人物资料索引续编》《宋代登科总录》均有载。

### 雷丑助

雷丑助，南宋建宁府瓯宁（今福建建瓯）人，一作建宁府建安（今福建建瓯）人。登嘉定元年（1208）郑自成榜进士第，为福州监镇。见《宋代传记资料索引补编》。《康熙建宁府志》《中国地方志宋代人物资料索引续编》《宋代登科总录》等均有载。

### 雷　复

雷复，南宋建宁府建安（今福建建瓯）人。登嘉定十年（1217）吴潜榜进士第，为长汀县尉、新州教授。见《宋代传记资料索引补编》。《中国地方志宋代人物资料索引续编》《宋代登科总录》均有载。

### 雷子发

雷子发，南宋建宁府建安（今福建建瓯）人。淳祐四年（1244）进士。宝祐间为长汀县尉。见《宋代传记资料索引补编》。《民国福建通志》《中国地方志宋代人物资料索引续编》《宋代登科总录》均有载。

### 雷龙济（？—1279）

雷龙济，字耕禄，号师古。南宋建宁府建安（今福建建瓯）人。第进士。尝举义兵随帝赵昺至崖山，图复宋室，兵败，殁于万石滩。见《中国历代人名大辞典》。《康熙建宁府志》《古今图书集成》《乾隆福建通志》均有传。《民国建瓯县志·忠义》亦有传。见《地方志人物传记资料丛刊·华东卷上编》第76册。《宋人传记资料索引》《宋代传记资料索引补编》《中国地方志宋代人物资料索引续编》《中华万姓谱》

《中国人名大辞典》《宋代人物辞典》等均有载。按《雷机墓志铭》：祖龙济，为乡贡进士，宋末抗元遇难。

### 雷 震

雷震，南宋隆兴府南昌（今江西南昌）上谌店人。咸淳元年（1265）乙丑科登阮登炳榜进士。见《江西历代进士全传》。《宋代登科总录》《宋人传记资料索引》《中国地方志宋代人物资料索引续编》均有载。雷震诗收编在《全宋诗》第 68 册，不能确定是南昌雷震还是眉州雷震。

### 雷 豫

雷豫，南宋豫章进贤人。按《宋代传记资料索引补编》："雷豫，号山堂居士，孝宗时豫章进贤人①。"《江西出土墓志选编》有录文。《中国地方志宋代人物资料索引续编》亦有载。

### 雷 氏

雷氏，南宋豫章进贤人。雷应雷妹。按《吴铎妻雷氏圹记》宝祐五年（1257）九月："先妣孺人姓雷氏，渠阳校官讳应雷之妹，山堂居士讳豫之女也。祖讳由已，曾祖讳璿，世居于进贤冶塘。"见《江西出土墓志选编》。

### 雷应云

雷应云，一作雷应雷。宋隆兴府进贤（今江西进贤）人。嘉定十六年（1223）癸未科蒋重珍榜进士，历渠州州学教授。见《宋代登科总录》《江西历代进士全传》。《雍正江西通志》《中国地方志宋代人物资料索引续编》均有载。杨至质《回雷应雷启》，收编在《全宋文》第344 册。

### 雷 杭

雷杭，宋南康军建昌（今江西永修）人。大观三年（1109）进士。

---

① 《宋孺人雷氏圹记》，1986 年出土于江西进贤县，进贤文物管理所藏志石。

临湘令。见《宋代登科总录》。按《江西历代进士全传》："雷杭，建昌人。大观三年己丑科贾安宅榜进士。（见《同治建昌县志》卷七，参见《同治南康府志》卷十四。）"《中国地方志宋代人物资料索引续编》亦有载。

## 雷申锡

雷申锡，宋南康军建昌（今江西永修）人。绍兴八年（1138）进士。见《宋代登科总录》。按《江西历代进士全传》："雷申锡，建昌县人，绍兴八年戊午科黄公度榜进士。（见《同治建昌县志》卷一四。）传记：雷申锡者，江西人。绍兴中，一举中南省高等。廷试前三日，客死都下，捷音与讣踵至乡里。其妻日夜悲哭，忽一夕梦申锡如平生，自言：'我往为大吏，有功德于民，故累世为士大夫，然尝误入死囚，故地下罚我凡三世如意时暴死。前一世仕久连蹇，后忽以要官召，才入都门而卒，今复如此，凡两世矣。要更一世，乃能偿宿谴耳。'其事可以有为治狱者之戒。（《说郛》卷一一）"《光绪江西通志》《中国地方志宋代人物资料索引续编》均有载。

## 雷　桢

雷桢，一作雷植。宋南康军建昌（今江西永修）人。绍兴十五年（1145）进士。见《宋代登科总录》。按《江西历代进士全传》：雷桢，一作雷植，建昌县人，绍兴十五年乙丑科刘章榜进士。（见《同治建昌县志》卷七，参见《同治南康府志》卷一四。）

## 雷　度

雷度，字世卿。宋南康军建昌（今江西永修）人。嘉定四年辛未（1211）进士。按《江西历代进士全传》："雷度，建昌县人，嘉定四年辛未科赵建大榜进士。（见《同治建昌县志》卷七，参见《康熙江西通志》卷一七、《同治南康府志》卷一四。）"《同治东乡县志·儒林》："雷度，字世卿，画洞人。器识高远，观书一过成诵，为文未尝起草。靖康初为举，首然无意利禄，筑庵题曰'卷石'，闭户读书，有恶少扰之，度曰：'此殆不吾安耳，岂可重违？其意弃而之他。'晚研精于

《易》，凝思独处虽亲宾入户不之见，乡党为不义者每愧惧曰：'先生得无知乎?'卒年七十九，李侍郎浩志其墓。著有《书易口义文集》共八卷。录《府志》移入。"见《地方志人物传记资料丛刊·华东卷上编》第71册。《同治临川县志·隐逸》有传。见《地方志人物传记资料丛刊·华东卷上编》第69册。《万姓统谱》《古今图书集成》《历代名人姓氏全编》亦有传。《宋元学案补遗》《宋人传记资料索引》《中国地方志宋代人物资料索引续编》《中国历代人名大辞典》《中国人名大辞典》《中华万姓谱》《宋代登科总录》等均有载。

### 雷进才

雷进才，宋抚州临川（今江西临川）人。景德（1004—1007）年间为朝奉大夫。见1993年版《临川县志》。

### 雷思齐 （1231—1303）

雷思齐，字齐贤。南宋抚州临川（今江西临川）人。《中华道教大辞典·雷思齐》："幼习儒业，及长出家为道士，居乌石观。宋亡后，隐居空山，时人称为'空山先生'。元世祖平定江南，召三十六代天师张宗演掌江南诸路道教，礼请思齐为玄学讲师，名噪一时。晚年讲道学于广信山。临终，复归乌石观。弟子有付性真、周惟和、吴全节等。其于儒、道书籍无所不读，尤精《易》学。有文才，以诗文著称，并与当时名士曾子良、吴澄、袁桷友善，著作有《老子本义》、《庄子旨义》《易图通变》五卷、《易筮通变》三卷、《和陶诗》三卷。"《同治贵溪县志·寓贤》有传。见《地方志人物传记资料丛刊·华东卷上编》第52册。《宋人传记资料索引》、《宋代传记资料索引补编》、《宋元学案补遗》、《四库全书百科大辞典》、《中国人名大辞典》、《中华万姓谱》、《江西历代人物辞典》、1993版《临川县志》等均有载。黄震《跋雷道士诗》："临川道士雷齐贤示余诗一编，笔力老苍，浑然成章，轩辕弥明苦涩语避三舍矣。盖弥明道士也，齐贤非道士也，儒生之穷有所托而逃焉者也。观己酉科举后诗，令人三叹。虽然，安知无筑馆鸡笼山，起君讲授，如君家故事者耶?《黄氏日抄》卷九一。"本文收编在《全宋文》第348册。《全元文》卷六六〇："雷思齐，字齐贤，号空山，临川（今江西省临川县）人。幼弃，家居乌石观，晚讲授广信山中，卒年七十二。著作有《易图通变》五卷、《易筮通变》三卷，有《空山漫稿》、《雷思齐诗文》二十卷、《和陶诗》三卷存目，本书收雷思齐文一篇。"《全元文》收编的《易图通变序》在第21册。

## 雷百乙夫人徐氏（1139—1216）

《雷百乙承事夫人徐氏墓志》，夫人"妇道妇德兼全，上奉舅姑，下抚子弟，及于部曲，尽其爱敬"。生二子，谦、解。有孙三人，大椿、瑞、之瑞。曾孙一人。女孙二人。《墓志》解题，徐氏，南城（应为今江西南城县）昶原人。墓志撰者为雷氏族弟免解进士雷冀明。《墓志》著录于《新出宋代墓志碑刻辑录》。

## 雷 丰

雷丰，宋盱江（今江西广昌）人。淳熙中（1174—1189）知兴国县，执政兴学，士变其习，民怀其惠，立生祠祀之。《正德建昌府志·选举》："雷丰，南城人，绍兴二十一年（1151）赵逵榜进士。或即一人。"见《宋代传记资料索引补编》。《同治南城县志·宦业》："雷丰，事母以孝，闻登绍兴辛未进士，历任湖湘。淳熙中知赣州兴国县，谨慎清俭，勤政务，兴学校，士民怀其惠，立生祠祀之。官至归州守，祀赣名宦。《赣州志》。"见《地方志人物传记资料丛刊·华东卷上编》第71册。《江西历代进士全传》亦有传。《中国地方志宋代人物资料索引续编》《宋代登科总录》均有载。

### 雷继远

雷继远，宋洪州丰城（今江西丰城）人。县令。绍兴十年（1140）任迁建学官，于今所邑科目自此盛，卜居城东。见《道光丰城县志·艺文》。

## 雷观（1091—?）

雷观，字仲立。宋洪州丰城（今江西丰城）人。偕同邑邹蕳、范璿并以文学名，应贡入国学。与陈东友善，偕疏请复用李纲，帝从之。白时中罢，以张邦昌为相，观复上书云，天下之利害，当使天下之人议之，天下之人得以利害之言尽闻于上，则当言之人虽欲缄默，苟容不可得也。言官得以尽其言，则执政之臣虽欲擅权，为奸不可得也。上嘉之，赐出身与馆职，迁太常博士，复请重纪纲惜名器，以抑冒滥。旋因忤黄潜善，谪监绍兴间，两倅潭州料院。《同治丰城县志·仕绩》《康熙宁化县志·先宪》。见《地方志人物传记资料丛刊·华东卷上编》第68、80册。《万姓统谱》《古今图书集成》《雍正汀州府志》《历代名人姓氏全编》均有传。《宋会要辑稿》《宋代传记资料索引补编》《中国地方志宋代人物资料索引续编》《中国人名大辞典》《中华万姓谱》《江西历代人物辞典》等均有收录。《中国历代人名大辞典》："雷观，宋宁化人。钦宗靖康间在太学，上书言张邦昌不宜重相，又陈当朝晋升无序，言辞剀切，士论韪之。"《宋代登科总录》："雷观，成都府人。靖康元年（1126）以上书赐进士及第，除太常博士。历左承奉郎、潭州通判。"宋钦宗《张炳雷观与同进士出身除秘书正字诏》收录在《全宋文》第191册。雷观《上钦宗论择相书》收编在《全宋文》第183册。其小传云：雷观（1091—?），字仲立，洪州丰城（今江西丰城）人，以文学著名，政和末应贡入国学，复移太学，与陈东友善。靖康初上书请复用李纲，亟言李邦彦、张邦昌不可为相。钦宗赠同进士出身，除太学博士。俄罢去，与外任宫观差遣。绍兴中为左迪功郎、成都府府学教授。五年，高宗闻其名，召对，特改左承奉郎。观又献蜀本《资治通鉴》，乃以为潭州通判。见《雍正江西通志》卷六七、《宋会要辑稿》选举三四之一、《靖康要录》卷五、《建炎以来系年要录》卷八五。按雷观之籍贯，各书所载不一。《建炎以来系年之要录》云"观，成都人"，王明清《挥塵后录》卷三亦云"观，字公达，蜀士"。《永乐大典》卷七八九四引《临汀志》则云宁化（今福建宁化）人，《万姓统谱》卷十六、《乾隆福建通志》卷四八并同。莫衷一是，今姑从《江西通志》）。

## 雷氏（1177—1218）

《曾应龙妻雷氏墓记》（1219）："雷氏代居豫章之丰城，曾祖显，祖卞，父克从，俱隐遁。夫应龙，字仲珍，业儒学。子一人，夔，尚幼。女三人。"墓记著录于《新出宋代墓志碑刻辑录》。

## 雷 璲

雷璲，字彦宝。南宋隆兴府丰城（今江西丰城）城陂人。两举乡贡，特奏授澧州司户。璲尝有贷于人，其人死无知者，一日携金偿其子，其子谢曰"无有"，璲曰："尊公实知之，尔不知也，固辞。"璲委金而去，子宜中，传见忠贞。《同治丰城县志·善士》。见《地方志人物传记资料丛刊·华东卷上编》第 68 册。《中国地方志宋代人物资料索引续编》亦有载。按《雷宜中墓志》："曾大父云翔，赠承事郎。大父璲，监潭州南岳庙、通直郎致使。"《雷则顺墓志铭》："承事生通直郎监南岳庙赐绯鱼袋璲。通直生文林郎京西安抚司干官，赠中大夫祁，君以为曾大父。礼部尚书、宝章阁学士、通议大夫、广东经略安抚使、知广州、开国丰城宜中，君以为大父。"显然《丰城县志》有误。

## 雷 祁

雷祁，字伯震，号得正，南宋隆兴府丰城（今江西丰城）人。雷宜中之父。《雷母宜人王氏墓志铭》："宜人王氏，故京西安抚司干办公事，赠某官雷君讳某之妻，朝奉大夫、直宝谟阁、浙西路提点刑狱宜中之母，生于淳熙丙申正月，没于宝祐丁巳八月八日，年八十二。"《雷则顺墓志铭》："承事生通直郎监南岳庙赐绯鱼袋璲。通直生文林郎京西安抚司干官，赠中大夫祁，君以为曾大父。"而唐桂芳《雷氏复斋铭》标题自注："得正字伯震，子宜中。"《雷氏复斋铭》收编在《全元文》第 51 册。

## 雷宜中（1208—1276）

雷宜中，字宜叔。南宋隆兴府丰城（今江西丰城）人。《江西历代人物辞典》"雷宜中，字宜叔，号厂山。"按《江西历代进士全传》："雷宜中，字宜叔，号厂山，丰城城陂人。师张洽，得朱子绪余，以省身名斋。端平乙未补太学生。史嵩之以右相开督府，弟严之尹京，势焰熏灼。会天变，宜中上书斥其奸，不报，坐是流落。久之，登淳祐进士第三人①。为右司谏。贾似道帅江陵，宜中在记室，事有不便，必过阁

---

① 始雷氏一门皆士服，俄而相踵由乡赋奉大对，登膴仕，而宝谟公（即雷宜中）遂为丁未胪唱第二人。见《雷母宜人王氏墓志铭》。

73

论正，以意不合去。经略广东，比还，捐俸买田给桐江书院，入奏言：'广东进上供银，大率抑买为民害。'有旨蠲之，又乞复故相吴潜官，赐美谥，励臣节，复济邸封爵，以厚天伦，录江西二陆后，以劝来学。德祐初，除礼部尚书，寻为广东安抚使，为丰城男。偕文丞相起义兵勤王，会相入卫，又与信州谢枋得招军民固守岭峤，元游骑至，宜中与力战，病创卒。故部曲黎应丰与太学生南昌罗实经纪之，藁葬黎村，越十年，返葬易棺，貌如生。子，国乘，官韶州通判，与弟国武，随勤王岭峤之役，不知所终。（《同治丰城县志》卷一七，参见《同治建昌府志》卷六。）"《万姓统谱》《古今图书集成》《雍正江西通志》《地方志人物传记资料丛刊·华东卷上编》第68册均有传。《宋史》《南宋制抚年表》《宋人传记资料索引》《宋代传记资料索引补编》《中国地方志宋代人物资料索引续编》《中国历代人名大辞典》《中华万姓谱》《中国人名大辞典》《宋代登科总录》等多部书有载。按《雷宜中墓志》："公讳宜中，字宜叔，以省身名其堂，学者尊之曰省身先生，公自氏曰厂山。曾大父云翔，赠承事郎。大父璲，监潭州南岳庙、通直郎致仕。父□文林郎、广西帅干，景赠中大夫。妣王氏，累赠硕人。"《雷宜中墓志》、雷宜中篆并书《周处仁妻王妙静墓志》，著录于《新出宋代墓志碑刻辑录》。按刘克庄《雷母宜人王氏墓志铭》："宜人王氏，故京西安抚司干办公事、赠某官雷君讳某之妻，朝奉大夫、直宝谟阁、浙西路提点刑狱宜中之母……初封孺人，累赠宜人。明年二月丁巳，葬于抚州临川县明贤乡之桐原，距夫墓三里而近。四子，长安中，前卒；次宏中；次宝谟公；次宪中。女一人，适余彦堪。孙男女若干人。"本文收编在《全宋文》第332册。《全宋文》第326、327、348、349、358册收编刘克庄、释道璨、黄震、文天祥、宋度宗等撰写的与雷宜中有关文多篇。雷宜中《水束驿记》《有宋承务郎致仕范君墓志铭》，收编在《全宋文》第352册。雷侍郎（宜中）诗作收编在《全宋诗》第65册。

**雷　作**

雷作，字大起。宋筠州府（今江西宜丰）人。为筠州录参，时捕讯者获茶商十余人误为盗，作理出之。太守尹机参督府谋，议选守边，举府事属焉，方荐其才，作慨然求归，遂致仕。《同治新昌县志·宦业》。见《地方志人物传记资料丛刊·华东卷上编》第64册。《光绪江西通志》《江西历代人物辞典》《中国地方志宋代人物资料索引续编》均有载。

### 雷尧弼

雷尧弼，宋筠州府（今江西宜丰）人。元丰八年（1085）进士。宣德郎。按《江西历代进士全传》："雷尧弼，字圣俞，新昌县人。元丰八年乙丑科焦蹈榜进士。官至宣德郎。（《同治新昌县志》卷一一）"《雍正江西通志》《中国地方志宋代人物资料索引续编》《宋代登科总录》均有载。

### 雷 孚

雷孚，字保信。宋代筠州（今江西宜丰）人。徽宗政和间进士。宰宜春，章贡，居官清白，年八十余卒。见《中国历代人名大辞典》。《江西历代进士全传》："雷孚，字保信，新昌县太平乡人，政和二年壬辰进士，以通直郎宰上高、宜春，俱有惠政，升倅虔州。齐述倡乱，缘坐者三千人。郡将欲尽杀之，孚争曰：'此皆平民胁从者耳。'乃得释。孚秉性纯厚，好德尚义，居官清白。后官至朝散郎，年八十余而终，以子孝友贵，赠太子太师。（《同治新昌县志》卷一六）雷孚，宜丰人也，居官清白长厚，好行德义，自唐雷衡至孚十一世，未尝讼人于官。（明·刘宗周《人谱类记》卷下）"《琴堂谕俗编》："枢相雷文简公孝友之高祖新，鼎臣，为人长者，乡里号曰慈悲居士。祖就，有道，屡魁郡庠。父孚，保信，由上舍登进士第，居官清白，长厚，好德尚义。新以枢相恩，赠太子太保，就赠太子太傅，孚赠太子太师。按《图志》云：'自唐雷衡，咸通中人，至孚十一世，未尝讼人于官，时以为积善之报。'公，宜丰人也。因附录于此，以为邑人争讼者之劝。应俊续编。"雷孚《古今图书集成》《历代名人姓氏全编》《地方志人物传记资料丛刊·华东卷上编》第64册均有传。《忍经》《宋代传记资料索引补编》《中国地方志宋代人物资料索引续编》《中华万姓谱》《中国人名大辞典》《宋代登科总录》《江西历代人物辞典》均有载。蔡幼学《雷孝友故父任左朝散郎赠通议大夫孚可赠太子少师制》，收编在《全宋文》

第 289 册。雷孚诗作收编在《全宋诗》第 27 册。

## 雷孝友 （? —约 1215）

雷孝友，字季仲。宋筠州（今江西宜丰）人。乾道五年（1169）进士。雷孚之子。以词赋魁任南剑教授，再调国学录。光宗即位，除国子祭酒，既而擢给事中，进御史中丞，除知枢密院兼参知政事，高安县开国公。不谐于时，屡乞骸骨，以观文殿学士知福州，卒赠太师，谥文简。著有《瑞州郡县志》十九卷。《同治新昌县志·名臣》有传。见《地方志人物传记资料丛刊·华东卷上编》第 64 册。《万姓统谱》、《古今图书集成》、《雍正江西通志》、《江西历代进士全传》、1989 年版《宜丰县志》均有传。《宋史》《宋会要辑稿》《续资治通鉴》《宋人传记资料索引》《宋代传记资料索引补编》《中国地方志宋代人物资料索引续编》《中华万姓谱》《宋代登科总录》《宋代人物辞典》《江西历代人物辞典》等多部书均有载。《全宋文》第 289 册收编赠雷孝友曾祖父母、祖父母、父母、夫人等人的志多篇。雷孝友《乞重赐贬窜陈韩侂胄陈自强疏》《言韩侂胄无君之心十事奏》《书简帖》《重修县门楼记》《瑞州贡院记》《新昌狱记》《刘千祥墓碑》等，收编在《全宋文》第 272 册。

## 雷天锡 （1023—?）

雷天锡，名云元，号纯嘏，天锡为其字。北宋吉州泰和（今江西泰和）人。移居桂阳监（今湖南桂阳）锦里。天锡以字行县境。诸雷村所同祖也。而桂阳、临武、蓝山、宁远邻县诸雷皆祖焉。其墓在今永振区茶坞坊雷村近里许，飞鹏其三十二代孙也。光绪岁丁酉（1897）桂阳修通谱，搜得元时宗人墨写天锡履历，读不可通，因遍征旧谍（牒）稽诸史籍为之疏注，兹照原文备录，以见当时事状。其状曰：公吉安泰和县竹蓼村人也。以宋天圣元年癸亥生，年三十三岁，于至和二年（1055）乙未，前往湖南道为客，嘉祐二年（1057）丁酉七月十三日到郴州。是年大比，思乡归本州解试不能，遂就此州西巷投托主人邱公作主人，入州学投学职下状。就依原例所习经义书，本州解额十二名，遂于是年请第七名解。主人邱见公高才，以女妻之，即于邱公处寓读。未几，秋闱得志，复赴春闱。春试罢，回衢州待听捷音，继报赐科甲及第，授徐州通判。于是回本州谢父母，至七月回郴携眷赴任，又得考零，一十七日庚子，奉旨征委考试，向西北而行，第一号魏十五里，头榜号不同。向西北，第二号直至天雄军又不同。又往北行潼州府境，号又不同。连便押入贡院，在院考试。一十一日，潼州解额一十八名，公考中试六人。当年面考，六人尽数及第，因此加资通判。任满归回吉州，至第二任宜州通判，得一考一十七日。再考解试后朝省，称道公有识见，考试得人。其大学士不平，将癸卯科考解到试卷点检，中间有卷，土字多一点，申字少一画，读奏降资。公由是不忿，与同州先生张明远前去见钦天司谏推述台官。官问："二朝郎来此何事？"先生答曰："特来问前程。"答："谢二朝郎远来，不如早早收拾回去如何？"逢天将下雨，遂回郴州住坐，天旱第三桐枧源绝流，迁至桂阳监锦里住坐焉。原文止此。其后裔分迁邻邑，以仕显者莫著于宁远雷复，官山西巡抚，《明史》有传。以科第显者莫著于蓝山雷方春，元时翰林，而嘉禾世守坟墓，故凡县境雷村皆祖天锡，无二派也。自清嘉庆壬戌（1802）蓝山雨才孝廉合谱，订以岁阳丙辛九月十六日诞期上墓，届期始旦至日下春扫祭不绝，有远至数百里者。见《民国嘉禾县图志·先民列传》。按《同治嘉禾县志·选举》："雷天锡，淳祐年间进士。历任明潼宜三州知州。"淳祐年（1241—1252），为南宋理宗。按《民国嘉禾县图志·建置上》："置县最晚明崇祯十二年，割桂阳州西南隅五都六里，临武县上乡六都八里，就禾仓堡为治。"由此可见，嘉禾设县为明末，地方志首次纂修较晚。《湖南家谱解读·雷·嘉禾雷氏》编者按：湘南雷氏为瑶族，其氏族源流或为"蛮瑶"南徙而成土著，或后从广东、广西迁入。湘南一带均祖雷天锡，疑为造祖，乃"天赐雷氏"也。榜背山一地，嘉禾是否有此地名，尚待调查。而此处"榜背山"似由"过山榜"演绎而成的地名，《过山榜》为瑶民所珍藏的族史资料。

## 雷大据（1023—1083）

雷大据，字次一。祖籍源出待考。宋山东青州府益都县白马苑人。父宏，母李氏，为鲁之望族。公生而强记，复孔武有力。少时性喜任侠，善骑射，习各种武艺均娴熟，应甲子科乡试中式武举。旋以军功由营即用千总。宋仁宗皇祐元年（1049），广源州（今广西宁明、龙州一带）侬智高起兵反宋，袭据安德州（今靖西县），称"南天国"。皇祐四年（1052）攻陷邕州（今广西南宁），据为国都，号"仁惠皇帝"。继又沿西江而下，连破横、贵、藤、梧等九州，进围广州。朝廷数次派兵平乱，皆败。庞籍荐枢密院副使狄青为统帅，公以其资历获招南征，颇受重用，受命任指挥。狄青设计大败侬智高，侬夜纵火烧城适由合江入大理国。至和二年（1055）侬智高死于大理。公因平叛军功任都指挥使，镇守邕州。后移戍横州。娶妻赵氏，落籍南疆。今子孙兴旺，裔布八桂，嗣延各省，支展域外。见《广西雷氏族谱》。《百年雷家三英豪——记革命家雷在汉、雷沛涛、雷经天》亦有载，本文刊登于《文史春秋》2012 年 10 期。

## 雷允恭（？—1022）

雷允恭，北宋开封（今河南开封）人。初为黄门，迁入内殿头，给事东宫，告发周怀政伪为天书。怀政败死擢内殿崇班。累迁入内侍省押班，刘太后称制之初，机密皆由他传达禁中，遂与丁谓勾结，权势炙人。真宗葬，为山陵都监，以擅移陵穴处死。雷允恭《宋史》卷四百六十八、《东都事略》卷一百二十、《宋史新编》卷一百八十四、《宋史质》卷八十八、《古今图书集成》均有传。《宋会要辑稿》《续资治通鉴长编》《续资治通鉴》《古今纪要》《宋人传记资料索引》《中国历代人名大辞典》《中华万姓谱》《中国人名大辞典》《中国人名大词典·历史人物卷》《宋代人物辞典》等均有载。丁谓《茅山鹤翔奏》："中使雷允恭诣茅山投进金龙玉简，设醮次，七鹤翔于坛上。"本文收编在《全宋文》第 162 册。

## 雷时中（1211—1295）

雷时中，字可权，号默庵、双桥老人。南宋武昌人。其先本豫章人，后家于武昌。幼习儒业，及长，精心道学，专务性理。后为道士，居武昌金牛镇置坛祀事。自称路真君下降，授以混元六天如意道法，以《度人经》化导世人。四方从游者日众。时中将弟子分为东南、西蜀两派，弟子卢宗师、李宗师行于西蜀；南康查泰宇行于东南，于是混元教法大行于世。至元年末（1295）无疾而逝，享年八十五。撰著《心法房要》《道法直指》《原道歌》皆发扬混元道化之妙旨，后世称为玄都上相混元妙道普济真君雷声演教天尊。《历世真仙体道通鉴续编》有传。见《中华道教大辞典》。《康熙湖广通志》亦有载。

## 雷文瑞

雷文瑞，字祥仲。宋潭州长沙（今湖南长沙）人。见《宋代传记资料索引补编》。桂林伏波山有雷文瑞嘉熙元年（1237）题名，见《广西石刻人名录》。

## 雷　澡

雷澡，字朝宗。宋潭州长沙（今湖南长沙）人。孝宗淳熙九年（1182）知宜章县，建学宫，有善政，民立祠祀之。十六年迁知广州。后以直焕章阁知平江府，官终吏部郎中。见《中国历代人名大辞典》。"雷澡，南宋登进士第。历吏部员外郎，迁直焕章阁，知平江府。楼钥《玫瑰集》有《吏部员外郎雷澡直焕章阁知平江府制》。"见《宋代登科总录》。《万姓统谱》《古今图书集成》《光绪湖南通志》《历代名人姓氏全编》《湖南名人志》均有传。《同治建昌县志·儒林》亦有传。见《地方志人物传记资料丛刊·华东卷上编》第 51 册。《宋会要辑稿》《南宋制抚年表》《宋人传记资料索引》《宋代传记资料索引补编》《中国地方志宋代人物资料索引续编》《宋元学案补遗》《嘉庆直隶郴州总志》《中国人名大辞典》《中华万姓谱》等均有载。按《全宋文》卷六二七二："雷澡，字朝宗，建昌军（治今江西南城）人，或云长沙（今湖南长沙）人。淳熙中知郴州宜章县，建学校，给廪课士，士多赖其成就。绍兴四年知平江府。庆元间历知广州，江西转运副使。开禧初任荆湖北路转运副使。见《宋会要辑稿》职官四八之四一、七三之六六、七四之一七，《周文忠公集》卷六〇，《吴郡志》卷一一，《正德南康府志》卷六，《雍正江西通志》卷四六、九一，《南宋制抚年表》卷下，《光绪湖南通志》卷二八四。"雷澡存世三篇文，收编在《全宋文》第277 册。杨万里《答雷运使启》中的雷运使，疑为雷澡。见《全宋文》卷五三一五。《答雷运使启》收编在《全宋文》第 238 册。张孝祥《送临武雷令序》，收编在《全宋文》第 254 册。杨万里《赐衣带谢雷朝宗左司启》，见《诚斋集》。赵蕃有诗作《用韩文公送郑尚书韵寄雷朝宗兼属欧阳全真》《寄雷丈朝宗》。

## 雷志勤

雷志勤，宋潭州宁乡（今湖南宁乡）人。绍熙四年（1193）进士。振武军节度推官。见《嘉庆湖南通志·选举二》。《中国地方志宋代人物资料索引续编》《宋代登科总录》均有载。

## 雷平周

雷平周，宋鼎州（今湖南常德）徭人（今瑶族）。政和六年（1116）九月，诏以荆湖北路荆南、归、峡、安、复州、荆门、汉阳为荆南路，带都钤辖，治荆南；以鼎、澧、岳、鄂、辰、沅、靖为鼎澧路，带都钤辖，治鼎州。其未分路已前，徭贼雷平周等连年出没，致烦朝廷兴师，自分路后，至今并无边事。见《宋会要辑稿·藩夷五》。

## 雷德进

雷德进，南宋农民起义军钟相、杨太山部将。《宋史·蛮夷二》："绍兴七年（1137）六月，张嶷言，湖外自靖康以来，盗贼盘踞，钟相、杨太山、雷德进等相继叛，澧州所属尤甚。独慈利县向思胜等五人素号溪峒归明，誓掌防拓，卒能保境息民，使德进贼党无所剽掠，思胜后竟杀德进。会官军招抚刘智等，而彭永健、彭永政、彭永全、彭永胜及思胜共献粮助官军，招复诸山四十余栅，宣力效忠功居多，宜加恩赏。"李纲《开具钱粮兵马盗贼人数乞指挥施行奏状》："又据探报，刘忠见据岳州、平江一带，近复多聚舟船，屯泊君山，虽遣人至福建等路宣抚司军前，愿就招抚，决难保信。其余杨华、雷进、杨么郎、钟相残党彭铁大、邓装等，皆在逐处作过如故。"《中国历代年号考》："雷进，湖南慈利农民起义首领。又作雷进德。建炎四年（1130）八月反。"《宋史》卷二十六："甲申，陈万信余党雷进作乱。"李纲《开具钱粮兵马盗贼人数乞指挥施行奏状》，收编在《全宋文》第 170 册。雷德进、雷进、雷进德或为同一人。

## 雷　师

雷师，宋衡州（今湖南衡阳）徭人（今瑶族）。淳熙四年（1177）七月二十四日，衡州奏世和状称，"守把三十余年，因徭人雷师结集党侵入地分，系男李才绩捉获雷师了当，若令管辖溪峒，仍乞补班行名目，许令承袭"。见《宋会要辑稿·藩夷五》。

## 雷应春

雷应春，字春伯。宋郴州（今湖南郴州）人。以诗擅名，嘉定十年（1217）登进士第，分教岳阳。改江西漕干，又改通直郎、知赣县。除监行在都进奏院，轮对称旨，擢监察御史。以忤时相权贵，出知全州，不赴，归隐北湖，赋闲九年。起知临江军，为政不扰。官终江东宪。著有《洞庭》《玉虹》《日边》《盟鸥》《清江》诸集并长短句传于世。《楚纪》卷四三，《万历郴州志》卷一六。见《全宋文》卷七四七三。按《雍正江西通志·城池》临江府新淦县："淳祐间洞獠猖獗，知军雷应春以筑城请于朝，竟以浮议阻。"《雍正江西通志·秩官》："宋，雷应春，俱知临江军事。"按《嘉庆湖南通志·职官》："度宗朝，雷应春，知桂阳军。"雷应春《万姓统谱》《古今图书集成》《嘉庆直隶郴州总志》《光绪湖南通志》《历代名人姓氏全编》《湖南名人志》均有传。《中华万姓谱》《中国人名大辞典》《中国历代人名大辞典》《宋人传记资料索引》《宋代传记资料索引补编》《中国地方志宋代人物资料索引续编》《宋代登科总录》《湘人著述表》等均有载。雷应春《贺瑞守游寺丞冬》《连山祠记》《义学田碑记》，收编在《全宋文》第325册。《好事近》《沁园春》词收编在《全宋词》。

## 雷应元

雷应元，宋郴州（今湖南郴州）人。绍定阙年进士。江东宪干。见《宋代登科总录》。《中国地方志宋代人物资料索引续编》亦有载。

## 雷君亮

雷君亮，字远耀，小字兵十二郎。宋桂阳州军（今湖南嘉禾境内）

人。幼好学有异慧，人所不解，辄能解之。喜窥杂家言，为人面赤如枣，尝方巾綦履游览山泽。遇一异人曰："子智士而诚笃者也。"授以图篆如法，风则风，雨则雨，归而天方旱，试之乃验，然不轻施其法。晚自号寿溪叟，通悟葬经。自卜域兆于芹溪之阴，是曰杨家陂。其地旧无陂也，溪下临栗下萧村田洞，疏堤引渠过墓前则水无穷。君亮葬后萧人驱壮丁掘渠土，日掘夜满，惊为神。杂秽物畚之始成渠，或谓君亮营域时用钤决镇之。君亮卒，邻里思祈雨事庙像祀之，岁或有雩祷卜玟于祠示期犹多应。见《民国嘉禾县图志·方术列传》。

## 雷启荣

雷启荣，字盛德。宋桂阳州军（今湖南嘉禾境内）人。贵贤乡定里雷氏之开基祖。君亮之孙。学问淹洽，有才志远，不得志于有司。遂淡然自怡，覃精诸子百家，星卜、方技类能言之，尤精地形家言，然不应人求。借以考览山川，致思幽赜不粥术也。自榜背山迁居庙下，庙下为定里旧名。卜食启宇皆所自定，时在宋元之际。戋野玄黄而有隐君子之风焉。见《民国嘉禾县图志·方术列传》。

## 雷必奋

雷必奋，宋桂阳军临武（今湖南临武）人。嘉定十三年（1220）进士。儒林郎、潭州教授。见《宋代登科总录》。《中国地方志宋代人物资料索引续编》亦有载。

## 雷焕章

雷焕章，宋桂阳军临武（今湖南临武）人。淳祐十二年（1252）举人。见《嘉庆湖南通志·选举五》。《中国地方志宋代人物资料索引续编》亦有载。

## 雷端午

雷端午，宋桂阳军临武（今湖南临武）人。景定五年（1264）举人。见《嘉庆湖南通志·选举五》。《中国地方志宋代人物资料索引续编》亦有载。

### 雷梦得

雷梦得，宋桂阳军临武（今湖南临武）人。咸淳三年（1267）举人。见《嘉庆湖南通志·选举五》。《同治桂阳直隶州志》《中国地方志宋代人物资料索引续编》均有载。

### 雷万春

雷万春，宋衡州安仁（治今湖南安仁县城西南）人。宝祐四年（1256）文天祥榜进士。见《嘉庆湖南通志·选举二》。《中国地方志宋代人物资料索引续编》亦有载。

### 雷　竑

雷竑，宋桂阳军蓝山（今湖南蓝山）人。绍定二年（1229）乙丑黄朴榜进士。同知。见《宋代登科总录》。《中国地方志宋代人物资料索引续编》亦有载。按《民国蓝山县图志·贤达列传上》：雷竑，凤感乡雷家岭开基祖也。远祖天锡，江西吉安泰和人。宋仁宗嘉祐进士。历判徐州、宜州，解组，侨寓郴州。迁桂阳监锦里。竑其曾孙也。父太蓝，进士。有五子，竑居二。雷族世称为香正二郎。登绍定己丑进士。然淡于禄位，赴闻喜宴后，在京不注官，及归里。渊源家学、文史自娱，遂不复出。初自锦里迁江口，在今毛俊水、钟水合流处旁建藏书楼，俗名"进士楼"者也。旋卜基濛溪入钟处，是曰"柘溪"，复建书楼，俗名"新进士楼"。后人以高改木亭，今亦废矣。当时竑居溪东，里邻黄、李二姓，甚相敦睦，时召其俊秀子弟，登楼观书。讲艺不辍，若黄权、李时灿有名一时，皆所栽成也。子生凤、生接，俱成进士。赞曰："游宦游学，择地而家。黄程及萧，其则孔嘉。柘溪书楼，山川生色。遗音如闻，思服旧德。"

### 雷光庭

雷光庭，宋桂阳军蓝山（今湖南蓝山）人。景定三年（1262）壬戌方山京榜，一作方崇榜进士。教谕。见《宋代登科总录》。《中国地方志宋代人物资料索引续编》亦有载。

## 雷光定

雷光定，宋桂阳军蓝山（今湖南蓝山）人。景定（1260—1264）阙年进士。一名光甲，连州刺史。见《嘉庆湖南通志·选举》。《中国地方志宋代人物资料索引续编》亦有载。1995 年版《蓝山县志》：雷光申（定），凤感乡，宋理宗景定壬戌（1262）进士，后任广东连州知州。

## 雷天则

雷天则，宋桂阳军蓝山（今湖南蓝山）人。按《光绪湖南通志·选举五》："祥兴二年（1279）乙卯，举人，时次失考。"《中国地方志宋代人物资料索引续编》亦有载。按《民国蓝山县图志·贤达列传上》：雷天则，景定举人。旧《志》列名，而不详其行事。

## 雷　瑊

雷瑊，宋道州（今湖南道县）人，绍兴二年（1132）进士。见《宋代登科总录》。

## 雷铁城

雷铁城，宋邵州（今湖南绥宁）人。嘉祐三年（1058）六月丙辰，引范祖禹铭郭逵墓云，逵命纵火焚栅，斩其将雷铁城等数辈。见《续资治通鉴长编》卷一百八十七。

## 雷昭奭

雷昭奭，北宋连州（今广东连州）人。大中祥符五年（1012）壬子登进士第。见《雍正广东通志·选举》。《中国地方志宋代人物资料索引续编》《宋登科记考》《宋代登科总录》均有载。

## 雷　俨

雷俨，北宋连州（今广东连州）人。天圣八年（1030）庚午王拱辰榜进士。官至永州通判。"《宋高滁朝阳岩题名》：虞曹外郎知零陵郡事高滁、子渊田曹外郎通守郡事雷俨、仲容同游　皇祐五年八月二十八日。子渊题正书　皇祐五年八月。在永州府潜研堂金石文字目录。高滁等题名正书八行，在朝阳岩古泉山馆金石文编。"见《嘉庆湖南通志·金石十》。《雍正广东通志》《光绪安徽通志》《中国地方志宋代人物资料索引续编》《中国地方志宋代人物资料索引续编》《宋登科记考》《宋代登科总录》均有载。

## 雷　瑾

雷瑾，北宋连州（今广东连州）人。治平二年（1065）乙巳彭汝砺榜进士。见《雍正广东通志·选举》。《宋登科记考》《宋代登科总录》均有载。

## 雷　庠

雷庠，字长善。北宋连州阳山（今广东阳山）人。少力学强记，尝登岳阳楼，玩古碑，一阅即能记诵。三预乡荐，年逾六十始于庆历六年（1046）中进士。任衢州西安令。因母老，弃官归，遂不复出。益肆力于学，博览群书，因以"通儒"名其乡。见《广东历史人物辞典》。按《雍正广东通志·选举》："庆历六年丙戌贾黯榜雷庠，连州人。"《宋代传记资料索引补编》《中国地方志宋代人物资料索引续编》《广东人物传》《宋登科记考》《宋代登科总录》均有载。

## 雷　氏

雷氏，北宋雷州（今广东雷州）人。苏辙贬谪雷州，租房房东。《续资治通鉴长编》卷四百九十六：元符元年（1098），本路提点刑狱梁子美既与苏辙系婚姻之家，不申明回避，并其余监司失觉察，各罚金三十斤①。

---

① 《续资治通鉴长编》原文注：去年十一月二十九日，必受命体量。陈天倪作苏门下语录云："公谪官雷州，市中无屋可僦，独有一富家余破屋数间可赁，仍与作交易，文契分晓。舍主欲稍完葺，方交舍时，章子厚访问下州府，发此事云，苏侍郎强夺雷氏田宅。舍主鞫问，赁契分明，遂已。数年子厚谪雷州，亦召前人与议，其人曰：'不可。苏侍郎来，几惊煞我，今更不敢赁章相公也。'作法自毙如此。"按当时差董必体量，天倪所闻未详也。

## 雷升卿

雷升卿，南宋柳州（今广西柳州）人。隆兴元年（1163）癸未科木待问榜进士。司户。见《雍正广西通志·选举》。《宋代登科总录》亦有载。

## 雷隐翁

雷隐翁，北宋桂州（今广西桂林）人。按《嘉庆广西通志·仙释》：“雷隐翁，名本，宋时冯翊人。”《中国历代人名大辞典》：“雷本，少磊落不群。举进士不第，即弃去，默坐终日。后远游不知所终。相传哲宗元祐中有朝士游罗浮山，见其啸傲林下，自道姓名云雷隐翁。”《白话仙佛奇踪》《宋人传记资料索引》《中国人名大辞典》《中华万姓谱》均有载。

## 雷景焕

雷景焕，南宋宜州（今广西宜州）人。绍定二年（1229）己丑科黄朴榜进士。见《雍正广西通志·选举》。《宋代登科总录》亦有载。

## 雷振庚

雷振庚，宋昌州永川（今重庆永川）人。宝庆二年（1226）进士。见《宋代登科总录》。《中国地方志宋代人物资料索引续编》亦有载。

## 雷　研

雷研，宋成都府（今四川成都）人。政和（1111—1118）进士。见《宋代登科总录》。《中国地方志宋代人物资料索引续编》亦有载。

## 雷友直

雷友直，南宋怀安军金堂（今四川金堂）人。绍兴二年（1132）进士。见《雍正四川通志·选举》。《中国地方志宋代人物资料索引续编》《宋代登科总录》均有载。

## 雷　成

雷成，北宋成都府双流（今四川双流）人。熙宁（1068—1077）进士。见《宋代登科总录》。《中国地方志宋代人物资料索引续编》亦有载。

## 雷周辅

雷周辅，北宋阆州（今四川阆中）人。神宗熙宁二年（1069）为永兴军路提点刑狱。留有残诗句："路险客须到，山高人尽耕。"见《宋诗纪事补遗》。《宋会要辑稿》《宋人传记资料索引》亦有载。山西永济神潭大峡谷北宋摩崖石刻旅游介绍，熙宁二年（1069）摩崖石刻，镌刻于峡谷内坚硬的玄武陡壁上。题记竖排四行，内容为"赵瞻、蔡延庆、雷周辅熙宁二年三月廿八日同游水谷"。每字 8 厘米，呈长方形，虽历经 941 年风剥水蚀，字迹仍清晰可辨。见戴德寿《宋代（莱州胶水）蔡延庆存世石刻题记辑考》，本文刊登于《今日平度》2019 年 2 月 25 日副刊。沈迈《内殿承制雷周辅可供备库副使制》，收编在《全宋文》第 74 册。雷周辅诗收编在《全宋诗》第 15 册。

## 雷　震

雷震，南宋眉州（今四川眉山）人。绍定（1228—1233）进士。《宋人传记资料索引》《中国地方志宋代人物资料索引续编》《宋代登科总录》均有载。雷震诗收编在《全宋诗》第 68 册，不能确定是眉州雷震还是南昌雷震。

## 雷延赋兄弟

雷延赋，雷延谊，或为兄弟。北宋眉州青神（今四川青神）人。真宗景德四年（1007）初，青神县民史光宝家为盗所劫，耆保言是夕雷延赋、雷延谊不宿本舍。县尉即捕而讯之，县吏王嗣等肆行拷掠而至死。有顷州得劫光宝贼七人，乃明赋、谊之冤。雷延赋、延谊含冤而亡。见《续资治通鉴长编》卷六十七。

## 雷氏 （1047—1084）

雷氏，北宋京兆（今陕西西安）人。苏晖妻雷氏（1047—1084），长安人，元丰七年三月十三日卒，享年三十八。继妻宋氏（1064—1088），华州渭南县人，元祐三年闰十二月十八日卒，享年二十五。元祐四年十二月庚申葬二夫人于万年县洪固乡神禾原。苏晖，为武功苏氏，父苏通。苏晖妻雷氏，为雷孝先曾孙女。孝先，字子思，雷有邻子，雷有终之侄，《宋史》卷二七八有传。苏晖继妻宋氏为宋仁辇曾孙女。见《苏晖妻雷氏、宋氏墓志》解题。《新出宋代墓志碑刻辑录》（北宋卷）有著录。

## 雷氏 （1051—1111）

雷氏，北宋京兆（今陕西西安）人。按雷旱《张延迈妻雷氏墓志》："夫人姓雷氏，其先冯翊人。五世祖德骧，在祖宗朝以谏诤闻以时，迨今目为直臣。厥后子孙蕃衍，徙居京兆，今为京兆人。曾祖孝先，以文登显第，官至员外郎。朝廷寄以边防事，特授内园使，终西上阁门使，复赠吏部尚书。祖周济，有文世，其家首预鹗书，方试春官未竟而暴卒，时论惜之。考祐，终内殿承制。妣司马氏，温国公兄之子也。温国公贤而爱之，遴选嘉配，乃归承制公，是生夫人。""夫人归张氏，事姑舅二十年以孝谨闻，待族属以辑睦闻，伉俪和鸣，以成家道。"生子六人，四男二女。孙五人，一男四女。《洛阳新获墓志百品》有著录。《司马里墓志铭》"女三人长适内殿承制雷周祐"有误。

## 雷 氏

雷氏，北宋长安（今西安市）人。书家或收藏家。按黄庭坚《跋翟公巽所藏石刻》："《遗教经》译于姚秦弘始四年，在王右军没后数年。弘始中虽有译本，不至江南；至陈氏时，有译师出《遗教经论》，于是稍行。今长安雷氏家《遗教经》石上行书，贞观中行《遗教经》，敕令择善书经生书本颁行。敕与经字是一手，但真、行异耳。余平生疑《遗教》非右军，比来考寻，遂决定，知非右军书矣。"见《全宋文》。本文收编在《全宋文》第106册。

## 雷 祥

雷祥，又称雷公、亚父。宋代白水（今陕西白水）人。善为陶，所作瓷器，精工绝人。见《中国美术家人名大辞典》《中国美术家大辞典》。《中医人名大辞典》亦有载。"汉，雷祥，相传为大雷公村人，旧志载其善造瓷器①。乡民间挖得遗器，形制古质色绿沉，或微作花贲，起以手摩挲复匀，洁无凸洼迹，世相传为雷公器，今无一存者。元贡生潘恳修庙碑言，祥殁为彭衙土神，尝显灵异，人每见祥，曳杖行阡陌间，素冠苍衣，须眉如霜，今庙像宛肖云。按元贡生潘恳庙碑称，祥为亚父，又云天朝加封致祀，则亚父应是元时封号，或云亚父汉官名，疑祥为此官，然无据。考《帝王世纪》，黄帝时有雷公者，通脉善医，帝授以内外经，恳碑载亚父善医，当即其人。"《乾隆白水县志·别传》《天启同州志·方技》。见《地方志人物传记资料丛刊·西北卷》第8、9册。雷祥最早载于明代《陕西通志》。按《嘉靖陕西通志·西安府乡贤中》："元，雷祥，白水人，即彭衙之土神。生而正直，始造瓷器以资民用，没而为神，故老咸云，昔乡人尝见曳杖于阡陌，须眉皓然，素冠苍衣故祀之，祈祷有验。"《雍正陕西通志·方技》："元，雷祥，白水人。能医善陶，所造磁器，精工绝人，世所谓雷公器是也。土人间掘得祥遗器形制古质，色绿沉隐秀，或微作花贲，起以手摩挲。复匀洁无凸洼，方之宣哥诸窑不啻过之。"1989年版《白水县志》："雷祥，大雷公村人（生卒年月无考）。黄帝时任处方（医药官名）。能医善陶。既是中国医药学创始人之一，又是制瓷先祖，各地窑神庙均供奉之。"按《陕西陶瓷及耀州窑今昔》："惜金元兵火，铜川黄堡的窑场毁绝，但在其旁边的陈炉镇却兴盛了起来。麟游县的铭鼎窑，富县的张村驿窑，白水县的西固、西河窑，黄陵县的店头窑，澄城县的尧头窑及陕南群窑并举，产品风格都大同小异。"《陕西陶瓷及耀州窑今昔》刊登于《中国陶艺家》2008年02期。雷祥到底是什么朝代人？《中国美术家人名辞典》《中国美术家大辞典》《中医人名大辞典》《陕西通志》《陕西陶瓷及耀州窑今昔》可信度高，编者采用雷祥为宋金时期人的说法。

---

① 《乾隆白水县志》原注：元贡生潘恳修神庙碑不载。

## 雷溥（？—1015）

雷溥，字道济。北宋同州澄城（今陕西澄城）人。出身于世宦之家，曾祖宏，磁州军事判官；祖守恭，赠太常博士，未出仕；父允，尚书驾部员外郎；母牛氏。雷氏家族门风博雅，自幼受到良好的家教，具备良好的文化修养。兄弟五人，溥、濂、济、沏、渥，溥为长。夫人原配、继室均为曹氏，有四子：经、纪、拾得、郑留。女四人。雷溥去世后葬长安。见《北宋〈雷溥墓志铭〉考略》，本文刊登于《美术大观》2020 年第 9 期。

## 雷德骧（918—992）

雷德骧，字善行。北宋同州郃阳（今陕西合阳）人。后周太祖广顺三年（953）进士。累官右拾遗。宋初，拜殿中侍御史，判大理寺。官属及堂吏附会赵普，擅增刑名，因直诣讲武殿面奏太祖，辞气俱厉，黜为商州司户参军。或言其至郡为文讪上，削籍徙灵武。后召为秘书丞，累迁职方员外郎，充陕西、河北转运使。太宗端拱初，迁户部侍郎。孙孝先遭诬陷，言其内乱，坐失教，责授感德军司马。忧愤成疾，卒。后追复官衔，并赠太师荣衔。夫人王氏先卒，继娶杨氏。长子有邻，英年早逝，太祖赐钱安葬。次子有终，以其资历和业绩直接荫补入仕。三子有伦，四子有庆。见《大宋故雷公（有终）墓志铭》。"城北三十五里曰文王村有宋雷侍郎德骧墓。"见《乾隆合阳县全志》。雷德骧《宋史》卷二百七十八、《宋史新编》卷八十、《宋史质》卷三十三、《楚纪》卷五十二、《万姓统谱》、《古今图书集成》、《陕西通志》、《合阳县志》、《陕西省志·人物志》均有传。《乾隆西安府志·人物志》《嘉庆长安县志·先贤传》《乾隆合阳县全志·人物》《天启同州志·人物》《咸丰通州府志·列传》亦有传。见《地方志人物传记资料丛刊·西北卷》第 2、3、9 册。《续资治通鉴长编》《东都事略》《宋会要辑稿》《续资治通鉴》《宋人传记资料索引》《中国地方志宋代人物资料索引续编》《中国历代人名大辞典》《中国人名大词典·历史人物卷》《中国人名大辞典》《中华万姓谱》《宋代人物辞典》《新编唐五代文学编年史》等多部史志、工具书以及宋代笔记均有载。

## 雷德逊

雷德逊，北宋同州郃阳（今陕西合阳）人。雷德骧之弟。淳化三年（992）孙何榜进士，见《雍正陕西通志·选举》。《万姓统谱》《古今图书集成》《历代名人姓氏全编》《嘉靖合阳县志》均有传。《中国地方志宋代人物资料索引续编》《宋代登科总录》均有载。《宋史·雷德骧传》："又命为两浙转运使，其子殿中丞有终亦为淮南转运使，父子同日受诏，缙绅荣之。"王元之诗作《献转运使雷谏议》作者在第二首诗后自注："时谏议子有终为淮南转运。"见《全宋诗》卷六三。而《诗话总龟·寄赠门》引《青箱杂记》云："雷德逊、有终父子二人并命为江南淮南漕。"按《青箱杂记》："德骧、有终父子二人常并命为江南、淮南两路转运使，当世荣之。"显然《诗话总龟》引用有误。受此影响，一些志书误将德骧的谏议大夫官衔，以及精易学，工诗说成是其弟德逊。

## 雷有邻（？—975）

雷有邻，字道光，北宋同州郃阳（今陕西合阳）人。雷德骧长子。举进士不第。父削籍徙灵武，意为宰相赵普所排挤。素与前摄上蔡主簿刘伟交游，伟造伪印，得试送铨，遂章告其事，并下御史府鞫讯，伟被杀，授有邻秘书省正字。不久病亡。夫人杨氏，生二子，孝先、孝孙。见《宋史》卷二百七十八、《大宋故光禄寺丞雷公（孝孙）墓志铭》。《古今图书集成》有传。《续资治通鉴长编》《续资治通鉴》《东都事略》《宋史质》《宋人传记资料索引》《中国历代人名大辞典》《中国人名大辞典》《中华万姓谱》《宋代人物辞典》等均有载。西安碑林博物馆旧藏雷有邻墓志残石误作《严有邻墓志》，见《西安碑林全集》第94卷。

## 雷有终（947—1005）

雷有终，字道成，又称雷宣徽。北宋同州郃阳（今陕西合阳）人。远祖咸，仕唐为左庶子。曾祖昶。祖皋，以先太傅之贵累赠工部侍郎。父德骧直声冠于朝右，卒于工部侍郎，累赠至太傅。母太原王氏，继母杨氏。有终先娶牛氏，又娶郑氏，皆先亡，继娶王氏。有四子，长子孝若，先后任供奉官、内殿崇班、阁门祗候、同州兵马都监等职。次子孝杰，任内殿崇班。三子孝绪，任侍禁、供奉官。四子孝恭，任侍禁。女一人，年六岁。弟二人，有伦授右班殿直；有庆授三班奉职。妹一人，尼启赐紫方袍。侄二人，孝先自将作监丞转著作佐郎；孝连自右班殿直转左班殿直。嫡孙一人，嗣宗，授三班奉职。李顺、王小波之乱，"以皇威命公充判湖夔峡路都转运使、同兵马司公事"。王均反叛，再次奉旨平叛。平蜀后授云麾将军。景德初年（1004），在"丁忧"杨氏期间，出任并州、代州副都部署，率兵护驾曾参与澶渊之盟。后升任宣徽北院使、检校太保。景德二年卒，赠侍中。宋真宗"览奏震悼，实时车驾临吊，挥涕失容者久之。赐银三千两，辍视朝二日"赐金石，敕葬家乡同州合阳太册村。见《大宋故雷公（有终）墓志铭》《大宋故光禄寺丞雷公（孝孙）墓志铭》。雷有终《宋史》卷二百七十八、《东都事略》四十三、《宋史新编》卷八十、《古今纪要》卷十七、《隆平集》卷十一、《万姓统谱》、《古今图书集成》、《乾隆开封府志·名宦》、《雍正四川通志·名宦》、《雍正陕西通志》、《光绪重纂秦州直隶州新志》、《历代名人姓氏全编》、《合阳县志》、《陕西省志·人物志》均有传。《光绪山西通志·名宦》《光绪解州志（宦绩、名宦传）》《宣统山东通志·名宦》《乾隆合阳县全志·人物》《天启同州志·人物》《咸丰通州府志·列传》《乾隆直隶秦州新志·名宦》亦有传。见《地方志人物传记资料丛刊（华北卷、华东卷上编、西北卷）》第40、60册/第1册/第9、5册。《续资治通鉴长编》《宋会要辑稿》《续资治通鉴》《宋史质》《楚纪》《宋人传记资料索引》《宋代传记资料索引补编》《中国地方志宋代人物资料索引续编》《蜀中广记》《中国历代人名大辞典》《中国人名大辞典》《中国人名大词典·历史人物卷》《中国军事人物辞典》《宋代人物辞典》等多部史志及宋代笔记均有载。1972年在陕西合阳出土《大宋故雷公（有终）墓志铭》《大宋故光禄寺丞雷公（孝孙）墓志铭》。两个墓志铭《新中国出土墓志》（陕西·壹）有著录。魏野有诗《闻雷宣徽薨背敕葬归乡》。《全宋文》卷一三〇："雷有终（947—1005），字道成，同州郃阳（今陕西合阳）人。以父德骧荫补官。太平兴国中知密州，徙淮南转运副使。后历度支、盐铁副使，领江淮、两浙、荆湖、福建、广南路茶盐制置使。李顺起义时，命为峡路随军转运使、同知兵马事。拜右谏议大夫，知益州、并州。真宗立，加工部侍郎，知审刑院，授户部使。王均据蜀叛，朝廷以有终为泸州观察使，知益州，兼川、陕两路招安捉贼事。事平，加保信军节度观察留后。景德初徙并代副都部署。召拜宣徽北院使、检校太保。二年七月卒，年五十九。"雷有终《乞大理寺本断官随状具名衔申奏疏》《乞不毁益州羊马城壕奏》，收编在《全宋文》第7册。按《文本书写与北宋关中雷氏家族历史形象的重建》："根据陕西出土的北宋时期雷有终和雷孝孙叔侄二人的墓志，再结合有关史料，可以判定宋初的关中合阳雷有终家族实质上是十六国时期自边地迁居关中东部地区的羌人之后。此外，传世史料对雷有终之父雷德骧及其兄雷有邻的评价颇低，然而据《雷孝孙墓志铭》，雷氏家族与李谦溥家族结成姻亲关系，间接属于北宋皇亲，这在《雷有终墓志铭》也得到证实。所以雷氏父子的恶评，很有可能是因为二人属于赵普的政敌阵营，这导致了传统史料书写存在一种低倾向，塑造了雷氏父子或'无文采'或'险侧'的历史形象。"本文刊登于《宋史研究论丛》（第二十七辑）2020年第02期。按《古今姓氏书辩证》："晋豫章人雷焕为丰城令，后徙冯翊。"本编结合《大宋故雷公（有终）墓志铭》认为，雷有终家族源流应为豫章人雷焕后裔。

## 雷孝先

雷孝先，字子思。北宋同州郃阳（今陕西合阳）人。进士。《宋登科记考》："太祖朝登进士第，初授试衔知县。终右领卫大将军、昭州刺史。"《宋代登科总录》引《雍正陕西通志》："天禧三年（1019）王整榜，雷孝先，合阳人，德骧孙。"试大理评事，擢太常寺奉议郎。以讨王均有功改将作监丞，知兴府，坐保任失实降通判华州，徙郓州、贝州。以伪称张熙民为辽之间谍送京师，谪泽州都监。逾年以右领军卫大将军、昭州刺史卒。按《苏晖妻雷氏、宋氏墓志》："雷氏世家冯翊，曾祖吏部侍郎讳孝先，其后益大，徙居为长安人。"可见孝先后裔有一支迁居长安。按《雷园记》："景祐元年（1034），孝先知耀州期间建雷园，其子简夫在此吟咏读书。"雷孝先《宋史》卷二百七十八、《宋史新编》卷八十、《嘉靖合阳县志》、《古今图书集成》、《陕西省志·人物志》均有传。《续资治通鉴长编》《东都事略》《宋会要辑稿》《宋史质》《乾隆耀州志》《雍正陕西通志》《宋人传记资料索引》《宋代传记资料索引补编》《中国地方志宋代人物资料索引续编》《中华万姓谱》《中国人名大辞典》《中国历代人名大辞典》《宋代人物辞典》等均有载。

### 雷孝孙（？—998）

雷孝孙，字子庆。北宋同州郃阳（今陕西合阳）人。曾祖赠尚书、工部侍郎。祖赠太师。考秘书正字，妣杨氏夫人。即先侍中（有终）之次侄也。夫人李氏，早逝。陇西族望，甲于圣朝。故京列讳允文，公之太岳也。今西上閤门副使知瀛州允则、四方馆使、知延州兼马步军部署允正，公之列岳也。公以祖资荫补太庙斋郎，供职二载，授摄太常寺太祝。三年后，任光禄寺丞，承奉郎。至道二年（996），叔父有终知并州，太宗批准随从。返朝后复将命朗州同江陵之职。咸平元年（998）患肺病去世。无子，有三女。叔父有终去世后，堂弟孝若上奏获准，迁葬叔父新茔旁，兄孝先撰写墓志铭。见《大宋故光禄寺丞雷公（孝孙）墓志铭》《大宋故雷公（有终）墓志铭》。墓志《新中国出土墓志》（陕西·壹）有著录。1996 年版《合阳县志》误将 1972 年出土的《雷孝孙墓志》"孙"写成"逊"。

### 雷孝若

雷孝若，北宋同州郃阳（今陕西合阳）人。雷有终长子，父去世后录其为内殿崇班、閤门祗候、同州兵马都监。见《宋史》卷二百七十八、《大宋故雷公（有终）墓志铭》、《大宋故光禄寺丞雷公（孝孙）墓志铭》。《乾隆合阳县全志·人物拾遗》有载。见《地方志人物传记资料丛刊·西北卷》第 9 册。《续资治通鉴长编》《宋会要辑稿》《雍正陕西通志》《嘉靖合阳县志》《宋人传记资料索引》《中国地方志宋代人物资料索引续编》《宋代人物辞典》等均有载。

### 雷孝杰

雷孝杰，北宋同州郃阳（今陕西合阳）人。雷有终次子，父去世录其为内殿崇班。见《宋史》卷二百七十八、《大宋故雷公（有终）之墓志铭》。《雍正广西通志》载有"雷孝杰以西京左藏库副使"知全州。《乾隆合阳县全志·人物拾遗》亦有载。见《地方志人物传记资料丛刊·西北卷》第9册。《雍正陕西通志》《嘉靖合阳县志》《宋人传记资料索引》《中国地方志宋代人物资料索引续编》《宋代人物辞典》等均有载。

## 雷孝绪

雷孝绪，北宋同州郃阳（今陕西合阳）人。雷有终三子。父去世录其为供奉官。见《宋史》卷二百七十八、《大宋故雷公（有终）之墓志铭》。《乾隆合阳县全志·人物拾遗》亦有载。见《地方志人物传记资料丛刊·西北卷》第9册。《雍正陕西通志》《嘉靖合阳县志》《宋人传记资料索引》《中国地方志宋代人物资料索引续编》《宋代人物辞典》等均有载。

## 雷孝恭

雷孝恭，北宋同州郃阳（今陕西合阳）人。雷有终四子。父去世录其子为侍禁。见《宋史》卷二百七十八、《大宋故雷公（有终）之墓志铭》。《乾隆合阳县全志·人物拾遗》亦有载。见《地方志人物传记资料丛刊·西北卷》第9册。《雍正陕西通志》《嘉靖合阳县志》《宋人传记资料索引》《中国地方志宋代人物资料索引续编》《宋代人物辞典》等均有载。

## 雷简夫（1001—1064）

雷简夫，字太简，自号"山长"。北宋同州郃阳（今陕西合阳）人。早年隐居不仕，康定中，杜衍推荐为秘书省校书郎，签书秦州观察判官，不久去职居长安。时，关中"三白渠"毁坏已久，京兆府推荐简夫治理。先前治理的人，每年用六个县的民夫役作四十天，用梢木几百万，而水不足；简夫役用民夫三十天，梢木减少三分之一，而水有余。后历任坊州（今陕西黄陵）、阆州（今四川阆中）、雅州（今四川雅安）、虢州（今河南灵宝）、同州（治今陕西大荔）知州。知雅州时，识眉山苏洵,遂以书信投益州太守张方平、欧阳修、韩琦等人。"三苏"后来被重用,为"唐宋八大家"之三家。雷简夫能诗善文,为书法大家。诗文存世不多,《听江声帖》最为有名。知雅州途中,经汉中府,遂撰文并书《新筑白水路记》摩崖石刻至今存世。知同州期间书丹《宋故赠尚都官郎中司马君墓表》,原碑立于山西夏县司马温公祠。嘉祐二年(1057)秋为殿中丞充辰、澧、鼎州体量公事,平息了辰州彭士羲叛乱。嘉祐三年题写《明溪新寨题名记》摩崖石刻,在湖南沅陵明溪口。为雅州、耀州、沅陵等地方志所载名宦。《宋史》卷二百七十八、《东都事略》四十三、《古今纪要》卷十七、《楚纪》卷五十二、《万姓统谱》、《古今图书集成》、《乾隆雅州志》、《乾隆耀州志》、《同治沅陵县志》、《嘉靖合阳县志》、《雍正陕西通志》、《历代名人姓氏全编》均有传。《乾隆合阳县全志·人物》《天启同州志(秩官、人物)》《咸丰通州府志·列传》《光绪大荔县续志·职官》亦有传。见《地方志人物传记资料丛刊·西北卷》第9册。《续资治通鉴长编》《宋会要辑稿》《续资治通鉴》《邵氏闻见后录》《宋史质》《名贤氏族言行类稿》《蜀中广记》《光绪重纂秦州直隶州新志》《宋元学案补遗》《中国美术家人名辞典》《中国美术家大辞典》《宋人传记资料索引》《宋代传记资料索引补编》《中国地方志宋代人物资料索引续编》《中国历代人名大辞典》《中华万姓谱》《中国人名大辞典》《宋代人物辞典》等诸多史志以及宋代笔记均有载。《全宋文》卷六六一:"雷简夫,字太简,同州郃阳(今陕西合阳)人,雷有终兄有邻之孙。初隐居不仕,康定中枢密使杜衍荐为校书郎、签书秦州观察判官,迁知坊州、雅州。累荐苏洵于当政。后以招抚辰州酋豪彭士羲功,擢三司盐铁判官,以疾出知虢、同二州,累迁尚书职方员外郎,卒。《宋史》卷二七八《雷德骧传》有附传。"雷简夫《上韩忠献书》《上张文定书》《上欧阳内翰书》《听江声帖》《大宋兴州新开白水路记》《耀州妙德禅院新修明觉殿记》收编在《全宋文》第31册。雷简夫诗收录在《全宋诗》第5册。按王万洪《苏轼〈书张少公判状〉发微》:"张旭笔法最先来自于师传口授,这是纯粹书法的人力之功;又受到观摩剑器舞蹈的启发,这是人文社会事件的作用;雷(太简)、文(与可)二人受到自然物象的启发而得笔法,这是物色动心的作用。苏轼同意人力之功与社会作用,而鲜

96

明地反对学书法则自然，拒绝自然外物。"本文刊登于《四川省干部函授学院学报》2013 年 04 期。陈志平《苏轼与〈江声帖〉——兼及宋人书论中的"尊题"现象》："北宋中期书法名家雷简夫的《江声帖》记载了他'闻江声以悟笔法'的名论，但是相关文献表明，苏轼对于雷简夫此论存在既赞同又否定的两种截然不同的态度。"本文刊登于《中国书法》2020 年第 02 期。

### 雷爵臣

雷爵臣，又误作雷寿臣。北宋同州郃阳（今陕西合阳）人。雷简夫之子。其父去世后录为郊社斋郎。见《宋史》卷二百七十八。《宋人传记资料索引》《中国地方志宋代人物资料索引续编》《宋代人物辞典》均有载。梅尧臣诗《雷逸老以仿石鼓文见遗因呈祭酒吴公》，诗题雷逸老即为爵臣。刘敞有诗《雷氏子推迹石鼓为隶古定圣俞作长诗叙之诸公继作予亦继其后》和唱。

### 雷道矩

雷道矩，北宋人。按司马光《祭雷道矩文》注释："祭文约为嘉祐中作。其所祭雷道矩为何人不详。根据文意，此人在庆历初年对西夏的作战中怒斥夏人。或为雷有终族人，待考。"《祭雷道矩文》收录在《司马温公集编年校注》。《全宋文》第 56 册亦有收录。

### 雷审等

雷审等，宋咸平四年（1001）邑人同节度副使名字中有雷审、雷贤、雷遇、雷□、雷政、雷重、雷守明、雷升、雷缩、雷恒、雷旬、雷进、雷福、雷宝、雷新、雷永、雷谦等十七人。见赤东村《西明寺佛舍利塔记》。本文收编在《合阳文史资料——合阳佛教文化专辑》。

### 雷 琦

雷琦，宋同州郃阳（今陕西合阳）人。为檀信士，城中之大族，资富巨万，膏腴沃壤甲于一方。大宋政和丙寅岁。见《重修光济寺记》。本文收编在《合阳文史资料——合阳佛教文化专辑》。

## 雷行之（1129—?）

雷行之，字舜举。宋鄜州直罗（今陕西富县）人。年二十六，中绍兴十八年（1148）甲第八十四名进士。见《宋人传记资料索引》。《中国地方志宋代人物资料索引续编》《宋代登科总录》《宋代人物辞典》均有载。

## 雷　中

雷中，一作雷忠。宋洋州西乡（今陕西西乡）人。庆元二年（1196）邹应龙榜进士。汉中飞龙山，有水帘避兵处。《康熙城固县志·仕宦》。见《地方志人物传记资料丛刊·西北卷》第12册。《雍正陕西通志》《中国地方志宋代人物资料索引续编》《宋代登科总录》均有载。

## 雷　正

雷正，宋洋州西乡（今陕西西乡）人。雷中之弟。庆元二年（1196）邹应龙榜进士。累官知枢密院事。《康熙城固县志·仕宦》。见《地方志人物传记资料丛刊·西北卷》第12册。《雍正陕西通志》《中国地方志宋代人物资料索引续编》《宋代登科总录》均有载。

## 雷宗道

雷宗道，宋商州（今陕西商洛）人。工杂画，长于佛像。山水似郭熙。《画继》《图绘宝鉴》《乾隆直隶商州志·艺术》。见《地方志人物传记资料丛刊·西北卷》第11册。《画史会要》《雍正陕西通志》《中国历代画家人名词典》《宋人传记资料索引》《中国历代人名大辞典》《中国人名大辞典》《中国美术家大辞典》《中国美术家人名辞典》《中华万姓谱》等均有载。

## 雷　胜

雷胜，宋陇西（今甘肃陇西）人。以勇应募得官。神宗元丰七年（1084）勾当使雷胜等七人减磨勘。元符二年（1099），令将官雷胜通判原州。见《续资治通鉴长编》卷三百四十五、卷五百十四。《宋人传记资料索引》亦有载。苏轼《猎会诗序》："雷胜，陇西人，以勇敢应募得官，为京东第二武将。臂力绝人，骑射敏妙。"本文收编在《全宋文》第 89 册。苏轼有诗《将官雷胜得过字代作》。

# 辽、金、元

### 雷　云

雷云，金代统制官。大定二十二年（1182）参与修建圆公马山主塔。《民国林县志》卷十四。见《金代人物传记资料索引》。

### 雷道升

雷道升，金代道士。按《金文最》卷八七："大定二十五年十月十有八日也，雷道升盖道门中颖悟超达，慷慨士也，修真炼性□□年矣。"见《金代人物传记资料索引》。

### 雷文儒

雷文儒，金代人。乡贡进士，承安四年（1199）时为孟州学正。《民国孟州志》卷五、卷九。见《金代人物传记资料索引》。

### 雷　铎

雷铎，金代耀州都目，治事官属。《嘉靖耀州志》卷五。见《金代人物传记资料索引》。

### 雷一声

雷一声，元代人。按《元史》卷四十六："至元二十五年（1288）七月黎安道、方脱脱、雷一声皆伏诛。"《续资治通鉴》卷第二百一十八亦有载。

## 雷 氏

雷氏，孛术鲁远妻。列女。按《元史》卷一百八十三："孛术鲁翀子远，字朋道，以翀荫调秘书郎，转襄阳县尹，须次居南阳。贼起，远以忠义自奋，倾财募丁壮，得千余人，与贼拒战，俄而贼大至，远被害死。远妻雷为贼所执，贼欲妻之，乃诋贼曰：'我鲁参政冢妇，县令嫡妻，夫死不贰，肯从汝狗彘以生乎！'贼丑其言，将辱之，雷号哭大骂，不从，乃见杀。举家皆被害。"《新元史》卷二百十一、卷二百四十六、《续资治通鉴》卷第二百一十、《续文献通考》均有载。

## 雷 学

雷学，字从仕。元至大四年（1311）任蓝田县尹，政清刑简，著有《重修县厅记》。《道光蓝田县志》。见《地方志人物传记资料丛刊·西北卷》第3册。《民国续修蓝田县志》亦有载。

## 雷 元

雷元，元代人。任江华县达鲁花赤，廉介勤能，兴学校，均赋税，讼狱衰，息民利，赖之祀名宦。见《元人传记资料索引》。《道光永州府志》亦有载。

## 雷云翔

雷云翔，元代人。任临高县（今海南临高）尹。见《雍正广东通志·职官》。

## 雷巡检

雷巡检，元代人，生卒里居未详。〔宋〕雷简夫后裔。按元揭傒斯《送雷巡检赴雅州》诗："尔祖为州处①，君今往徼巡。"本诗收录在《揭傒斯全集》。《全宋诗》第27册亦有收录。

---

① 原注：其先雷简夫尝知雅州。

### 雷阳父

雷阳父，元处士。按何梦桂《雷阳父序》："雷阳父年十五辞谢交旧，蹑其巅而庐焉。居六年忽焉与神人遇，授之神符易象。"本文收编在《全宋文》卷八二九一、《全元文》卷二四九。

### 雷 发

雷发，金应州浑源（今山西浑源）人。天会六年（1128）进士。尝于乡里筑斋名"退藏斋"，以明心志。有诗传世曰："陋室那堪陋，巷居退藏天界，隐斯庐看山，破费工夫外，一炷清香注《易》书。"见《雍正山西通志·古迹》。《金代人物传记资料索引》《金代科举》均有载。

### 雷嗣卿

雷嗣卿，金应州浑源（今山西浑源）人。天会年间进士。见《雍正山西通志·选举》。《金代人物传记资料索引》《金代科举》均有载。

### 雷 氏

雷氏，金应州浑源（今山西浑源）人。按《续夷坚志·雷氏节姑》："雷氏，浑源人，是西仲、南仲从姊妹行。年十七，嫁为应州丁倅妻。雷氏群从有不悦者，讦告服内成亲，婚遂听离。丁谓夫人言：'绝婚固非我二人意。然夫人此去，再适人否？'雷曰：'我若再嫁，当令两目瞎！'丁云：'夫人果有此心，我亦当同此誓。'其后丁违前言，再娶，未几果丧明。雷氏十八寡居，九十七乃终。从孙希颜，常欲为文记之，竟不及也。"《元好问全集》《金代人物传记资料索引》亦有载。按《金史·雷渊传》："雷渊，字希颜，一字季默，应州浑源人。父思，名进士，仕至同知北京转运使，注《易》行于世。"雷氏节姑应为雷渊从姑。

### 雷 思

雷思，字西仲。金应州浑源（今山西浑源）人。海陵王天德三年

102

（1151）进士。世宗时为大理司直，持法宽平。累官同知北京转运使事。著有《易解》。见《中国历代人名大辞典》。《同治畿辅通志·宦绩》《光绪保定府志·列传》《乾隆容城县志·名宦》《光绪山西通志·文学》《乾隆大同府志·人物》《乾隆浑源州志·文苑》有传。见《地方志人物传记资料丛刊·华北卷》第7、21、22、41、43、44册。《万姓统谱》《古今图书集成》《历代名人姓氏全编》均有传。《中州集》《宋元学案补遗》《中国人名大辞典》《中华万姓谱》《金代人物传记资料索引》《金代科举》等均有载。按《全金诗增补中州集·学易雷思》："思，字西仲，浑源人。天德三年进士，大定中任大理司直，持法宽平，至今称之。仕至同知北京转运使事，有《易解》行于世。弟志，字尚仲，亦第进士，仕至永定军节度使。西仲季子渊最知名。"雷思诗收录于《全金诗增补中州集》。

## 雷　志

雷志，字尚仲。金应州浑源（今山西浑源）人。雷思弟，亦第进士，仕至永定军节度使。《乾隆大同府志·人物》。见《地方志人物传记资料丛刊·华北卷》第43册。《中州集》《全金诗增补中州集》《金代科举》均有载。雷志书并篆《王说墓志》。见《新出宋代墓志碑刻辑录》。按《续夷坚志·雷氏节姑》："雷氏，浑源人，是西仲、南仲从姊妹行。"雷志的字应为南仲。

## 雷景滂

雷景滂，金应州浑源（今山西浑源）人。泰和（1201—1208）末曾任寿州防御使。按《续夷坚志·天魔祟》："泰和末，雷景滂任寿州防御判官，弟希颜亦到官。"《元好问全集》《金代人物传记资料索引》亦有载。

## 雷渊（1184—1231）

雷渊，字希颜，一字季默。金应州浑源（今山西浑源）人。雷思子。幼孤，入太学，发愤读书。有文名。卫绍王至宁元年（1213）词赋进士。摄遂平县事。击豪右，发奸伏。累拜监察御史，弹劾不避权贵，所至有威誉。至蔡州，杖杀五百人，时号"雷半千"。后迁翰林修撰。见《中国历代人名大辞典》。雷渊《金史》卷一百一十、《万姓统谱》《古今图书集成》《康熙山东通志》《山西通志·人物志》有传。《光绪山西通志·乡贤》《乾隆大同府志·人物》《乾隆浑源州志·文苑》均有传。见《地方志人物传记资料丛刊·华北卷》第40、43、44册。《山西大学师范学院学报》（综合版）1991年第3卷第3期刊登专题《雷渊评传》。《中州集》《归潜志》《宋元学案补遗》《中国人名大词典·历史人物卷》《中国人名大辞典》《中华万姓谱》《金代人物传记资料索引》《北京古今名人辞典》等均有载。元好问《雷希颜墓铭》："娶侯氏。子男二人：公孙，八岁；宜翁，四岁。女二人：长嫁进士陈某，其幼在室。"杜成辉《金末文坛领袖雷渊——兼论辽金时期西京的出版印刷业》：金代浑源雷、刘两族是享誉全国的文学世家，其中雷渊又是金末文坛盟主之一，黄派领袖，被誉为"一世龙门"。他少年时便与刘伯熙以能诗文而并称"雷刘"，后又与著名文学家刘从益在文坛上号称"刘雷"；在政坛上则与陈规以弹劾不避权贵号称"陈雷"，被老百姓奉为保护神，有"中朝第一人"之誉。本文刊登于《雁北师范学院学报》第16卷第6期（2000年12月）。雷渊诗收录在《中州集》中凡30首，《归潜志》亦有收录。〔明〕宋濂有《哀志士辞·雷渊》。

### 雷膺母侯氏

雷膺母侯氏，金应州浑源（今山西浑源）人。膺生七岁而孤，金末，母侯氏挈膺北归浑源，艰险备尝，织纴为业，课膺读书。膺笃志于学，事母以孝闻。见《元史》卷一百七十。《金代人物传记资料索引》亦有载。

### 雷膺（1225—1297）

雷膺，字彦正，号苦斋。元应州浑源（今山西浑源）人。雷渊子，幼孤笃学，以文学称。史天泽辟为万户府掌书记。世祖时，累官监察御史。至元十四年（1277），出任山南湖北道提刑按察副使。时诸将或强籍新民为奴隶，膺出令，得还为民达数千人。后官至集贤学士。见《中国历代人名大辞典》。雷膺《元史》卷一百七十、《万姓统谱》、《古今图书集成》、《历代名人姓氏全编》、《山西通志·人物志》均有传。《咸丰大名府志·名宦》《光绪山西通志·乡贤》《乾隆大同府志·人物》《乾隆浑源州志·文苑》亦有传。见《地方志人物传记资料丛刊·华北卷》第 32、40、43、44 册。《续资治通鉴》《中国人名大辞典》《中华万姓谱》等均有载。《全宋诗》第 64 册收编有雷苦斋诗。《全元诗》第 4 册收编有雷膺诗。胡祗遹《送雷彦正序》，收编在《全元文》第 5 册。

### 雷　肇

雷肇，元应州浑源（今山西浑源）人。雷膺子。顺德路总管府判官。见《元史》卷一百七十。

### 雷　豫

雷豫，元应州浑源（今山西浑源）人。雷膺孙。南阳府穰县尹。见《元史》卷一百七十。

### 雷震通（1193—1252）

雷震通，字伯达。河中府河东县（今山西永济）人。远祖自豫章徙冯翊，硕学长德，声烈书于信史，若曹其识之。六世祖彰自冯翊中雷村（今陕西合阳）婿于河中府河东县（今山西永济）。五世祖愿。高祖信。曾祖豫。父思齐，字希贤。妣张氏，生二子长震威，次即震通。夫人胡氏，卒，又配高氏。子三，守义、守礼、守信。女四人。孙男七，复、介、世忠、恒、益、观、天泽。孙女四人。侄，甫。雷震通由断事推官耶律辟授经历职，去世后先葬于咸宁县（今西安市长安区）。中统二年（1261）还葬河东县，从诸先茔。大德二年（1298）同恕应邀作行状。见《雷经历行状》。行状收编在《榘庵集》、《全元文》第 19 册。

### 雷复始（1237—1276）

雷复始，字国明，又字伯静。元河中府（今山西永济）人。曾祖思齐，不仕。祖震通太傅仆府经历，父守义太傅仆府知事。因妣夫人赵氏卒，不及葬陶邑，特茔咸宁白鹿乡平里，故从葬平里茔左，无子，以弟豫子通，亦卒。雷复始自幼聪颖，勤奋读书，是饱学之士。见《雷君

105

伯静甫墓志铭》。墓志铭收编在《牧庵集》。按《宋元学案补遗》：雷复始，关辅学者也。事昭文大学士杨潜斋最称善学。许文正公闻其名，尝书示进学之要。友五弟豫、世忠、恒、益、观甚笃，教诲之际，凛乎若严师。

## 雷 观

雷观，字季正。元河中府（今山西永济）人。随父官居奉元（今西安市）。官都事等职。按《宋元学案补遗》："雷观（季正），鲁斋门人。修撰雷先生观。姚牧庵有《送雷季正见鲁斋序》。"雷观为奉议大夫太子左赞善同恕好友，同恕有多首描写季正诗作。

## 雷 遹

雷遹，字孝述。元河中府（今山西永济）人。秀才。同恕《跋勤斋祭雷孝述文后》："雷遹，孝述，故太傅府经历君之孙，今仲介父之子，尝以后其世父伯静先生者也。"萧㪍《祭雷孝述文》："且以经历君浮德在庇，伯静兄余庆所钟，孝述其将良已乎?"《跋勤斋祭雷孝述文后》，收编在《全元文》第 19 册。《祭雷孝述文》，收编在《全元文》第 10 册。同恕有《哭雷孝述》诗收编在《全元诗》第 16 册。

## 雷 泽

雷泽，字德卿，一字天渊，号景崖。元丹徒（今江苏镇江）人。元代官吏，雷好问之子，幼受父传，博学笃志。大德四年（1300）得贤良方正明之荐，任中书省左司员外郎，官至同平章事。见《江苏通志稿·选举志》。

## 雷添祥

雷添祥，元汀州清流（今福建清流）人。至元年间（1264—1294），邓克明寇邑，添祥同父吉匿山中，寇掠至，会吉患喘，贼闻，执吉索财物，无所得，欲杀之。添祥抱父号泣，求以身代，贼竟纵其父而杀之。《道光清流县志·孝义》。见《地方志人物传记资料丛刊·华东卷上编》第 80 册。《古今图书集成》《乾隆汀州府志》《乾隆福建通

106

志》《民国清流县志》均有传。

## 雷 镐

雷镐，元汀州清流（今福建清流）人。至正二年（1342）壬午进士。见《民国福建通志》总卷三十三。

## 雷 绅

雷绅，字友绶。元汀州清流（今福建清流）人。至正壬午（1342）举人。工词赋，卓荦绝伦。遨游京国间，声名大振。以廉访使张祯荐，历官江西湖东道。以母艰，归。《道光清流县志》。见《地方志人物传记资料丛刊·华东卷上编》第80册。《民国清流县志·文苑传》有传。《乾隆汀州府志》《乾隆福建通志》均有载。

## 雷德润

雷德润，字志泽，一名逢辰。元建宁建安（今福建建瓯）人。与子机、栱、杭皆以精通《易经》而知名，人称"雷门易"。旁通诸子及律历衍数。见《宋元学案补遗》。按《元故翰林待制朝散大夫致仕雷府君墓志铭》："父德润，入元为福州路儒学教授，后为将仕郎，长乐县主簿，未上任，卒。赠朝散大夫，秘书少监。"《民国建瓯县志·儒林》有传。见《地方志人物传记资料丛刊·华东卷上编》第76册。《康熙建宁府志》《乾隆福建通志》均有传。《中国姓氏辞典》《图解姓氏：画说百家姓》等均有载。

## 雷机（1294—1351）

雷机，字子枢。元建宁建安（今福建建瓯）人。其先为唐雷万春之后，传至五代，远祖鸾，由光州固始（今河南潢川）迁建宁之建安（今福建建瓯）。曾祖时，为宋代太学内舍生。祖龙济，为乡贡进士，宋末抗元遇难。父德润，为元代福州路儒学教授，后为将仕郎，长乐县主簿，未上任，卒。赠朝散大夫，秘书少监。母游夫人，赠建安郡君。雷机，进士，福州路古田县丞。后在多地为官，主持公道，为民做主，伸张正义，受民爱戴。升翰林待制，将仕郎。转至朝散大夫，不久，卒于官。著有《龙津》《龙山》《鄞川》《环中》《黄鹤矶》《梅易斋》《碧玉环》七稿，若干卷。夫人危氏，讳淑馨，字兰玉，赠建安郡君。子燧，进士，从仕郎，县尹。灿，进士，因乱殉职，赠县主簿。孙五人，燧之子伯埏，进士，从仕郎福州都转运盐使司知事。次子仲垅，仲堦。灿之子仲墉、仲堪。仲弟杭。见《元故翰林待制朝散大夫致仕雷府君墓志铭》。墓志收编在《宋文宪公全集》。《民国建瓯县志·列传》有传。见《地方志人物传记资料丛刊·华东卷上编》第76册。《乾隆福建通志》《康熙建宁府志》均有传。《中国历代人名大辞典》《中国人名大辞典》《元代进士辑考》等均有载。雷机诗收编在《全元诗》第37册。按《建安县志》：璜溪，源出丁坑，合九漈、白塔、大富四流，经房村口入大溪，其溪环如佩璜，故名。又云唐雷鸢钓璜之所。

### 雷 栱

雷栱，元建宁建安（今福建建瓯）人。按《嘉靖建宁府志·乡举》："至正二年（1342）壬午科。雷拱（栱），建安人，字君节。兴化尉，以公廉正直称。至正壬辰，因罗天陵乱，委平海口，殁于官。"《中国姓氏辞典》："雷德润与子机、栱、杭皆以精通《易经》而知名。"《民国福建通志》总卷三十三：雷"栱"，误作"拱"。

### 雷 杭

雷杭，字彦舟。元建宁建安（今福建建瓯）人。举浙江乡试第一，登癸酉，即至顺三年（1332）进士，授浙江儒学提举，迁武平县尹、调潮阳，以勤王死事，赠奉化州知州，仍官其子雷煜为建宁路同知。《民国建瓯县志·忠义》。见《地方志人物传记资料丛刊·华东卷上编》第76册。《万姓统谱》《古今图书集成》《康熙建宁府志》《乾隆福建通志》《历代名人姓氏全编》均有传。《雍正广东通志》《中华万姓谱》《元代进士辑考》《宋元学案补遗》《明代小说家雷燮事迹初探》均有载。

### 雷 燧

雷燧，字景旸。元建宁建安（今福建建瓯）人。至正二十三年

108

（1363）进士，授大都路香河县尹。雷机长子，子埏，填。孙鸿，历瑞安、海阳训导。见《元故翰林待制朝散大夫致仕雷府君墓志铭》。《康熙建宁府志》《乾隆福建通志》《元代进士辑考》均有载。

### 雷　灿

雷灿，字景星。元建宁建安（今福建建瓯）人。进士。曾二次中乡举。雷机次子。领浙江乡荐任泉州路涂领巡检，闽中乱，起兵助王师死，赠将仕郎上杭主簿，官其子。《民国建瓯县志·忠义》。见《地方志人物传记资料丛刊·华东卷上编》第76册。《古今图书集成》《康熙建宁府志》《乾隆福建通志》《康熙建安县志》均有传。《新元史》《元故翰林待制朝散大夫致仕雷府君墓志铭》均有载。

### 雷　煜

雷煜，元建宁建安（今福建建瓯）人。以父杭荫得官。《闽书·雷杭传》。见《民国福建通志》总卷三十三。

### 雷　墉

雷墉，元建宁建安（今福建建瓯）人。以父灿荫得官。《闽书·雷灿传》。见《民国福建通志》总卷三十三。

### 雷　埏

雷埏，元建宁建安（今福建建瓯）人。至正二十六年（1366）进士。授福州都转运盐使司知事。父雷燧，进士。见《元代进士辑考》。《民国福建通志》总卷三十三亦有载。

### 雷　枋

雷枋，元建宁建安（今福建建瓯）人。按《康熙建宁府志·乡举》："至正十年（1350）庚寅科。雷枋，建安人。"《民国福建通志》总卷三十三亦有载。

### 雷　栎

雷栎，元建宁建安（今福建建瓯）人。按《康熙建宁府志·乡举》："至正十五年（1355）乙未科。雷栎，教谕，俱建安人。"《民国福建通志》《元诗选癸集》《元人传记资料索引》亦有载。雷栎诗收编在《全元诗》第68册。

### 雷 烜

雷烜，元建宁建安（今福建建瓯）人。按《嘉靖建宁府志·乡举》："至正十九年（1359）己亥科。雷烜，建安人。"《民国福建通志》总卷三十三亦有载。

### 雷 燉

雷燉，元建宁建安（今福建建瓯）人。按《康熙建宁府志·乡举》："至正二十二年（1362）壬寅科。雷燉，训导。"《民国福建通志》总卷三十三亦有载。

### 雷 烁

雷烁，元建宁建安（今福建建瓯）人。按《康熙建宁府志·乡举》："至正二十七年（1367）丁未科。雷烁，训导。"《民国福建通志》总卷三十三亦有载。

### 雷 远

雷远，元代人。按《新元史》卷二百三十六：朱隐老，字子方，丰城人。受业于同郡桂庄、涂应、雷远，承朱子遗绪。

### 雷复等

《雷七宣义暨罗氏地券》："维大元国江西道龙兴府南昌县高安乡仁信里潢湖村东保居，嗣男复、豫、丰，今奉先考先妣灵柩安葬。"原编者按："雷七宣义暨罗氏地券，1973年出土于南昌县，券石藏江西省博物馆。墓主雷七宣义，不知名讳，江西南昌人。"见《江西出土墓志选编》。《全元文》卷一七六六："雷复江西道龙兴府南昌县（今江西南昌）高安乡仁信里潢湖村人。至正间在世，本书收雷复文一篇。"地券文收编在《全元文》第58册。

110

## 雷 震

雷震，字亨夫。元隆兴府进贤（今江西进贤）人。麻阳县尹。见《元人传记资料索引》。

## 雷光霆

雷光霆，字友光。元宁州（江西修水）人。家居教授。学士程钜夫、詹天游皆其徒也。著《九经集义》五十卷、《史辨》三十卷、《诗义指南》十七卷。至元间，遣使征之，未至而卒。学者称"龙光先生"。见《新元史》卷二百三十五。《万姓统谱》《古今图书集成》《历代名人姓氏全编》均有传。《宋元学案补遗》《中国历代人名大辞典》《宋人传记资料索引》《中国人名大辞典》《中华万姓谱》《江西历代人物辞典》等均有载。

## 雷仲益

雷仲益，元宁州（江西修水）人。至正间与周维翰、张原正友善。生平见〔清〕曾燠《江西诗征》卷三十四。有诗作《毛竹山》。见《全元诗》第 52 册。《元诗选癸集》《元人传记资料索引》均有收录。

## 雷 氏

雷氏，燕公楠母。燕公楠，字国材，南康建昌（今江西永修）人，宋礼部侍郎肃之七世孙。母雷氏，梦五色巨翼入帏，遂生公楠。见《元史》卷一百七十三。《新元史》卷一百八十八亦有载。

## 雷起龙

雷起龙，元南康建昌（今江西永修）人。延祐五年（1318）进士。按《江西历代进士全传》："雷起龙，延祐五年戊午科霍希贤榜进士。见《同治建昌县志》卷七，参见《同治南康府志》卷一四。""雷起龙，由进士官推官，以治绩著。子三：溥，奉新簿；源，东山书院山长；澄，保昌令。"《同治建昌县志·宦业》。见《地方志人物传记资料丛刊·华东卷上编》第 51 册。《同治安义县志·乡献》有传。见《地方志人物传记资料丛刊·华东卷上编》第 66 册。朱启钤《样式雷考》：雷发达，字明所，江西南康府建昌县人，生于明万历四十七年，卒于清康熙三十二年。元延祐初，有雷起龙者，自千秋岗移居县之新乡北山社，遂自号北山翁。起龙三子在元代皆以儒显。长曰洪，科举中选拔进士，官吏部右丞，为样式雷家发祥之始祖①。

## 雷延显

雷延显，元抚州宜黄（今江西宜黄）邑北人。常往来崇宜界，有客遗金六十两于弥陀石前，延显遍访，得其人悉还之。母应氏患目疾，步祷军峰遇一道人，予之药一丸，桃一颗曰："以此食母当愈。"后果如其言，盖孝心所感动也。《同治宜黄县志·孝友》。见《地方志人物传记资料丛刊·华东卷上编》第 71 册。

## 雷友谅

雷友谅，元富州（今江西丰城）城陂人。多技巧。见《道光丰城县志·方技》。吴澄《送雷友谅序》："剑江雷尚书之从弟友谅，今之巧人也，于艺无不能。"雷尚书疑为雷宜中。本文收编在《全元文》第 14 册。

## 雷升（1260—1333）

雷升，字则顺。元富州（今江西丰城）人。雷氏自焕得宝剑于其邑，世世宗之，为望族。故宋时有讳荫者，自邑之会昌，迁居城溪，三传生才。才生震。震生赠承事郎云翔。承事生通直郎监南岳庙赐绯鱼袋璲。通直生文林郎京西安抚司干官，赠中大夫祁，君以为曾大父。礼部尚书、宝章阁学士、通议大夫、广东经略安抚使、知广州、开国丰城宜中，君以为大父。奉议郎、太社令、通判韶州国乘，君以为父。君本尚书公之弟，讳宪中之第五子也。……至顺癸酉十一月二十九日卒。曾夫人先十八年卒。子男二，长铸，永新州蒙古字学正，庆远等处安抚司教授；次涛。女四，婿曰勅授安福州巡检王葵，曰胡克忠，曰吴延玉。次

---

① 原编者注：见杨永生编《哲匠录》中国建筑工业出版社，2005 年，第 181—186 页。

未嫁。孙男四，永吉、终吉、逢吉、洪寿。孙女六，长适临江路学正范复祖；次适徐理；余未嫁。曾孙女一人。见《雷则顺墓志铭》。墓志录文收编在《全元文》第27册。按《道光丰城县志》："邱墓，雷升墓，虞集志铭。"雷升《江西历代人物辞典》亦有收录。

## 雷 奎

雷奎，字文仲。元瑞州新昌（今江西宜丰）太平乡人。两浙运干，太平、嘉兴、庐州三路教授，将仕佐郎，瑞州路教授。《同治新昌县志·荐辟》。见《地方志人物传记资料丛刊·华东卷上编》第63册。

## 雷 氏

雷氏，王义妻。元濮州（今山东鄄城）人。按《元史》卷三十三："濮州王义妻雷氏、南阳郄二妻张氏、怀庆阿鲁辉妻翟氏皆以贞节，并旌其门。"《续资治通鉴》卷第二百十五、《续文献通考》均有载。

## 雷宣义

雷宣义，字通裁。元桂阳州（今湖南嘉禾）贵贤乡榜背山人。祖子高，博游群艺，善阴阳地形之术。榜溪卜宅实始基之。父鸣小以孝闻，方长不折足不履影，似子高之为人。宣义少不羁，庭训严折节，读书殚精。二十八年人无知者，以贵入官。元至顺间除四川叙州府经历，叙州当岷江、金沙江之汇，兵争要地，民以重困，经历散秩无由匡拯，宣义耻之，乃谨事长官，凡遇民瘼阴为之求，或不得则挈印绶与长官争曰："若彼则民死某知之不忍也。"于是，叙之人金曰："雷经历生我。"是时，元政已苦窳凿贪吏可为，而廉吏不可为，宣义慨然告归。归之日，叙人去思如失所。清乾隆季叶，其第十一代孙殷官湘乡教谕，道遇叙州人云："吾郡名宦祠有雷经历宣义者，传为湘人，是先生宗派不？"殷答以："某远祖也。"元至顺历明及清乾隆已四百余年，名尚不灭可谓惠矣。孙震英有学行，元明易代，隐芹溪自营生圹，英子吉夫阅览载籍卷怀不出，有父风。见《民国嘉禾县图志·贤达列传三》。

## 雷方春

雷方春，字伯承。元桂阳蓝山（今湖南蓝山）人。父宗衡，本生

113

父宗衢。衡衢昆季式好称于乡。方春幼出继，两家课读勤密。学成登元至元间进士。入翰林，稍迁至监察御史。奇节多直言，元政不纲，公郁郁状尸禄，不久引归，故《元史》佚其事不传。见《民国蓝山县图志·贤达列传上》。按《民国嘉禾县图志·先民列传·雷天锡》：其后裔分迁邻邑，以仕显者莫著于宁远雷复，官山西巡抚，《明史》有传。以科第显者莫著于蓝山雷方春，元时翰林。

## 雷 乙

雷乙，元辰州沅陵（今湖南沅陵）人。按《元史》卷一百八十三："沅陵民文甲无子，育其甥雷乙，后乃生两子，而出乙。乙俟两子行卖茶，即舟中取斧，并斫杀之，沈斧水中，而血渍其衣，迹故在。"《新元史》卷二百十一亦有载。

## 雷 康

雷康，字寿仁，号惠民。元新会（今广东台山境内）人。武宗（1308—1311）时乡荐任琼州教授。生平度量宽宏，恭谨谦逊，周恤贫乏，名闻乡里。《新宁县志》，见《广东历史人物辞典》。

## 雷 通

雷通，元广西人。按《元史》卷十九：元贞二年（1296）七月，广西贼陈飞、雷通、蓝青、谢发寇昭、梧、藤、容等州，湖广左丞八都马辛击平之。

## 雷 贵 （1214—1279）

雷贵，元陕西高陵人。先世为耀州同官县雷平川人。祖父远徙家高陵毗沙镇。父定，妣杨氏。初，庚寅岁，高陵县以君才贤，举监税官。丙辰（1256），宣抚司辟为其县丞。甲子（1264）初改至元，受行中书省掾，升为主簿，兼三原、泾阳、栎阳三县。四年敕授主簿朝邑。十一年改洛川，十四年以疾辞。家居二年卒。见《大元故兴元路蒙古字教授雷君墓志铭》《嘉靖高陵县志》。《康熙泾阳县志·官师志》《光绪三原县新志·官师志》《万历续朝邑县志·官氏志》《乾隆朝邑志·丞》均

114

有传。见《地方志人物传记资料丛刊·西北卷》第 5、6、10 册。《古今图书集成》《嘉靖陕西通志》《雍正陕西通志》亦有传。

### 雷禧（1254—1330）

雷禧，字致福。元陕西高陵人。曾祖远。祖定，金末逃难，乱定来归。父贵，累主四县簿，母杜氏。夫人罗氏。子三人：德谊、德询、德谦。女五人。兄弟六人，禧为第三。授学潜斋杨文康公之门，朝程暮课，不废寒暑。至元十九年（1282）王相府辟典藏司史。二十五年敕奉天县主簿兼尉。三十一年调渭南县。大德四年（1300）官将仕佐郎，主眉县簿。九年改登仕佐郎，主长安县簿。至大元年（1308）升从仕郎，兰田县尹。皇庆二年（1313）传承事郎，尹三原县。至治二年（1322）进承务郎，同知金州事。泰定三年（1326）年及告老。见《奉训大夫致仕雷君墓志铭》。墓志录文收编在《榘庵集》。

### 雷裕（？—1328）

雷裕，字顺理。元陕西高陵人。曾祖远，本为耀州人，后徙居高陵。祖定。父贵，卒于鄜州洛川簿，潜斋杨文康公为之铭。妣杜氏。兄弟六人，裕排行第四。祯兄。致和元年（1328）卒于家。夫人路氏早卒，继娶张氏、李氏。子八人：德琳、德遘、德谆、德议、德谞、德谐、安定、八儿。女二人。孙男九人，孙女四人。雷裕至元甲申（1284）陕汉道宣慰司辟为奏差，再擢四川等处行中书省宣使。大德辛丑（1301）敕进义副尉、安西路司狱。皇庆癸丑（1313）改忠翊校尉、成州判官。延祐丙寅①升承事郎、延安安定县尹。泰定甲子（1324）承务郎，同知西州事。见《承务郎西和州同知雷君墓志铭》。墓志录文收编在《榘庵集》。

### 雷祯（1237—1316）

雷祯，字彦祯。元陕西高陵人。曾祖远，妣曹氏。祖定，妣杨氏。父贵，累主四县簿，妣傅氏、杜氏。兄弟六人，祯最幼。兄祐、祥、

---

① 编者注：延祐无"丙寅"年，有"甲寅"年和"丙辰"年。

禧、裕、祚。夫人刘氏，早亡。继娶张氏。子德诠、德谑。德谑师从同恕，任成纪儒学教谕。女二人。孙女一人。侄男女三十六人。侄孙男女一十七人。雷祯至元己丑（1265）四川西道宣慰司奏差。甲午（1294）陕西行省授平凉等处屯田提领。大德戊申①，升延安克戎巡检。壬寅（1302）改美原。至大辛亥（1311）敕授临潼县尉，秉公执法，"禁戢豪横，扶掖善良"，颇得民心。除了长兄、二兄外，雷祯比其他兄长去世为早。见《临潼县尉雷君墓志铭》。墓志录文收编在《榘庵集》。

## 雷德诠

雷德诠，字士元。元陕西高陵人。蒙古字教官。世祖定，妣杨氏。祖贵，尝主四县簿，妣杜氏。考祯，临潼县尉，有能声，□大夫文贞志其墓。妣刘氏。妇道母仪，为法闺门。生二子，长即君也。君先娶寇氏，先君十九年卒，生一女。再娶吕氏。□室张氏，生一子，曰蛮□，方在抱。简跋：本志与本书所收雷德谊墓志出土地点相同。志主雷德诠与雷德谊葬地均为"庆安乡堨原先茔"。而据志此二人也确为叔伯兄弟。志云："考祯，临潼县尉，有能声，□大夫文贞志其墓。"文贞为元代名儒，见雷德谊墓志简跋。据此推测，雷家应为当时高陵县的望族。《雷德谊墓志》简跋：志记"幽斋同文贞公"，即当时名儒同恕。按：恕《元史》卷一八九有传，据载：字宽甫，号榘庵，长安人。年十三以通书经为乡校第一。弟子数千，藏书数万卷。官至集贤学士，卒谥文贞。与萧㪺齐名，人称"萧同"。著《榘庵集》二十卷。据志，知同恕又号"幽斋"。还撰有雷禧墓碑与雷德让墓志，同在高陵雷氏先茔。见《大元兴元路蒙古字教授雷君墓志铭并序》。墓志《新中国出土墓志》（陕西·壹）、《高陵碑石》均有著录。

## 雷德谊（1278—1340）

雷德谊，字士宜。元陕西高陵人。奉训大夫、耀州知州雷禧之子。承务郎，兴平县尹雷德谦之长兄。母罗氏，生三男：德谊、德询、德谦。雷德谦有"赠从仕郎，咸阳县尹同君"所撰墓铭。雷德谊以父耀

---

① 编者注："申"疑为"戌"。

州知州荫，泰定四年（1327）敕中部尉。元统二年（1334）调为朝邑镇之税使司大使。至元六年（1340）升进义副尉、青涧县主簿。夫人段氏，卒；继李氏，亦卒；继杨氏。有子四人：志、恕、悬、忍。女一人。孙女四人。简跋：志记"幽斋同文贞公"，即当时名儒同恕。按：恕《元史》卷一八九有传，据载：字宽甫，号榘庵，长安人。年十三以通书经为乡校第一。弟子数千，藏书数万卷。官至集贤学士，卒谥文贞。与萧𣂰齐名，人称"萧同"。著《榘庵集》二十卷。据志，知同恕又号"幽斋"。还撰有雷禧墓碑与雷德让墓志，同在高陵雷氏先茔详见《大元故进义副尉青涧县主簿雷君墓志铭并叙》。墓志《新中国出土墓志》（陕西·壹）、《高陵碑石》均有著录。

## 雷时举

雷时举，元同州（治今陕西大荔）人。按《道光大荔县志》："雷时举，世将种也。金人破同州，时举走巴渝，宋令守剑关，有武功，后仕元为将军，不详其官爵。王学士恽《雷将军歌》有：'云间猛将须髯豪''风义不减曹王皋'及'命妻赐第恩转渥'之句，则亦以英武荣宠于时者矣。"《雷将军歌》，收编在王恽《秋涧集》。

## 雷仲泽

雷仲泽，金蒲城（今陕西蒲城）人。曾任按察使。《御定全金诗》卷五十一。见《金代人物传记资料索引》。

## 雷妇师氏

雷妇师氏，金澄城（今陕西澄城）人。列女。夫亡，孝养舅姑。姑病，刲臂肉饲之，姑即愈。舅姑既殁。兄师逵与夫侄规其财产，乃伪立谋证致之官，欲必嫁之。县官不能辨曲直，师氏畏逼，乃投县署井中死。诏有司祭其墓，赐谥曰"节"。见《金史》卷一百三十。《续文献通考》《雍正陕西通志》《乾隆澄城县志》《金代人物传记资料索引》均有载。

## 雷九专

雷九专，金大定十八年（1178）曾写《醮纸盆》，发愿心。《民国

117

澄城县·附志》。见《金代人物传记资料索引》。

### 雷浃并

雷浃并，金大定十八年（1178）曾写《蘸纸盆》，发愿心。《民国澄城县·附志》。见《金代人物传记资料索引》。

### 雷师易

雷师易，号沮阳野逸。金明昌（1190—1196）间，曾跋《观妙堂诗》。《乾隆澄城县志》卷十三。《咸丰澄城县志·人物》有传。见《地方志人物传记资料丛刊·西北卷》第8册。《金代人物传记资料索引》亦有载。

### 雷　修

雷修，金郃阳（今陕西合阳）人，为大明路夏津县尉。《乾隆合阳县全志·人物拾遗》。见《地方志人物传记资料丛刊·西北卷》第9册。《嘉靖合阳县志·乡宦》亦有载。

### 雷大通（？—1211）

雷大通，号洪阳子。金延安府敷政（今陕西甘泉）人。尝以词赋魁乡选，时人以解元称之。大定十五年（1175）谒马丹阳，一览若有夙契。马丹阳东归山东，大通留居祖庭。明昌（1190—1196）初年过滕郡，喜爱峄山幽邃，筑修真庵于响石涧，度门弟子数百人。大安三年（1211）病逝。《终南山祖庭仙真内传》有传。见《中华道教大辞典》。

### 雷秀实

雷秀实，金坊州（今陕西黄陵）人。雷珣之父，进士。见《金代科举》。《归潜志》亦有载。

### 雷珣（1195—1235）

雷珣，字伯威。金坊州（今陕西黄陵）人。父秀实，进士。伯威博学能文，作诗典雅，多有佳句，时辈称之。见《归潜志》。《民国中部县志·贤能》有传。见《地方志人物传记资料丛刊·西北卷》第 7 册。《中州集》《金史》《宋元学案补遗》《雍正陕西通志》均有载。按《金代人物传记资料索引》："雷伯威，龙坊（陕西志丹）人。贞祐南渡后，有诗名。"〔明〕宋濂有《哀志士辞·雷琯》。《中州集》卷七录雷琯诗十九首。张矢的《金代诗人雷琯研究心得》："天兴初年（1232），河南发生战乱，南奔途中遇害，年未四十，因此，推其生年为明昌六年（1195）左右。"本文刊登于《现代语文》（学术综合版）2016 年 05 期。

## 雷致虚

雷致虚，字守静。金中部（今陕西黄陵）人。黄帝庙主持道人。按黄帝陵金昌明六年（1195）《冲和大德雷公寿堂记》碑："公讳致虚，字守静，中部东川谢里人。自童稚出家，师张道崇。□统二年①，试经为道士。……道友保义校尉刘济、保义校尉栢重、进义副尉雷仲、忠翊校尉杨伦等施石。"见《黄帝陵碑刻》。

## 雷天作

雷天作，字君山。金秦州（今甘肃天水）人。曾祖以动，登进士第，仕宋至兵部员外郎。由秦徙居邠州临池乡。其孙世长积资能施，歉岁倾米面钱钞助赈活人。疫疠之年，广市善药延良医，四出诊治全活尤众。聚书万卷，皆经手批，仍自邠归秦。和族睦乡，邻里称为"善人"。世长生天作，幼聪敏，长益力学，博通经史，尤讲求礼经，创营家庙，四时率族人修祀。事物未荐新不以入口，捐资赈寒饿，掩骼骴。学丰而不仕，居家教授，门下著籍者百人，化行一乡，子孙遂世显焉。《光绪甘肃新通志·孝义》。见《地方志人物传记资料丛刊·西北卷》第 13 册。《秦州直隶州新志》《光绪重纂秦州直隶州新志》均有传。

## 雷振亨

雷振亨，字时畅。元秦州（今甘肃天水）人。天作第三子。太宗

---

① □统二年：金明昌年之前有"皇统"年号，"□统二年"当为"皇统二年"，即 1142 年。

时以陕西行省佥事，从皇子阔端征秦巩，遂入蜀大军取襄邛。以振亨督粮运，禁止掠，抚安新附，积功迁河南行省参政。尝谏征高丽不纳，师卒无功，升授银青荣禄大夫平章政事卒。《光绪甘肃新通志·群才》《光绪重纂秦州直隶州新志·人物》。见《地方志人物传记资料丛刊·西北卷》第 13、15 册。《秦州直隶州新志》亦有传。

### 雷衡信

雷衡信，字君实。元秦州（今甘肃天水）人。振亨子。官龙虎上将军。至顺初，洮岷番民构乱，命衡信往征，杀贼几尽。七年番寇又起，衡信帅师径捣其巢，降者一十七寨，升上护军都元帅。越三年，以老乞休，训课子孙以卒。《光绪甘肃新通志》。见《地方志人物传记资料丛刊·西北卷》第 13 册。按《光绪重纂秦州直隶州新志·雷衡信传》："天作至衡信三条，据《雷氏家谱》篡（纂）入。"

### 雷颐恭

雷颐恭，元秦州（今甘肃天水）人。按《光绪重纂秦州直隶州新志·选举四》：秦州仕宦，元，雷颐恭，官都督府经历。

### 雷　顺

雷顺，元秦州（今甘肃天水）人。按《光绪重纂秦州直隶州新志·选举四》：秦州仕宦，元，雷顺，官参知政事。

### 雷　傲

雷傲，元秦州（今甘肃天水）人。按《光绪重纂秦州直隶州新志·选举四》：秦州仕宦，元，雷傲，官副元帅，管军万户。

### 雷时明

雷时明，元秦州（今甘肃天水）人。按《光绪重纂秦州直隶州新志·选举四》：秦州仕宦，元，雷时明，官管军万户。

### 雷泰亨

雷泰亨，元秦州（今甘肃天水）人。按《光绪重纂秦州直隶州新志·职官上》：元，秦州万户府万户，雷泰亨。明兵至，率众归附，上除刘发外，皆本州人。

### 雷临亨

雷临亨，元秦州（今甘肃天水）人。按《光绪重纂秦州直隶州新志·职官上》：元，秦州万户府万户，雷临亨。明兵至，率众归附，上除刘发外，皆本州人。

### 雷颐正

雷颐正，元秦州（今甘肃天水）人。按《光绪重纂秦州直隶州新志·职官上》：元，秦州万户府万户，雷颐正。明兵至，率众归附，上除刘发外，皆本州人。

### 雷颐敬

雷颐敬，元秦州（今甘肃天水）人。按《光绪重纂秦州直隶州新志·职官上》：元，秦州万户府万户，雷颐敬。明兵至，率众归附，上除刘发外，皆本州人。

### 雷颐忠

雷颐忠，元秦州（今甘肃天水）人。按《光绪重纂秦州直隶州新志·职官上》：元，秦州万户府万户，雷颐忠。明兵至，率众归附，上除刘发外，皆本州人。

### 雷时惠

雷时惠，元秦州（今甘肃天水）人。按《光绪重纂秦州直隶州新志·职官上》：元，秦州万户府万户，雷时惠。明兵至，率众归附，上除刘发外，皆本州人。

### 雷　和

雷和，元秦州（今甘肃天水）人。按《光绪重纂秦州直隶州新志·职官上》：元，知秦州事，雷和。明兵至，率众归附，上除刘发外，皆本州人。

## 雷时忠

雷时忠，元秦州（今甘肃天水）人。按《光绪重纂秦州直隶州新志·职官上》：元，秦州镇抚，雷时忠。明兵至，率众归附，上除刘发外，皆本州人。

## 雷时清

雷时清，元秦州（今甘肃天水）人。按《光绪重纂秦州直隶州新志·职官上》："元，秦州镇抚，雷时清。明兵至，率众归附，上除刘发外，皆本州人。"《右都督雷龙墓志铭》："公讳龙，字云从，别号碧潭，世籍古成纪。国初，始祖讳清以胜国万户归义，授现昌卫副千户。"《嘉靖陕西通志·平凉、巩昌二府名宦》："元，雷清，秦州人，本州万户府万户。"雷时清与雷清应为同一人。

# 明

## 雷　老

雷老，明太祖年间奇士。按《明史》卷二百八十九：夜半有老父雷老挈之行，逾年达太祖所。孙抱儿拜泣，太祖亦泣，置儿膝上，曰："将种也！"赐雷老衣，忽不见。

## 雷安民

雷安民，天启年间，浑河之战守备。按《明史》卷二百七十一："大清兵来攻，却复前者三，诸军遂败。敦吉、邦屏及参将吴文杰、守备雷安民等皆死。"《镜山庵集》亦有载。

## 雷安世

雷安世，明末成都守军指挥。按《明史》卷二百四十九："指挥周邦太降，冉世洪、雷安世、瞿英战死。"《全边略记》《雍正四川通志》均有载。

## 雷鸣夏

《明史》卷九十八：雷鸣夏，撰《子平管见》二卷。

## 雷俊士

雷俊士，明末人。万历三十七年（1609）举于乡。顺德同知。执至西安。子梦兰随侍，归。见《南明史》卷八十九。

## 雷　俊

雷俊，明末人。母徐病革，兵至，一邑人走，峻守不去，卒无恙。见《南明史》卷一百八。

## 雷如昆

《南明史》卷一百一十一：雷如昆，去诸生为僧。

## 雷飞鸣

《南明史》卷一百一十六：雷飞鸣，司礼监，南司房，国亡负贩。

## 雷晋暹

雷晋暹，泌阳典史。崇祯十四年（1641）领乡兵拒贼，力不支，以身殉难。《明史》卷二百九十三有载。《雍正河南通志》雷晋暹，"晋"作"进"，本编从《明史》。

## 雷大震

雷大震，明代人。生平里居未详。撰有《济生产宝论方》（又作《济生产宝》《济生产宝方》《济生产宝诸方》）二卷。此书经徐明善校正，由雷鸣刊刻于嘉靖间（1522—1566）。原刻今藏杭州浙江图书馆。清末杨守敬自日本购归大量古籍，有《济生产宝论》日抄本二卷，1919年售归国家，入藏故宫博物院。《国史经籍志》《中医图书联合目录》等。见《中医人名大辞典》。

## 雷　振

雷振，明代人。县丞。县署自元初创建至顺帝末残毁已甚。至是亲督候之，一切公署皆备。《乾隆介休县志·宦迹》。见《地方志人物传记资料丛刊·华北卷》第48册。

## 雷应时

雷应时，明代人。正德间任乐陵县丞，与许忠节御贼有相成之功。

见碑记。《乾隆乐陵县志·宦迹》。见《地方志人物传记资料丛刊·华东卷上编》第 9 册。

## 雷应科

雷应科，号观斋。明顺天府通州（今北京通州）人。其先江西临川人。八世祖得明，洪武初以战功赐显忠校尉。七世祖振承袭，复由定边指挥调通州，屯扎督军耕种，世袭八代遂隶籍为通州人。应科资行醇茂，笃学不倦，万历间岁贡生，授山西五台知县。为政宽和，不尚刻窈，惟抵逆子以极刑，民间称快。国朝雍正二年（1724）祀乡贤，子起龙。《光绪通州志·乡贤》。见《地方志人物传记资料丛刊·华北卷》第 3 册。《清代科举人物家传资料汇编》亦有载。

## 雷应禹

雷应禹，字动之。明顺天府通州（今北京通州）人。应科从弟。明诸生，行端学纯，事亲至孝。抚诸弟妹，曲体亲心周旋。族党情义无间。有文集传世。殁后葬梨园，孙承恩铭其墓。以子一龙贵，国朝封刑科给事中，雍正二年（1724）祀乡贤。《光绪通州志·乡贤》。见《地方志人物传记资料丛刊·华北卷》第 3 册。《清代科举人物家传资料汇编》亦有载。

## 雷起龙

雷起龙，字伯起，号震潜。明顺天府通州（今北京通州）人。少好学嗜古。居盘山读书十数年，手录诸子百家甚富。登万历四十四年（1616）进士，授陕西三原知县。三原与泾邻，两邑民共引水溉田曰"分水日，争水日，侵水日，盗水日"，霸水讦讼不止。起龙至，为剖画息争，又戢强暴安寡弱，民皆乐业。调沾化及长清政皆善，累迁刑部郎中。奉命恤刑两浙平反冤狱以百计。性明决负气节，不畏权势，人有过辄面折，或事当盘错，人所畏葸者毅然任之。归田后，尝谒漕使，阍止下舆，阖中扉，导侧门入，忿作色回车不顾。在浙不拜魏珰生祠，人尤服其气骨云。以工书法见称。《光绪通州志·乡贤》。见《地方志人物传记资料丛刊·华北卷》第 3 册。《中国美术家大辞典》《明清进士

125

题名碑录索引》《清代科举人物家传资料汇编》均有载。

### 雷应震

雷应震，明三河（今河北三河）人。精岐黄，活人甚众，远近德之。《乾隆三河县志·方技》。见《地方志人物传记资料丛刊·华北卷》第19册。

### 雷 明

雷明，明代书法家。北京交河（今河北沧州）人，永乐四年（1406）丙戌科进士。工书法，尤精于楷书。见《中国美术家大辞典》。《明清进士题名碑录索引》亦有载。

### 雷 屯

雷屯，明广平府永年（河北永年）人。永乐十三年（1415）进士。工书，以楷书名。见《中国美术家大辞典》。《明清进士题名碑录索引》亦有载。

### 雷 泽

雷泽，字时霖。明忻州定襄（今山西定襄）人。天顺八年（1464）进士。授刑科给事中，论疏不避权贵。尝上疏奏劾，被杖几毙，疮愈复谏。官至工部侍郎。以工书法见称。《光绪山西通志·乡贤》《康熙定襄县志·乡贤》《光绪定襄县补志·艺文》。见《地方志人物传记资料丛刊·华北卷》第41、45册。《古今图书集成》《历代名人姓氏全编》均有传。《中国人名大辞典》《中华万姓谱》《明清进士题名碑录索引》《明代地方志传记索引》《中国历代人名大辞典》《中国美术家大辞典》均有载。

### 雷 洁

雷洁，明汾州平遥（今山西平遥）人。嘉靖间任延长，居官九载，平易近民，崇文好士，修城垣，建节孝诸坊。《光绪平遥县志·人物》《乾隆汾州府志·人物》《乾隆延长县志·循吏》。见《地方志人物传记资料丛刊》华北卷、西北卷第 47、49 册/第 7 册。

## 雷一凤

雷一凤，明蒲州（今山西永济）人。崇祯元年（1628）戊辰科刘若宰榜进士，永平府知府。工书，善作汉隶。见《中国美术家大辞典》。《光绪山西通志》《明清进士题名碑录索引》均有载。

## 雷门英

雷门英，字醒函。明末平阳府曲沃（今山西曲沃）虒及村人。渊学懿行，为士林翘楚，食储者二十八年。壬午省试荐而不售，本房颜习孔深惜之。当流贼犯平水，刀锯鼎镬逼售诸生伪官，独能自守，不为所污。卫蒿赠以序。见《南明史》卷一百一十。《乾隆新修曲沃县志·文苑》有传。见《地方志人物传记资料丛刊·华北卷》第 57 册。

## 雷应时

雷应时，明解州芮城（今山西芮城）人。《乾隆芮城县志·人物》："雷应时，隆庆庚午（1570）举人。知抚宁加河间府通判，仍管县事历任十载，有惠政升陕西临洮府同知。"《光绪抚宁县志·名宦》："雷应时，万历十一年（1583）知县事。律身清正，莅事明决，课民纺织，朔望验其勤惰。捐俸修县志，莅政九载有古循吏风，士民保留。加通判衔，祀名宦。"《光绪永平府志·名宦》《民国芮城县志·名宦传》均有传。见《地方志人物传记资料丛刊·华北卷》第 16、62 册。

## 雷 升

雷升，明辽东三万卫（今辽宁）人。成化五年（1469）进士。见《明清进士题名碑录索引》。

## 雷 迅

雷迅，字圣肃。明松江府青浦（今上海青浦）人。万历三十四年（1606）举于乡。授夔州推官。值寇充斥，境内肃然。侍养告归。见《南明史》卷八十七。《全明词》收编有雷迅词作。

127

## 雷士俊 （1611—1669）

雷士俊，字伯籲，世称艾陵先生。明江南江都（今江苏江都）人。诗文家。庠生。攻古文、经史，已而潜研理学，留心时政。入清，弃诸生，筑室文陵湖上，闭户著书，往来者唯袁继咸、孙枝蔚、施闰章、王士禛诸人而已。贫老负气，悲愤得疾以卒。《扬州府志》言其"为文钵心刿胃，既脱稿，必琢磨再四，始出示人"。著有《艾陵诗文钞》《艾陵文集》。见《中国文学大辞典》。按《民国续陕西通志稿》列传三："雷士俊，字伯籲。泾阳人。明末避居扬州，以第一人入府学。嗜读工诗，尤肆力于古文。质朴敦厚，详而有法，一依于礼义大类。曾南丰论慕三苏传宗《史》《汉》，悉合古人法度而一本于真气。蚤岁有志用世，自谓功业立就抵掌，雄谈旁若无人。其经画皆可见诸措施，后弃举子业，退而著书。与友人王岩日夕切磨，穷探经史百家之说。详究古今治乱得失，君子小人消长之故。每一篇出，经营惨淡，怵目剧心。魏禧叙其遗文曰：伯籲以古文名天下，垂四十年江淮间，言古文者必以雷王为归。晚耽吟咏，有山榛隰苓之意，旨深词婉，与世之竞浮响趋纤靡者天壤云。士俊家故饶，已而中落，然廉介自守，与三原孙枝蔚相善，尝以俭德规之，提督某重金求纪战功力拒之，不欲以文章媚世也。著有《艾陵文抄、诗抄》行世。"见《地方志人物传记资料丛刊·西北卷》第1册。《宣统重修泾阳县志·隐逸》有传。见《地方志人物传记资料丛刊·西北卷》第5册。《南明史》卷九十一、《国朝耆献类征初编》、《历代名人姓氏全编》均有传。《中国历代人名大辞典》《中国人名大辞典》《中华万姓谱》《扬州历史人物辞典》等均有载。按《清代人物生卒年表》："雷士俊（1611—1669），字伯籲。出处，王岩《墓志铭》，《艾陵文抄》卷首。"雷士俊《艾陵文抄》，收编在《清代诗文集汇编》第35册。《晚晴簃诗汇》收编其诗作。《历代名人姓氏全编》将其名误作雷士缙。

## 雷 春

雷春，明泰州（今江苏泰州）人。广西浔州府知府。州志作湖州府，未详孰是。今依《雍正府志》。见《江苏通志稿·选举志》。

## 雷 翀

雷翀，字风霄。明常熟（今江苏常熟）人，祖籍南昌（今属江西）。成化四年（1468）举人。县为立文明坊。寓居无锡锡山授徒称名师。弘治三年（1490）荐授河南彰德府通判，迁知府，禁淫祀，河决筑堤赈饥，全活甚众，卒于任。祠祀名宦。著有《性理语录》等。见《苏州历代人物大辞典》。《同治苏州府志》有传。《明代地方志传记索引》亦有载。

## 雷鸣春

雷鸣春，号龙舒。明安庆府（今安徽安庆）人。少笃孝友，博学嗜古，登嘉靖三十八年（1559）进士。授湖广孝感县知县，清慎勤敏，五年奏最擢刑部，转工部。出守南阳，多治迹升右参议，谢政归。《安庆府志》。见《古今图书集成》。《乾隆汉阳府志》《明清进士题名碑录索引》《中国美术家大辞典》均有载。

## 雷 宗

雷宗，字希曾。明安庆府桐城（今安徽桐城）人。弘治十五年（1502）进士。授知汝阳县，有善政。擢四川道御史。正德中，参预刘六起事，为同事所诬，谪浏阳典史，转知峄县归。工书，腕力劲健。《乾隆峄县志·宦绩》《光绪重修峄县志·名宦》。见《地方志人物传记资料丛刊·华北卷》第45册。《古今图书集成》《道光桐城重修县志》有传。《明史》卷三十一、《中国人名大辞典》、《中华万姓谱》、《明清进士题名碑录索引》、《明代地方志传记索引》、《中国历代人名大辞典》、《中国美术家大辞典》均有载。《安徽雷氏宗谱》二十八卷，首二卷，末一卷。记有雷宗、雷鸣春。藏于国家图书馆、人民大学图书馆。见《中国家谱总目》。

## 雷之威

雷之威，字中皖。明安庆府桐城（今安徽桐城）人。武举。任广东肇庆府守备，致仕归。轻财好施，岁荒捐银赈谷，全活无算。明季寇扰桐，之威独护四邻，贼不能入，遂统数千人攻其家，之威只身与斗，至天宁庄被害。见《道光桐城续修县志·忠义》。

### 雷鸣春

雷鸣春，字龙舒。明直隶怀宁（今安徽怀宁）人。县令。温良乐易，临事不苟，历任未久升刑部主事。《乾隆任邱县志·官师》。见《地方志人物传记资料丛刊·华北卷》第 28 册。《安徽雷氏宗谱》二十八卷，首二卷、末一卷记有雷宗、雷鸣春。藏于国家图书馆、人民大学图书馆。见《中国家谱总目》。

### 雷忭

雷忭，字义和。明安庆府太湖（今安徽太湖）人。以明经知景宁县，性廉介，常禄外不妄取一物。历官三载所积俸，悉为其邑置田，以养老病，及归，萧然如寒士。见《同治太湖县志·宦绩》。

### 雷恂

雷恂，字明窗。明安庆府太湖（今安徽太湖）人。贡生。天性孝友，二亲继亡，庐墓号泣者三年。竭力养继祖母董氏，事伯兄若父，抚孤侄若子。邑令延之西席，暗为里人辩冤，其人知之酬以金，坚拒不受。屡与宾筵，寿八十一祀，祀乡贤。见《民国太湖县志·孝友》。

### 雷缜祚（？—1645）

雷缜祚，字介公。明安庆府太湖（今安徽太湖）人。崇祯三年（1630）举于乡，十三年夏，帝思破格用人，而考选止及进士，特命举人、贡生就试。教职者，悉用为部、寺、司推官、知县，凡二百六三人，号为庚辰特用。而缜祚得刑部主事。明年三月，劾杨嗣昌六大罪，可斩；凤阳总督朱大典、安庆巡抚郑二阳、河南巡抚高名衡、山东巡抚王公弼宜急易。帝不悦。十五年，擢武德道兵备佥事。山东被兵，祚守德州，有诏奖励。乃疏劾督师范志完"纵兵淫掠，折除军饷，构结大党"。帝心善其言，以淫掠事责兵部，而令缜祚再陈。志完者，首辅周延儒门生也。缜祚意有所忌，久不奏。明年五月，延儒下廷议，祚乃奏

130

言："志完两载佥事，骤陟督师，非有大党，何以至是？大僚则尚书范景文等，词林则方拱乾等，言路则给事中朱徽、沈允培、袁彭年等，皆其党也。方德州被攻不克，去掠临清。又五日，志完始至，闻后部破景州，则大惧，欲避入德州城。漏三下，邀臣议，臣不听。志完乃偕流寓词臣拱乾，见臣南城古庙，臣告以督师非入城官，蓟州失事，由降丁内溃。志完不怿而去。若夫座主当朝，罔利曲庇，只手有燎原之势，片语操生死之权，称功颂德，遍于班联。臣不忍见陛下以'周召'待大臣，而大臣以严嵩、薛国观自待也。臣外藩小吏，乙榜孤踪，不言不敢，尽言不敢。感陛下虚怀俯纳，故不避首辅延儒与举国媚附时局，略进一言，至中枢主计请饷，必馈常例，天下共知他乾没更无算。"疏入，帝益心动，命议。旧计臣李待问、傅淑训，枢臣张国维及户科荆永祚，兵科沈迅、张嘉言罪，而召缤祚陛见。越数日，抵京，又数日，入对。召志完、拱乾质前疏中语，拱乾为志完辩，帝颔之。问缤祚称功颂德者谁，对曰："延儒招权纳贿，如起废、清狱、蠲租，皆自居为功。考选台谏，尽收门下。凡求总兵、巡抚者，必先贿幕客董廷献。"诛志完。而令缤祚还任。缤祚寻以忧去。福王时统襁劾曰："广因及之。"遂逮治。明年四月，与镰同赐自尽。故事："小臣无赐自尽者，因良玉兵东下，故大铖辈急杀之。"《明史·列传》。旧志列"名贤"。郡、邑俱祀乡贤。见《民国太湖县志·宦绩》。《明史》卷二百七十四、《南明史》卷九十、《古今图书集成》、1995 年版《太湖县志》有传。《宣统山东通志·宦迹》《民国德县志·宦迹》《光绪惠民县志·名宦》均有传。见《地方志人物传记资料丛刊·华东卷上编》第 1、8、12 册。《中国历代人名大辞典》《中国人名大词典·历史人物卷》《中国人名大辞典》《中华万姓谱》等均有载。

## 雷永祚

雷永祚，字长卿。明安庆府太湖（今安徽太湖）人。天启四年（1624）举于乡。高唐知州，杭州推官。归家居十余年，不赴乡饮，卒年七十九。见《南明史》卷三十五、卷八十三。《民国太湖县志·宦绩》有传。

## 雷绵祚

雷绵祚，明安庆府太湖（今安徽太湖）人。太湖庠生。崇祯丁丑（1637）为流贼所执，不屈死之。《安庆府志》。见《古今图书集成》。《同治太湖县志》有传。

## 雷膺祚

雷膺祚，明安庆府太湖（今安徽太湖）人。太湖庠生。嗜古笃学。崇祯壬午（1642）城陷，贼执之，骂不绝口，贼怒，投入廪中焚之。其子廷发，痛父惨亡，亦奋身烈焰中死。《安庆府志》。见《古今图书集成》。《民国太湖县志》亦有传。

## 雷士吉

雷士吉，明安庆府太湖（今安徽太湖）人。年十三入泮，乡试九次。父殁断荤酒庐墓三年，母徐氏久疾伺汤药，衣不解带者六月，及卒，泣血守墓如前。凡鲜之物为母病时未食者，终身不忍食，且待诸弟极友爱，士林重之。见《同治太湖县志·孝友》。《光绪安徽通志》亦有传。

## 雷 通

雷通，明直隶无为州（今安徽无为）人。按《英宗实录》卷之三百二：“天顺三年（1459）夏四月戊寅都督同知雷通卒。通，直隶无为州人。初充小旗。宣德、正统间，累功升至都指挥使。景泰三年（1452），升左军都督府佥事，充总兵官，佩平羌将军印，镇守甘肃。天顺元年（1457），升都督同知，充副总兵征迤西。至是卒。”《光绪通州志·武功》有传。见《地方志人物传记资料丛刊·华北卷》第3册。《明史》卷一百七十、《忠肃集》均有载。

## 雷 仁

雷仁，明池州贵池（今安徽贵池）人。崇祯十三年（1640）武进士。镇篁参将。见《南明史》卷六十七。

### 雷德宏

雷德宏，明福宁州（今福建霞浦）人。河源主簿。听选时，福安有吏卒于京，其妇无与归。众以推宏，宏谓妇少引嫌，买婢从之。时人皆称其义。《民国霞浦县志·义行》。见《地方志人物传记资料丛刊·华东卷上编》第 77 册。

### 雷　瑄

雷瑄，字宗器。明汀州清流（今福建清流）人。廪生。善养亲，正德初寇发，居民惊审，瑄招集训练，城赖保全。《道光清流县志·孝义》。见《地方志人物传记资料丛刊·华东卷上编》第 80 册。《古今图书集成》《乾隆汀州府志》《乾隆福建通志》《民国清流县志》均有传。《明代地方志传记索引》亦有载。

### 雷得昌

雷得昌，明汀州清流（今福建清流）人。奉亲谨，浣衣涤器必躬亲，或过姻亲与兄弟共舁之，不任童仆，岁时祀先泣交下。成化中，邑大饥，其子良慨然以五百金出贷，不能息者免之，甚者为裂券。邻里殁无以殓施之棺，道路圮坏加修治焉。《道光清流县志·孝义》。见《地方志人物传记资料丛刊·华东卷上编》第 80 册。《乾隆汀州府志》《乾隆福建通志》《民国清流县志》均有传。《明代地方志传记索引》亦有载。

### 雷　稔

雷稔，明汀州清流（今福建清流）人。母卒，值寇至，举家奔窜，稔独守母尸不去。贼怜之，弗忍杀。成化间，归化民叶永坚遗银六十两，稔中子道拾之，归语稔，稔命还永坚，一无所取。《道光清流县志·孝义》。见《地方志人物传记资料丛刊·华东卷上编》第 80 册。《乾隆汀州府志》《民国清流县志》均有传。《明代地方志传记索引》亦有载。

## 雷　监

雷监，字懋宪。明汀州府清流（今福建清流）人。由贡生历任兴化、松溪、邵武、广文，咸捐俸购学田。逢岁饥，士赖以存，活者甚众，所至竞立祠以祀。《道光清流县志·豪侠》。见《地方志人物传记资料丛刊·华东卷上编》第80册。《乾隆汀州府志》《民国清流县志》均有传。《乾隆福建通志》《明代地方志传记索引》均有载。

## 雷宙宽

雷宙宽，明汀州清流（今福建清流）人。以岁贡任乐清知县，宽平慈惠，自陈致仕。乐清人时来问起居。《道光清流县志·宦业》。见《地方志人物传记资料丛刊·华东卷上编》第80册。

## 雷　庆

雷庆，明汀州清流（今福建清流）人。以岁贡任新会县丞，政本于宽，去日，士大夫赋诗，陈白沙先生赠卷曰"遗爱"以美之。《道光清流县志·宦业》。见《地方志人物传记资料丛刊·华东卷上编》第80册。

## 雷化龙

雷化龙，明汀州清流（今福建清流）人。天性克孝，生母伍氏早逝，遗像久失。一日，思图母像，夜梦母口授云云，晨起觅工笔之，识者各谓宛肖，孺慕致然。以岁贡廷对首选本庠。圣庙坐向失位，累科不第，倡议卜度重新。训瓯宁，修理两庑，赈恤贫士，至今见思。《道光清流县志·宦业》。见《地方志人物传记资料丛刊·华东卷上编》第80册。《民国清流县志》亦有传。

## 雷同升

雷同升，字士大。明汀州清流（今福建清流）人。以光泽训导擢南城知县，清操有守。时际多艰，制驭之周，当机之敏，无所不长，乃约于律己，惠及于民，民咸戴之。惜其勇退，居乡则守御赈济，借其筹划居多。其子若孙彬彬能文，皆当世之名士焉。《道光清流县志·宦业》。见《地方志人物传记资料丛刊·华东卷上编》第 80 册。《民国清流县志》亦有传。

### 雷行章

雷行章，字文陶。明汀州清流（今福建清流）人。序贡生。为文有奇思，试辄右侪偶。尤以孝义自砥，所得馆谷奉母，兼养寡嫂孤侄，岁以为常。晚年志益耿介，清虚节欲，人称美德云。《道光清流县志·孝义》。见《地方志人物传记资料丛刊·华东卷上编》第 80 册。《民国清流县志》亦有传。

### 雷礼门

雷礼门，字蒲石。明汀州清流（今福建清流）人。姿干魁伟，有识度。为诸生即以名教自任，乐与里中兴利除害，无矫亢，亦不雷同，监司守令莫不造请谋政，士大夫过者，必谒见之始快。循资当贡，因举动颇艰，曰："吾不做，吾子孙当有做者。"遂辞焉。督学郭之奇奖其高，授以训导职衔。有孙鸣辉、鸣弦箕裘克嗣云。《道光清流县志·乡行》。见《地方志人物传记资料丛刊·华东卷上编》第 80 册。《民国清流县志》亦有传。

### 雷应春

雷应春，号嘉阳。明汀州清流（今福建清流）人。岁贡。任永福教谕。以教铎有方，绅衿敬服，建祠于学宫之左，升广东后府经历。《道光清流县志·选举》。见《地方志人物传记资料丛刊·华东卷上编》第 80 册。《民国清流县志》亦有载。按《中国家谱总目》："《福建建阳雷氏族谱》，钟陈贵等主编。1986 年油印本，一册，平装。始祖巨祐，始迁祖大项，明代人。雷应春出于此族。建瓯图。"家谱总目所言雷应春或即此人。

### 雷德翰

雷德翰，更名起龙，字震子。明汀州府宁化（今福建宁化）人。

好作水墨山水，又善人物、花鸟。能诗，自戒多作，传世甚少。《福建画人传》。见《中国美术家人名辞典》。《民国宁化县志》亦有传。《中国美术家大辞典》《中国历代画家人名词典》均有载。

### 雷 翀

雷翀，字六息。明汀州府宁化（今福建宁化）人。按《南明史》卷九十九：羽上兄翀，诸生。亦偕隐。

### 雷羽上

雷羽上，字扶九。明汀州府宁化（今福建宁化）人。崇祯十五年（1642）举于乡。孤峭简酬，与李世熊交。隆武二年（1646）夏，黄通攻城。于华玉兵屯郭外，议剿抚不决，通趁懈执华玉，裼辱知县朱墀而纵之。士民惶遽，婴城守。羽上与世熊荷戈城上。羽上揖世熊曰："时事云何？"世熊曰："竖子何能为！一能令扑之，立炉矣。"曰："非此谓也，问天下事耳。"世熊默然久之，曰："女叔宽有言，支天所坏，不亦难乎！"羽上曰："亲疾虽不可为宁可置勿药耶？"福京亡，太息曰："三百年理文綦武求一丁斐、凌统无有也，岂不哀哉！"因泫然久之。同世熊隐泉上之阳迟山。每论当世人品，曰："见危授命者，上也；历险从主死生无贰者，次也；屏家室，遁穷荒，聊明素志者，又次也；浮沉闾阎，綦养血躯，去屈辱从时者一间耳！"卒狂死。见《南明史》卷九十九。《康熙宁化县志·先宪》有传。见《地方志人物传记资料丛刊·华东卷上编》第80册。《民国宁化县志》亦有传。《乾隆福建通志》亦有载。

### 雷元明

雷元明，字左青。明汀州府宁化（今福建宁化）人。按《南明史》卷一百一十二："邑人雷元明，与弟骏鸣同诸生。交李世熊相得。"《民国宁化县志·高士》："雷元明，字左青。邑诸生。明亡，元明偕弟鸣骏（骏鸣）同弃诸生，与李世熊同志交相得也。鸣骏（骏鸣）既弃衿后，痛哭累日。每值时节祀先，即长号移晷，走狂村落，散其郁陶，人莫测其故。著有《赓飏诗集》。张其恂序曰：'邑处士雷赓飏先生，少英异，以天下为己任。会鼎革，弃青衿，键户不出。终日蓬首坐，拥卷浩歌偶。及故，公辄悲鸣不已。噫！先生之志苦矣。'子焜，承父志，不出。著有《幽寻幼韫》诸集。黎士宏称其奇情奥衍，父子间自成家。宁都魏禧比之登太华，上青柯，足骄踵跋，目不得瞬。焜终于布衣。"《魏昭士文集》有《雷赓飓先生七十序》，见《清代诗文集汇编》第196册。

### 雷骏鸣

雷骏鸣，字赓飓。明汀州府宁化（今福建宁化）人。元明之弟。少以天下为己任。弃诸生，蓬首浩歌，言君辄长号，狂走村落间，人莫测其故。子焜，字幼韫，承志不出。见《南明史》卷九十九。按《民国宁化县志·高士传》："雷元明，子焜，承父志，不出。著有《幽寻幼韫》诸集。黎士宏称其奇情奥衍，父子间自成家。宁都魏禧比之登太华，上青柯，足骄踵跋，目不得瞬。焜终于布衣。"《南明史》应有误。雷骏鸣《康熙宁化县志·逸行》有传。见《地方志人物传记资料丛刊·华东卷上编》第80册。《民国宁化县志》亦有传。

### 雷显祚

雷显祚，明汀州府宁化（今福建宁化）人。少习制举业。值倭寇警，乃潜心兵法。嘉靖丁巳（1557），广寇攻县，身冒矢石，相持十有七日，后以曾轲计擒之。辛酉，程乡贼攻县，昼夜守御，经画月余，上佛郎机于邑令陈添祥，贼乃遁。万历元年（1563），征拜勋府教习，多著军功。见《民国宁化县志·列传》。《乾隆汀州府志》亦有传。

### 雷民望

雷民望，又名易，字朗生。明邵武府泰宁（今福建泰宁）人。诸生。父开先字龙起，以博学称。民望性孤峻，早失偶，洁居数十年。明亡，匿栖云岩以老。颜其居曰"藕孔"。见《南明史》卷一百一十二。《民国福建通志》亦有载。

### 雷起蛰

雷起蛰，字潜云。明邵武府泰宁（今福建泰宁）人。善山水，仿沈周，但不多作。《福建画人传》。见《中国美术家人名辞典》。《中国美术家大辞典》《中国历代画家人名词典》均有载。

## 雷 涧

雷涧，号静斋。明邵武府泰宁（今福建泰宁）人。以诗文名。兼善没骨翎毛、花卉，设色艳丽。《福建画人传》。见《中国美术家人名辞典》。《中国美术家大辞典》《中国历代画家人名词典》均有载。

## 雷 泽

雷泽，字坦斋。明邵武府泰宁（今福建泰宁）人。事亲孝，每应人缓急，不责偿，亦不厌数，负贩者过门必多与。直人怪问故，答曰："彼劳筋骨，以规锥刀曷忍利之。"闻者叹服。见《乾隆福建通志·孝义》。

## 雷法英

雷法英，明汀州上杭（今福建上杭）人。从仙游魏升讨贼，屡有功。正德十一年（1516），贼邝獬再攻仙游，法英随升战死。见《乾隆福建通志·魏升传》。

## 雷伯宗

雷伯宗，名勖。明建宁府建安（今福建建瓯）人。幼读书明医，尤精于小儿科。洪武间授医学正科，卒年八十四。著有《千金宝鉴》，得其旨者，用之辄效。子野僧，亦明医，为郑府良医。《民国建瓯县志·方技》有传。见《地方志人物传记资料丛刊·华东卷上编》第76册。《康熙建宁府志》《乾隆福建通志》《古今图书集成医部全录》均有传。《中医人名辞典》《中医人名大辞典》《明代地方志传记索引》均有载。

## 雷野僧

雷野僧，明建宁府建安（今福建建瓯）人。医学正科雷勖之子。野僧亦精医学，曾任郑府良医。见《中医人名辞典》。《中医人名大辞典》亦有载。

## 雷时中

雷时中，明建宁府建安（今福建建瓯）人。雷伯宗裔孙，善易学及岐黄诸书，医能奇中。贫者暮夜叩门，必摄衣往，酬以钱则辞，盖医隐者也。见《古今图书集成医部全录》综录·医术名流列传。《民国建瓯县志·方技》有传。见《地方志人物传记资料丛刊·华东卷上编》第 76 册。《闽台医林人物志》《中医人名辞典》《中医人名大辞典》均有载。

## 雷　填

雷填，字原中。明建宁府建安（今福建建瓯）人。建文二年（1400）进士。授工科给事中，纠劾无所避。永乐二年（1404）奉命镇守苏、常、松三府，继奉命巡抚广西。著有《原中类稿》。以书法见称。见《中国历代人名大辞典》《中国美术家大辞典》。《万姓统谱》《康熙建宁府志》《古今图书集成》《乾隆福建通志》《历代名人姓氏全编》均有传。《民国建瓯县志·列传》亦有传。见《地方志人物传记资料丛刊·华东卷上编》第 76 册。《明史》卷七十三、《中国人名大辞典》、《中华万姓谱》、《明清进士题名碑录索引》、《明代地方志传记索引》、1994 年版《建瓯县志·历代进士表》等均有载。按《元代进士辑考》：雷填为雷燧次子。曾孙雷仕檀，举人。

## 雷吉生

雷吉生，字佑之。明建宁府建安（今福建建瓯）人。永乐九年（1411）进士。除监察御史巡按江西、湖广、山东，所在风裁凛然高煦。将为不轨，吉生廉得其事，以闻尚书李庆任情恣肆，吉生露章劾之，出知交趾宣化县。后李庆事败，方拟召用而吉生已死。工书法，以楷书名。《建安县志》。见《中国美术家大辞典》。《民国建瓯县志·列传》有传。见《地方志人物传记资料丛刊·华东卷上编》第 76 册。《康熙建宁府志》《古今图书集成》《乾隆福建通志》均有传。《明清进士题名碑录索引》《明代地方志传记索引》均有载。

139

## 雷　境

雷境，字彦达。明建宁府建安（今福建建瓯）人。雷镂之父。幼孤，事母至孝。究心典籍，乡人从之，受业者众。《民国建瓯县志·独行》。见《地方志人物传记资料丛刊·华东卷上编》第 76 册。《万姓统谱》《康熙建宁府志》《古今图书集成》《乾隆福建通志》《历代名人姓氏全编》均有传。《中国历代人名大辞典》《中国人名大辞典》《中华万姓谱》《明代地方志传记索引》等均有载。

## 雷　镂

雷镂，字有融。明建宁府建安（今福建建瓯）人。永乐十六年（1418）进士。雷填族子。选庶吉士，授云南道监察御史。巡按云南，考察藩臬以下官员，无少假贷，奏戮内臣采办害政者一十九人。时守帅颇骄蹇不法，每以厚利啖巡历者，无不入其笼络。镂分毫无所取。守帅惧，预遣人构之于京。及镂复命，坐言语不正，出知芜湖县都御史。顾佐素严毅，慎许可，特荐镂于朝。升浙江按察佥事。时处州草寇叶宗留窃发，设计剿灭之。勅巡视浙江、福建海道，许便宜行事，未几，卒。镂居官清谨，所至有冰蘗声。既卒，浙人作诗哀之，有"除却数函书籍外，别无一物载归舟"之句子。工书，楷法精熟。《民国建瓯县志·列传》。见《地方志人物传记资料丛刊·华东卷上编》第 76 册。《万姓统谱》《康熙建宁府志》《乾隆福建通志》《历代名人姓氏全编》《古今图书集成》均有传。《中华万姓谱》《中国历代人名大辞典》《中国人名大辞典》《中国美术家大辞典》《明清进士题名碑录索引》等均有载。个别书误将雷镂名"镂"写作"璲"。

## 雷　铧

雷铧，字彦器。明建宁府建安（今福建建瓯）人。按《康熙建宁府志》："雷铧，字彦器。建安人，授工部营缮司主事，改户部陕西司。以勤敏称。""雷埛，建安人，以子铧贵，封承德郎户部陕西主事。"杨荣《璜溪书舍记》："自宋元迄今，世家大族厦屋鳞次，学徒文士聚处其间，灯火之夕弦诵之声相闻，故擢科与贡者代出不乏。吾友雷氏彦器实居于斯，而其先世所筑'璜溪书舍'在居之旁，秀峰屹乎其前，清流映带其下，修篁嘉木，森然成列。彦器定省之暇，藏修游息诚得其所。予幼时尝见诸父与雷氏交游，或酌酒赋诗于书舍之中，或啸歌游钓于璜溪之上，每终日留憩其间，乐而不倦，予深识之。其后，予入郡庠，幸得从策明先生，又与雷氏诸贤若尚质、原中、原鼎、佑之、彦器、有融辈契厚，时常往来璜溪，以燕休游息于书舍，焚香啜茗，相与讲论经史，问难质疑，以求丽泽之益。如是者不数年，予与尚质、原中皆来京师，既而佑之亦由进士任监察御史，彦器亦升太学擢冬官主事，而与璜溪书舍相违有年矣。"见《杨文敏公集》。《璜溪书舍记》《康熙建宁府志·艺文》亦有收编。

### 雷　潜

雷潜，字孔昭。明建宁府建安（今福建建瓯）人。领宣德壬子（1432）乡荐，正统初，授武选主事，迁屯田郎中。土木扈从死于难，赠奉议大夫。《民国建瓯县志·忠义》。见《地方志人物传记资料丛刊·华东卷上编》第76册。《康熙建宁府志》《古今图书集成》《乾隆福建通志》均有传。按《康熙建宁府志·封赠》：雷镛，建安人。以子潜贵，赠奉议大夫、工部屯田司郎中。

### 雷　温

雷温，字存直。治易，明建宁府建安（今福建建瓯）人。笃学修行，志于道而未底于成。年三十余卒，人咸惜之。见《康熙建宁府志·选举上》。

### 雷　鸿

雷鸿，字景仪。明建宁府建安（今福建建瓯）人。历瑞安、海阳、宣城三学训导。鸿性端静，不妄言笑，教人确有绳度，至今乡邦能颂之。所著有《渐斋存稿》。见《康熙建宁府志·选举上》。按《康熙建宁府志·封赠》：雷鸿，以子士檀贵，赠奉直大夫安顺州知州。

### 雷仕柟

雷仕柟，字元芳。明建宁府建安（今福建建瓯）人。成化十一年

（1475）进士。自处甚高，自守甚严，自信甚确。历官户部郎中，官至浙江布政司右参政。善书，写行草任笔成形。见《中国万代人名大辞典》《中国美术家大辞典》。《民国建瓯县志·列传》有传。见《地方志人物传记资料丛刊·华东卷上编》第 76 册。《万姓统谱》《康熙建宁府志》《古今图书集成》《历代名人姓氏全编》均有传。《雍正广西通志》、《中国人名大辞典》、《中华万姓谱》、《明清进士题名碑录索引》、《明代地方志传记索引》、1994 年版《建瓯县志·历代进士表》均有载。按《康熙建宁府志·封赠》："雷江，建安人。以子仕旃（栴）贵，封户部主事。"地方志及《明清进士题名碑录索引》误将"雷士栴"载为"雷士旃"。见《〈明清进士题名碑录索引〉校误八则》。本文刊登于《大学图书情报学刊》2013 年 3 月，第 31 卷 第 2 期。

## 雷仕檀

雷仕檀，字季芳。明建宁府建安（今福建建瓯）人。正德丁卯（1507）举人。安顺州知州。土酋韦公沙最桀黠，仕檀以汉法治之，悉受约束。擢河南府同知，迁吉府长史。撰有《房村稿》。《民国建瓯县志·列传》。见《地方志人物传记资料丛刊·华东卷上编》第 76 册。《康熙建宁府志》《乾隆福建通志》均有传。《明代地方志传记索引》亦有载。按《元代进士辑考》：雷仕檀为雷填曾孙。

## 雷　乐

雷乐，明建宁府建安（今福建建瓯）人。嘉靖间由贡生官广州训导。著有《周易古经》。见《四库全书百科大辞典》。《康熙建宁府志》有传。《中国历代人名大辞典》《中华万姓谱》《中国人名大辞典》均有载。

## 雷　垫

雷垫，明建宁府建安（今福建建瓯）人。嘉靖间任石城典史时，流寇攻围县城，垫雨夜跣足巡逻，厉众坚守，寻用计破贼，邑赖以全。见《雍正江西通志·名宦》。《明代地方志传记索引》亦有载。

## 雷金科

雷金科，字润溪。明建宁府建安（今福建建瓯）人。嘉靖三十二年（1553）进士。任礼部仪制司主事，不附严嵩，左迁监官。寻擢浙江宁波府，缮城稽伍暇，课艺胶序，士民尸祝。撰《文林广记》三十一卷。通经史，善诗文，工各体书法，大字亦雄俊有神采。《民国建瓯县志·独行》。见《地方志人物传记资料丛刊·华东卷上编》第 76 册。《明史》卷九十八、《康熙建宁府志》、《古今图书集成》均有传。《明清进士题名碑录索引》《明代地方志传记索引》《中国美术家大辞典》均有载。

## 雷　鲤

雷鲤，字白波，又字维化，号半窗山人。明建宁府建安（今福建建瓯）人，或作泰宁人。郡诸生，不求仕进，以诗酒自豪；风调类米颠，而画则大殊。山水摄诸家之胜，精彩有法，江以西重之。与沈周同时，其题咏亦相似。花卉老笔苍然。书法似朱熹。篆、隶尤遒劲可喜。《民国建瓯县志·方技》。见《地方志人物传记资料丛刊·华东卷上编》第 76 册。《康熙建宁府志》《乾隆福建通志》均有传。《续书史会要》《中国美术家大辞典》《中国美术家人名辞典》《中国历代画家人名词典》《中国历代人名大辞典》《中国人名大辞典》《中华万姓谱》等均有载。雷鲤书画作品至今存世，安徽枞阳县浮山"半窗岩"因他而得名，并有他题名"雷公洞""砚池"等石刻。山东单县"藏经阁"三字匾额，现珍藏于单县博物馆。

## 雷　竣

雷竣，明建宁府建安（今福建建瓯）人。通书史，善医。有司荐医学正科。撰有《伤寒发明》《医学真经》。见《闽台医林人物志》。《道光重纂福建通志》《中医人名辞典》《中医人名大辞典》均有载。

## 雷　燮

雷燮，明建宁府瓯宁（今福建建瓯）人。贡生。嘉靖元年（1522）

任荔浦知县，二年重修县署。曾下令招抚猺獠，使百姓安居乐业。《民国建瓯县志·列传》。见《地方志人物传记资料丛刊·华东卷上编》第76册。《康熙建宁府志》有传。《雍正广西通志》《乾隆福建通志》均有载。按《明代小说家雷燮事迹初探》："雷燮一支，出自元雷杭一脉。雷杭，字彦舟，以《易》鸣于时，尝著《周易注解》行世。雷燮的著作，现存的有《奇见异闻笔坡丛脞》和《南谷诗话》两种，复有两部诗集评注。《奇见异闻笔坡丛脞》，又名《笔坡丛脞》，今仅见存于中国国家图书馆，此书卷端下题'明建安雷燮撰，书林梅轩刊'，卷尾有'弘治甲子书林江氏宗德堂刊'牌记。"本文刊登于《文学遗产》2012年第2期。

## 雷　韶

雷韶，明南昌（今江西南昌）上谌店人。永乐四年（1406）进士。以工书法见称。见《中国美术家大辞典》。《江西历代进士全传》有传。《乾隆南昌府志》《明清进士题名碑录索引》均有记载。

### 雷时震

雷时震，字普春。明南昌府进贤（今江西进贤）人。精医术，尤擅外科。以太医院史目升御医，封光禄寺丞。子雷应运，世袭其官。《同治进贤县志·方技》。见《地方志人物传记资料丛刊·华东卷上编》第72册。《中医人名辞典》《中医人名大辞典》均有载。

### 雷应运

雷应运，明南昌府进贤（今江西进贤）人。太医医院御医雷时震之子，应运继承父业，亦精医术，世袭父爵。见《中医人名辞典》《中医人名大辞典》。

### 雷德复

雷德复，字七来。明南昌府进贤（今江西进贤）人。金声桓反正，为赍疏行在，授兵科给事中。已讦严起恒二十四大罪，比之严嵩。上怒夺官。后居奉天洞口，为可望所逼，赋诗冠带自缢死。子起龙，亦能诗。见《南明史》卷五十九。《光绪湖南通志》有传。《明史》卷二百七十九亦有载。

## 雷逸情

雷逸情，明南昌府进贤（今江西进贤）人。江西按察行部至进贤，举儒士二人，一雷逸情，一焦致中。逸情性甘淡泊，勇于为义，刘大夏有《逸情堂序》。见《乾隆南昌府志·善士》。《同治进贤县志·文苑》亦有传。见《地方志人物传记资料丛刊·华东卷上编》第72册。

## 雷 济

雷济，明赣州府赣县（今江西赣州市）人。听选省祭。与同乡萧庚为王守仁幕下，设计诱杀贼酋。宁王朱宸濠叛乱，一起参加平叛。后谒选得四川龙州宣抚司经历。《同治赣县志·忠义》。见《地方志人物传记资料丛刊·华东卷上编》第73册。《雍正江西通志》亦有传。《明史》卷二百、《明代地方志传记索引》、《江西历代人物辞典》均有载。

## 雷 发

雷发，明赣州府安远（今江西安远）人。选贡。任仁寿县知县，莅事明果，卓有政声。《同治安远县志·宦业》。见《地方志人物传记资料丛刊·华东卷上编》第74册。

## 雷鸣春

雷鸣春，明饶州府鄱阳（今江西鄱阳）南隅人。幼补弟子员，屡试棘闱未售。忠厚孝弟，父兄无间，虽居城市，足迹不履公庭，为盛德云。《同治鄱阳县志·孝义》。见《地方志人物传记资料丛刊·华东卷上编》第58册。

## 雷 迅

雷迅，字时谨。明南昌府丰城（今江西丰城）镡舍人。永乐四年（1406）以长汀籍中进士。知府。工书法，楷法精妙。见《中国美术家大辞典》。《江西历代进士全传》有传。《同治丰城县志》《明清进士题名碑录索引》均有载。

### 雷　诚

雷诚，原名鉴，字诚智。明南昌府丰城（今江西丰城）镡舍人。永乐十三年（1415）进士，授行人奉使，称职九载，秩满知延平府，巡行属县，询民疾苦，豪猾敛迹，民德之。以书法见称于时。见《同治丰城县志·仕迹》《中国美术家大辞典》。《万姓统谱》《民国福建通志》《江西历代进士全传》均有传。《明清进士题名碑录索引》、《明代地方志传记索引》、《江西历代人物辞典》、《地方志人物传记资料丛刊·华东卷上编》第68册均有载。按《江西历代进士全传》引明·焦竑《国朝献征录·少傅工部尚书雷礼传》："雷礼，字必进，号古和，丰城镡舍人。知府诚元孙。"

### 雷成睿

雷成睿，明南昌府丰城（今江西丰城）镡舍人。永乐十六年（1418）戊戌科李骐榜进士。以书法见称。见《中国美术家大辞典》。《江西历代进士全传》有传。《同治丰城县志》亦有载。

### 雷　述

雷述，字德绍。明南昌府丰城（今江西丰城）东城人。以孝友闻。为诸生时，黄仲昭首旌为多士励，领宏治乡荐谒选第一。以策语忤阉谨，补保定同知。岁祲道殣相望，述绘流民图力请当道发粟赈之，贼刘六、刘七者势猖獗，备御有方，屡挫其锋。人方之海沂别驾，母卒徒跣护丧归葬庐墓，常有群鸟飞集，皆以为孝感所致。逆濠之变，与知县顾佖谋保障，且约吉安诸绅举义。卒祀乡贤，以子贺贵，赠南京吏科给事中。《同治丰城县志·仕迹》。见《地方志人物传记资料丛刊·华东卷上编》第68册。

### 雷　贺

雷贺，字时雍。明南昌府丰城（今江西丰城）袁坊人。嘉靖二十年（1541）进士，授池阳推官。谳狱无留滞，奉檄赈诸郡，全活甚众。

召南吏科给事中。两考察方面，秉公论核，不以爱憎取舍，疏中官邱不法事。卒令伏辜。条陈时政十二，切中时弊。擢湖广参议，督太和山事。适营缮祠室，中官缘是渔猎，贺厉禁之。工峻受钦劳，擢河南副使，理河道。累官至右副都御史，巡抚四川。以在汴与按臣相讦，待勘归，甫月余，卒，贺恂恂无华，入官二十余年不为赫赫名，去任辄见思云。子暎。《同治丰城县志》卷十三。见《江西历代进士全传》。《万姓统谱》《古今图书集成》均有传。《明清进士题名碑录索引》《中国美术家大辞典》均有载。《明史·四川土司一》："抚按官雷贺、陈瓒请以采袭禄氏职，姑予同知衔，令宁著署掌，后果能抚辑其众，仍进袭知府。"《全蜀艺文志》卷之二十一，收编雷贺诗三首。

## 雷 暎

雷暎，字元亮。明南昌府丰城（今江西丰城）人。雷贺之子。颖异有奇节，家多藏书，读之皆成诵。领万历顺天乡荐，授荆州同知。奉檄督运皇木至京当擢最以忤陈珰，迁南宗人府经历，寻转工部郎中。因与曹郎知名者结社论诗滋排忌，为署尚书某论劾罢。著述甚富，以典雅重于时。《同治丰城县志·仕迹》。见《地方志人物传记资料丛刊·华东卷上编》第 68 册。

## 雷礼（1505—1581）

雷礼，字必进，号古和。明南昌府丰城（今江西丰城）镡舍人。知府诚元孙。嘉靖十一年（1532）进士。授兴化推官，谳狱多奇中。再任宁国，以卓异擢吏部主事，历考功郎中，大计，主考功。黜势家私庇十四人入。方士陶仲文素怙宠，称少师，九年，欲部考，峻拒不为引奏。时相欲还所亲邳州守官，执不可。相奴犯分干，以私答辱之，坐持法失贵臣意，谪大名府通判，累升浙江提学副使，称得士，浙中颂为文宗第一。迁太仆太常少卿、顺天府尹，条马政、民等事，俱允行。升工部侍郎，叙修天寿山功，晋右都御使，寻转尚书。命修卢沟河，上言："宜先浚大河，令水归故道，然后筑长堤以固之。决口地下水急，力难骤施，西岸故堤绵亘八百丈，遗址可按，宜并筑。"诏从其请。三殿营建，命礼提督，计功成，搏省数十百万夫役，辇载不扰畿民。复疏罢阳德门外万岁山前各宫殿及南宫西海子营，作十数所，止玩芳亭凿池，停建兴都行殿，皆荷旨俞纳。景藩请荆州榷厂、河泊、官洲执奏国税不可与王，事遂寝。世宗有"忠、敬、勤、敏"之褒。每称冬卿不名，欲畀以图书密启事，固辞。诏加太子太保，历阶少傅，晋太傅柱国，赐蟒龙服。隆庆初，乞休，不允。时内监多违例，题派皇亲李伟、奉圣柴氏恃恩陈乞房价，一切报罢之。司理太监腾祥煽威，传造器物，率指名尚方科胁，礼抗章暴其罪状，并求去，疏十七上，台鉴交章留。钟侍御疏谓："雷礼之去，必有不得行其志者。"卒致仕归。足不履城府，崇约遵俗，素声华，势利淡如也。性嗜学，涉猎群书，尤明习朝典，著述甚富，卒年七十有七，讣闻，上辍朝嗟悼，谕祭九坛，遣官督葬。《同治丰城县志》卷一三、《乾隆仙游县志》卷二六、《嘉庆宁国府志》卷五。见《江西历代进士全传》。"雷礼，工诗文，以擅长书法见称于时。"见《中国美术家大辞典》。《万姓统谱》、《古今图书集成》、《历代名人姓氏全编》、1989年版《丰城县志》均有传。《明史》、《四库全书百科大辞典》、《中国历代人名大辞典》、《中国历代人名辞典》、《中国人名大辞典》、《中华万姓谱》、《明清进士题名碑录索引》、《明代地方志传记索引》、《江西历代人物辞典》、《地方志人物传记资料丛刊·华东卷上编》第68册等诸多部书有载。按《江西历代进士全传》引明·焦竑《国朝献征录·少傅工部尚书雷礼传》："雷礼，字必进，号古和，丰城镡舍人。知府诚元孙。"按《明代工部尚书雷礼生平考略》："〔明〕潘季驯《少傅工部尚书雷礼传》。〔明〕余寅《明故光禄大夫柱国少傅兼太子太傅工部尚书雷公行状（代作）》。二十世纪以来，有关雷礼的文字不多。最早关注到雷礼的，可能就是1932年朱启钤辑、梁启雄校补的《哲匠录·雷礼》。'雷礼，明丰城（今江西丰城县）人。官至工部尚书；以勤敏为世宗所重，尝督修北京（北平）奉天、华盖、谨身三殿。卢沟河（在河北宛平县）修桥，礼暨徐杲等相度规画其事。'英人中国科学技术史泰斗李约瑟因之在《中国科学技术史》第4卷第3分册第28章'土木工程'中，对清代著名建筑师样式雷世家的成就做出了高度评价："由雷礼（约1520—1565）创始的北京著名的工程师和建筑师雷氏世家与其息息相关。"《明代工部尚书雷礼生平考略》刊登于《中国紫禁城学会论文集》，2007年（第六辑下）。雷正良著有《雷礼与"样

148

式雷"建筑文化——纪念雷礼诞辰 500 周年学术研讨会论文集》。

### 雷 瀚

雷瀚,字时广。明南昌府丰城(今江西丰城)人。雷礼长子,弱冠搜罗百家,尤邃于史,谈时政凿凿皆经济言。尝纠众立乡约,严保甲清赋役,一乡翕然。素不喜仙佛,遇崇信者必匡正之。嘉靖时举于乡,刘抚荐其学行于朝,如陈白沙故事,上春官,卒。见《道光丰城县志·仕绩》。

### 雷 映

雷映,明南昌府丰城(今江西丰城)人。按《明史》卷九十七:"雷礼《阁臣行实》八卷,《列卿记》一百六十五卷。起洪武,讫嘉靖。礼子映补隆庆一朝。"《道光丰城县志》:"雷礼三子瀚、淡、瀛(瀛)皆袭父荫。"据此,雷映之"映"应为"淡"。

### 雷 瀛

雷瀛,字时登。明南昌府丰城(今江西丰城)人。才藻妍瞻,长绘事,为艺林所珍。《大泌山房集》《钦定书画谱》。见《中国美术家人名辞典》。《中国历代画家人名词典》亦有载。按《道光丰城县志·历袭》:雷瀛(瀛),以父礼荫历工部员外郎。

### 雷 炯

雷炯,明南昌府丰城(今江西丰城)人。以祖礼荫为后府经历。见《道光丰城县志·封赠》。按《雍正广西通志》卷五十六:"雷文炯,丰城人。官生。万历四十三年(1615)任思恩知府。"雷炯与雷文炯疑为同一人。

### 雷 逮

雷逮,字时渐。明南昌府丰城(今江西丰城)镡舍人。父雷裕。嘉靖二十年(1541)进士,授太平府推官。妙龄莅事,发奸摘伏如神。视篆繁昌,值岁饥,赈活无算。荐擢兵部车驾司主事,所司邮驿符验及皇城宿卫士类，诡冒不可诘，遂一裁以法。历武选员外郎中，出知庐州。庐南北孔道，赋役繁重，遂剂量调停，又躬节约先诸属，民不告病。升四川副使，驻夔州，会用兵播酋，总督冯悉以军务咨之，果大捷。寻转浙江布政司参议，再补湖广，分巡荆岳。时江水汛溢，竭力捍堤，民免鱼鳖，擢升山东按察使。日取囹圄囚犯亲鞠之，无伏冤。转山西右布政。晋宗室繁多，禄俸告匮，与左辖委曲区画，汰冗兵，通盐利。以裕禄给诸路通课累积，奉檄按部，得饷八万石拟抵边，民欢呼曰："非雷使君孰活我耶！"未几以劳瘁疾卒官。善书法。《同治丰城县志》。见《江西历代进士全传》。《万姓统谱》《古今图书集成》均有传。《明清进士题名碑录索引》、《中国美术家大辞典》、《地方志人物传记资料丛刊·华东卷上编》第 68 册均有载。

## 雷梦麟

雷梦麟，字伯仁。明南昌府丰城（今江西丰城）人，一说进贤（今江西进贤）人。按《道光丰城县志·选举》："雷梦麟，城陂人，陕西右参政。旧案云：雷梦麟，丰城无其名，省府志乡会表及人物传俱载进贤人。子澄中，万历辛卯乡试，亦载进贤人。康熙三年志俱编为邑人，不知何据？姑仍存之。"《中国历代人名大辞典》："雷梦麟，明进贤人，嘉靖二十三年（1544）进士。授刑部主事，恤刑江南。官至山东按察使。著有《读律琐言》。擅长书法。"《江西历代进士全传》："雷梦麟，字伯仁，一字国正，号横泉，进贤十八都人。嘉靖甲辰进士，授无为知州，治理有声，迁工部员外郎。复除刑部，明法律，善持平。驸马邬景和失撰青词，且辞赏忤旨，坐劾。梦麟论邬不娴文学，罪在辞赏，薄治足矣。谳上，报可。时储位未建，有曾御史佩复命误用青表。上怒，甚疑有讥讪，下御史狱。梦麟复左尚书，议当调外，有旨切责，已仅免御史官。尝进奏所著《读律琐言》，又条上罪囚水戍者，只以戍后生子代伍，免行勾原籍。议中格，后竟行之。迁天津兵备副使，历陕西左参政。初，麟家贫，训蒙无为州，衣敝缊袍，为州人揶揄。已为州守，而向揶揄者适以里役为民壮，簇呼行，愧而敬之。（《同治进贤县志》卷一七）"《万姓统谱》《古今图书集成》均有传。《明史》卷九十七、《中国人名大辞典》、《中华万姓谱》、《明清进士题名碑录索引》、

《中国美术家大辞典》、《地方志人物传记资料丛刊·华东卷上编》第68册等均有载。

### 雷化鳞

雷化鳞，字元龙。明南昌府丰城（今江西丰城）镡舍人。天启二年（1622）进士，授工部营缮司主事。三殿工兴，管琉璃、黑窑二厂，称职。时珰焰熏灼，中外阿附。殿差诸司，尤珰所属意，化鳞终以忤珰落职。珰败，赐还原官，转副使。郎部题督造陵工。故事工峻，例得优擢，同官有觊是差者，遂推让无难色。寻管宝源局，局业弊最甚，化鳞始终不私一钱。出知兴化府，属令有过锁急者，致滨海奸民啸聚为盗，城野嚣然。化鳞立要约，止歼渠魁，以正国法，乱始定。卫弁某督造战舰，被诬抵罪。院司以冒赃千计诈坐拟，化鳞廉得其枉，力为伸豁，弁得释。进广西副使。整饬右江，地故邻交阯，猺獞杂处，八寨洞贼为患，号为难理。土司镇安田州频年争夺。化鳞下车即饬营堡，严守备，檄谕解散之，数十年不戢之患以息。升大参，备兵左江，以前守闽时事绌议归。以善书法见称。《同治丰城县志》卷四一、《同治南昌府志》卷四一。见《江西历代进士全传》。《地方志人物传记资料丛刊·华东卷上编》第68册、《中国美术家大辞典》均有载。

### 雷起鳌

雷起鳌，字八公。明南昌府靖安（今江西靖安）人。南平典使，累升泸溪知县。见《南明史》卷四十八。

### 雷应时

雷应时，明山东济宁人。任教谕。赋性慷慨持论高古，淹贯六经，尤深于《大学》《中庸》。娓娓讲论理明辞，畅日昃忘疲，士林至今颂之。《雍正阜城县志·宦迹》。见《地方志人物传记资料丛刊·华北卷》第29册。

### 雷 声

雷声，明山东禹城人。举人。万历二十四年（1596）任迁安知县。

莅任不受里递导行例金，革步快，惩市豪，清算经费。以足岁支酌议公解俵马，以省各社递马银，并束塞中使之费迁。有渡滦桥，每秋赋民草束木架甚夥，公令民遇夏折，收所省不赀。初下车，即摘发部民杀弟事，奸胥敛迹。编审徭役不避权势。卒于官。士民哀思，请入名宦。《光绪永平府志·名宦》《民国迁安县志·名宦》。见《地方志人物传记资料丛刊·华北卷》第 16 册。

## 雷 电

雷电，字子阳。明高唐州恩县（今山东平原）人。诸生。以子稽古封文林郎。少孤，事母孝，母病吁天求代，居丧哀毁骨立，田产器物美者以让弟霓。叔应期亡，遗五女，悉为抚嫁之。稽古初授平阳推官，遗书勖之曰"廉平谨恪正，以忠成孝也"。居乡子弟遵礼法，邑人化之。《重修恩县志·孝友》。见《地方志人物传记资料丛刊·华东卷上编》第 11 册。

## 雷稽古

雷稽古，字汝征。明高唐州恩县（今山东平原）人。雷电之子。嘉靖三十八年（1559）进士。授平阳府推官，谳狱多平反，擢监察御史。上疏辄焚其草，出按湖广。张居正执政，欲陷杨麟洲地拒弗与迁南大理。寻转应天织造，时有诏勿派民间而公帑匮诎，悉心措办，无间昼夜，遂以疾告归。越再岁卒。性孝友鲠介，田舍推畀弟侄，居家矢戒五事，标诸壁曰"不举放私债，不嘱托公事，不买卖官物，不告害平人，不吞谋田产"。尝扃钥如官舍，馈谒声乐皆屏绝。《宣统山东通志·人物》《重修恩县志·宦业》。见《地方志人物传记资料丛刊·华东卷上编》第 4、11 册。《乾隆甘肃通志》《明清进士题名碑录索引》《明代地方志传记索引》《中国美术家大辞典》均有载。《重修恩县志·艺文志》有杨博《送雷侍郎出按关西》、吕光洵《送侍御雷信庵代巡关西》、马一龙《天柱峰留赠雷信庵侍御》诗。张居正有《答湖广按院雷信庵》《答楚按院雷信庵》等文刊于《新刻张太岳先生文集》。

## 雷金声

雷金声，字孔始。明高唐州恩县（今山东平原）人。诸生。父稽

152

古，三子，长先声，季吕声。先声早世，妇张氏守节，金声以次子泰阶为其后，资产仍与吕声均之。又博学有文，著作甚富，旧志文献皆所手定。《重修恩县志·孝友》。见《地方志人物传记资料丛刊·华东卷上编》第 11 册。

## 雷　文

雷文，字崇翰。明开封府仪封（今河南兰考）崇化乡人。雷启东之父。性至孝，虽年至耆艾，爱慕不异婴孺。成化十九年（1483）以明经贡于庭，授商河训导。以躬行导士，遇束修礼馈，即转给贫士之不能婚丧者。居九年廉慎如一日，晋临城教谕。又八年致政归，躬修简默足迹不履城市，唯乡饮宾筵一见。邑宰乡里，有事涉争竞，及后辈行谊不饬者，望其居庐，幡然悔过。晚年犹口授生徒，寿九十有四无疾而卒。见《乾隆仪封县志·文学》。

## 雷启东

雷启东，明开封府仪封（今河南兰考）崇化乡人。弘治十八年（1505）进士。仪封主事。工书法，雅秀绝俗。见《中国美术家大辞典》。《宣统山东通志·宦迹》："雷起（启）东，河南仪封人。进士。正德年间知临朐，县城再为流贼所破，至即浚筑城堑，聚铁铸兵。闻贼将逼城，令乡人各挈其家及刍粟入城清野以待，经营甫定贼众骤至，起（启）东督率丁壮登陴守御，号令肃然。贼莫测城中所为，野无所掠，围三日而去。《青州志》。"《嘉靖青州府志·宦迹》《咸丰青州府志·名宦》有传。见《地方志人物传记资料丛刊·华东卷上编》第 1、15、16 册。《乾隆仪封县志》《光绪河南通志》均有传。《康熙开封府志》《明清进士题名碑录索引》《明代地方志传记索引》均有载。《乾隆仪封县志·艺文》著述：雷农部启东《逸庵榆杜杂编》二卷。

## 雷　敬

雷敬，字肃公。明陈州（今河南淮阳）人。明初定鼎金陵，所至响应，陈守将左君弼拒守，太祖以书招之不报，时敬在左幕中，告以天命有属，无自苦以害百姓。洪武元年（1368）徐达取陈州，敬偕守将归附，以武功翊运授指挥佥事。建文朝官前军督都领禁军，燕兵陷金川门，敬帅所部力战死之。子六，长子升袭龙骧卫指挥，诸子悉居陈。见民国五年《淮阳县志·忠烈》。民国二十三年《淮阳县志·列传》亦有传。民国五年《淮阳县志·雷显宗》：明建文时，殉难南京前军都督敬之后。曾祖恒，辰州府同知。

## 雷　恒

雷恒，字贞一。明陈州（今河南淮阳）人。登拔萃科，廷试第一。初判保宁，多惠政。徙辰州，能剖大狱，时值兵哗，恒镇定之。修筑镇箪、王会、凤凰等十三营哨边垣三百余里，以御苗患。永顺土司遗子女金帛咤却之。升本府兵粮同知，历署五十余篆。所至有声，寻致仕归。生平孝友端方，以耆德数饮大宾。崇祯年流寇益炽，恒捐资修二敌楼二座防寇，壬午寇围州城，恒分守西门，时年八十有四，竭力御城陷寻卒。祀乡贤。见民国五年《淮阳县志·乡贤》。《南明史》卷八十八、《同治沅陵县志》、《光绪河南通志》、民国二十三年《淮阳县志》均有传。按民国五年《淮阳县志·雷显宗》：明建文时，殉难南京前军都督敬之后。曾祖恒，辰州府同知。

## 雷以时

雷以时，明汝宁府西平（今河南西平）人。成化十一年（1475）进士。江南江浦知县。以诗文、书法见称。见《中国美术家大辞典》。《光绪河南通志》《民国西平县志》《明清进士题名碑录索引》均有载。

## 雷　雯

雷雯，明蔡州上蔡（今河南上蔡）人。正德三年（1508）进士。以书法称于时。见《中国美术家大辞典》。雷雯，字焕章，号东冈。上蔡人也。祖升，父祥，皆以长者名乡里，人多敬之。惜其有潜德而弗耀于世也。雯生而警敏，一时人皆称奇。不好弄坐，起端重如老成人，为邑生最有声誉传葩经者。皆曰："雷雯，雷雯云。"弘治乙卯（1495）领乡荐不第，归攻苦不少懈。时天鼓鸣，河南、江西大雷震，西北旱灾，徐溥奏罢三清乐章，陕西缚妖僧，天下纷纷以讲正学为急。雯归而思以学先人也。尝曰："学莫先于正心，心苟无愧余非所恤也。"故雯治家以孝谨，待乡党又皆以和婉称。越十有三年，居家如一日至。正德三年（1508）戊辰，雯乃得成进士焉。当是时灾异屡见，陨星如雨，彗星见参，井间侵太微，垣太白经天。正人去位，刘大夏乃致仕，罢刘健、谢迁。罢韩文、王守仁救戴铣下狱，又罢总制杨一清。宸濠汹汹以结纳权奸为事。雯以新进儒生授行人，两使藩府，号称职擢户科给事中。雯曰："此可以尽吾职矣。"遂以谏诤为己任。壬申盗发畿内，雯被命纪功，至约诸贤曰："凡吾以来，为安民计耳，若等务一乃心力，以直有成功，无轻敌，无养寇，无多杀无辜。"诸将尊奉从之。随后，赵凤子等伏诛，刘六等舟至狼山遇飓风，作舟覆而乱熄矣。初，近臣议调大同宣府边军中卫，时巡抚中有纵所私杀人以邀功者，雯劾奏其罪，军中股栗。先是有民陷胁从，既获莫能自明，雯皆为辨其枉，前后所全活者甚众，上嘉纳之，特为赐宴。甲戌（1514）乾清宫灾，雯疏陈，可以弭天变者数事留中不发，人皆以为危，雯曰："官职也避祸可乎。"是年再考，最受封典。其二亲者奉养在都，亲覃命人士荣之，后以二亲恩归告终。养因以家食焉。不久遘疾，宾客来问疾，必谈国家事。疾革，每自反无一不可为人言第曰："无愧吾心，可以死矣。"至嘉靖壬戌（1562），其孙大壮成进士，官至部员外郎，云。《大复集·雷黄门凯旋图歌》，所谓雷黄门者，东冈也。东冈有靖畿甸寇功，大复歌之如此。见《康熙上蔡县志·列传》。《大明武宗毅皇帝实录》《光绪河南通志》《明清进士题名碑录索引》《明代地方志传记索引》均有载。

## 雷大壮

雷大壮，明蔡州上蔡（今河南上蔡）人。嘉靖四十一年（1562）进士。博通经史，擅长书法。见《中国美术家大辞典》。"雷大壮，隆庆四年（1570）由荣河知县升任，操励冰霜，政尚简要，厅无积案，下无敝民。惩豪横则雷厉风行，绥善良则天空日朗。劝渝齐民谆谆教化，不专以文法为事迁去，民有父母之思焉。"《光绪忻州志·职官》。见《地方志人物传记资料丛刊·华北卷》第 44 册。《光绪河南通志》《明清进士题名碑录索引》亦有载。按《康熙上蔡县志·雷雯列传》："其孙大壮，成进士官至礼部员外郎。"按《康熙上蔡县志·貤封》：雷平，以子大壮赠兵（礼）部员外郎。

## 雷普明

雷普明，明湖广均州（今湖北丹江口）人。乐舞生，弘治十四年（1501）任。见《太常续考》卷七。《明代地方志传记索引》亦有载。

## 雷乾纲

雷乾纲，明郧西（今湖北郧西）人。廪生，生三月而孤。事母段氏至孝，每夜读书母侧，侯寝始就枕。早起夏月烹茶进扇，冬月温被烘炉，然后整衣出外，率以为恒。母卒，庐墓经年。《湖广通志》。见《古今图书集成》。《民国湖北通志·孝义传》亦有传。

## 雷 芳

雷芳，字筠倩，号陆海。明湖广安陆（湖北安陆）人。少工诗。万历二十八年（1600）举人。官至工部郎中。著有《北游草》《雁字诗》。《湖广通志》。见《古今图书集成》。《民国湖北通志》《中国人名大辞典》《中国历代人名大辞典》《中华万姓谱》亦有载。

## 雷鼓英

雷鼓英，字四维。明安陆（今湖北安陆）人。崇祯庚午（1630）举人。癸未，流贼据郡城，欲官之，英从间道走武昌。又值献贼之变，阖家赴水死。《安陆县志》。见《古今图书集成》。《康熙湖广通志》《民国湖北通志》均有传。

## 雷 惊

雷惊，号百里。明武昌府蒲圻（今湖北赤壁市）人。持身端谨，勉人为善，多指报施往事，相劝闻者悚劝。子御龙，字鬐望，崇祯乙亥拔贡，历官多绩。见《道光蒲圻县志·隐逸》。

## 雷上儒

雷上儒，字应聘。明武昌府嘉鱼（今湖北嘉鱼）人。嘉靖三十二年（1553）进士，四十一年知赣州府事。当辛酉之乱，征发旁午，上儒从容应之。未尝诎乏督府，志在灭贼，虑州人之为贼耳目也，设甌辕门以来告密。时赣州民黎氏、刘氏、赵氏先世有田，在龙南适邻贼巢。仇家遂举其名指为通贼，逮捕下狱，将戮之以徇。上儒请讯不可，请缓决又不可，明日，且出旗牌，缚以赴法。上儒趋入反复陈说，泣数行下，督抚为之感动，良久起谢曰："君诚笃君子也，岂欺我哉！"遂释之。三家子姓立木主以祀，数世不衰。工书法，名冠乡里。见《雍正江西通志·名宦》《中国美术家大辞典》。《康熙湖广通志》《民国湖北通志》《明清进士题名碑录索引》《明代地方志传记索引》均有载。

## 雷　诚

雷诚，字仲明。明武昌府崇阳（今湖北崇阳）人。以书中洪武庚午（1390）科，终江都令。《崇阳县志》。见《古今图书集成》。

## 雷作敏

雷作敏，字正。明武昌府崇阳（今湖北崇阳）人。令彭泽，迁景州守。寻归，以父产业让于兄。《崇阳县志》。见《古今图书集成》。

## 雷叔闻

雷叔闻，字实先。明江陵（今湖北荆门）人。万历十六年（1588）举人。按《南明史》卷八十七："江陵则雷叔闻，字实先，万历十六年举于乡。历灌县、成都知县，强壮蜂厉。累升成都推官、景东同知归。城陷，执至襄阳，以老放归。"《明史》卷九十七："雷叔闻撰有《国史》四十卷。"《民国湖北通志·文学传一》："雷叔闻，字实先。江陵人。七岁能文，里中称为神童。万历戊子举人，授长沙教谕，升灌县知县。以治行调知成都，有风力不避权势，敏于听断，积牍一清。胥吏至不敢受一钱，迁景东同知告归。筑室东郊为栖隐计尝曰：'五言律诗唯子美推律圣，其次王、孟亦警绝，大复昌谷苏门庭实差。'堪比肩王孟空同才冠诸公，而五律一体，气象枯迫，其持论如此。叔闻著述甚富有《五经屡解史藁》《雷子小言编》《绿苹园诗集》，又撰集楚中诗为《郢里阳春集》行于世。《四川通志·湖北诗佩》。"《雍正四川通志》《古今图书集成》均有传。《蜀中广记》《明代地方志传记索引》均有载。

### 雷应乾

雷应乾，号首山。明江陵（今湖北荆州）人。崇祯元年（1628）进士。授内江知县，历户部主事。擢知兖州府，时苦旱饥殍盈路，相聚为盗，应乾蠲俸赈济民，赖以安。工书法。见《中国美术家大辞典》。《康熙湖广通志》《古今图书集成》均有传。《民国湖北通志》《明清进士题名碑录索引》均有载。

### 雷以仁

雷以仁，字与吾。明夷陵（今湖北宜昌）人。嘉靖三十八年（1559）进士。历官陕西左布政使，秉正不阿，以清介著闻，致仕归，行李萧然一无长物。《雍正志》。工书法。见《民国湖北通志·列传五》《中国美术家大辞典》。《古今图书集成》有传。《明清进士题名碑录索引》亦有载。

### 雷思霈（1564—1611）

雷思霈，字何思。明夷陵（今湖北宜昌）人。万历二十五年（1597）丁酉科举人，万历二十九年辛丑进士。选翰林院庶吉士，授检讨职。"文行度越一时。"万历三十八年底告归，次年九月一日卒于家。无子无兄弟。有一妹，嫁宜都文人刘芳节。工书法。见《雷思霈诗辑注》《中国美术家大辞典》。按《民国湖北通志·文学传一》："雷思霈，字何思。夷陵人。万历辛丑进士，授检讨。请告归。与公安三袁相友善，诗文亦齐名。《嘉庆志》。"《康熙湖广通志》《明清进士题名碑录索引》均有载。

### 雷学尹

雷学尹，字尚志。明湖广随州（今湖北随州）人。万历十一年（1583）任江宁令，轸念民瘼，勤督庶务。尝曰，有司不屑于猥琐，即狐鼠得肆毒噬。估修驯象等四门，暨修理板桥公馆、诸大小公廨，皆躬自步算，严核课程，费无冒破而工就实用。时水田涝坏，民苦荒饥，为设修圩款目事均而易集，升南户部主事。见《嘉庆新修江宁府志》。

### 雷 缤

雷缤，又作雷寅，号见川。明长沙府湘潭（今湖南湘潭）人。中应天乡试，茹苦甘贫，所居风雨不蔽。一日，县令过其门，迎入，设具经营久之，仅具鳝鱼腌卵二品。令重其人为之一饱，垂老以诗自娱，卒，不仕。见《光绪湖南通志·人物七》。《乾隆长沙府志》亦有传。

### 雷 浩

雷浩，字土弘。明岳州华容（今湖南华容）人。景泰四年（1453）乡贡生。官池州府同知。民有洲土为勋戚侵夺，他为民力争，勋戚贿以金，坚拒不受。相持凡九年，终为勋戚所诬陷，解职归。去时行李萧然。见《湖南名人志》。《光绪湖南通志》《古今图书集成》均有传。《明代地方志传记索引》亦有载。

### 雷鸣春

雷鸣春，字以时。明衡州耒阳（今湖南耒阳）人。由岁贡任南昌教谕。对《易》学深有研究，以为《易》本因象设教。与章潢等共定《易说》。未几，弃官隐于匡庐，漫游吴会，不知所终。见《历代名人姓氏全编》。《光绪湖南通志》《湖南名人志》均有传。《湘人著述表》收录其著述。

### 雷仕清

雷仕清，明湖广桂阳（今湖南桂阳）人。举人。景泰中任教授，尽心教人，诸生肄习学舍尝漏下二十刻，躬自叩门警之，使毋倦漏尽复如之。士之贫者，赆束修礼皆不受。见《乾隆南安府志·名宦》。《明代地方志传记索引》亦有载。

### 雷子诚

雷子诚，明桂阳州（今湖南嘉禾境内）贵贤乡下坞坪人。按《民国嘉禾县图志·先烈列传》："雷子诚，贵贤乡下坞坪人。下坞坪旧隶

159

郡，而子诚为明宣德、景泰间人。在未置嘉禾前，故桂阳州志以为郡人也。子诚生有异能，少厉志义，景泰时以功官华容厢军都指挥使。"《民国嘉禾县图志·先烈列传》有传。而《同治桂阳直隶州志·水道》："溪水又东流过枫江墟北，旁多雷氏。宋嘉定时华容厢都指挥使雷子诚守御岳州，身捍苗寇衔须喋血没为鬼雄，所乘黄马奋发千里，渡湖涉湘径入家门悲鸣三日，萧风嘶夜栈豆不受，触树而死。今墟旁半里红罗队有马冢，即其地也。子诚兄弟三人义声俱倡，朝赐田四十亩永镯其税。其母欧氏亦葬村旁平原，古敞若韩侯之所营矣。"《民国嘉禾县图志》雷子诚为明代人的说法可信，本编从之。

## 雷正宇

雷正宇，字阆德。明桂阳州（今湖南嘉禾境内）榜背山人。正宇父仕辂有田四百亩，乐善不怠。正宇性磊砢，义行于色，挥霍有父风。胆略过人，尝曰："丈夫老死牖下，不如走死江海之为快，人莫之测。"万历年间入资为宿松县典史，时群寇起，江南北多盗。正宇多所擒获，大吏奇之。滇黔用兵，江淮以军兴例斋送馕糈，江湖阻远视为畏途。正宇慨然请行帆洞庭风波竟死湖上，家人陈德、刘善、汤兴徇焉。正宇年三十三岁，才未竟用，知者惜之。见《民国嘉禾县图志·先烈列传》。

## 雷应霄

雷应霄，字登云。明桂阳州（今湖南嘉禾境内）贵贤乡翰门人。父从旦，笃好儒素。应霄生而歧嶷，精专不苟，力学为已。造次必于儒者，尝以圣贤自期，尤服膺先哲事无可对人言之语，以为此即慎独功效也。生平无丝毫自欺处，从之游者，多熏陶德性以去。尝引蔡元定语铭座右曰："独寝不愧衾，独行不愧影。"行年六十九，万历时卒。见《民国嘉禾县图志·贤达列传一》。

## 雷正宪 （1614—1643）

雷正宪，字连章。明桂阳州（今湖南桂阳境内）榜背山人。雷正宇从昆弟。祖彦访，廪生。博游六艺，有文名，赴鄂乡闱，感重湖之险，废然不出。教授乡里，盛生徒。卒之日会葬数百人，多泣下者。父仕诏，有隐德。正宪貌伟，身长过人，有臂力，善技击。明季盗起，招集乡兵与从昆弟投军，以功授把总。崇祯十六年（1643）癸未张献忠由河南长掠，屠蕲水，躏黄州。贼势炽，正宪从勤王之师杀贼武昌。五月，贼股众自汉阳渡江攻武昌薄保安门，正宪奋搏当先，与参将崔文荣力战死，尸陷泥污中，时年三十岁。见《民国嘉禾县图志·先烈列传》。

### 雷智通

雷智通，明桂阳州（今湖南嘉禾境内）人。云南总兵。见《南明史》卷四十九。

### 雷思泰

雷思泰，明桂阳州（今湖南嘉禾境内）人。韶州总兵。见《南明史》卷四十九。按《民国嘉禾县图志·贤达列传二》：雷思泰，贵贤乡冈背塘人。性刚毅不与人周旋，恒奴畜人。然有侠名，因事愤懑，汗漫游外。明季盗起，思泰道被李闯兵劫，俄闲关走临榆辽海间，从清诸王转战数千里，以骁勇著川楚滇黔之师。思泰先从大军克岳州守焉。思泰故任气领兵，乃谦劳善下得士卒心，临敌当先耻退，以此功多，累迁韶州府总兵。道遇不法，以军例斩之，遂挂吏议归。而日与宾友族老子弟脱略杯酒，口不言兵。人之见之者，以为韩良臣之流也。所居村大塘尾沟水利也，淤流而田瘠，乃散数百缗发族丁壮一夜疏导之，赖以济者田可二百余亩，今称总兵堤焉。晚年好禅悦倾资财供佛，今普满墟寺间存遗迹，而总兵堤以年久将湮，其后裔泽地佾生倡众修浚之，至今利赖。

### 雷济兄弟

雷济，字经邦；雷泽，雷济之弟。明桂阳州（今湖南嘉禾境内）人。父思泰。雷济，有文名。赴衡州院试，泽学年俱稚，父不令往，而跃跃欲试，强随兄，后榜发泽获隽，而济报罢。及桂阳分棚，济应州试，与罗以纯争案首，州牧黄某评其文，谓以纯可掇高第。而雷济不过诸生云，时泽已补廪。而济入学，泽为之师保，一时传为佳话。济善相室，于村近建逢源学舍，生徒人其中多飞腾。以去时称经邦学堂。济年八十一终，其学舍已毁于咸丰间矣。今子孙称盛。见《民国嘉禾县图志·贤达列传七》。

## 雷启员（？—1517）

雷启员，字规方。明桂阳州（今湖南嘉禾境内）贵贤乡榜背山人。雷宣义九世孙。伟仪表，九岁能文，年十五举茂才，明年补廪生，登成化庚子（1480）科贤书，丙午除清溪令之官。朴简民之利之如营其私，民所病如医者之诊疾也。坐堂皇判讼不设刑，不得已而用之愬焉。如伤民困大苏。弘治壬子（1492）以父丧归，民遮道送多泣下者。服阕调云南蒙自县，辞不赴。正德十二年（1517）丁丑九月八日午餐端坐逝。子孔耀，五岁能诵五经，正德五年庚午举于乡，不乐仕进，喜诗酒宾友，设论弹棋以自娱。见《民国嘉禾县图志·贤达列传三》。

## 雷从显

雷从显，明桂阳州（今湖南嘉禾境内）贵贤乡榜背山人。雷启员之孙。嘉靖间官重庆府经历。谌悃守职，屡解京饷以劝廉著。郴州何孟春为吏部右侍郎，与从显有旧善礼之。从显罢官归，道经长沙宁乡，有富翁张其祥夫妇，垂老一子被仇讼拟死刑，囊千金求救。从显曰："此非可以货居也。"省其事法不当死，却其金而致书吏部营脱之。时从显未有子，后纳王姬生应珤、应琪、应皞。琪以武举隆庆间官固原州守备。见《民国嘉禾县图志·贤达列传三》。

## 雷朝圣（1614—1662）

雷朝圣，一名兆圣，字崇仁。明桂阳州（今湖南嘉禾境内）人。任侠负大略，精骑射弓矟，观书目炯炯然，以文采自喜。见《南明史》卷七十四。《民国嘉禾县图志·忠义列传》：雷朝圣，一名兆圣，字崇仁。贵贤乡球村人也。性颖迈，观书目炯炯。然文采自喜，动人歌咢。年十八试郡第一，提学行郡有日矣。父以香适病或趣往试则曰，父病忍，他去耶。然为人俶傥任侠有大志，骑射弓矟悉娴。既丧父益不乐以科目进，崇祯六年（1633）朝圣年二十矣，奋袂从军，越年授千总。十一年随洪承畴军讨贼陕西，擢参军。时流寇横溢，闯自秦趋河北，献自蜀窜楚豫，官军率牵缀不能杀贼，致果贼至则避，去则尾追，将者必待命，若人自为战，又议其后矣。朝圣愤之，乃请领散军与黄得功、刘良佐合谋歼贼淮河间。自为先锋败张献忠于潜山，再败之于安庆，捷闻擢总兵。十六年崇祯帝遍封诸将，朝圣封常宁伯骠骑将军。明年甲申京师陷，乙未南京失守，福王没。丙戌唐王倥偬于汀，天下残破勤王之师率不相闻。朝圣闲关江介，求死不可得。俄闻瞿式耜、丁出魁楚等从桂王于粤，国号永历。朝圣乃间道拔归，行在式耜上言，王既幸粤，则不宜苟谋他幸，既出粤视师则不宜复退入粤，一有悔大事覆矣。然宦者王坤方惑王，式耜言弗用，王竟幸肇庆，以式耜留守桂林，朝圣与焉。清遣将李成栋自广东攻薄城下，朝圣与焦琏、白贵开坡出战败走之。何腾蛟阃衡州，朝圣与曹志建、马进忠屯龙虎关。曹志建者故起群盗任诈无常，非真效忠于残明也。既桂王行在播迁无所，群帅谋劫驾以逞国。是日剧志建所屯当楚粤冲，行在安危系之，朝圣周旋其间，祸会不作，及志建败死。朝圣与欧正福、邱民仰结寨自保，旋以所部属李定国。定国入滇，朝圣留后扼守关要。未几，桂王缅甸遇难，朝圣闻而仰天椎胸痛垂绝，左右救劝哭王丧始徇未迟也，乃入云南。康熙二年尤愤死。朝圣遭时难，以书生投行伍，身经百战，所至爱抚兵民，忠勇郁发始终于明。归骨之日，感其义者白衣冠护丧，道路为塞。

## 雷正绩（？—1660）

雷正绩，明末桂阳州（今湖南嘉禾境内）贵贤乡榜背山人。明季隐君子也。性孤特一介取与界画若青天白日。然急难赴义跃如也。时球村雷朝圣以从征流寇功封常宁伯，而与邓某者有宿怨。正绩却金而卒为言之，朝圣释邓某不问士。论以朝圣容人，正绩洁己救人两谈美焉。正绩性颖，适日诵万言。于书多涉猎，喜治宋五子学，而濂溪尤所私淑。著有《太极图通书群解》。明清之际，书失其传，正绩，万历时人，卒于顺治十七年（1660）。感慨国变，常自称"山野逸叟"。杜门不出，易箦时自题曰："明布衣某之墓"。今背山户口正绩房裔独盛焉。见《民国嘉禾县图志·贤达列传》。《同治嘉禾县志》有传。

## 雷伯修

雷伯修，字善道。明桂阳州（今湖南嘉禾境内）贵贤乡大屋地雷家人。永乐时廪生。学富行修，耻言章句，著有《经香堂杂俎》。子仲徽，字世俊，成化时廪生。初今大屋地尚未开村，伯修由塘山背迁小房门仲徽筑精舍读书其中，撰述多暇，著有《讲易随笔》《经香堂诗抄》。孙君惠，字立居，亦成化廪生。三世儒业，积富书卷，自署曰"芸香山馆"。著有《芸香诗集》《过庭录》。其子曰子渊，是为肇迁大屋地村之祖。见《民国嘉禾县图志·贤达列传七》。《湘人著述表》收录其著述。

## 雷 令

雷令，字行甫。明永州零陵（今湖南永州）人。嘉靖己酉（1549）举人。令怀宁邑剧民疲，多方调剂，有豪家以贵势虐民，令法绳之，被劾得白。乃著《戒恶录》，遂告归。海忠介瑞疏留，有旨复任竟不起。见《道光永州府志·行义》。《古今图书集成》《康熙湖广通志》《光绪湖南通志》均有传。《湘人著述表》收录其著述。

## 雷起四

雷起四，字九华。明永州东安（今湖南东安）人。按《光绪东安县志》卷七："雷起四，字九华。《府志》云其祖父中复岁贡生。案表复无中复名，不知其何所征也？雷氏之先有雷霄一郎者，宋代以术显，语在水道篇。起四得异书，解风角占验。喜为诗歌，多游名山，有《南北游诗集》。天启初，溯湘至桂林，途中与舟人夜坐，指西南间曰：'贵州乱至矣！'邻船有总督某公方从云贵来，异其言，召问其期，对在此月。未几，安邦彦围贵阳，总督遂留起四幕府。广西镇道有兵事辄请至军中，广西总兵官黎国炳（天启七年）、杨德（崇祯七年）、守道史启元（崇祯六年）、桂平守道朱名时（崇祯七年）、检讨桂林王启元皆以管葛、夷吾拟之。盖起四不专以术数，其谋军有才略，急人之难而不屑富贵，故为时所推尚如此。或曰起四以万历中先知播州扬应龙之乱，熊心开奏从征四川，寇平召见，神宗方好道，语称帝意，官之不受，赐书万卷，与期有事则征出，书'天生帝师'赐之。今雷氏犹有御书楼及心开所题柱联。其从征粤、黔及定九连山寇皆有殊功。既别无所征，故不具载。云起四撰《三函集》《堪舆书》，既殁，无故火起并藏书尽焉。"《南明史》卷一百一十一："雷起四，字九华。通天文，言事多中，参闽、粤军归。"《道光永州府志》《光绪湖南通志》均有传。《湘人著述表》收录其著述。

## 雷复（？—1474）

雷复，字景旸。明湖广宁远（今湖南宁远）人。正统元年（1436）进士。授行人，擢御史。成化七年（1471），累升右副都御史巡抚山西。端恪守法，得军民心。时山西大灾，奏请停预征刍饷，免除应输诸物，并发帑赈赡。又奏请令民入粟授散官，以补赈帑不足，皆报可。卒官。著有《雷尚书历官奏疏》。工书，善作章草。见《光绪湖南通志·人物》《中国美术家大辞典》。雷复《明史》卷一百五十九、《楚纪》卷十六、《万姓统谱》、《古今图书集成》、《雍正广西通志》、《国朝献征录》、《历代名人姓氏全编》、《道光永州府志》、《湖南名人志》均有传。《光绪山西通志·名宦》《乾隆太原府志·名宦》亦有传。见《地方志人物传记资料丛刊·华北卷》第40、42册。《中国人名大辞典》《中华万姓谱》《明清进士题名碑录索引》《明代地方志传记索引》《中国历代人名大辞典》均有载。《湘人著述表》收录其著述。按《民国嘉禾县图志·先民列传·雷天锡》：其后裔分迁邻邑，以仕显者莫著于宁远雷复，官山西巡抚，《明史》有传。以科第显者莫著于蓝山雷方春，元时翰林。

## 雷祖述

雷祖述，明桂阳州蓝山（今湖南蓝山）人。宣德时知兴国县事，勤知爱民，久道孚誉。兴国县名宦志云："祖述湖广蓝山人，宣德间宰县，政得民心，九载代去，遗爱存焉。"可想见当时治绩矣。见《民国蓝山县图志·贤达列传上》。

## 雷毛姑

雷毛姑，女，明桂阳州蓝山（今湖南蓝山）人。雷誉愚妻，孝女。天顺中，猺獞攻破蓝城，人民奔窜，父目疾不能行，毛姑独侍父侧哀哭。被执欲污之，骂贼不屈而死。见《续文献通考》卷之七十九。《同治桂阳直隶州志》《民国蓝山县图志》均有传。

## 雷 仁

雷仁，字本元。明桂阳州蓝山（今湖南蓝山）雷家岭人。幼颖异，博览群书，好宋儒性理语录，酷嗜《通书》《西铭》，谓造化莫名之奥。启于濂溪，前圣未宣之蕴，发于南轩。体用弘博，渊源精粹，秦汉以下，未有臻斯理者。蓝山近营道，群经汗漫，谓非此无入德门径也。从子闻纪，族子世颙、世敬辈，时皆食廪饩，尝持诗文就正，虽非所好，而一经点窜，藻采绚然。故后学多所裁成。正德四年〔1509〕辟为赣州兴国县丞，代理县印。时兴国百事废弛，乃严治盗贼，惩警刁狡。逾年，政平讼理，同僚问仁宗崇理学，何廉干乃尔？仁曰："治事先治心，唯理学乃能廉干耳。"居官八年，任满，当他调，以父母年老，乞假归养，不复出。见《民国蓝山县图志·贤达列传上》。

### 雷文韬

雷文韬，明桂阳州蓝山（今湖南蓝山）雷家岭人。雷仁之子。嘉靖二十八年（1549），由选拔任兴国县教谕，时论荣之。御史王道立赠联，有"兴国甘棠儿孙嗣守"之语。文韬居兴国六年，教化大洽，人颂其淳德宿学，升淮安、襄阳二府教授。见《民国蓝山县图志·贤达列传上》。

### 雷潮宗

雷潮宗，明桂阳州蓝山（今湖南蓝山）人。检身履礼，不失尺寸。性孝友，竭力定省，出告反面，一秉仪则。父年迈七十死，事母愈谨。母年百有三岁，而潮宗年八十余，持丧孺慕，人钦叹之。见《民国蓝山县图志·孝友列传上》。

### 雷楚佐

雷楚佐，号鼎铉。明永州祁阳（今湖南祁阳）人。郡庠生也。力学养母，天启丙寅，母病垂危。楚佐泣祷于文庙，欲剖肝煮羹以奉母，方持刀跪剖，忽惛仆于地，有白烟罩之不移，时母病良。已自此母延寿三年。见《道光永州府志·行义》。《古今图书集成》《康熙湖广通志》

166

均有传。

## 雷大壮

雷大壮，明宝庆府（今湖南邵阳）人。诸生。能文尚义。北变悲愤不食。二年，剃发令下，与妻陈大哭，已曰："男儿上不能捐躯报国，下不能全发肤见先人，何以生为！"相与负石沉水死。见《南明史》卷一百四。

## 雷启东

雷启东，明宝庆府新宁（今湖南新宁）人。由贡生授知贺县。会三镇云集，启东抚字调护，兵民安之。以内艰归，父老遮留不得，为立祠祀之。见《光绪湖南通志·人物》。按《南明史》卷五十六：雷启东，湖广人。恩贡。

## 雷文可等

雷文可等，明宝庆府新宁县（今湖南新宁）人。苗族。于谦《忠肃集》卷四："景泰三年（1452）五月十五日五更时分，被苗贼约有五百余徒，前来攻破本寨，杀死房捉男妇共一百二十四名口。被火烧毁房屋、禾囤，劫去家财牛羊孳畜，俱各无存内认得兰牛等。洞苗贼雷文可、雷仲文、雷通昌等，若不状告，系干杀房人口数多，节被滋蔓出劫不能安业，据告得此参照所告，系干贼情具申到府行间。"按《上堡古国：昔日起义地今日安乐居》：明正统元年至天顺四年（1436—1460），蒙能、李天保等人领导湘、黔、桂边界的苗民发动了大规模的武装起义。在历史上，这一地区苗民起义次数众多，然而此次起义规模之大、持续时间之久前所未有，共有三省十八县五万人参与，历时24年，并且以上堡为中心首次建立了苗民政权，与明王朝分庭抗礼。本文刊登于《中国社会科学报》2011年9月27日第5版。

## 雷应乾

雷应乾，明湖广镇箪城（今湖南凤凰）人。马人龙，镇箪人，崇祯时提兵千余至麻城，遇贼满天星等拥众数十万，掠麻城北鄙，龙同副

167

将雷应乾争前杀贼战于阴山畈，贼尸蔽野。会大雨贼四面环攻，二将及所部皆死之。其时同赴敌死者为冯游击虎昂、陈指挥，今阴山畈有雷、马二将军庙。黄安张希良雷、马二将军传，雷、马二将军镇筸卫人也。崇祯乙亥流寇起秦晋，掠豫楚而南，马率步卒三百御之，驻麻邑。雷继至，所部亦仅数百人，然多马，马小而捷，其兵俱善握槊盘舞生花，盖矢石不能入焉。时雷为副总兵，马不逮雷三级，而以先至争长不相能，乃其号令如山所至私毫无犯。二部士马不盈千，锋甚锐也。无何贼满天星、一斗粟等众数十万，踞邑之北鄙，二将闻之争赴功，不待朝食擐甲上马，与贼相遇于阴山畈。畈距邑四十里左右，巉岏中为阴山河川原萦折而阻深，贼豫设伏以待诱我兵深入。二将奋勇击贼所向披靡，僵尸塞川谷。俄伏发兼之骤雨如注，贼乘高而下四合以蹴，官兵二将不支遂力斗而死。余众登阴山自保，及暮贼觇其无继奋白梃击之歼焉，邑人多为诗以哀之。或曰"马名人龙，雷名应乾"。同时有冯游击亦战死，然人但称雷、马二将军。赞曰："予昔往来阴山，经两将军战死处未尝不流涕也！"雷、马二将军墓在四道河鹰山岭。见《光绪麻城县志·官师》。按吴伟业《绥寇纪略》卷三："二十九日，指挥马人龙战死，雷应乾阵亡，参将冯时早失利。"

### 雷时行

雷时行，明广州府番禺（今广州番禺）人。诸生。都司。见《南明史》卷六十六。

### 雷　潜

雷潜，字必昇。明广州府新宁（今广东台山）人。洪武二十九年（1396）中式，选湖广京山县训导，升河南信阳县教谕。秩满，升湖广道府伴读。出仕四十余年，历事四朝，国尔忘家。《新宁县志》。见《广东历史人物辞典》。《新会名人辞典》亦有载。

### 雷永弼

雷永弼，字云赞。明广州府新宁（今广东台山）人。少时以应童子试至省，年十八为诸生，然乡试屡落选。嘉靖三十九年（1560）恩科，钦赐举人。四十一年赐十翰林院检讨。《新宁县志》。见《广东历史人物辞典》。《广东历史人物辞典》误为"清嘉庆三十九年"。

### 雷　冲

雷冲，明连州（今广东连州）人。成化中知新化县，廉洁勤敏，念切民瘼。教民广筑水堰，以备荒旱。凡城垣学校、壝坛诸大役，皆悉心尽瘁焉。见《光绪湖南通志·名宦七》。《明代地方志传记索引》亦有载。

### 雷鸣春

雷鸣春，字亮工。明临桂（今广西桂林）人。诸生。隐壶山。好史事。日饮大醉。见《南明史》卷一百。按 1997 年版《桂林市志》：明末清初，江南名士雷鸣春（号酒人）曾隐居山下，死后葬于山南麓，其后裔雷擎天亦葬墓前。

### 雷　显

雷显，字时新。明桂林府永福（今广西永福）人。弘治间贡生，任广东连州吏目。性淳厚与物无竞，官箴自守，从征有功，上官重之，以内艰归引疾不复仕。林下三十余年，动遵理法，非公不至。官署卒年八十有余。见《雍正广西通志·乡贤》。

### 雷孔文

雷孔文，明重庆府大足（今重庆大足）人。嘉靖三十八年（1559）进士。少岐嶷，赵文肃贞告见叹赏之。成进士时，严嵩当国同第谒，阁人难之，孔文毅然返，严闻之讶为耿介士，授辰州府推官。会七夷夺嫡据印屡檄论之不服，孔文至，以礼法化诲夷悉畏服，迁户部主事，寻乞归。工诗文，善书法。见《中国美术家大辞典》。《雍正四川通志》《光绪大足县志》均有传。《同治沅陵县志》《明清进士题名碑录索引》均有载。

### 雷樵阳

雷樵阳，明重庆府大足（今重庆大足）人。按《宗伯集·樵阳子传》："樵阳子者，蜀灌县青城山樵子也。本大足县人，姓雷氏。""传其大父孔文进士也，与内江赵文某同榜友善。父鸣春。"《宗伯集》卷十有《秋仲龚方伯旷适园社集蜀客雷樵阳全真适至分得先字》诗。《光绪大足县志·仙释》有樵阳子传。

### 雷尚珂兄弟

雷尚珂、雷尚玖二兄弟，明重庆府璧山（今重庆璧山）璧城人。少孤贫，大母张抚之。及长，采香为业，以供张膳。夜则燃香照读，值张生辰，苦无以为寿，兄弟相对悲咽，忽异鸟飞坠，获而鬻之，市酒为寿。后珂以明经，玖以廪生终。见《同治璧山县志·孝友》。

### 雷梦泽

雷梦泽，明四川忠州（今重庆忠县）人。举孝廉。事关民生利病者，力任不辞，调平遥。《康熙黎城县志·名宦》。见《地方志人物传记资料丛刊·华北卷》第 50 册。

### 雷鸣时

雷鸣时，明蒲江（今四川蒲江）人。选贡。初至自矢曰："予受命兹土矣，必不负志遗疢使子孙掩面。"选兹土清标凛然其为政，详去思碑合祀徐公祠。《乾隆顺德府志·职官》、《康熙内丘县志》（职官、艺文）。见《地方志人物传记资料丛刊·华北卷》第 36、38 册。《道光蓝田县志·循良传》："雷鸣时，四川人。选贡，蓝田县令。因流寇出没无常，北城积阴易颓，用砖包之。当时不无遗议，而数十年于兹能永逸者犹称公，力荐升商州知州。"见《地方志人物传记资料丛刊·西北卷》第 3 册。《民国续修蓝田县志》《乾隆西安府志》均有载。

### 雷济民

雷济民，明宣宗时蜀（四川）人。尤善画山水，近于马、夏。杜琼尝题其画。《钦定书画谱》。见《中国美术家人名辞典》。《中国美术家大辞典》《中国历代画家人名词典》均有载。

170

### 雷应通

雷应通，明四川广元人。按《雍正四川通志·忠义》："雷应通，广元人，正德初，流贼冲百丈关，县令何溥提兵拒敌，应通父子七人踊跃倡众誓以死战，经旬无援为贼所执，父子俱骂贼死。"《古今图书集成》有传。《明史》卷二百八十九亦有载。

### 雷应奇

雷应奇，明什邡（今四川什邡）人。素负侠气。寇至曰："奈何郡县无一杀敌者。"纠义勇李国祥拒战于高境关，追至桑园力斩数人死。见《南明史》卷三十六。《雍正四川通志》有传。

### 雷嘉祥

雷嘉祥，明成都府井研（今四川井研）人。隆庆五年（1571）进士。历湖广武昌金事。著有《名贤史传录》十卷。以工书法见称。见《中国美术家大辞典》。《光绪井研志·乡贤四》："雷嘉祥，字震宇。先世为麻城人。相传明洪武初，有名汉广者骑白马度地井研居焉。数传至鸣（谱云，进士。《通志·科目》无此人，疑为明经进士）是生嘉祥，雷氏族始大。嘉祥登隆庆五年进士，初任湖广宜城知县。尝缮城费罄，将罢役，嘉祥自为文祷于神。会堤决得白镪数窖，尽充工用役始。一日巡县，雨骤至，沟浍盈溢，衢术至莫辨。嘉祥策骑凫渡卒无患，宜城人感其惠，谓有神物翼之。后以卓异行取，为御史，掌江西道，出巡长芦鹾政，再巡贵州还对皆称旨，擢湖广武昌按察司金事半载，告归。著有《名贤史传录》行世。弟嘉泰，嘉泰子滋，滋子起晋，三世皆明岁贡。起晋子瓒，瓒子宏儒。宏儒子时，由拔贡知宣化府，畅由拔贡官至内阁侍读学士。时孙轮，畅子翀霄并以翰林官编修。明以来，雷氏凡甲科五人，乙科十五人，选拔贡生六人，诸贡十三人，以诸生入官者尤不訾，而皆为鸣裔信四大族之弁冕矣。"《明清进士题名碑录索引》亦有载。按《国朝耆献类征初编》：雷汪度，字饶九，号莲客，清浙江钱塘人。七世祖嘉祥自湖广麻城徙居四川井研。

171

## 雷起龙

雷起龙，明成都府井研（今四川井研）人。天启五年（1625）进士。官至长沙知府。擅长书法，行书、楷书皆入妙。见《中国美术家大辞典》。按《光绪井研志·乡贤四》："雷起龙，字雨田。父过，字少冈。万历十九年（1591）举人，历官荆门知州，迁扬州府同知。起龙沉酣古籍，与从兄起剑以文相颉颃凌逴辈，诗亦郁律有奇气。登天启五年进士，屡官至长沙知府。子琯，顺治五年（1648）举人，官至衢州知府。璿、琼生员。琯子宏远，贡生，以习浙俗，因家于杭，其孙汪度官至山西汾州知府。曾孙载，分宜知县，并乾隆中浙江举人。"《明清进士题名碑录索引》亦有载。

## 雷起剑

雷起剑，字雨津。明成都府井研（今四川井研）人。崇祯七年（1634）进士。历镇江推官、职方主事郎中、监军，在道死。著有《瑞芝堂集》。擅长书法，见称于时。见《南明史》卷七十八、《中国美术家大辞典》。《古今图书集成》《光绪井研志》均有传。《明清进士题名碑录索引》亦有载。

## 雷尊周

雷尊周，字正宇。明资州（今四川资中）人。自新屯千总累遵义总兵，晋右都督。国亡归。从父时禹，字平川，以参军拒寇战死。见《南明史》卷六十八。

## 雷　颙

雷颙，四川泸州人。明代书法家。弘治六年（1493）癸丑科进士。以诗文、书法见称于时。见《中国美术家大辞典》。《明清进士题名碑录索引》亦有载。

## 雷时声

雷时声，字凌九。明泸州江安（今四川江安）人。由荫袭千户，崇祯时历副总兵，尝从总督卢象升击贼高迎祥于汝州城西，用强弩射杀千余人。贼自光化潜渡汉入郧，又奉象升檄偕总兵秦翼明，由南漳谷城入山击贼。其后以象升被围，时声奋勇突入救象升出。贼众大至，时声身受数枪，矢力俱竭被执。唾骂不绝口，贼痛击其齿，血流被面而死，象升以闻，赐祭荫入祠祀。见《嘉庆江安县志·忠义》。《民国江安县志》亦有传。《明史》卷二百六十一亦有载。

### 雷时先

雷时先，明泸州江安（今四川江安）人。由行伍历湖广常德游击。见《南明史》卷六十七。《嘉庆江安县志》亦有载。

### 雷　正

雷正，明夔州新宁（今四川开江）人。永乐戊子（1048）举人。任襄阳县教谕。上疏谏英宗亲征不报，及复辟录言官升礼部主事。寻以直言忤旨谪戍辽东，卒于戍所，辽人庙祭之。见《乾隆直隶达州志·乡贤》。

### 雷　祯

雷祯，明夔州新宁（今四川开江）人。省祭官。正德间，鄢本恕、蓝廷瑞举事，巡抚林俊，闻其勇敢，檄取领兵。追至苍溪冯兵急遇害，祯奋力对敌手，刃数人而死。当道哀之，遣兵致祭，载《通志》。见《乾隆直隶达州志·武略》。《雍正四川通志》有传。《明代地方志传记索引》亦有载。

### 雷　震

雷震，字时亨。明夔州新宁（今四川开江）人。由贡生任蒲州学正。勤诲生徒，始终不倦，出其门者多名人。致仕归，年八十三而终，以清白传家，吟咏见邑志。见《乾隆直隶达州志·乡贤》。《明代地方志传记索引》亦有载。《民国奉天通志·流寓》："雷震，四川新宁人。英宗复辟，录升礼部主事，寻以直言谪戍辽东。"见《地方志人物传记资料丛刊·东北卷》第5册。《奉天通志》疑有误，雷震应为前文同邑人雷正。

173

## 雷开登

雷开登，明广安州渠县（今四川渠县）人。廪生。崇祯十六年（1643）倾家起兵守城。北变，涕泣不欲生。应熊荐升都督同知总兵。从祥战遵义红花冈，与王德功约，失道兵败死。兄开发，崇祯三年武举。战捷白鸡滩。渠县陷，与开登退南阳沱。再战不支，一门水死。见《南明史》卷六十八。《民国渠县志》亦有载。

## 雷开发

雷开发，明广安州渠县（今四川渠县）人。崇祯庚午（1630）举人。自京师归，见时事日非，乃隐居不仕，散财筑堡，与里党豪杰保境宁家，地方赖之少安。癸未闯贼剧甚，献逆入川，四出焚屠，土贼闻风飙举，渐逼城垣。开发仓卒率众聚入援，与贼遇于白鸡滩。发以巨舰自上流撞之，贼稍退。时贼已陷城，发与弟开登约众未集，亦退保南阳沱，贼夜袭之。发奋呼入贼，自夜达旦，杀贼甚众。贼悉其党合击众不支遂溃。一家赴水死者百余口，开发亦遇害。时甲申之三月，日也，先是童谣云："三三攻阙彀，同调绝好音。"是岁闯贼亦以三月十五入京师，凶闻至，开登乃率族众涕泣举义兵，而里人亦各为寨居，是为斌山诸姓扼要戒严之始。采《雷氏家传》。见《民国渠县志·人物》。

## 雷鸣阳

雷鸣阳，明永宁（今贵州关岭）人。嘉靖乡举。少失怙，事母笃孝，及母丧，庐墓三年，甘露降于宅树，后官至杭州府丞，卒。《贵州通志》。见《古今图书集成》。《明代地方志传记索引》亦有载。

## 雷仲寰

雷仲寰，明贵阳府修文（今贵州修文）羊群沟人。崇祯朝江西抚州府举人。由教授擢升知县，分发四川署长寿县知县，又署合江县知县。因张献忠乱，独携眷入黔。生平清廉，持耕读传家，孙枝竞秀，世泽留芳，十三世恪守家训焉。见《民国修文县志稿·人物志》。

174

## 雷 杲

雷杲，明都匀（今贵州都匀）人。明经任浪穹知县。多惠政，民爱戴之，为立生祠。《贵州通志》，见《古今图书集成》。《明代地方志传记索引》亦有载。《雍正版黔阳县志（校注本）》卷之七：县丞，雷杲贵州都匀卫人，弘治（1488—1505）年任。公勤廉慎，当道奖励，升浪穹县知县。

## 雷 轰

雷轰，明都匀（今贵州都匀）人。轰，杲子。官北胜州守。褆躬清谨，动有法则，为后学标准。《贵州通志》。见《古今图书集成》。《雍正四川通志》有传。

## 雷应龙（1484—1527）

雷应龙，字孟升，号觉轩。明蒙化（今云南大理）人。正德九年（1514）进士。授莆田知县。时巨珰督员贡方物甚横，应龙力折之，政治第一擢御史，巡盐两淮，毁诸淫祠，以新董仲舒祠，与诸生讲学其中。因灾异疏八事曰"务实学，亲大臣，放宫人，去无益，正礼教，改编发，宥罪谪，均赋役"，世宗嘉纳之。寻有中贵乞织造得请，应龙抗疏不报，遂发病，卒。工书法。《云南通志》。见《古今图书集成》。《历代名人姓氏全编》均有传。谢丕撰有《孟升雷公墓表》，见《康熙蒙化府志》。《民国福建通志》《中国美术家大辞典》《明清进士题名碑录索引》《中国历代人名大辞典》《明代地方志传记索引》均有载。

## 雷征一

雷征一，明云南人。举人。天启（1621—1627）中署永年教谕，为人温和，颦笑不苟。诸生有枉抑力为白，时训导某刚愎肆侮顺受不报。称长者所奖拔多知名士，升贵州静宁州知州。《光绪广平府志·宦绩》《光绪永年县志·宦绩》。见《地方志人物传记资料丛刊·华北卷》第31、34册。

### 雷同声

雷同声，字鹿门。明云南新兴州（今玉溪市）人。万历四十四年（1616）任。莅连五载，刁风寝息，不迹不殖，操守益坚。崇祯十五年（1642）学宪郭公之奇题祀徐志名宦。《民国连城县志·循史》。见《地方志人物传记资料丛刊·华东卷上编》第80册。

### 雷启东

雷启东，字初百。明宝庆新宁（今云南玉溪）人。岁贡。贺县知县，三镇云集，抚循调剂，兵民安堵。迁职方主事。百姓焚香遮道，挽留不得，为立生祠祀之。见《南明史》卷五十六。《古今图书集成》有传。

### 雷跃龙（1602—1660）

雷跃龙，字伯麟，号石庵。明新兴（今云南玉溪）人。万历四十七年（1619）进士。改庶吉士。魏忠贤势炽，跃龙抗不与交。忠贤败，独跃龙无刺。崇祯时，历简讨、赞善、洗马、少詹事、纂修实录、起居注，转侍读学士、经筵日讲，忧归。服阕，起礼部左侍郎、翰林学士、教习庶吉士。北京陷，被掠未死，乘间南归，间赴沅江，征兵谋恢复。擅长书法，苍劲古朴，有情趣。见《南明史》卷五十七、《中国美术家大辞典》。《清代人物生卒年表》："出处，雷跃龙《雷石庵尚书遗集·文集·石淙阳文襄公传》黄膺附识。"《明清进士题名碑录索引》亦有载。有专题文《雷跃龙年谱（上）》《雷跃龙年谱（下）》刊登于《玉溪师范学院学报》2015年第2期、第3期。

### 雷攀龙

雷攀龙，明澄江新兴（今云南玉溪）人。通判。见《南明史》卷六十三。

### 雷上声妻

雷上声妻，明新兴（今云南玉溪）人。雷上声妻梁，烙死。卢惠武妻雷氏，与妹，并死。见《南明史》卷一百一十五。

## 雷　亮

雷亮，明西安府咸宁（今陕西西安）人。洪武时以才学举荐任湖广按察司佥事，有贤能之馨，士林咸重。《乾隆西安府志·人物志》。见《地方志人物传记资料丛刊·西北卷》第 2 册。《雍正陕西通志》《古今图书集成》《嘉庆咸宁县志》《历代名人姓氏全编》均有传。《中华万姓谱》《中国人名大辞典》均有载。

## 雷　润

雷润，明西安府咸宁（今陕西西安）人。嘉靖元年（1522）壬午科举人。通江知县。见《嘉庆咸宁县志·选举》。《雍正陕西通志》《乾隆西安府志》亦有载。《明三溪嵇子（棨）墓志铭》："炳为知县雷润婿。"雷润与志中所言知县应为同一人。墓志在《新中国出土墓志》（陕西·贰）有著录。

## 雷　玉

雷玉，明西安府临潼（今陕西临潼）北田里人。建文二年（1400）庚辰胡靖榜进士。广东道御史，《省志》作湖广道。见《光绪临潼县志·选举》。《雍正陕西通志》《乾隆西安府志》均有载。

## 雷一声

雷一声，字龙门。明西安府盩厔（今陕西周至）人。庠生。崇祯七年（1634）五月八日贼至，声率众与战。贼骑再却，而手中剑挥击，既久靶欲脱。乃急呼侄取大刀，侄不至，声遂登屋揭瓦掷贼。贼佯与持，而密使人举巨瓮从后击之遂遇害。《民国盩厔县志·武勇》。见《地方志人物传记资料丛刊·西北卷》第 3 册。《乾隆西安府志》亦有传。

## 雷复豫

雷复豫，明西安府高陵（今陕西高陵）人。选贡。万历二十三年

（1595）任邑令。廉洁爱民，有遗爱去思碑。《民国闻喜县志·名宦》。见《地方志人物传记资料丛刊·华北卷》第61册。

### 雷 鸣

雷鸣，明西安府三原（今陕西三原）人。《溪田通志》：雷鸣，字大震，由贡生任四川芒部军民、大同二府同知。博学多能，卜筮、阴阳、医书皆诵习精熟。为举子业恒不属草试尝冠多士，选日，吏部考亦首冠。年七十七致仕归，读书犹及二鼓始寝。《乾隆三原县志·文学》《光绪三原县新志·文学》。见《地方志人物传记资料丛刊·西北卷》第6册。

### 雷加赤

雷加赤，明西安府同官（今陕西铜川）立地镇人。李自成余党滋扰乡里，雷加赤等奋勇抗击，不幸身亡，为明季同官"七义烈"之一。有《七义烈碑记》。《民国同官县志·忠勇》。见《地方志人物传记资料丛刊·西北卷》第3册。

### 雷霆震

雷霆震，明华州（今陕西渭南市华州区）人。处士。增广生员，以义命自安，孝友事父兄，义方训子侄。于亲友间排纷解难，与人无兢，颐养天年，寿至七旬而殁。见《华州初志·孝子传》。

### 雷 霖

雷霖，字弘济。明华州华阴（今陕西华阴）人，天顺元年（1457）进士。生而美丰仪，见者比之玉人。读书一过即通。景泰二年（1451）辛未中式省试第一。天顺丁丑会试总裁官奇其文，复拟元他主司以陕籍抑置第二人。廷试再屈列三甲。选庶吉士授职检讨。霖既负俊才意不可一世，酬答间多放情之言。有忌之者改德藩长史，擢山西提学副使，秩满归，卒老于家。论者惜其位不副才也。诗歌、古文辞豪宕不羁，工草书，自成一格。创编邑志人谓其具得史家遗法，惜为后之修志者删改俾善本无从觏矣。曾孙应志以阳曲籍登万历甲戌科进士。《咸丰同州府志·列传》《万历华阴县志·人物》。见《地方志人物传记资料丛刊·西北卷》第 9、10 册。《雍正陕西通志》："景泰中解元，会试第二，历提学副使，诗丈豪宕，为时名宿。"《明代地方志传记索引》《明清进士题名碑录索引》《中国美术家大辞典》等均有载。《万历华阴县志·貤封》：雷让，以子霖贵，赠征仕郎翰林检讨，晋德府左长史。

## 雷应志

雷应志，字立甫。明华州华阴（今陕西华阴）人。万历二年（1574）进士。历南京户部郎中，以王亲系阳曲县籍，太史霖从曾孙。以工书法见称。《万历华阴县志·人物》。见《地方志人物传记资料丛刊·西北》卷第 10 册。《中国美术家大辞典》《光绪山西通志》《雍正陕西通志》《明清进士题名碑录索引》《明代地方志传记索引》均有载。

## 雷 缙

雷缙，明同州大荔（今陕西大荔）人。按《大清一统志》："雷缙，正统七年（1442）知夏县，垦荒田，浚水利，均徭役。凡有兴作不劳而事，集暇时，召父老子弟以孝弟勤俭劝之。"《光绪山西通志·名宦》《光绪夏县志·宦绩》。见《地方志人物传记资料丛刊·华北卷》第 40、62 册。《历代名人姓氏全编》亦有传。《明代地方志传记索引》《五彩大荔》均有载。

## 雷 爵

雷爵，明同州朝邑（今陕西大荔）人。初知清苑，历守祁州，廉谨自持，又授大名府同知。至大名，贞廉如初，行部肃然，匹马果蔬自给。《光绪同州府续志·列传上》《万历续朝邑县志·科贡》《乾隆朝邑志·历代著闻人考》。见《地方志人物传记资料丛刊·西北卷》第 9、10 册。《明代地方志传记索引》《五彩大荔》均有载。

## 雷子质

雷子质，字伯华。明同州朝邑（今陕西大荔）安仁里人。正德十六年（1521）进士。少颖慧能诗，矢口而成，授潜山知县，未至官卒。

著《绿陂诗草》一卷。工书，取法钟、王。《万历续朝邑县志·科贡》《乾隆朝邑志·历代著闻人考》。见《地方志人物传记资料丛刊·西北卷》第 10 册。《中国美术家大辞典》《雍正陕西通志》《明清进士题名碑录索引》《明代地方志传记索引》《五彩大荔》均有载。

## 雷大道

雷大道，字行卿。明同州朝邑（今陕西大荔）人。知广陵县。岁大浸，极意拊绥，捐俸以赈，垦荒田数千顷。迁兖州通判。《乾隆朝邑志·历代著闻人考》《咸丰初朝邑县志·科贡》。见《地方志人物传记资料丛刊·西北卷》第 10 册。《五彩大荔》亦有载。

## 雷士桢（1545—1589）

雷士桢，字国柱。明同州朝邑（今陕西大荔）新市镇人。韩苑洛外孙，少颖悟有风节，从苑洛学长，登万历甲戌（1574）进士，为御史三日，即疏论潘晟，直声动朝廷，他详前志。从弟元善亦登万历丙戌（1586）进士，知仁寿县，有政声。士桢从子荐乙卯举人，清苑教谕。元善从子应询戊午举人，定兴知县。善书，笔意苍劲。《光绪同州府续志·列传上》《天启同州府志·人物》《乾隆朝邑志·历代著闻人物考》。见《地方志人物传记资料丛刊·西北卷》第 9、10 册。《雍正陕西通志·人物》亦有传。《明史》《中国美术家大辞典》《中国历代人名大辞典》《中华万姓谱》《明清进士题名碑录索引》《明代地方志传记索引》等均有载。

## 雷元善

雷元善，字汝仁。明同州朝邑（今陕西大荔）人。万历十四年（1586）进士。少贫牧羊，十八始读书。知仁孝县，县丛盗多豪，几不可治。善挫强剔蠹，疾恶如仇，不少假借，一岁之间，积威四著。博学，善书。《乾隆朝邑志·历代著闻人考》。见《地方志人物传记资料丛刊·西北卷》第 10 册。《雍正陕西通志》《乾隆朝邑县后志》《中国美术家大辞典》《明清进士题名碑录索引》《五彩大荔》均有载。

## 雷　氏

雷氏，明同州（今陕西大荔）刘长庚妾。长庚为同州诸生。贼陷潼关，将及州，长庚拜家庙，召妻及二子曰："汝年长，且有子，当逃。"召雷及所生女曰："汝年少，当从吾死。"雷曰："妾志也。"长庚携酒登楼，谓妾曰："汝平日不饮，今当共醉。"妾欣然引满。长庚且饮且歌，夜半遍题四壁，拔刀示妾曰："可以行乎？"对曰："请先之。"夺刀自刎。长庚乃解所系绦，缢于梁。女方七岁，横刀于壁，以颈就之而死。见《明史》卷三百〇三。

## 雷　珍

雷珍，明同州朝邑（今陕西大荔）人。邑诸生。初嗣于姑为白西川。后白既生子，送其终乃以其产与白。身归，让产于弟。初，珍学于忽以恒，以恒因高其义，以女妻之。子开祉眉县训导。《乾隆朝邑志·孝友》。见《地方志人物传记资料丛刊·西北卷》第10册。

## 雷　捷

雷捷，明同州朝邑（今陕西大荔）广济村人。父邦命，邑诸生。万历三年（1575）携少男小哲、同族子尚耀，自山东归至郑州。尚耀纠燕豫间贼七人，绞杀邦命。父子分橐中装，是日大风。尚耀还以诡词诳捷，而言其情于家，小女绒儿窃听之。一日女与邻女嬉，忽大风，绒儿曰："我君言杀小哲时便是者风。"由此事泄。捷时年十五，乃具诉往来三省历十有三年，竟并得七贼戮之，与二尸还葬。捷孙王宾，邑生员。执亲丧期年不茹菜果，三年不御酒肉，居祠下朝夕哭奠如礼，人称世孝。《乾隆朝邑志·孝友》《咸丰初朝邑县志·补记》。见《地方志人物传记资料丛刊·西北卷》第10册。

## 雷凤至

雷凤至，明同州大荔（今陕西大荔）德政里人。诸生。少失母，父相继四娶，凤至皆事之如母。父故负土为坟，庐墓左终丧。《天启同州志·孝友》《乾隆大荔县志·孝友》。见《地方志人物传记资料丛

181

刊·西北卷》第9、10册。

### 雷子霖（1589—1667）

雷子霖，一作雷于霖，号午天，别号柏林。明同州朝邑（今陕西大荔）人。崇祯癸酉（1633）举于乡，幼负奇志。入国朝隐不仕，汤文正兵备潼关，造其庐河滨。子尝曰："柏林之文以胆胜艺苑子龙也。"著有《柏林集》《太极图说》等篇。《光绪同州府续志·列传上》《乾隆朝邑志·历代著闻人物考》。见《地方志人物传记资料丛刊·西北卷》第9、10册。《国朝耆献类征初编》亦有传。《南明史》卷九十一、《中国历代人名大辞典》、《中国人名大辞典》、《中华万姓谱》、《五彩大荔》等亦有载。雷子霖"始祖隼，传及七世祖伸，父体充，兄长于成。子霖子三人，衍泽、衍恩、衍忠；孙男三人，开万、寿万、笃万；曾孙四人，代馨、代崇、代扬、代新。"见《清修明崇祯癸酉科举人柏林雷子（子霖）暨配杨氏刘氏两室人自志铭》。墓志在《新中国出土墓志》（陕西·叁）有著录。

### 雷 麒

雷麒，明同州大荔（今陕西大荔）人。贡生。见《乾隆大荔县志·选举》。《明故官处士（智）合葬墓志铭》："庠生雷麒所为状。"墓志在《新中国出土墓志》（陕西·壹）有著录。志石1951年出土于陕西大荔县，现藏大荔县关家营官忠孝家。

### 雷 瑜

雷瑜，明华州蒲城（今陕西蒲城）人。山西布政司理问。弘治十一年（1498）父卒，瑜庐墓三年，有司以闻旌表其门。《光绪蒲城县新志·孝友》《隆庆华州志·孝子传》。见《地方志人物传记资料丛刊·西北卷》第8、10册。《明史》《雍正陕西通志》《蒲城文献征录》均有传。

### 雷 雨

雷雨，字子化。明华州蒲城（今陕西蒲城）人。正德九年（1514）

进士。历任行人司行人、司副，江苏无锡县丞，山西榆次知县。见1993 年版《蒲城县志》。《中国美术家大辞典》："雷雨，明代书法家。蒲城人，正德九年（1514）甲戌科进士。擅长书法，行、楷二书均庄重不苟。"按《雷鼎甲墓志》："先世由同州华源迁于蒲。传行人司讳雨者以名进士起，家族始显。"《蒲城文献征录》有传。《雍正陕西通志》《明清进士题名碑录索引》均有载。

## 雷太初

雷太初，明华州蒲城（今陕西蒲城）人。幼醇谨，慎取与，畏法义。一日昧爽，偕同里数人适野途中，有偶坐者，见其来，走，遗金一袋，众竟分之。太初独不取，曰："非分之物，得之不祥。"越月，监司获盗，诸分金者皆为盗诬指，被劫家，皆识为其家金，竟无以白，毙于狱。正德中，县令刘大谟以太初负乡望，辟为乡饮宾，不就。亲诣其家，卒不赴，刘甚高之。年九十四卒。《乾隆蒲城县志·孝义》《光绪蒲城县新志·义行》。见《地方志人物传记资料丛刊·西北卷》第8册。《雍正陕西通志》《蒲城文献征录》均有传。

## 雷 清

雷清，字洁己。明同州澄城（今陕西澄城）人。秀才出身，读书甚多，颇有名望。元末，邀其为官，推辞不就。人或问之，曰："非其时也。"未几，天下大乱，人服其有远见。至明代，亦无意为官，县令举为乡饮耆宾。大旱之年，出头申请朝廷赈济，活者甚众，无不感激，而他毫无自德之色，其墓在王庄洛城。见1991 年版《澄城县志》。《嘉靖澄城县志》宦达，《咸丰澄城县志》选举、人物，《天启同州府志》隐逸，《咸丰同州府志》列传均有传。见《地方志人物传记资料丛刊·西北卷》第8、9 册。《雍正陕西通志》《明代地方志传记索引》均有载。

## 雷 恭

雷恭，字时敬。明同州澄城（今陕西澄城）人。雷清子，明永乐三年（1405）举人，曾任交趾令，官至监察御史。出巡山西，遇大臣亲故中不法者，辄劾奏朝廷惩治，一时依权仗势之辈，不敢胡作非为。"土木之变"，英宗为瓦剌也先所俘，于谦扶立代宗，抗击也迎回英宗。代宗景泰八年（1457），石亨、徐有贞助英宗复辟，废代宗，诛于谦等，雷恭与杨暄、刘泰议论此事，被充军发配辽东。后来山西人对他十分怀念，流传有雷打鬼的故事。鬼怪王镇恶伤害小儿，法师不能制，某机灵人用朱砂在小儿背上书"监察御史雷"，小儿便平安无事。当然不会真有其事，但可见人们对他的信赖。见1991年版《澄城县志》。《嘉靖澄城县志·宦达》《咸丰澄城县志·人物》均有传。见《地方志人物传记资料丛刊·西北卷》第8册。《雍正陕西通志》亦有传。《明代地方志传记索引》亦有载。

### 雷　铖

雷铖，字德威。明同州澄城（今陕西澄城）人。少有倩才，属文辄能惊人，小词尤妩媚，士人争慕效之。后以贡补咸宁县侯府训导，寻改灵山卫司训。卒于官。张云谷诗曰"道方无俗样，心乐任官移"，观此可以知其人矣。《嘉靖澄城县志·宦达》《咸丰澄城县志·人物》。见《地方志人物传记资料丛刊·西北卷》第8册。《明代地方志传记索引》亦有载。

### 雷　哲

雷哲，明同州郃阳（今陕西合阳）宋家庄人。正统七年（1442）出粟五百石赈饥，诏忧免役二年，并勒石旌之。《乾隆合阳县全志·人物拾遗》。见《地方志人物传记资料丛刊·西北卷》第9册。《合阳士女续志》、1996年版《合阳县志》均有传。

### 雷　翀

雷翀，字翔宇。明同州郃阳（今陕西合阳）人。万历三十七年（1609）举于乡。绛州知州。岁饥，赈活数万人。寇迫，大修战具。罢归二十余年卒，年八十六。见《南明史》卷八十九。《乾隆合阳县全志·人物》《光绪同州府续志·列传》《光绪直隶绛州志·宦绩》《民国新绛县志·名宦》有传。见《地方志人物传记资料丛刊》西北卷、华北卷第9册、第60册。《顺治重修合阳县志》《宰莘退食录》《合阳县乡土志》均有传。

### 雷云衢

雷云衢，明同州郃阳（今陕西合阳）雷庄里人，万历七年（1579）举人。通渭县教谕，升知柏乡县知县。见《乾隆合阳县全志·选举》。《顺治重修合阳县志》《同州府志》《明代地方志传记索引》均有载。

### 雷鸣陛

雷鸣陛，字春声。明同州郃阳（今陕西合阳）人。按《南明史》卷一百一十："邑人雷鸣陛，去诸生。父迫试，投崖几死。授徒以养。卒年八十。"《乾隆合阳县全志·人物》《光绪同州府续志·列传》有传。见《地方志人物传记资料丛刊·西北卷》第9册。《宰莘退食录》《合阳县乡土志》均有传。

### 雷太和

雷太和，明同州郃阳（今陕西合阳）人。崇祯十三年（1640）大饥，死者十七八人，尸骸委积。有儒童雷太和者恻然不忍，哭告其父松曰："吾家尚有余粮二百石，产约二千余金，何不施以济人？"松曰："善！"乃立散二百石粟于饥者，又鬻产施千棺，捐地三亩为义冢。知县大异之，报上官，奏之朝，赐松冠巾、太和衣巾。《乾隆合阳县全志·人物》。见《地方志人物传记资料丛刊·西北卷》第9册。1996年版《合阳县志》亦有载。

### 雷登朝

雷登朝，明同州郃阳（今陕西合阳）人。治家严肃，子宏茂勤俭，事亲至孝。宏茂子剑飞、剑跃。明末大饥，剑飞负米千里养亲，劝弟力学。剑飞子浪煖，诸生；剑跃二子：长琬；次琰，能文，康熙乙酉（1715）举人。遵祖父法同饮，各安其业，内外无闲言。以家事付浪煖子毓桂，毓桂授琰子廷桂。廷桂侄煜，孙重阳，曾孙萃，一门共爨，延及八世，社会艳称之。见《合阳士女续志》。《乾隆合阳县全志·雷琰

185

传》亦有载。

## 雷子坚

雷子坚，明绥德州（今陕西绥德）人。正德举人。按《宣统山东通志·名宦》："雷子坚，陕西绥德人。正德时知平度州，时流贼遍处劫掠。子坚修城池，缮器械，储刍荛，扼险隘，贼知其有备，遂不敢犯。乃抗论将帅坐失机宜，词侵本兵，为当轴者所恶，落职归里，犹出私财五百金，以佐军需封贮州库而去。"《乾隆莱州府志·祀典》："名宦祠，雷子坚知州、周思兼共三十六人。"见《地方志人物传记资料丛刊·华东卷上编》第 1、23 册。《乾隆绥德州直隶州志·乡哲传》有传。见《地方志人物传记资料丛刊·西北卷》第 7 册。《雍正陕西通志》亦有传。《嘉庆重修一统志》《明代地方志传记索引》《中华万姓谱》《中国人名大辞典》《中国历代人名大辞典》等均有载。

## 雷俊彦

雷俊彦，明末鄜州中部县（今陕西黄陵）人。闭门静坐，不事家人生产。家世丰厚，至俊则日益贫穷。破檐颓屋，敝衾恕衣，或经日不举火。甘贫守约，不仕而卒。（《丁志·列义行》）《民国中部县志·隐逸》。见《地方志人物传记资料丛刊·西北卷》第 7 册。

## 雷　云

雷云，字应龙。明汉中府金州（今安康汉滨区）人。父成甫，母念氏。自孩提端默，寡言笑。好武艺，驾驰射，臂力过人，有大志。元末，公奋勇挡元将，率部齐下。皇帝扫荡四方平一天下。洪武二年（1369）率领部众于襄阳邓国公麾下，命守金州，调守襄阳，征山寨诸蛮。六年捕房州贼寇。十三年调守茶陵卫。十四年征黄平苗寇，修城立衙。入曲靖，擒元平章达里麻。十五年征乌撒芒部，守东川。十六年征越州叛贼蛮海山，夺取越州城。十八年钦升昭信校尉曲靖卫右所管辖世袭百户。十九年征景东、姚安。二十年征罗雄州，捉反贼。二十一年领军征百夷，杀败蛮众。二十三年钦授世袭百户。与父成甫封昭信校尉，母念氏赠安人，封妻周氏安人，子孙不继。有子三人。见《故曲靖昭信校尉百户雷公墓志》，墓志《曲靖石刻》有著录。

## 雷 零

雷零，明商县（今陕西商县）人。永乐间夏县训导。勤于讲授，士多乐从。《光绪夏县志·宦绩》。见《地方志人物传记资料丛刊·华北卷》第 62 册。《雍正山西通志》《明代地方志传记索引》均有载。

## 雷 堂

雷堂，明商州（今陕西商洛）人。廪生。崇祯十六年（1643）十月十五日，李自成陷商州，谓家人曰："我自有死所，乃衣冠出至博文斋自经。"《乾隆直隶商州志·孝义》。见《地方志人物传记资料丛刊·西北卷》第 11 册。《雍正陕西通志》有传。

## 雷近溪（1509—1564）

雷近溪，明商州（今陕西商洛）人。曾祖讳祯，丞聊城。祯生泽，尹山东城武县。泽生琛玹、璋卿、相，琛玹、璋卿俱拜忠义散官，相亦为官。琛配王氏，生近溪。近溪配某氏生子二：始声，始奋；女三。见《雷近溪墓志》。《墓志》其他题名：首题"明太学生近溪雷公墓志铭"；盖篆书同首题。刻立地：陕西省商州市出土。馆藏信息：墓志 7647。《雷近溪墓志》在"国家图书馆网站-碑帖菁华"。

## 雷始声（1538—1587）

雷始声，字子东，号州川。明商州（今陕西商洛）人。儒官。山东武城尹之曾孙。配李氏。子文炳；女二。孙男二：长肇丰，次肇亨；孙女二。志由郡庠生侄雷通篆盖，侄雷文耀书丹。见《雷始声合葬志》。本志其他题名：首题"明儒官雷公合葬墓志铭"。刻立地：陕西省商州市出土。馆藏信息：墓志 7650。《雷始声合葬志》在"国家图书馆网站-碑帖菁华"。本志言志主为"山东武城尹之曾孙"。疑地名有误。据《雷近溪墓志》《雷通墓志》，地名应为山东城武。

## 雷始奋（1549—1572）

雷始奋，字子勉。明商州（今陕西商洛）人。伯兄讳始声。子文耀，女一。文耀元配王氏，无出。纳侧室，孙男三：肇元，调元，庆元。曾孙一，茂才。见《雷始奋及妻孔氏合葬志》。《合葬志》其他题名：首题"明庠生雷公暨配贞节孔氏合葬墓志"。刻立地：陕西省商州市出土。馆藏信息：墓志 7654。《雷始奋及妻孔氏合葬志》在"国家图书馆网站-碑帖菁华"。

## 雷通（？—1618）

雷通，号金门。明商州（今陕西商洛）人。山东城武令之曾孙。父乾斋，母某氏。配某氏生二子，五女。见《雷通墓志》。《墓志》其他题名：首题"明商庠生金门雷公墓志铭"。刻立地：陕西省商州市出土。馆藏信息：墓志 7653。《雷通墓志》在"国家图书馆网站-碑帖菁华"。本志所言志主为"山东城武令之曾孙"疑有误。据《雷近溪墓志》《雷始声合葬志》雷通应为山东城武令之之玄孙。

## 雷 复

雷复，字时和。明金县（今甘肃榆中）人。举人。景泰间任，宽猛互用，公平正大。《康熙保德县志·官师》。见《地方志人物传记资料丛刊·华北卷》第 45 册。

## 雷 蛟

雷蛟，字凤飞。明末秦州（今甘肃天水）人。回民。材武绝伦，崇祯十三年（1640）闯贼党号掌律王者陷秦州，密克时日，将尽屠城民，蛟探得之，夜诀其父曰："儿欲活我秦人，事成则城全，不成我先族矣！"父许而遣之，乃阴结壮士为援，侦伪王之潜伏，厄路突起斩之，从贼皆骇散。预约城郭居人各杀分据民房之贼，歼焉。以功擢游击职，十五年又与指挥于光耀击贼武大定于东关，贼驰去。《光绪重纂秦州直隶州新志·人物》。见《地方志人物传记资料丛刊·西北卷》第 15 册。《乾隆秦州直隶州新志》亦有传。

## 雷龙（1525—1583）

雷龙，字云从。明巩昌府（今甘肃陇西）人。祖籍秦州（今甘肃天水）。隆庆年延绥总兵，巩昌卫指挥使，技艺精勇过人，而风度潇洒如儒生，应对中节，见者器之。副总建昌，分守燕河，以谗归，治兵使者大惜之，言于宁夏抚督俞公，取为中军。沙拜之役，敌众兵少，俞公身在行间，龙以精兵二千，向两翼冲击之，斩首四千余级，升庄浪参将。在河西累立战功，晋凉州总兵。明年，挂征西将军印，镇宁夏，首功最多，自是延绥急，则改延绥，上谷急，则改上谷。三镇挂印，功不赀，晋都督同知受蟒玉，召还同知右军府事，与一时名公李临淮、李于鳞诸君游。久之，复佩平羌将军印，出镇甘肃边用戡宁以疾乞骸骨，龙由卫使至大将，东西历地万余里，大小遇敌百余战，斩获万计，先算后战，以故未曾一衄。按《光绪重纂秦州直隶州新志》："雷龙，字云从，震亨裔孙也。自衡信后，世袭秦州卫官，四世至时清。当元末以管军万户全城归明，授巩昌卫副千户。时清子森以卫千户从李景隆御燕师战死白沟河。森子翔以战败阿台及在撒里怯儿，破贼功累升指挥金事。翔子玘战死凉州金塔寺口。玘生泽以父阵亡及宁夏阿剌地方斩首功升世袭指挥使。泽好读儒书，守备洮州，兵民咸爱戴之。暇日辄率军士诣洮学听诸生讲经，有古儒将风。四传至龙，幼能文，年十五以武庠生袭职，荐升都督金事，镇守宁夏总兵官。"《康熙巩昌府志·武将》《民国朔方道志·宦迹》《乾隆宁夏府志·宦迹》有传。见《地方志人物传记资料丛刊·西北卷》第16、19、20册。《光绪重纂秦州直隶州新志》《光绪甘肃新通志》《古今图书集成》均有传。《明史》《雍正陕西通志》《明代地方志传记索引》均有载。孙继皋有《赠雷大将军考绩蒙恩叙》《雷大将军诗》收编在《孙宗伯集》。按《右都督雷龙墓志铭》："公讳龙，字云从，别号碧潭，世籍古成纪。国初，始祖讳清以胜国万户归义，授现昌卫副千户。清生森，死王事。森生翔，功升指挥使。翔生玘，亦死王事。玘生泽，功升世袭指挥使，累官署都指挥金事，守洮州。泽生讳鸣，是为公曾祖。鸣生讳应东，早卒。应东生讳谦，配于程，以嘉靖乙酉二月十九日生公。""仲叔静泉氏谨，有托孤恩，如父视之；幼弟蛟，友爱焉。"本志与《雷龙夫人杨氏墓志铭》《陇西金石录》均有著录。

### 雷灵雨

雷灵雨，明庆阳府正宁（今甘肃正宁）人。任四川射洪知县。后

189

补云南亦佐县司牧。两地历有政声，升授山西绛州知州，寻转秦府审理。《乾隆正宁县志·选举》。见《地方志人物传记资料丛刊·西北卷》第 18 册。

# 清

### 雷　虎

雷虎，清顺治、康熙年间，为工部右侍郎、左侍郎。见《清史稿》卷一百七十八、卷一百八十。

### 雷池昆

雷池昆，清镶黄旗人。康熙十五年（1676）进士。见《明清进士题名碑录索引》。

### 雷赞化

清乾隆十九年（1754）夏月刻《雷赞化等题名》中有："武都雷赞化。"题名拓片图收编在《北京图书馆藏中国历代石刻拓本汇编》第71册。

### 雷　焱

雷焱，清咸丰年间云南通海知县。见《清史稿·张亮基传》。

### 雷占文

雷占文，清代人。《大清穆宗毅（同治）皇帝实录》卷之三百五十八：以湖南官军援剿贵州苗匪，叠克城隘出力。赏提督唐本朋、魏玉彩，总兵官熊守绵、唐步云、邓在仁、雷占文一品封典。

### 雷家春

雷家春，清光绪年间云南地方防营副将。见《清史稿·崧蕃传》。

## 雷希程

雷希程，字仙研。清代乾隆时人。籍贯不详。善画山水，兼长用香火灼纸作画，其浓淡渲染，曲尽其妙。《艺林月刊》第八十六期。见《中国历代画家人名词典》。

## 雷以堂

雷以堂，工画花卉、翎毛、草虫、山水。曾居沪鬻艺。参考《申报》1878 年、1881 年。见《中国美术家人名辞典》（补遗二编）。

## 雷　正

雷正，清代人。实心为民，毫无科敛，禄养不继，尝捐家资数千，且重开水口，纂修县志书，邑人德之。《民国陵川县志·宦绩录》。见《地方志人物传记资料丛刊·华北卷》第 53 册。

## 雷　辟

雷辟，字日百。清代人。勤敏清慎，有叔侄争讼者，以杯酒释之，感泣于庭。有争婚者，核其实以官舆送之，强不干践弱。岁旱步祷雨立应，捐俸新学宫、理城垣及署皆有成绩。《道光襄城县志·职官》。见《地方志人物传记资料丛刊·西北卷》第 12 册。

## 雷声澂（1729—1792）

雷声澂，字藻亭。清京师（今北京）人。祖籍江西建昌（今江西永修），雷金玉幼子。出生三个月，其父金玉离世，奉旨归葬金陵，诸子尽室南行，独张氏抚幼子留居北京，继承父业。声澂曾为国学生。初方声澂之幼孤也，样式房掌案为其伙伴所攘夺，其母张氏出而泣诉于工部，迨声澂成年，乃得嗣业。按其生卒年而定其生存年代，则知彼承值内廷，正在乾隆中叶土木繁兴之际，而《谱》中于声澂一生遭遇及所执艺事，略无记载，亦可异也。唯其孙景修笔记云，同治四年（1865）与张氏墓上立石，表扬祖妣盛德，或有所本欤？见《朱启钤〈样式雷考〉与雷氏传人》。本文刊登于《〈圆明园〉学刊第七期——纪念圆明

192

园建园 300 周年特刊》（2008 年）。

### 雷家玮 （1758—1845）

雷家玮，字席珍。清京师（今北京）人。祖籍江西建昌（今江西永修），雷声澂长子。乾隆中曾奉派查办外省各路行宫及堤工等处及滩内盐务、私开官地等事。随銮供奉或一年二载，不时归还。盖南巡盛时，各省备办行宫，样式雷氏奉派南行，事所必然。而淮上盐商竞献供张，沿途点景，争艳斗靡。清客匠作奔走于其间，皆有奇赢。李斗《扬州画舫录》之《工段营造录》师承出于内廷工程作家，可为斯时确证也。见《朱启钤〈样式雷考〉与雷氏传人》。本文刊登于《〈圆明园〉学刊第七期——纪念圆明园建园 300 周年特刊》（2008 年）。

### 雷家玺 （1764—1825）

雷家玺，字国贤。清京师（今北京）人。祖籍江西建昌（今江西永修），雷声澂次子。乾隆五十七年（1792）承办万寿山、玉泉山、香山园庭工程及热河之避暑山庄。中间因办昌陵工程出外，以弟家瑞领圆明园掌案，其长兄家玮则时赴外省查看行宫、堤工。兄弟先后继武供事于乾、嘉两朝工役繁兴之世。又承办宫中年例灯彩及西厂焰火、乾隆八十万寿典景楼台工程，争妍斗靡，盛绝一时。其家中藏有嘉庆年圆明园东路档案一册，手纪承值同乐园演剧，鳌山切末、灯彩、屉画雪狮等工程。汉宫旧事，犹见一斑。见《朱启钤〈样式雷考〉与雷氏传人》。本文刊登于《〈圆明园〉学刊第七期——纪念圆明园建园 300 周年特刊》（2008 年）。《雷家玺及妻张氏墓碑》《雷家玺及妻张氏德政碑》。拓片图收编在《北京图书馆藏中国历代石刻拓本汇编》第 83 册。

### 雷家瑞 （1770—1830）

雷家瑞，字征祥。清京师（今北京）人。祖籍江西建昌（今江西永修），雷声澂幼子。其兄家玺因昌陵吉地出差办理陵工，家瑞在样式房料理一切官事，蒙内务府苏大人添派为样式房掌案头目。后因嘉庆中大修南苑工程，家瑞承办楠木作内檐硬木装修，至南京采办紫檀、红木、檀香等料，并开雕于南京。家玺陵工告竣仍归圆明园办楠木作事。

193

家瑞雕工完，亦回京办理料木归公安拢，工竣始辞退堂差回家。盖当乾、嘉盛时，样房工作内外兼营，家玮、家玺、家瑞兄弟三人通力合作，是以家道繁昌。家瑞又于南行时赴江西建昌祖籍重修《大成宗谱》。见《朱启钤〈样式雷考〉与雷氏传人》。本文刊登于《〈圆明园〉学刊第七期——纪念圆明园建园 300 周年特刊》（2008 年）。按《清代建筑世家样式雷族谱校释》：雷家瑞、雷鸣盛等也是嘉庆十九年（1814）编纂《雷氏重修大成宗谱》的重要参与者。

### 雷景修（1803—1866）

雷景修，字先文，号白璧，又号鸣远。清京师（今北京）人。祖籍江西建昌（今江西永修），雷家玺三子，年十六即随父在圆明园样式房学习世传差务，奋力勤勉，不辞劳瘁。道光五年（1825）父故，以差务繁重，唯恐办理失当，谨遵遗言，将掌案名目倩伙伴郭九承办者十余年而自居其下。后于咸丰二年（1852），郭九逝世，乃争回自办。迨至咸丰十年八月，圆明园被焚，档房停止，乃移居西直门内东观音寺。景修一生中工作最勤，家中裒集图稿、烫样模型甚夥，筑室三楹为储藏之所。经营生理，积资数十万。并修谱录，茔舍规画井然，世守之工，家法不堕者，赖有此耳。子思起、孙廷昌于同、光之间因缘时会以陵工，蒙异数得赆封通奉大夫赠二品封典。见《朱启钤〈样式雷考〉与雷氏传人》。本文刊登于《〈圆明园〉学刊第七期——纪念圆明园建园300 周年特刊》（2008 年）。《雷景修墓碑》《雷景修及妻尹氏（雷延昌之祖父母）诰封碑》《雷景修及妻尹氏（雷思起之父母）诰封碑》拓片图收编在《北京图书馆藏中国历代石刻拓本汇编》第 83 册。按《清代建筑世家样式雷族谱校释》：据《雷氏重修迁居金陵复迁居北京世系图》卷贰前言记载，样式雷第五代雷景修"道光二十一年至同治四年（1841—1865），廿余年，苦心苦志，雷景修将雷氏历代大成总谱、支谱、世系图、支分派衍皆录纂。本京各支，班班可考，实公一生德政耶"。

### 雷克修（1772—1850）

雷克修，字雨田，行五。清京师（今北京）人。祖籍江西建昌

194

（今江西永修），雷金玉胞弟金鸣之曾孙，与景修同辈，实共高祖之兄弟也。隶顺天宛平民籍，入学为庠生，由四库馆议叙选授河南信阳州州同。于嘉庆十四年（1809）自海淀槐树街祖宅迁出别居东直门北新仓。于道光七年（1827）撰有《支谱世系图录》，序列谨严，边栏刊有"龙剑堂"三字。"龙剑堂"为北山支本宗之堂号，其时各房子孙有以争充样式房世业，又有"槐树堂"者，为雷家蓄养奴婢所生子孙，异姓冒宗，更成一派。克修自好之士，乃以业儒，自别家谱。跋云"槐树街老宅几不能容，余别有执业，常居京师，遂迁居北新仓"云云。克修故能文，而于其家艺术事，谱中皆略而不言，岂门户之分，寓有隐痛欤？见《朱启钤〈样式雷考〉与雷氏传人》。本文刊登于《〈圆明园〉学刊第七期——纪念圆明园建园 300 周年特刊》（2008 年）。按何蓓洁、王其亨《样式雷与〈雷氏族谱〉》：《雷氏支谱》一册，不分卷，道光七年（1827）刻本。与其他各谱不同的是，雷克修在此谱中将雷氏始祖由"万雷公"改为"方雷公"，并修改了世系排序。他认为雷氏大成总谱取易卦六十四卦轮序，自方雷公至焕公已六十四世，为符合生生不息之意，下一轮序的第一世应为焕公之子，而非焕公。因此支谱中焕公之后的世系均较其他各谱高一世，例如雷发达，在乾隆、嘉庆谱中为四十六世，《雷氏支谱》中则为四十五世。

## 雷思起（1826—1876）

雷思起，字永荣，号禹门。清京师（今北京）人。祖籍江西建昌（今江西永修），雷景修三子，同治四年（1865），以定陵工程出力，以监生赏盐大使衔。思起自记，同治十三年因园庭工程进呈图样与子廷昌蒙召见五次。盖其时有修复圆明园之议也。见《朱启钤〈样式雷考〉与雷氏传人》。本文刊登于《〈圆明园〉学刊第七期——纪念圆明园建园 300 周年特刊》（2008 年）。

## 雷廷昌（1845—1907）

雷廷昌，字辅臣，又字恩绥。清京师（今北京）人。祖籍江西建昌（今江西永修），雷思起长子，光绪三年（1877），惠陵金券合龙、隆恩殿上梁，廷昌适供差样式房。以候选大理寺丞，列保赏加员外郎衔。后纳资为祖父母、父母捐请二品封典，匠家子孙遂列在缙绅。斯时大工，正当普祥、普陀陵工方起，三海、万寿山庆典工程又先后踵兴，内而王公贵胄，外而疆吏富商，捐资报效，斁金请益者，踵接于门，样式雷之声名，至思起、廷昌父子两代而益彰，亦最为朝官所侧目。见《朱启钤〈样式雷考〉与雷氏传人》。本文刊登于《〈圆明园〉学刊第七期—纪念圆明园建园 300 周年特刊》2008 年。

## 雷献彩（1877—?）

雷献彩，字霞峰。清京师（今北京）人，祖籍江西建昌（今江西永修），雷廷昌的长子，第八代样式雷。未满 20 岁便接掌样式房，他与兄弟献光、献瑞、献春、献华兄弟参与圆明园、普陀峪定东陵重建、颐和园、西苑、崇陵、摄政王府、北京正阳门的工程等。见《样式雷家族传奇》。按《样式雷家族四百年传奇》："光绪二十六年（1900），八国联军入侵，北京城和城内外各类皇家建筑再度罹劫。雷廷昌及长子雷献彩主持了大规模修复、重建工程，如北京正阳门及箭楼等城楼、大高玄殿、中南海以及颐和园的重建等。雷廷昌去世后，清末的崇陵、摄政王府等重大工程设计，均由雷献彩主持完成。据雷氏族谱记载及雷家后裔口述，献彩曾先后两娶，却皆'无出'，他在失业的忧愁和没有子嗣的悲哀中默默地告别了人世。延续了八代的样式雷传承就此终结。"《样式雷家族传奇》刊登于《海内与海外》2010 年 01 期。《样式雷家族四百年传奇》刊登于《中华遗产》2005 年 04 期。

## 雷一龙（1617—?）

雷一龙，字伯复。清顺天府通州（今北京通州）人。雷应禹子，少力学，事继母至孝，抚幼弟成，友爱无间。登顺治六年（1649）进士。授山东汶上知县。洁己爱民，修学宫，革赢羡，雪冤狱，人称"神君"。课最内擢历工刑礼吏，四科给事中，厘剔毙窦，不避嫌怨，凡所陈奏疏，悉以国计民生为急。工书法，宗欧阳询。《光绪顺天府志·官师志二》《光绪通州志·乡贤》《同治畿辅通志·列传》。见《地方志人物传记资料丛刊·华北卷》第 1、3、8 册。《康熙续修汶上县志·名宦》有传。见《地方志人物传记资料丛刊·华东卷上编》第 37 册。

《清史稿》《清代科举人物家传资料汇编》《三十三种清代传记综合引得》《明清进士题名碑录索引》《清代人物生卒年表》《中国美术家大辞典》等均有载。

## 雷湛（1626—?）

雷湛，又名雷谌，字雨若。清顺天府通州（今北京通州）人。起鲸子。事亲至孝，训子弟以身率，登顺治十二年（1655）进士。授山西和顺知县，专务化民，刑不轻用，校课士子文风蔚起。擢户部郎中，任大通桥河西务监督，慎出入，薄征收德之者众。雍正二年祀乡贤。工书法，宗欧阳询。《光绪通州志·乡贤》。见《地方志人物传记资料丛刊·华北卷》第3册。《清代科举人物家传资料汇编》《三十三种清代传记综合引得》《明清进士题名碑录索引》《中国美术家大辞典》《清代人物生卒年表》均有载。

## 雷燮

雷燮，字调公，号祕庵。清顺天府通州（今北京通州）人。年十六丧父，母乔谕之曰："汝未冠，弟妹俱幼，承先启后，责全在汝。"燮涕泣受命，亟谋治生遂业贾。不数年已婚嫁诸弟妹。生平事母孝，谨母疾寝食俱废，居母丧痛若孺子。岁时祭享，虽逾七旬，犹悲慕无已时。卒年七十七。子六人，次开基湖州府经历，燮受赠如子官。孙十五人，开基出者名镥，以举人挑发江西试用知县。《光绪通州志·耆英》。见《地方志人物传记资料丛刊·华北卷》第3册。

## 雷镥（1740—?）

雷镥，字宗彝，号酉庵。清顺天府通州（今北京通州）人。读书目数行下。乾隆二十七年（1762）壬午举人，宰江西崇仁县，卓著政声。充癸卯乡试同考官，其四子学涛，登道光壬午贤书，镥以是年重赴鹿鸣宴，奉旨加六品秩，赏赉如例。父子同科，时人荣之。卒，年八十余。著有《古经服纬》。按《通州志》："雷镥，字宗彝，号酉庵，通州人。读书目数行下。乾隆二十七年壬午举人，宰江西崇仁县，卓著政声。充癸卯乡试同考官，其四子学涛，登道光壬午贤书，镥以是年重赴鹿鸣宴，奉旨加六品秩，赏赉如例。父子同科，时人荣之。卒，年八十余。著有《古经服纬》。"《光绪顺天府志·先贤》《光绪通州志·文学》《同治畿辅通志·列传》有传。见《地方志人物传记资料丛刊·华北卷》第 2、3、8 册。《清史稿》卷四百八十二、《三十三种清代传记综合引得》、《清代科举人物家传资料汇编》、《清代人物生卒年表》等均有载。

### 雷学海

雷学海，字澹夫。清顺天府通州（今北京通州人）。雷镈长子。乾隆六十年（1795）进士。官至广东雷州府高谦道。雷学淇之兄。著有《书经批》《幼学辑要》《靖远堂诗文集》。纂修《雷州府志》二十卷。《光绪通州志·文学》。见《地方志人物传记资料丛刊·华北卷》第 3 册。《清史稿》卷一百四十六、《明清进士题名碑录索引》、《清代科举人物家传资料汇编》均有载。

### 雷学淦

雷学淦，字湘邻。清顺天府通州（今北京通州人）。雷镈次子。性孝友，读书卓荦。乾隆甲寅（1794）领乡荐，以教习期满出为江西新建令，邑称繁剧治之裕如，尤以振兴文教培植人材为务，邑人感戴，为立德正碑。迁义宁州知州，历充戊寅、己卯乡试分校。著有《结邻集百寿图考》。《光绪通州志·文学》。见《地方志人物传记资料丛刊·华北卷》第 3 册。

### 雷学淇

雷学淇，字瞻叔，号竹卿。清顺天府通州（今北京通州）人。雷镈三子。嘉庆十九年（1814）进士。历任山西和顺、贵州永从等地知县。其治学好求会通，曾潜心精研《夏小正》二十余年，成《夏小正经传考》《夏小正本义》。又以为《竹书纪年》自五代以来，多有残缺，遂积九年搜集之功，援唐以来诸书称引者，撰成《竹书纪年义证》。另有《校辑世本》。工书法。雷学淇《清史稿》卷四百八十二、《历代名人姓氏全编》有传。《光绪顺天府志·先贤》《光绪通州志·文学》亦有传。见《地方志人物传记资料丛刊·华北卷》第 2、3 册。《中国历代人名辞典》《辞源》《中国历代人名大辞典》《中国人名大词典·历史人物卷》《中国人名大辞典》《中华万姓谱》《清代科举人物家传资料汇编》《中国美术家大辞典》《明清进士题名碑录索引》《三十三种清代传记综合引得》等多部书均有载。当代台湾学者严一萍所撰《殷商史记》中，大量引用雷学淇《竹书纪年义证》等著作。刘仲华《雷学淇及其〈竹书纪年〉研究》："雷学淇作为清代嘉、道时期的学者，由于其宦迹不显，著述流传不广，学术成就一直湮没不闻。但他在清代学术研究史上第一次辑录、校订古本《竹书纪年》，并极力为其正名，肯定其史料价值足以弥补《史记》等书关于三代古史记载的缺陷。雷学淇治学态度严谨，且颇具怀疑精神，是清代嘉、道时期一位值得重视、其学术研究成果值得我们今天借鉴的重要学者。"本文刊登于《唐都学刊》2006年 06 期。

## 雷学涛

雷学涛，字松崖。清顺天府通州（今北京通州）人。雷镈四子。品端学粹，脱口成章。中道光壬午举人，不乐仕进家居授读，著作甚夥，惜多散佚，刊有《学蚓集》诗稿。子树墉，任广东四会县加同知衔。《光绪通州志·文学》。见《地方志人物传记资料丛刊·华北卷》第 3 册。

## 雷文基

雷文基，清顺天府通州（今北京通州）人。邑庠生。乡居好善，老尤矍铄。嘉庆元年恭逢千叟宴，恩赐御制诗鸠杖、银牌大缎红绫、紫绢荷包等件。《光绪通州志·耆英》。见《地方志人物传记资料丛刊·华北卷》第 3 册。

## 雷 霆

雷霆，清无极县（今河北石家庄市）人。少有勇力，引强弓十余石。乾隆辛未（1751）武进士，授侍卫洊升副将，以功擢福建总兵。巡视海洋每遇盗，辄执大刀逐之当者尽披靡，海盗闻风敛迹。至今人称之为"雷大刀"云。《民国无极县志·人物》。见《地方志人物传记资料丛刊·华北卷》第 13 册。

## 雷化龙

雷化龙，清三河（今河北三河）人。善医术，顺治年间补太医院医官。《乾隆三河县志·方技》。见《地方志人物传记资料丛刊·华北卷》第 19 册。

## 雷　淳

雷淳，顺天府大城（今属河北）人。清代书法家。康熙四十八年（1709）己丑科进士。工书法，宗二白。见《中国美术家大辞典》。《明清进士题名碑录索引》亦有载。

## 雷锡晋（1845—1924）

雷锡晋，字福汝。河北冀县（今河北冀州）人。先代以武科起家。祖殿甲，父世增。子四：振镛、振纲、振堃、振□。见《雷锡晋墓志》。墓志拓片图收编在《北京图书馆藏中国历代石刻拓本汇编》第 96 册。《民国冀县志·金石》有录文。见《地方志人物传记资料丛刊·华北卷》第 31 册。

## 雷仁育

雷仁育，字万有。清太原府（今山西太原）人。乾隆二年（1737）进士。除宣平令，政尚宽简两充同考官，所拔者知名士，归田后学益精，教授生徒恒数十人。《乾隆太原府志·文苑》《道光太原县志·人物》。见《地方志人物传记资料丛刊·华北卷》第 42、43 册。《光绪山西通志》有传。《明清进士题名碑录索引》亦有载。

## 雷长春

雷长春，清大同府（今山西大同）人，嘉庆十年（1805）进士。以书法见称于世。见《中国美术家大辞典》。《明清进士题名碑录索引》亦有载。

### 雷应畅

雷应畅，清汾州平遥（今山西平遥）人。由拔贡选赵城训导，举癸卯乡试，乾隆五十二年（1787）进士。除冕宁知县，驯服苗夷，剔除铜铅两厂之弊。委办西藏粮务就署蒲江，擢化州知州。减差徭，绝苞苴，奸宄敛迹。善良奋兴，以年老乞归。《光绪山西通志·仕宦录》《光绪平遥县志·人物》。见《地方志人物传记资料丛刊·华北卷》第41、47 册。《明清进士题名碑录索引》亦有载。

### 雷履泰（1770—1849）

雷履泰，清汾州平遥（今山西平遥）人。中国票号业创始人。出身经商世家，幼年家道中落，十几岁便入商号学徒，后为平遥西裕成颜料庄财东之子李大全赏识，援引进西裕成经商。先后任汉口、北京分号经理。在经营业务中，发现商人依靠镖局押运现银既笨重，又不保险，遂根据唐人飞钱原理，研究思索，形成自己的一套票号理论，并在托汇中付诸实施，效益卓著，被东家调回总号任大掌柜，道光三年（1823），与东家李大全商妥投资白银 30 万两，改西裕成颜料庄为全国第一家票号"日升昌"。先后在汉口、天津、济南、西安、开封、成都、重庆、上海、镇江、盛京等 40 多个大中城市设立分号。晚年，雷履泰注重铺规号章的建立，不准本号商人买官补实缺、赌博纳妾、收受贿赂、欺诈勒索，如有违者，立即出号，永不录用。雷履泰七十寿诞时，平遥商界赠"拔乎其萃"金字牌匾，以褒扬其首创票号之功绩。见 1999 年版《平遥县志》《山西通志·人物志》。《图解姓氏：画说百家姓》亦有载。近年有《汇通天下》《日升昌票号》等剧目上演。见《山西日报》2008 年 9 月 5 日刊登的孟苗《新编晋剧〈汇通天下〉重现晋商精神》；《戏友》2017 年 03 期刊登的郭士星《弘扬晋商精神 打造戏曲精品——晋剧历史剧〈日升昌票号〉观后》。

### 雷冲霄

雷冲霄，清山西平遥人。嘉庆甲子（1804）经元，性明敏，邃于经史。其志趣高远，有不可一世之概。后裔存《居易堂文稿》百四十篇，未梓。《光绪平遥县志·人物》。见《地方志人物传记资料丛刊·华北卷》第47册。

### 雷镇钰

雷镇钰，清山西平遥人。生而强毅素侥胆识。家剧贫，以行伍效力平阳修授霍州营千总，咸丰癸丑（1853），发逆陷平阳，逼近霍郡，镇钰率兵与土民防剿，缉获细作多人，卒由营积劳旋里而逝。《光绪平遥县志·人物》。见《地方志人物传记资料丛刊·华北卷》第47册。

### 雷发庆

雷发庆，清山西平遥县人。武生。为人慷慨好义，自幼从其父寓于和川镇，务农为业。凡修桥路建庙宇等事无不竭力舍施，以襄善举该镇。旧有丛葬坟一所，历年既久地中骨骸满无隙地。遇有乞丐道毙未能深埋，往往暴露。雷君慈悲心切，于光绪三十一年（1905）购地八亩作为义冢，自此道路死者有所归宿。友人梁鸿治家贫甚，雷君周以衣食，并为梁父子积资使营商务卒能成全，一家生业皆雷君之力也。凡亲友有急资助之，无德色有欠债贫不能偿者遂焚券，故一方人士咸称为"雷善人"焉。《民国重修安泽县志·义行》。见《地方志人物传记资料丛刊·华北卷》第56册。

### 雷竟振

雷竟振，清蒲州（今山西永济）人。康熙三年（1664）进士。康熙十九年任蓝田知县，雅州知州。工书法，宗颜、柳。见《中国美术家大辞典》。《乾隆雅州府志》《光绪山西通志》《民国续修蓝田县志》《明清进士题名碑录索引》均有载。

### 雷　如

雷如，清蒲州（今山西永济）人。康熙四十五年（1706）任镇篁镇总兵，苗出劫掠，如督兵至岩坎营剿捕之，苗遁去，民自是安堵。见《国朝耆献类征初编》。《光绪湖南通志》有传。《清史稿》《三十三种清代传记综合引得》均有载。

## 雷望蓬 （1836—?）

雷望蓬，字海峰，一字仙甫，号珂里，一号瀛士。清蒲州府猗氏县（今山西临猗）。廪生监籍。曾祖父，讳须明，处士，待赠文林郎。祖讳恒兴，字勃亭。乡饮耆宾。例封文林郎。父讳义，字子仰从九品，例封文林郎。见《清代科举人物家传资料汇编》。

## 雷迎晖

雷迎晖，清绛州闻喜（今山西闻喜）人。父觉世官皇姑屯巡检，宦囊萧瑟。迎晖力作得直日致珍脆，使其父忘为罢官食贫也。居近涑水乾隆时水暴涨，村人各不相顾，呼号奔走，迎晖负父而行，甫出堡，涨顿减，人皆以为孝感云。见《民国闻喜县志·独行》。

## 雷 政

雷政，清沈阳正白旗包衣人。来归年分无考。其子雷郊臣原仕司库，曾孙雷遇春原任武备院卿兼佐领老格，现任一等侍卫兼佐领。元孙通海现系荫生。见《八旗满洲氏族通谱》。

## 雷明德

雷明德，清沈阳镶黄旗包衣旗鼓人。来归年分无考。初因通晓医道，授骑都尉，后又以随侍动勤劳优授一等轻车都尉。其子雷昊元、雷乾元俱原系一等轻车都尉。见《八旗满洲氏族通谱》。

## 雷兴 （?—1653）

雷兴，清辽阳（今辽宁辽阳）人。太祖时，以诸生选直文馆。事太宗，授秘书院副理事官。崇德间，迁都察院理事官。汉军旗制定，隶正黄旗。顺治元年（1644）十月，命以右副都御史巡抚天津。李联芳、张成轩为乱沧州、南皮间，兴与总兵官娄光先率师讨之。成轩等将遁出海，师已扼海口，乃惊溃，投水死者强半。兴复遣兵捕治，斩渠宥胁，盗尽散。疏言大沽海口为神京门户，请置战船为备，下所司议行。二年四月，移巡抚陕西。陕西方被兵，民多流亡，兴招徕抚绥，疏述其状。

上旌以冠服、裘马。三年，肃亲王豪格率师自陕西徇四川，师未至，有孙守法者，为乱于兴安；贺珍又以汉中叛。兴移潼关兵戍商州，密檄汉羌道胡全才为备，待师至，悉戡定。兴疏请陇州置兵，临洮、巩昌留屯军防边，皆报可。四年四月，以疾乞罢。十年八月，复起巡抚河南。未上，卒，赠兵部侍郎。"《清史稿》卷二百三十九、《国朝耆献类征初编》有传。《光绪重修天津府志·宦绩》《同治畿辅通志·宦绩》《乾隆盛京通志·名宦》《民国奉天通志·乡宦》《民国辽阳县志·乡宦志》亦有传。见《地方志人物传记资料丛刊》华北卷、东北卷第4、7册/第1、4、6册。《中国历代人名大辞典》《中国人名大辞典》《中华万姓谱》等均有载。

## 雷化龙

雷化龙，辽东人。康熙十七年（1678）知房县，杨来嘉叛，兵戎云集，人心疑畏，化龙安辑镇抚，农商复业。《民国奉天通志·乡宦》。见《地方志人物传记资料丛刊·东北卷》第4册。《民国湖北通志》亦有载。

## 雷宏华

雷宏华，清辽阳（今辽宁辽阳）镶白旗包衣人。按《八旗满洲氏族通谱》："雷宏华，镶白旗包衣人。世居辽阳地方。来归年分无考。原任銮仪卫銮仪使。其子雷光声亦原任銮仪卫銮仪使。孙浩善由副将平定陕西时屡败贼兵，恢复丰县等五城有功，授云骑尉。后于四川泸州击贼阵亡，赠骑都尉。其子雷世杰袭职仕副将卒，其子雷顺现袭职。又雷宏华之孙雷继宗原任都统兼佐领，雷继尊原任都统，雷继志原任佐领。曾孙雷世启原任三等护卫，雷世俊原任佐领，雷明贵原任防御。元孙雷璜原任护军校，雷岩、雷焕俱现系生员。"《皇朝通志·氏族略·满洲旗分内尼堪姓·雷氏》："雷宏华，镶白旗包衣人，世居辽阳。地方任銮仪卫，銮仪使。其孙浩善，由副将从征陕西恢复丰乐县等五城，有功授云骑尉，后征四川阵亡，赠骑都尉，祀昭忠祠。雷继宗，雷继尊俱任都统。"

**雷继尊**

雷继尊，清辽阳（今辽宁辽阳）镶白旗包衣人。雷继尊为雷宏华之孙。康熙三十五年（1696）十二月，任汉军都统。见《清史稿》卷七。《八旗满洲氏族通谱》亦有载。

**雷　揩**

雷揩，字书廷，清松江府华亭（今上海市松江）人。工山水，画龙有名，人称雷龙。《墨香居画识》。见《中国美术家人名辞典》。《中国历代画家人名词典》《中国美术家大辞典》《中国历代人名大辞典》《中国人名大辞典》《中华万姓谱》《三十三种清代传记综合引得》均有载。

**雷　沅**

雷沅，字蕊堂，一作芷堂。清松江府娄县（今上海市松江）人。工画山水。《墨香居画识》《画传编韵》。见《中国美术家人名辞典》。《中国历代画家人名词典》《中国美术家大辞典》《三十三种清代传记综合引得》均有载。

**雷良弼**

雷良弼，字菱舟。清江苏松江（今属上海）人。存斋之子，世袭云骑尉。画花鸟，学恽寿平，能得其风韵。《溪山卧游录》。见《中国历代画家人名词典》。

**雷良树**

雷良树，号砚农。上海松江人。工书。黄协埙《锄芸精舍零墨》。见《中国美术家人名辞典》（补遗一编）。

**雷晼**（1764—1814）

雷晼，字蕙楼。上海华亭人。工草书。《松江府志》。见《中国美术家人名辞典》（补遗一编）。按《雷训导墓志铭》："君讳晼，字佩香，号蕙楼。松江府学廪膳生，例选训导。其为人孝友、恺悌、厚姻、睦族。居乡里有任事名。卒年五十一，当嘉庆十九年之二月。娶氏唐四子：曰浐，曰藻，曰茳，三曰良骖，出嗣。孙一：曰学诗。"见《吉堂文稿》。文稿收编在《清代诗文集汇编》第491册。《清代人物生卒年表》亦有载。

### 雷對（1809—1855）

雷對，字蕴峰，号荻窗。清松江府华亭（今上海松江）人，道光二十七年（1847）进士。工书法，笔意古劲。见《中国美术家大辞典》。《清代科举人物家传资料汇编》："始祖耕读原籍江西南昌府，丰城县令讳焕公后裔，宗族繁衍至公，始迁于松江之青邑。"按《江西历代进士全传》："雷對，字蕴峰，丰城人，江苏籍。省而聪颖，过目成诵。家本素封，以乐善好客中落。年十七游于庠。道光庚子副榜，癸卯举孝廉，道光二十七年丁未科（1847）张之万榜登进士。出宰湖南，历任龙山等县。政声卓著，卒于任。對所为诗及骈体文，清丽中颇饶逸趣，偶作小令亦擅梅溪、玉田之胜焉。（见《光绪娄县续志》《同治桂东县志》《同治丰城县志》）"雷對《明清进士题名碑录索引》亦有载。按《清代人物生卒年表》："雷對传，黄金台《木鸡书屋文五集》4。"《木鸡书屋文五集》收编在《清代诗文集汇编》第565册。

### 雷以鸣（1833—?）

雷以鸣，原名宗焕，字锡熊，号佩英。松江府华亭县（今上海松江）人。学廪膳生，民籍。始祖耕读原籍江西南昌府，丰城县令讳焕公后裔，宗族繁衍至公，始迁于松江之青邑。父讳文璇，字月如。华亭县附贡生，候选训导。子二：时咸，时震，俱业儒。见《清代科举人物家传资料汇编》。

### 雷补同（1861—1930）

雷补同，字协臣，号谱桐，晚号南埭闲人。松江府华亭（今上海松江）人。光绪十四年（1888）举人。充总理衙门章京。1901年任外务部考工司员外郎。1903年先后任郎中、右参议。1905年调任左参议。

1907 年擢右丞。旋以二品衔为出使奥国大臣。1910 年任满回国，未几辞官回乡。著有《味隐存稿》。见 1991 年版《松江县志》。《清史稿》卷二百一十二、《中国历代人名辞典》、《耆献写真：苏州大学图书馆藏清代人物图像选》、《中国近现代人名大辞典》、《中华万姓谱》均有载。按《清代科举人物家传资料汇编》："始祖耕读原籍江西南昌府，丰城县令讳焕公后裔，宗族繁衍至公，始迁于松江之青邑。"《清代人物生卒年表》："雷补同（1861—1930），出处，《墓志铭》，唐文治《茹经堂文集三编》8。"《茹经堂文集三编》收编在《唐文治文集》。"《云间雷氏统宗谱》一卷，记有雷晋（瑨）、雷补同。藏于上海松江博物馆。"见《中国家谱总目》。

### 雷莹（1883—?）

雷莹，字咸熙，号润堂，又号次庐。松江府华亭县（今上海松江）人。附生民籍。始祖耕读原籍江西南昌府，丰城县令讳焕公后裔，宗族繁衍至公，始迁于松江之青邑。父讳朝干，字东会，一太学生。子良弼，幼。见《清代科举人物家传资料汇编》。

### 雷之屏

雷之屏，字尔树。江苏仪征人。善写真，兼精人物。与汪昌言齐名。《仪征县志》。见《中国美术家人名辞典》（补遗二编）。《中国历代画家人名词典》《中国美术家大辞典》均有载。

### 雷 昆

雷昆，江苏仪征人。雷之屏之子，亦工人物。《历代画史汇传补编》。见《中国美术家人名辞典》。《中国美术家大辞典》亦有载。

### 雷汝器

雷汝器，字若贡。清常州府无锡（今江苏无锡）人。国子生。父始震学贾，以积逋，多出走，汝器时年九岁泣不止。年二十或许字以女谢却之。闻父历楚豫间，远往寻觅，岁率一还家省母。辄复出后，忽于江阴旅舍遇父，相抱而恸，然父终不肯归。汝器乃先驰家置酒，遍召父所常见负者曰："有某在幸毋恩。"老人皆许诺，至日皆来贺，是时年二十六。后合券凡四十余次第尽偿之。汝器故窑人方求父日习为星卜、堪舆之术，所赢奇零贸小物，辄数倍归而业隆隆起，以是得行所愿。父归始娶，父安养又二十年。母病且殆祷于天，梦神馈药饮之愈。季父夫妇殁，遗一子，抚如己子。见《国朝耆献类征初编·孝友》。《三十三种清代传记综合引得》亦有载。

## 雷大升（1686—1779）

雷大升，本名雷升，字步青、允上，号南山。清苏州吴县（今江苏吴县）人。祖籍南昌，明代始迁祖唐，先居江苏常熟，再移居苏州府吴县。父嗣源。大升为唐公第七代孙。夫人毛氏，无出，卒。又配朱氏、陈氏。有四子：楷、椿、桂、兰。桂为广西梧州参军，权苍梧县事。三女。孙梦麟、梦鹏、梦震、燮琛。曾孙荣纶。见《雷允上墓志铭拓片》《雷允上墓志铭及其他》。《中国历代人名大辞典》《中国人名大辞典》《中华万姓谱》《中医人名大辞典》《清代人物生卒年表》均有载。《苏州历代人物大辞典》："雷大升，字步青、允上，号南山。清吴县（今江苏苏州）人，祖籍南昌（今属江西）。雷嗣源子，名医王晋山弟子。诸生。好游山水。肆力于诗古文。善琴，尤精医药。雍正十二年（1734）于阊门内穿珠巷设诵芬堂。常济贫者，治病多良效。乾隆元年（1736）辞举博学鸿词科。著有《金匮辨证》《经病方论》《要症论略》《丹丸方论》《琴韵楼稿》《琴韵居诗存》等。"《中医人名辞典》："雷大升，内阁中书雷嗣源之子。自幼习儒，工诗、善琴，尤精医药。乾隆元年（1736）举鸿博不就，遂以医问世，其治病多著良效，尤精于配制丸、散、膏、丹，其药为世人所珍。"今"雷允上药铺"尚存，享誉国内外，大升著有《金匮辨证》《经病方论》《要症论略》《丹丸方论》等书，曾刊行，今未见。张一麐撰《诵芬堂雷氏兴学记》，收编在《心太平堂室》第三卷。"《苏州雷氏支谱》一卷，记有雷大升、雷允上，藏江苏苏州图书馆。"见《中国家谱总目》。

## 雷桂（1737—1811）

雷桂，号秋涛，晚号粤西史隐。清吴县（今江苏苏州）人。雷大

208

升三子。曾任广西梧州参军，权梧职事。经营诵芬堂药铺二十余年。嘉庆八年（1803）订立《订准章程》《分拨店业书》，嘱梦熊等三子同心料理店务，不得另行开设药店。见《苏州历代人物大辞典》。

## 雷浚（1814—1893）

雷浚，字深之，号寓楼、甘溪、甘翁等。清吴县（今江苏苏州）人。雷桂孙，钱泳婿，江沅弟子。同治八年（1869）监生。次年任县学训导。光绪十五年（1889）被聘任学古堂主讲。议叙同知衔。与陈倬、丁士涵俱通经学古，以字被称为"吴下三之"。通小学，深研文字、音韵。工篆书。诗多古体，论诗宗杜甫，以道为本，以《诗经》为渊源。曾助冯桂芬纂《苏州府志》，与汪之昌辑《学古堂日记》。编有雷悦《铁耕斋印谱》。著有《道福堂诗草》《唾余偶笔》《说文外编》《说文引经例辨》《说文段注集解》《韵府钩沉》《乃有庐杂著》等，汇刻为《雷刻八种》。见《苏州历代人物大辞典》。"先生讳浚，字深之，号甘溪，晚年自号甘翁。苏州府吴县人。先世籍豫章，明成间有讳唐者官于吴，著政声，致仕后居梅里。五传至讳应贞，徙宅吴县。应贞生嗣源，以商籍入宛平县学，登拔萃科，官内阁中书军机章京。是为先生之高祖，先生曾祖讳大升，隐于医。祖讳桂，广西苍梧县知县，父讳燮琛，山东濮州吏目，孝行旌于朝。配钱恭人先卒。子二，长冲若，国子监生，候选按察司经历，先卒；次讷若，殇女子，子三次适金匮黄元湘，长三殇。孙二，文聪附学生员；文耽，国子监生。女孙二，长殇；次适太仓陆炳章。曾孙一，曾孙女二。"见蒋元庆《雷甘溪先生行状》。《清史稿》、《中华万姓谱》、《中国美术家人名辞典》（补遗二编）、《清代人物生卒年表》均有载。《晚晴簃诗汇》卷一百六十七收录其诗作。雷浚《道福堂诗集》《乃有庐杂著》；张瑛《知退斋稿》撰有雷浚《墓志铭》；蒋元庆《雷甘溪先生行状》录文在《鲰楼烬余稿》，分别收编在《清代诗文集汇编》第 656、694、792 册。《沙洋师范高等专科学校学报》2008 年第 3 期刊登赵铮《雷浚〈说文引经例辨〉平议》。

## 雷子纯（1827—1864）

雷子纯，名纯子，字锡甫，号纯一。清吴县（今江苏苏州）人。

雷文行父。咸丰十年（1860），因阊门内诵芬堂毁于战乱，避于上海，同治二年（1863）于兴圣街集资开办诵芬堂。后于苏州复业。与尤先甲等赈饥颇力。调合古方创制六神丸，风行中外，有中兴之功。见《苏州历代人物大辞典》。

## 雷汪度（1726—1782）

雷汪度，字饶九，号莲客。清浙江钱塘（今浙江杭州）人。庚辰举人。乾隆中自陕州知州擢汾州知府。性严厉，莅政务振刷，时奸胥蠹役鱼肉小民势张甚，择其尤者重惩以法，闾阎相庆。郡学就圮率士绅重修，并新郭忠武王祠。郡城北原公水康熙间引三分之一，绕城濠入泮池，寻复淤塞，仍浚入城故渠通之。四十三年（1778）岁大欠，斗米钱八百，开仓平粜民困少苏。所辖汾、平、介、孝四邑仰食陕右自永宁以西绥德葭州、榆林等处米谷率以筏渡碛口河陆运抵汾。骡一头载八斗，若以之驾车，可致三石刍秣费等，而运数多至四倍。汪度相视形势，唯黄芦岭迤西十里，须石工开凿即可行车，慨然曰："此万利也。"捐俸鸠工成坦途焉。其志在爱民，类此去任后，民伐石以纪其德。《光绪汾阳县志·名宦》。见《地方志人物传记资料丛刊·华北卷》第49册。《光绪井研志·乡贤四》："雷起龙，子瑄，顺治五年（1648）举人，官至衢州知府。瑢、琼生员。瑄子宏远，贡生，以习浙俗，因家于杭，其孙汪度官至山西汾州知府。曾孙载，分宜知县，并乾隆中浙江举人。"雷汪度曾祖经中浙江衢州知府致仕不能归。祖宏远娶钱塘女，占籍钱塘。父骥。雷汪度有一子，一孙，三孙女。见《国朝耆献类征初编》。按《清代人物生卒年表》："出处，墓表，卢文弨《抱经堂文集》32。"《抱经堂文集》收编在《清代诗文集汇编》第342册。

## 雷大震

雷大震，字福亭。清衢州（今浙江衢州）人，祖籍福建浦城县。名医雷丰之子，亦知医理，曾与其父门人程曦、江诚合撰《医家四要》四卷，刊于光绪十三年。见《中医人名辞典》。《中医人名大辞典》《浙江古今人物大辞典》均有载。

## 雷　华

雷华，字西畴。清安庆府桐城（今安徽桐城）人。岁贡生。无为州训导。性至孝，定省必以时，不衣冠不见，嗜好视亲之所向。教弟成业，补府学生，析爨后，弟中落，华以修脯所入，岁分给之。工诗文，善制举业，门下受业者数百人。见《道光桐城续修县志·孝义》。

## 雷宜祚

雷宜祚，字时若。清安庆府太湖（今安徽太湖）人。岁贡生。英敏绝伦，下笔如万斛源泉，滔滔不竭。才高数奇，屡抱荆山之泣，性磊落孤高，不轻与人交，介士也。见《民国太湖县志·文苑》。

## 雷始声

雷始声，字虔淑。清安庆府太湖（今安徽太湖）人。幼嗜学雷恂，谨如老成，由岁贡司训芜湖。教士以敦品为先，文艺次之。平生悼父母遭乱早卒。自号怀二食蔬衣，素终其身，卒年八十。见《民国太湖县志·儒林》。

## 雷丰声

雷丰声，字宣远。清安庆府太湖（今安徽太湖）人。庠生。以孙之荣贶赠文林郎福建大田县知县。八岁居父丧，哭踊如成人比。长好学深思，晚尤好《易》。所著有《周易解丧礼考》《天华诗草》。见《民国太湖县志·文苑》。

## 雷　升

雷升，字国材。清安庆府太湖（今安徽太湖）人。食饷湖北蕲州营。乾隆三十六年（1771），从征小金川，冒险辟径，打通嘠嗒，驻哪莫寺，升功颇多。明年转攻大金川功特著，大将军岳伟之放正蓝旗行营千总。越二年，军堵普后山梁，挺身独出，逾越悬崖，将得贼寨所由入。适昏夜，刀挂树枝，枝贯腹，垂死力疾归营，治以良药莫救。逾数日，遂死。尝读书通大义，在行营时寄家书云："食君之禄，当报君恩，

211

此丈夫之志也。"卒践其言。见《民国太湖县志·忠义》。

## 雷大镇

雷大镇，字仁赡。清安庆府太湖（今安徽太湖）人。监生。寿八十，性醇厚，人有困乏即周之。修宗谱，培祖墓，独任其劳。妻吴少瞽艰嗣，劝镇纳妾不听，未几举一子。见《同治太湖县志·耆寿》。

## 雷大错

雷大错，字敬涵，号函区。清安庆府太湖（今安徽太湖）人。副榜贡生。金事雷缜祚为其曾叔祖。雷氏先世为豫章人，明初有讳溥者以武功镇守太湖，子讳虢，官太湖训导，因隶籍。高祖土吉，明庠生，载邑志《孝友传》；妣吴氏，明崇祯壬午，献贼陷城不屈死。曾祖荷祚，妣詹氏。祖廷谟，附监生；妣章氏，崇祀节孝祠。父丰声，庠生，习程朱学，语在邑志《儒林传》及兰溪赵君《传》中；母阮氏。配余氏，子三，长即之荣，次之求，邑庠生。次之治，早逝。女四：长适邑庠生曹锡三，次适马庆钟，次适选贡李声溢，次适监生路贻理。孙男六：长秉植，邑庠生；次秉盘，业儒，俱荣出。秉业、秉祝、秉概、秉忠，俱业儒，俱之求出。孙女四：一适邑庠生周浡，一适路义，俱之荣出。一适余德宽，一适周春茂，俱之求出。曾孙四：一元、仁虎，俱业儒，秉植出。志灿，业儒，志煌幼，秉业出。见纪晓岚《副榜贡生敬涵雷公墓志铭》。按《民国太湖县志·孝友、封赠》："雷大错，字敬涵，副贡生。事亲能得其欢。父善鼓琴，工丹青，大错师其意渐臻神妙。父殁，咯血年余卒。河间纪文达为题其遗稿，铭其墓铭。生平不亲琐务，有大事则毅然任之。族中谋伐祖荫置祀田，大错止之。请捐产不许鸣之官。主计者唆工持刀斧相辱詈，隐忍不较，作《纪罪篇》以引咎。先世兆域，为异姓觊觎，涉讼两朝。大错竭诚上达，讼端乃绝。子孝友之荣、之求。""雷大错，副贡生，以子之荣敕赠福建大田县知县。"

## 雷之荣

雷之荣，字可受。清安庆府太湖（今安徽太湖）人。乾隆甲午（1774）举人。弟庠生之求，俱以孝友称之。荣晚知大田县，到任未

212

几，闻母讣恸而卒。弟之求居丧庐墓，纂注《丧服要览》，手录《丧礼》，或问士林。见《民国太湖县志·孝友》。

## 雷之载

雷之载，字两交。清安庆府太湖（今安徽太湖）人。增生。髫龄应试，亟见赏于县令李鸿儒有"远则熊钟陵，近得雷之载"语。壮益肆力于古文，教堂弟之荣登贤书令大田，有政声。为人和易，孝养继母，虽棘闱屡踬，日夕弹琴赋诗洒如也。著有《浙游草》《养花轩文稿》。见《民国太湖县志·文苑》。

## 雷天铎

雷天铎，字四闻，号容斋。清安庆府太湖（今安徽太湖）人。按《民国太湖县志·儒林》："雷天铎，字四闻，号容斋。明季死义绵祚孙。当寇陷太湖，天铎父康声被虏入楚，遂籍罗田，尝谓天铎曰：'太湖祖墓未扫，族姓未亲，汝其志之？'天铎时年十二。遍书'太湖'人三字。于卷端刻苦自励，由康熙丁酉乡荐戊戌成进士，读书中秘散馆。后来太湖修宗潜，葺家庙，命三子彬居焉。生平正直自持，有以干谒请者，严词谢绝。从游者屡满户外，以身作则，多所甄就，一时称为容斋先生。"《中国美术家大辞典》："雷天铎，字四闻，湖广罗田人。康熙五十七年（1718）进士。选庶吉士。作《太乙山记》。工书法。见《罗田县志》。"《民国湖北通志》《词林辑略》《明清进士题名碑录索引》均有载。

## 雷　瀚

雷瀚，字墨林。清代福建人。善水墨花鸟，鸭雁尤工。《福建画人传》。见《中国美术家人名辞典》。《中国历代画家人名词典》《中国美术家大辞典》均有载。

## 雷廷外聘妻侯氏

雷廷外聘妻侯，南安人。廷外母黄，早寡，贫，虑不能娶，乞贫家女抚之，期长以为妇，故侯四岁而育于黄。十一黄卒，十六廷外卒，死而不瞑,侯恸屡绝。廷外有从兄,以其子震为后,侯乃笄,抱以拜祖。侯母欲令别嫁,拒以死。身自耕,跪而耨,十指皆胼。尝诫震曰:"妇人不可受人怜,况孀乎!"震亦早卒,其妻傅,从姑织席以育子。见《清史稿》卷五百〇九。《三十三种清代传记综合引得》亦有载。

## 雷骏声

雷骏声,字金昌。清泉州府南安(今福建南安市)十六都亭内人。捐贡生。缘亲老,家贫辍举业,渡新嘉(加)坡船遇飓风,众多溺死,骏声获免。后之安南积资甚厚挈眷归。建广厦,奠堂寝以祀先人。构书斋,廷名师以课儿侄。青山岭北大路崎岖,捐资独建,又捐筑芦溪桥。安溪水灾饥者、溺者数千人船粟往哺,安溪令戚扬匾以"好义恤邻"。邑节孝祠、诗山学校皆捐佽成美。彭溪斗案锦林讼累均赔垫息事。卒年六十五,子元音,宣统纪元优贡。《民国南安县志·义行》。见《地方志人物传记资料丛刊·华东卷上编》第79册。

## 雷友功

雷友功,清漳州平和县(今福建平和)人。行伍。康熙二十三年(1684)任台湾北路营把总,二十五年撤回。见《乾隆重修台湾府志·职官》。

## 雷景行

雷景行,字仰而。清汀州清流(今福建清流)人。邑廪生。少笃学,善属文,每读一编必穷究精微。顺治甲午(1654),以《春秋》受知毗陵谢宸,房卷已入彀,额溢置副车及闱艺出售。见者之咸谓:"雷君文若此而屈抑,我辈登科,宁无相愧?"性滑稽好辩,醉后凌轹侪辈,往往不理于流俗之口,然读其文者未尝不再三太息也。惜早卒,未获观厥成。《道光清流县志·文苑》。见《地方志人物传记资料丛刊·华东卷上编》第80册。《民国清流县志》亦有传。

## 雷 鹏

雷鹏,字汉翱。清汀州清流(今福建清流)人。乾隆十三年

（1748）戊辰武进士。任崖州副将，署广东香山协镇。《道光清流县志·选举》。见《地方志人物传记资料丛刊·华东卷上编》第80册。《民国清流县志》亦有载。

### 雷可升

雷可升。清汀州清流（今福建清流）人。嘉庆丁卯顺天副榜第八名。清孝廉方正。道光元年（1821），县主龙万宁举报，龙主故后，县主黄在中复报允准在案，丙戌（1826）会试，钦赐大理寺评事。道光九年（1829）纂修《道光清流县志》。著有《谦山存稿》四卷、《读易管见》二卷、《八宗诗抄前集》十五卷、《后集》六卷、《武夷诗二卷》。《道光清流县志·选举》。见《地方志人物传记资料丛刊·华东卷上编》第80册。《民国清流县志》亦有传。

### 雷可章

雷可章，清汀州清流（今福建清流）人。诸生。力尽孝养，至老不衰。耿逆之变，邑中戒严，派户分守要害，时仓储不继，民心益皇皇，可章慨然出粟，每守士，人日给一升，捍御益固，里中颂之。《道光清流县志·孝义》。见《地方志人物传记资料丛刊·华东卷上编》第80册。《乾隆汀州府志》《民国清流县志》均有传。

### 雷之霖

雷之霖，清汀州清流（今福建清流）人。诸生。性豪侠，好义举。邑有玉华桥，实为通津，以水湍激，随修随圮。霖毅然身任之，捐六百余金，桥成而人利涉焉。其他恤孤寡、赈粥糜称是。《道光清流县志·豪侠》。见《地方志人物传记资料丛刊·华东卷上编》第80册。《乾隆汀州府志》亦有传。

### 雷良翰

雷良翰，字景申。清汀州清流（今福建清流）人。进泮最早，其后肆力于古，博综群籍，虽时文体式，而暗用古事，充满笃实。宜庄学宪有"声情郁茂，古藻纷披"之目也。场中以先辈自任，问无不答，人服其博。《道光清流县志·文苑》。见《地方志人物传记资料丛刊·华东卷上编》第 80 册。《民国清流县志》亦有传。

### 雷振芳

雷振芳，字琼士。清汀州清流（今福建清流）人。邑禀生。孝友醇谨，工举子业，试辄高等。读书自乐，世事毫不入其胸。循序当贡，遽卒焉，邑人深为悼惜。见《民国清流县志·文苑传》。

### 雷 良

雷良，清汀州清流（今福建清流）人。质直孝友。高隐山林，耕吟自乐，且好义乐施，金事谢延傅为之立传。《道光清流县志·乡行》。见《地方志人物传记资料丛刊·华东卷上编》第 80 册。《民国清流县志》亦有传。

### 雷动化

雷动化，清汀州宁化（今福建宁化）人。贡生。亊亲孝友；爱异母弟，推美田宅与之；姊寡，敬奉终身。顺治二年（1645），山寇邹华等肆掠，动化建议助饷守隘，贼不敢犯。六年，叛贼郭天材，率铁骑数千将来攻。守将急令闭关，动化力争开门，纳避贼男妇无算。明日，贼果大集，焚近郊民舍几尽。城中乏食，动化散家财数千金，出米数百石煮糜粥，募丁壮，以固人心，贼不得逞。十年，草寇黄允会恃抚负隅，杀庠士赖朝会、巫建勋。动化义心激切，请兵剿洗贼巢。自是，宁邑遂免寇害。子益、孙常振，列邑庠，皆有门内行。见《民国宁化县志·列传》。《民国宁化县志·艺文传》："雷动化，《幻楼草》二卷，《北山集》二卷。"《乾隆汀州府志》亦有传。

### 雷崇礼

雷崇礼，清汀州宁化（今福建宁化）人。性嗜学，康熙六十一年（1722），偕父应郡试，父卧病旅舍。既入闱城中火起，崇礼窬垣出，冒烟焰负父出，手足焦裂，呕血不可止，人欲以孝行闻当事。崇礼止之曰："事父母能竭其力，分也，岂邀名乎？"后父殁，庐墓六年。又性乐施予，节馆金以惠急难。尝于黄泥铺拾连城黄世瑞遗金五封，候至晚，还之。黄感泣，分半金以酬，力却之，人高其义焉。见《民国宁化县志·孝义传》。《乾隆汀州府志》亦有传。

### 雷万可

雷万可，字尔功。清汀州宁化（今福建宁化）人。岁贡生。性和易，好施予。雍正丙午、丁未间，设糜赈饥。力葺通津桥梁，捐助三百金有奇。又磊凿清流杨梅岭，行人利之，咸祝雷长者云。见《乾隆汀州府志·乡行》。

### 雷　电

雷电，字清耀。清汀州宁化（今福建宁化）人。邑诸生，有孝行。亲没庐墓，并有建桥、修路、施粥、救荒之迹。知县凌世韶题其行，略曰："宁邑固有君子曰雷君电，内行懿备，而自邑之儒宫及溪桥岭路，皆有倡德之泽焉。络绎百余里间，程画数十年，行之无致。至所捐粥补荒政阙，何忠信之详也。君未展其蕴，负于仕路，将谓家修不及物欤？则不足于内之言也。大壑威彝，丛兰华平树岊，其阴暨远，香满谷矣。谷外车马盘桓，寻味于崖壁苍苍中，唯恐不闻且见。若雷君不历行于当时，不有捐施，与俗士之贪得务胜，亦无暇日矣。君即崇仕而厚藏，正亦速朽耳！积有遗书，贤者读之，而义声不陨。今有为标纪遗行者，予事也。风辂之隶，不借此彬彬儒者宗哉云云。见《民国宁化县志·列传》。《康熙宁化县志·乡行》有传。见《地方志人物传记资料丛刊·华东卷上编》第 80 册。《乾隆汀州府志》亦有传。

### 雷世守

雷世守，字卫天，号慎庵。清汀州宁化（今福建宁化）人。雷鋐祖父。康熙甲寅（1674），耿藩叛，招致世守，或劝其受伪职，为庇族计，世守叱之曰："若为贼作说客耶？"挈家遁入山中。子鸣高捐金购祭田，建八宗祠，相国张廷玉额以"八宗永世"。见《乾隆汀州府志·孝义》《民国宁化县志·孝义传》。按任启运《赀赠文林郎翰林院庶常雷公慎庵墓表》："皇帝即位之初，诏征翰林庶吉士雷鋐入京。鋐

217

故蔡文勤公高第弟子，端重有学问。时方以假省归，值王母张太君丧，犹家居。皇帝素知其行谊，特召至，与启运同侍皇子讲读。而江阴杨文定公，以宗伯兼祭酒，亦入直。盖以养正是赖，故重其选也。铉奉其父状，以王父、王母合葬墓志属杨公，以墓表属运。运德业文章不足拟杨公万一，顾与铉举于乡，岁同；成进士，岁又同；今职业又同；于讲读暇，道两家先人事，贫苦患难，志节略同；辄相与感怆雪涕，用敢题其墓石？拜言曰：公闽之宁化人，讳世，字卫天，号慎庵，以覃恩貤赠文林郎翰林院庶吉士；张太君亦以覃恩貤赠孺人。公生有大志，好读书，凡天文、地利、兵阵、律数以及百家、技术家言，靡不究悉；然一以孔、孟、程、朱为归。由学得其正，则百家皆吾用；不然，非道而行小慧，衹足杀吾身。当是时，吴逆倡乱，五岭外多和之。其以闽叛者为精忠，布伪札诱致群不逞。或告公曰：'君幸受其札，可庇族。且君夙负兵阵略，或藉就功名，何为栖栖挈父母走岭崖间、取危困？'公叱曰：'尔敢为贼作说客耶？彼瘈犬狂噬，且人醢耳。吾无兵阵才，吾才将为国用，宁为贼用？'告者急走遁。迨耿逆平，而公尊人以他事为人所诬，公代讯，昼夜走二百里，呕血数升，庭鞫词，慷慨理直。事大白而室则已悬磬矣。乃屈首为童子塾师，训诸弟子以邪正义利辨日严。嗟乎！士君子不患贫而患不能安其贫，不忧难而忧不能正其难。贫与难，自外至也，安之正之，自我立也。当国之初，正贞元之交、剥复之运，一切故家大族，与时中熠，不安义命，妄负才能，思藉群不逞以自张，一折而入于乱贼，比比也。硕果既亡，安所得复？龙蛇不蛰，安所存身？若公之负奇杰才而能审所处、不苟用，斯可贵耳。"见《乾隆汀州府志·艺文·墓表》。墓表名讳为"世"，传记名为"世守"。本应按墓表，为了便于查找，姑从地方志。

## 雷雨润（1645—1724）

雷雨润，字二涛，别号息庵。清汀州宁化（今福建宁化）人。雷殷荐之父。"太翁讳雨润，字二涛，别号息庵。汀之宁化人。食饩华宇，其王大父明震粤，其王父文学无疑，其考书香世习也。太翁性孝慈资颖敏，体皙白清奇甫胜衣，王父试以数与方名，应如响，属对如成人。祖父咸器异焉。太翁生顺治乙酉（1645），卒雍正二年（1724），享八十。

218

夫人阴氏生二子，长殷荐，娶邱氏；次炜，殇。女二。孙男二：士弘，邑庠生，娶阴氏；士恭，娶谢氏，俱殷荐出。曾孙女二，一士弘出，一士恭出，俱幼。"见梁份《待诰赠息庵雷太翁暨元配阴太母合葬墓志铭》。墓志铭收编在《清代诗文集汇编》第 158 册。

## 雷殷荐（1674—?）

雷殷荐，清汀州宁化（今福建宁化）人，康熙五十四年（1715）进士。擅长书法。见《中国美术家大辞典》。《民国宁化县志·艺文志》："雷殷荐，《古文问世》二卷，《四书解》《剑光书屋文卷》。"《清代人物生卒年表》："雷殷荐（1674—?），出处，梁份《怀葛堂文集·待诰赠息庵雷太翁墓志铭》。"《明清进士题名碑录索引》亦有载。

## 雷铉（1697—1760）

雷铉，字贯一，号翠庭。清汀州宁化人。散文家。雍正元年（1723）举人，荐授国子监学正，十一年成进士，改庶吉士，乞假归。乾隆元年（1736），授编修，迁谕德。历官庶子，少詹事，通政使，提督浙江、江苏学政，左副都御史，乞养母归。学宗程、朱。师事方苞，受古文法，"其文得方苞宽博之一体"，"深厚而切至，安定而光明，宽而不衰，峻而不迫，淡而弥旨，约雨弥余""言简意足，不失本宗"，"无张皇偃蹇之态，攀援盖覆之饰"亦能诗，非所措意，故所传不多。著有《经笥堂文钞》《翠庭诗集》。博通经史，书法见称于世。见《中国文学大辞典》。《清史稿》卷二百九十、《民国宁化县志·列传》、《民国福建通志》、《历代名人姓氏全编》有传。《同治铅山县志·寓贤》亦有传。见《地方志人物传记资料丛刊·华东卷上编》第 53 册。《桐城文学渊源考》《中国历代人名大辞典》《中国人名大辞典》《中华万姓谱》《中国美术家大辞典》《明清进士题名碑录索引》《三十三种清代传记综合引得》《清代人物生卒年表》《四库全书百科大辞典》等均有载。《都察院左副都御史雷公行状》："先世系出冯翊，自唐时由豫章迁闽之宁化，今为宁化人。"见《经笥堂文钞》。《通奉大夫都察院左副都御史雷公墓志铭》："公讳铉，字贯一，号翠庭。先世陕人也，后自江西迁汀之宁化，故今为宁化人。曾祖某，祖某，皆不仕。父讳某，县学生。

219

三世皆以公贵。公夫人同邑赖氏有顺德能宜于公，长子定淳壬申恩科举人；次定澍，监生，先卒；次定源，贡生；女一人适太学生巫某。孙：男二人，定澍出，又女二人，一定澍出，一定淳出。"见《梅崖居士文集》卷六。雷铉《经笥堂文钞》收编在《清代诗文集汇编》第 285 册。《晚晴簃诗汇》卷六十八收录其诗作若干首。《梅崖居士文集》收编在《清代诗文集汇编》第 336 册。按陈友良《清儒雷铉的理学背景及正学观述略》：雷铉出生于康熙时期福建汀州府宁化县一个普通的耕读之家，自曾祖父以下三代皆为诸生，且隐居未仕。从雷铉的同年任启运所撰《雷公慎庵墓表》中可知，雷铉的祖父雷世的学识和人格对他的影响较大。雷世，字卫天，号慎庵，"生有大志，好读书，凡天文、地利、兵阵、律数，以及百家、技术家言，靡不究悉；然一以孔孟程朱为归"。雷铉的父亲雷鸣高，号惕庐，县诸生。本文刊登于《孔子研究》2015 年 03 期。

## 雷　谦

雷谦，号道川。清福建宁化人。善画人物、花鸟，与黄慎齐名。《张九钺陶园集》。见《中国历代画家人名词典》。

## 雷在云

雷在云，字瑞熊。清汀州宁化（今福建宁化）人。幼读书，后服贾。客游粤，岁必归省。尝适汉口，道拾遗金，待其人还之。客问姓名，弗告。其外甥马某，无嗣，欲以产之半为义庄，半予在云。在云其纳妾，后生子麟。在云兄诸生晋，窭甚，以时赡之。待弟亦然。族叔铉，称其有士君子之行云。见《民国宁化县志·列传》。

## 雷　峻

雷峻，字鹗荐。清汀州宁化（今福建宁化）人。少孤，事长兄如严父。生母徐病革，时隆武元年九月，清师略宁地，举邑仓皇趋避，空无人。峻以母病，故衣不解带，足不出阃。母卒，哭踊竟日夜，几忘身遭鼎革时也。峻有上畬田产，佃人多逋负。里中好事者，诣峻请券为代收债，峻却之，曰："奈何以我为市，令乡民坐鱼肉也？"立焚其券。

及康熙甲寅（1674）闽变，城乡阻绝，乡民视城居人如寇仇。峻独挈家数十口，避乱乡居。乡民拥卫周防，如护头目。事定，乃归。见《民国宁化县志·孝义传》。《康熙宁化县志·逸行》有传。见《地方志人物传记资料丛刊·华东卷上编》第 80 册。《重纂福建通志》亦有传。按《雷鹗荐先生传》："先生姓雷氏，讳峻，号崧庵，鹗荐其字也。"见魏世效《魏昭士文集》卷九。《魏昭士文集》收编在《清代诗文集汇编》第 196 册。

## 雷敦五

雷敦五，清汀州宁化（今福建宁化）人。蚤失怙恃，事伯兄如严父。兄性卞急而嗜饮，五尝具酒食，并招与兄常游者，以适其意。兄尝不足于五，怒觥觥不可解，辄长跪以谢，俟色霁方起。五叔早逝，无子，应五入嗣。继母病，五三年侍药饵不少懈。有从弟尝暴凌五，五不与校，且时赒其困乏。生平尤不喜世荣，尝衣方领，衣婆婆。间闲中笑语呴呴如婴儿见之者，咸指而目之曰："是尝两辞乡宾，自谓痴老子，何敢与郎官抗礼者也。"见《民国宁化县志·孝义传》。

## 雷　雯

雷雯，字何文。清汀州宁化（今福建宁化）人。善颜、鲁公书法，工诗赋，有唐大历、开元遗风。出继伯第为嗣，事继母邹孝谨，每日视寝，必循古礼。或母怒，则跪，待怡悦乃起。时母有瘰疾，躬亲汤药，不委奴婢者三十年。行年五十，犹恂恂有孺子风。宗族乡党翕然无间言。何邑侯举其孝行，荐于王学使，雯歉然曰："加吾以孝，适以彰吾不孝也。"邑侯益重之。著《相协堂诗草》十二卷。见《民国宁化县志·孝义传》。

## 雷动旸

雷动旸，字子谷。清汀州宁化（今福建宁化）人。邑附生。事亲孝，备极小心。岁甲寅（1674），海氛交作，负亲避寇上畲村，定省比平时更极意承欢，双亲亦忘其为村居也者。间有横逆，非礼触犯，颜色不少变。投之辄化，后并不形诸言语间。平生谨厚如此。其嗣子近中，为国学生，于二人先意，承志至老如婴儿状。父殁，不能读父书，每检箧辄涕下潸然曰："吾今不得见父面，只从此见父心耳。"三年后，始整卷述庭训。当康熙甲寅间，家产中落，虑无以得亲之欢心也。遂服贾洗腆，备酒肉。尝以己之苦，度人之苦。有称贷者，任其酌量多少，券亏本，并不与较。即有全负者，亦听之。性耿介，于犯义者，不少假容颜。然直谅恺悌之风，即樵夫、牧竖、道路逢者，莫不释担周旋，各得其意以去。享年八十，从未履公庭。易箦时，恳恳以完国课，非公事不至为嘱。呜呼！行义如是，虽不能读父之书，胜于读父书者多矣。是父，是子，真难能可贵哉！见《民国宁化县志·孝义传》。

## 雷轩成

雷轩成，字彻上。清汀州上杭（今福建上杭）人。畲族。按《民国上杭县志·文苑》："雷轩成，字彻上。在城里。诸生。有介操，严气正性，苟非其人，未尝假以辞色。终日闭门户读书，所著诗文渊奥深邃，俱寝食于古大家者。"见《地方志人物传记资料丛刊·华东卷上编》第80册。《上杭畲族英才录》：雷轩成，上杭人。诸生，操行严谨，气正性苟，不善社交，潜心苦读，淡于功名利禄，终日闭户读书，写作诗文，所作诗文渊奥深邃，同时不轻易示人，文如其人。

## 雷 华

雷华，字嵩西。清建宁府建安（今福建建瓯）房村人。学生。乾隆十二年（1747），土寇魏现，奉浙贼某为"老官教主"，聚众金山冈。壤接延郡，官捕之急，逃于建安，聚房村之埂尾，通奸民，滋事。华号召乡里，得敢死者四十三人以拒贼。贼党葛镜出掠，从子观顺以计擒之。适廷建郡邵道来某率兵至。遂擒现，伏诛。华搜得贼籍尽毁之，全活无算。见《道光重纂福建通志》。

## 雷焕然（？—1862）

雷焕然，字春台，号逸仙。清代福建浦城县人。迁居浙江龙游县，再迁衢州。初攻举业，好读书，喜吟咏。与武林孝廉许叶帆、龙邱孝廉余元圃、名儒徐月龄相友善，聚则酌酒赋诗，迭相唱合。后弃儒习医，从名医程鉴游，尽得师授。技成，悬壶龙邱，后设诊衢州，知名于时。曾整理其师《医博》四十卷（已佚）、《医约》（原名《医学津梁》）四卷（今存 1930 年衢县六一草堂铅印本）。雷氏自撰《方案遗稿》若干卷，经外孙龚时瑞整理，易名《逸仙医案》，刊于 1930 年。医书外尚有《养鹤山房诗稿》。子雷丰，亦以医术著称。见《中医人名大辞典》。《浙江古今人物大辞典》亦有载。

## 雷丰（1833—1888）

雷丰，字少逸。清建宁府浦城（今福建浦城）人。按《中国美术家人名辞典》："误为福建浦城人。随父徙居衢州。"其父以医为业，知名于时。他幼承父教，博学多能，长于诗文，兼善绘画，尤精医术。父殁后，悬壶于衢州，世人不知其技，故病人寥寥，门可罗雀。为赡养计，设星卜滩于城北祥符寺。举人程大廉素知其父之术，乃荐雷丰主管官医局医务，月支官帑，得以自给，后刘国光知衢州府事，亦盛赞其术，一时仕上宦之家争先延诊，声名乃大振。雷丰为人谦和，素重医德，虽求治者日盈其门，无自高骄矜之色，且不分贫富不计诊金，人皆高其行。著有《时病论》八卷，刊刻于光绪八年（1882）。光绪十四年卒，享年五十六岁。子大震，门人江诚、程曦、叶训聪均得其传。还著有《雷氏慎修堂医书三种》等中医著作。见《中医人名辞典》《中医人名大辞典》。《中华万姓谱》《中国近现代人名大辞典》《中国美术家人名辞典》《浙江古今人物大辞典》均有载。

## 雷国楚（1718—1803）

雷国楚，乳名朝宝，奏名行法传。清福安（今福建福安）十五都金斗量（洋）村人。畲族。少年时即胸怀奇志，以农为本，平时习武健身，相传师承南少林武僧林铁珠，武功卓著，曾参加反洋教斗争，号称"豹子师傅"。在他的倡导切磋下，金斗量畲家拳独树一帜，名闻遐迩。福宁府杨镇台进剿金斗量村，全村房被毁。他率村民大兴土木，重建家园。乾隆五十四年（1789），福安县令阮曙题赠匾额："五尺呈奇"。族内称为"雷大三十二公"，墓葬二十一都濑尾壑。他逝世后被村民奉为神明，建三十二公庙于村口水尾，永久祭祀。1986 年日本国

《阿罗汉》杂志第 5 期刊文《族与畲族功夫》和 1987 年人民体育出版社出版的《畲族拳》一书，均记载及他对承传畲族拳所做的贡献。见《闽东畲族志》。

### 雷一柱（? —1854）

雷一柱，绰号乌龙公。清福鼎（今福建福鼎）前岐镇双华村人。畲族。从小爱好武术，武功过硬，为人行侠仗义。时福鼎点头大峨有位史姓地主，家中雇有拳术"教习"，仗势向路过该村的畲民收取过路钱，无钱的要罚谷一箩或舂米五斗。并且强占山林田地，民愤沸腾。咸丰四年（1854）雷一柱率领畲族群众前往说理，史姓地主不但不予理睬，还唆使其护院拳师在雷一柱回家路上进行截击。一柱遭暗算，终因寡不敌众，战死在大峨岭下。这场恶斗中，雷一柱付出生命的代价，但也震慑了土豪劣绅，事后邻村地主对敢于拼命的畲族村民再也不敢轻举妄动。见《闽东畲族志》。

### 雷瑞光（1829—?）

雷瑞光，字高锦，号庆云。清福鼎（今福建福鼎）管阳镇花亭村人。祖籍广西宣化。八岁即随父亲雷孔星前往福州毕巷开羊屠，就读于福州公学堂。父亲去世后，得到进士蓝建英资助，继续求学。咸丰三年（1853）进士。咸丰五年任福鼎知县。见《闽东畲族志》。按《中国美术家大辞典》："雷瑞光，清代书法家。广西宣化（今南宁市）人，咸丰三年（1853）癸丑科进士。工书，草书尤佳。"按《清代人物生卒年表》："雷瑞光（1821—?），字伯寿，号午桥，出处，《咸丰三年癸丑科会试同年齿录》。"《明清进士题名碑录索引》亦有载。

### 雷一鸣（1828—1910）

雷一鸣，字于务，乳名进福。清古田（今福建古田）大桥镇梅坪村人。畲族。家道小康。兄弟四人一鸣是长子，他自幼习武，十三四岁时，已经长得魁梧壮实，臂力过人。道光二十八年（1848）考中武秀才。古田县同年赴考的七位杜姓、八位戴姓考生均落榜，时有"七杜八戴不及一粒雷"之谓。有一年，一鸣带其侄儿汝元应武科考试。有人以汝元善唱畲族民歌为由说："汝元是唱戏子弟，不可参加应试。"一鸣据理反驳说："汝元所唱是本族山歌，为族内传统，不同于唱戏子弟。"考官认为他说得有道理，同意汝元参试，不久也考中武秀才。一鸣为人正直、仗义，敢于打抱不平，当时梅坪盛行赌博，他深感其害，出面禁赌，此后梅坪二十多年不兴赌博。灾荒之年，他把家中积余粮食全部借给缺粮户，帮助村人度过饥荒。梅坪附近的山坳小村，常受大村欺侮，山林被占，他出面主持公道，使山林纠纷得到公正解决。他终身坚持练武，传子教孙。因其事迹突出，受到当局嘉奖，去世后，例赠儒林郎。见《闽东畲族志》。

## 雷可权

雷可权，字仲衡。清南昌府（今江西南昌）人。性至孝，家贫竭力以供甘旨。当与黄文魁同本贸易，甫二年而文魁病故，可权经理医药、埋葬。每岁必赡其孤，且延师教之，比长仍给二百两，助其生息。有徽商朱衣远服贾饶州，回家时存千金于可权处，逾年而殁。家人不知也，乃访其子而归之。闻者莫不高其义好施与振贫乏恤孤寡。乡邻有不能葬者，必助之棺具与其费，远近无不推慕之。乾隆二十九年（1764）知县锺光豫举乡饮。《光绪南昌县志·善士》。见《地方志人物传记资料丛刊·华东卷上编》第44册。

## 雷绍荣

雷绍荣，字慎斋。清南昌府（今江西南昌）人。雷可权子。相继为善，都昌张元荣、段大亨没，托其孤于绍荣，并囊数千金。绍荣养其子成，立举其父金息归之。《光绪南昌县志·善士》。见《地方志人物传记资料丛刊·华东卷上编》第45册。

## 雷元松

雷元松，字朴园。清南昌府（今江西南昌）大埔人。早岁为名诸生，后由举人授中书，亦能文章工词。《光绪南昌县志·文苑》。见《地方志人物传记资料丛刊·华东卷上编》第45册。

## 雷其澄

雷其澄，字伯宇。清南昌府（今江西南昌）人。居近河，苦水患。其澄于乾隆间捐资筑堤。阅二岁工竣，泽田皆为膏腴。又建百福桥。《光绪南昌县志·善士》。见《地方志人物传记资料丛刊·华东卷上编》第45册。

## 雷秉辉

雷秉辉，清南昌府（今江西南昌）人。精医术，知名于时。见《中医人名辞典》《中医人名大辞典》。《光绪南昌县志·方技》有传。见《地方志人物传记资料丛刊·华东卷上编》第45册。

## 雷元昭

雷元昭，字嵩南。清代南昌人。举人。出任罗山（治今河南罗山县西）知县。见《江西历代人物辞典》。《光绪南昌县志·宦业》有传。见《地方志人物传记资料丛刊·华东卷上编》第44册。

## 雷　纯

雷纯，字去伪。清南昌府（今江西南昌）人。初试，内阁中书。乾隆四十五年（1780）进士。授兵部主事。后任御史、广平（治今河北永年县）知府。见《江西历代人物辞典》。《光绪南昌县志·宦业》有传。见《地方志人物传记资料丛刊·华东卷上编》第44册。《明清进士题名碑录索引》亦有载。按《江西历代进士全传》："雷纯，字去伪，一字醽（嶠）泉，南昌茶园人。初试内阁中书。乾隆四十五年成进士，投兵部主事，勤谨明习。居京师二十余年，退食后唯闭户读书。后由御史出为广平知府，数载免归。以一裘付质库，得五十金，乃成行。（《民国南昌县志》卷三四，参见《同治南昌府志》卷四五）"按《清代建筑世家样式雷族谱校释》：嘉庆十九年（1814），进士出身的雷纯，又"集江西之全省，纂雷氏之大成"，编成《雷氏重修大成宗谱》。

《雷氏族谱》①中的前四卷和后四卷，就是在他们②的主持下纂修而成的。《清代建筑世家样式雷族谱校释》中雷纯所作谱序落款为：赐进士，诰授朝议大夫、掌广东道监察御史、原任直隶广平府事、南茶园支纯公号鐍泉。

## 雷恒（1867—1916）

雷恒，字常伯，又字见吾。江西新建人。光绪三十年（1904）进士。任翰林院侍讲，三江师范学堂教习。民国后，归隐乡里。见《中华万姓谱》。按《江西历代进士全传》："雷恒，字常伯，一字见吾，江西新建人。清同治六年丁卯生。父某，家贫，给事县学，乞名师为恒科读。勤奋锐进，才气英发，所交游多知名士，以附生举光绪二十三年丁酉科乡试。癸卯，张之洞创设三江优级师范学堂，招恒任教习，更潜心西学，译读笔记，积稿盈篋。三十年甲辰，成进士，改庶吉士。由仕学馆咨送日本留学。归迁翰林侍讲，晋任师范学堂教务长。时改名两江，临川李梅庵为监督，与恒至契，重要校务，一以委之。凡诸设施，务实贵当，条理井然。先后七年，而谦抑为怀，不自居功。辛亥政革，梅庵隐黄冠于沪上，恒亦还居里闬，寒索一犹往昔也。以民国五年三月，卒于南昌。年仅五十。（周邦道著《近代教育先进传略初集》，中国文化大学出版部，1981年）"《词林辑略》《明清进士题名碑录索引》《清代科举人物家传资料汇编》《民国人物大辞典》《清代人物生卒年表》均有载。

## 雷炳珂

雷炳珂，字鸣玉。清南昌府新建（今江西南昌）人。性灵慧，读书过目成诵，咸以远到期之。乾隆癸巳（1773），从侄兆梅捐数千金修建阖郡考棚，时雷族唯炳珂应试，人谓学使定加甄拔，竟避嫌不赴试。其耿介如此。闭户穷经精研性命之，旨以儒素终。《同治新建县志·遗才》。见《地方志人物传记资料丛刊·华东卷上编》第46册。

---

①　编者注：《雷氏族谱》指样式雷族谱。
②　编者注：他们指嘉庆十九年参与《雷氏族谱》纂修的雷声剑、雷翔飞、雷纯、雷家瑞、雷鸣盛等人。

## 雷兆梅

雷兆梅，字逊白。清南昌府新建（今江西南昌）人。由武举官都司，喜订交士大夫。于河干构砥围，为义学未藏事而卒。妻吴氏续成之，既而修玉隆万寿宫，建学院考棚各助千金，学使曹以贞义表其闾。《同治新建县志·任恤》。见《地方志人物传记资料丛刊·华东卷上编》第46册。

## 雷跃龙

雷跃龙，清南昌进贤（今江西进贤）人。乾隆十九年（1754）进士。擅长书法。见《中国美术家大辞典》。《明清进士题名碑录索引》《地方志人物传记资料丛刊·华东卷上编》第72册亦有载。按《江西历代进士全传》："雷跃龙，字祖剑，进贤人。乾隆甲戌进士。生平力学，旁通诸家，作文追踪先辈，尤见赏于督学赵大鲸。宅躬温厚无疾言遽色，居父丧，蔬食三年，不入内寝，事老母而益力。需次家居，有邻人伐其祖山树，族人欲讼之官，弗听，邻人感愧还之。后谒选，病卒。所著《时艺》及《诗古文》，多散佚。（《同治进贤县志》卷一八）"《清代建筑世家样式雷族谱校释》雷纯谱序："乾隆二十一年，进贤跃龙公将雷氏江西历代祖宗功德条分缕析，纂录而表章之。"雷文龙《雷氏重修谱序》："今日者，幸逢家进士讳跃龙，字祖剑公掌修谱牒，集江西之全省，纂雷氏之大成，真所谓百代盛会，千秋奇逢也。"

## 雷维垣

雷维垣，清南昌进贤（今江西进贤）二十四五都人。好义乐施，族邻待以举火者甚众。乾隆四十八年（1783），五十三年，淫潦为灾，维垣计口授食，人咸德之。《同治进贤县志·义行》。见《地方志人物传记资料丛刊·华东卷上编》第72册。

## 雷鸣豫

雷鸣豫，清南昌进贤（今江西进贤）二十四五都人。雷维垣子。喜周贫乏，克绍父志，捐建学宫泮池暨演武厅，修山下桥、五眼桥共费金一千七百有奇。倡建本都龙松书院。本图贫民积欠，俱贷为完纳焉。《同治进贤县志·义行》。见《地方志人物传记资料丛刊·华东卷上编》第72册。

## 雷章仪

雷章仪，字象山。清九江府德化（今江西九江）人。好善乐施，咸丰二年（1852）岁歉，本族百余烟有不能举火者，仪出谷二百余担，以纾族困。又常见族中死不能棺殓时，出资以赙。其他义举靡不乐从，年九十有一无疾坐逝。以外孙吕绍衣贵，貤封朝议大夫。长孙震春诰职季畅春邑庠。《同治德化县志·善士》。见《地方志人物传记资料丛刊·华东卷上编》第48册。

## 雷寿南

雷寿南，号竹虚，又号竹安，晚号拙安。清九江府瑞昌（今江西瑞昌）人。道光己亥（1839）举人。咸丰乙卯（1855）抵选湖南永明县知县，未莅任，委署茶陵州。时粤匪扰南楚，茶陵被陷，居民一空。视事后，屏从轻骑历各乡，为招抚凡土匪为官军寮属讹，告者究绝根，株岳狱尽息。卸篆后，茶兴大狱，以任以警报上，宪促复往。勘甫入境欢迎夹道者六十余里。不弥月而大狱平，士民集葩经以为颂。任宁远、宜章，随粤匪复窜楚，所过多瓦解。至是前后攻围凡数十日而城独存。当急危时决策者皆惶迫，乃奋袂自誓："日即不虞，当与合家十余口其守此土耳。"其调度之才，义愤之慨有足，使民相恃，以保全者，叙功赏蓝翎直隶州知州。旋换花翎擢升知府权靖州，篆抚苗疆酬军应，境内无烦扰。苦摘奸剔弊，毅然有为，所在皆以神明奉之。以劳疾告归，至家七十日而卒，年六十有七。《同治瑞昌县志·宦业》。见《地方志人物传记资料丛刊·华东卷上编》第48册。《光绪湖南通志》亦有传。

## 雷华玉

雷华玉，清九江府瑞昌（今江西瑞昌）王仙人。遇事果于决断，未尝宿留。村邻波子蔓夫构难于人，小者失毫，大者破家。闻请玉至，即精锐销软铢不敢利，人咸德之。生子二：长化龙国学；次震龙武孝廉。《同治瑞昌县志·善士》。见《地方志人物传记资料丛刊·华东卷上编》第48册。

## 雷至刚

雷至刚，字若思，号墨庄。清九江府武宁（今江西武宁）人。邑诸生。由江阴乡迁居城市。为人耿介不随俗俯仰，而义所当为者不待劝勉。邑侯邹以元废址建豫宁书院，因后墙地隘，刚献地数十丈，辞金不受。岁癸丑邑大饥，邑侯宋集绅士议，刚欣然倡议约同志十余人减价平粜，全活甚众。后宋赠以匾加奖励焉。子大经、应时邑庠生，霆精国学生。孙秉春国学生。《同治武宁县志·善士》。见《地方志人物传记资料丛刊·华东卷上编》第49册。

## 雷志雄

雷志雄，字廷蔚。清九江府武宁（今江西武宁）江阴乡人。邑庠生。性慷慨，济人利物之事靡不为之，自乾隆丁酉（1777）迄嘉庆庚午（1810），三十余年历修桥梁、石路一十八处，崎岖艰险化为荡平，远近至今德之。《同治武宁县志·善士》。见《地方志人物传记资料丛刊·华东卷上编》第49册。

## 雷发达（1619—1693）

雷发达，字明所。清南康府建昌（今江西永修）人。逝世后，葬江宁府江宁县（今南京市）。长子金玉继其业。支祖起龙，元代延佑初，移居北山。有三子：洪，进士，官吏部右丞；溥，进士，任峡州儒学教谕；源，任陵路东山书院山长。洪之子善性，善性之子宗正，宗正之子文远。文远二子，本端，本庄。本庄子景常，景升。景升子仲安，仲安子中义，孙正轰，曾孙永虎，玄孙玉成。明代末，玉成与子振声、振宙迁金陵。振声子发达，清初与堂弟发宣（振宙子）以艺应募赴北京，为"样式雷"家发祥之始祖。见《朱启钤〈样式雷考〉与雷氏传人》。本文刊登于《〈圆明园〉学刊第七期——纪念圆明园建园300周年特刊》2008年。按《中国美术家人名辞典》："雷发达，清代人。本为南方匠人，于十七世纪末来北京，应募参加营建宫殿，因为技术高超，提升担任设计工作。此后七代，直至清代末年，凡主要皇室建筑如宫殿、皇陵、圆明园、颐和园等，均由雷氏负责，此世袭建筑师家族，被称为'样子雷'。《文物参考资料》1953 年第 10 期。'样式雷'最早由古建筑学家朱启钤先生命名，当代专家普遍认可。"雷发达 1987 年版《永修县志》、《中国历代人名辞典》、《中华万姓谱》、《中国美术家大辞典》、《图解姓氏：画说百家姓》等书均有载。近年关于"样式雷"的文章很多，并有《建筑世家样式雷》《样式雷建筑文化新论》《雷礼与"样式雷"建筑文化——纪念雷礼诞辰 500 周年学术研讨会论文集》《清宫巨匠：样式雷》专著。以"样式雷"为代表的"永修雷氏"被《中华遗产》杂志评为中华历史上"一百个最具影响力的家族"之一。《一百个最具影响力的家族》刊登于《中华遗产》2013 年第 11 期。有话剧《样式雷》登上舞台，见《光明日报》2016 年 3 月 11 日第 11 版教科文新闻刊登的牛梦笛、王前《话剧〈样式雷〉：再现匠人世家传奇过往》）。

## 雷金玉（1659—1729）

雷金玉，字良生。清南康府建昌（今江西永修）人。雷发达长子。先以监生考授州同，继父业营造所长班，后投充内务府包衣旗，供役圆明园楠木作样式房掌案。以内廷营造功钦赐内务府七品官，并食七品俸。年七十时，蒙太子赐"古稀"二字匾额。初娶刘氏，无出；继娶柏氏，生长子声沛；又娶潘氏，生二子声清、声洋；又娶钮氏，无出；继又娶吴氏，生子声浃；及张氏，生子声澂。蒙恩赏盘费银一百两，奉旨驰驿归葬江宁府江宁县（今南京市）安德门外西善桥。声沛、声清、声洋、声浃初均遣归，惟张氏所生幼子声澂独留居北京海甸槐树街。张氏抚幼子继其业。故《雷氏家谱》以金玉为迁北京之支祖。样式房一业终清之世，最有声于匠家亦自金玉始也。刘氏、柏氏、潘氏、钮氏俱合葬江宁，张氏殁葬北京。见《朱启钤〈样式雷考〉与雷氏传人》。本文刊登于《〈圆明园〉学刊第七期——纪念圆明园建园 300 周年特刊》2008 年。《雷金玉及妻张氏德政碑》《雷金玉墓碑》拓片图收编在《北京图书馆藏中国历代石刻拓本汇编》第 83 册。

### 雷启泮

雷启泮，清南康府星子（今江西九江）人。肫诚笃、养亲有所欲，必竭力致之。弟启元早逝，抚侄如子，言简行端，取与不苟，乡里称焉。《同治星子县志·善士》。见《地方志人物传记资料丛刊·华东卷上编》第 49 册。

### 雷振纲

雷振纲，字育民。清南康府都昌（今江西都昌）人。明玉山令雷起龙后裔。孝友任恤，少孤，能善事其母。伯仲间怡怡如也。道光十五年（1835）岁祲，里中嗷嗷，先期采运谷米减价平粜，多赖全活。咸丰三年（1853）郡戒严，诸生周云章、张邦禄诣劝团练邅。奋然起筑碉堡勤守望，率子侄甸春、汝功等颇任劳勋，当事深奖之。《同治都昌县志·义士》。见《地方志人物传记资料丛刊·华东卷上编》第 50 册。

### 雷名扬

雷名扬，清赣州府赣县（今江西赣州市）大由人。监生。父凤章病足，背负出入十余年。友爱兄弟，性诚朴，有借贷不能偿者焚其券。课子侄有方，今孙曾亦济济能世其家。《同治赣县志·善士》。见《地方志人物传记资料丛刊·华东卷上编》第 73 册。

### 雷鸣阳

雷鸣阳，清南安府崇义（今江西崇义）人。雍正五年（1727）丁未科彭启奉榜进士。以书法见称于时。《崇义县志》。见《中国美术家大辞典》。《江西历代进士全传》有传。《明清进士题名碑录索引》亦有载。

### 雷玉案

雷玉案，字贵发，号勉斋。清广信府铅山（今江西铅山）篁碧村人。幼失怙，事慈亲孝，性忠厚，喜排解。家赤贫随其两兄业纸张生理，因往石塘售纸，于黄柏岭亭拾小衣囊。知人所遗，守候多时，见一人踉跄三来色沮丧，问故曰："吾姓汤，为石塘同姓某入闽售纸回憩此，失一衣囊。他皆不是惜，唯内有千金券，无此何以见主人？"审其状，悉符检还之其人。感激拜谢，问玉案何往以石塘售纸对其人喜邀同行。至则向主人言其故义之助，以三百金俾作资本，玉案坚辞，乃约以纸分年减偿不起息，方受而归。交两兄经营纸货，每年除偿还原金有余利，家以小康。子四：长震春继志起家，次逢春，三鸣春，四浩春。孙曾蔚起科名，鼎盛皆忠厚之报也。卒年八十一。《同治铅山县志·善举》。见《地方志人物传记资料丛刊·华东卷上编》第53册。

## 雷鸣春

雷鸣春，字声远，号惺庵。清广信府铅山（今江西铅山）篁碧村人。雷玉案三子。少业儒，童试不售，援例入太学，乡试又荐而不售。弃儒业贾总，以及身未获显杨为憾。故教子孙极严，待师忠且敬，岁修外另有厚遗，遇读书人虽年少必称曰"先生"，故子若孙常得师友陶淑益。先是村中文、武二帝君像，附祀会圣庵无以肃禋祀，鸣春常有志而未逮也。会次子寅，长孙维垣同案入泮，独力建高阁迎像合祀之。嗣是村以内人文蔚起，大小科名，操券而获，如神助焉。性孝友，父母昆弟无间言。尤喜排难解纷，乡党有争讼，得其一言，涣然冰释。或有口舌争之，不得需济之，以银钱者每私为津贴，不责偿并不使知。村之人服其公，感其惠者目为土地、菩萨。谓："身躯短而器量宏，能保护一方也。"其他义举如倡立增福堂、建凉亭、修桥、补路尤书不胜书云。卒年八十四。《同治铅山县志·善举》。见《地方志人物传记资料丛刊·华东卷上编》第53册。

## 雷维翰

雷维翰，字光照，号西园，或西垣。铅山县篁碧村人，道光二十年（1840）庚子科李承霖榜进士。翰林院庶吉士，历任编修，掌陕西道御史，吏科给事中，终湖北荆宜施道，钦加盐运使衔，赏戴花翎。雷维翰，幼聪颖，工诗文，年甫冠，县府院三试皆冠其曹，当事咸以翰苑才目之。道光壬辰举于乡，庚子成进士，改庶吉士，辛丑散馆，授编修，寻充国史馆纂修官。甲辰乡试、丁未会试，皆充同考官。旋补陕西道御史，转吏科给事中，巡视东城。咸丰四年，简放湖北荆宜施道，乞病归。六年，以襄办炮船捐输出力，加盐运使衔。七年，丁外艰。九年，以总办曾节帅行营粮台出力，赏戴花翎。十年、十一年，以办广信防剿及江闽交界团联出力，仍加运使衔，缘保折申叙未明，故重有是命也。翰精明强干，遇事尤细心，不惮烦琐。其两任分校也，于诗文繁要处，人或一滚读去，独详加批点，令主试者惊心动目，故获隽视他房为多，而得人亦称极盛。其为台谏也，以职在纠弹，闻有贪纵陋劣等员辄奏参之，无避忌，无回护，故江西、湖南等省，自疆吏至佐贰多获咎以去。京师一地棍号为曹七大王，结党横行，道路以目，卒奏办之。其巡东城也，每临审时，词听则反复驳诘以使之穷，色听则冷眼微窥以待其露。时有控拐带者未得主名，乃传集人证，姑置不问，遥见一人贸贸然来，似喜似惧，神色可疑，突拘讯之，果真犯也，众咸惊服。其聪察处多类此，故各城咸借以决疑。尤关心于桑梓，铅山各都练保轮流派充，本无征收责也，自俞令舜钦听信蠹书，始创为关门之弊，凡小户零欠钱漕，悉拘练保，扫数垫完之，稍违则责则押，有力者破家，无力者丧命，弊政相仍，廿年不改，民几无告矣。翰深痛其弊，竭力奏参革除之，里人至今感戴焉。翰性俭约，食无兼味，衣不鲜华，羸马敝车，安之若素，而才情肆应不可遏。抑使再出而问世，其建树当不仅此，乃以病殁于家，年才五十有六，惜哉！生平诗文及奏稿甚夥，多可传诵，惟兵燹后无从掇拾耳。子五，长，其达，增贡生，福建即补同知。《同治铅山县志》卷一二、一五。见《江西历代进士全传》。《光绪江西通志》亦有传。《词林辑略》《明清进士题名碑录索引》《江西历代人物辞典》《地方志人物传记资料丛刊·华东卷上编》第 53 册均有载。按《中国美术家大辞典》："雷维翰，博通经史，工诗文，书法见称于时。"雷维翰《漱六斋集》，收编在《清代诗文集汇编》第 655 册。

## 雷 宣

　　雷宣，字云衢，号觉轩。清广信府铅山（今江西铅山）篁碧村人。后随父迁于县城。增贡生。幼禀至性，稍长读书明大义。见父以贸易起家，能分所有于族，慨然欲恢其绪，垂诸久远，如范文正义田故事顾猝难辩此，爰以所收膳生租铢积而寸累之，年复一年竟成巨款。适族众建

234

祠，遽罄所有，于祠旁另建近光堂义庄，凡族人诵读考试，孤寒嫁娶，一切恔以费，盖仿范氏之法而稍为变通焉。宣居诚存厚，不以才能高人，庭帏之间，蔼蔼然如孺子慕待群季，无疾言遽色。父殁后，即绝意进取，委家于季弟。日以衔华佩实训其子若侄间，喜作大字书，严整处有鲁公家法，年未六十而卒。长子邑庠生维藩，乐善好施亦颇有父风云。《同治铅山县志·善士》。见《地方志人物传记资料丛刊·华东卷上编》第 53 册。

### 雷添喜

雷添喜，清广信府铅山（今江西铅山）濠溪人。居乡公证，排难解纷，乐善不倦。造雨亭，修桥路，急赈饥有求必应。子进元亦能继父志，并享高年以寿终。《同治铅山县志·善举》。见《地方志人物传记资料丛刊·华东卷上编》第 53 册。

### 雷　佩

雷佩，清饶州府余干（今江西上饶）雷家湾人。幼孤，母改适十里外詹姓，佩长耕佣自给。不茹荤酒，非母所欲必竭力致之，不以母后有子少懈。母病，膈医不能治，佩焚香祷神，引刀刺胁割肝，竟吐出一小片和鸡子奉母，母食之立愈。人以为纯孝所格。《同治余干县志·孝义》。见《地方志人物传记资料丛刊·华东卷上编》第 59 册。

### 雷英胜

雷英胜，清临川三十三都雷坊人。乾隆五十一年（1786）客贵州，值苗人倡乱，充乡勇战比有功，旋调剿四川教匪拔授千总。《同治临川县志·忠义》。见《地方志人物传记资料丛刊·华东卷上编》第 69 册。

### 雷维霈

雷维霈，字筠轩。清建昌府南丰（今江西南丰）四都熊坊人。乾隆五十二年（1787）丁未科史致光榜进士。官工部都水司主事。历营缮司员外郎、虞卫司郎中，以忧去。起复补屯田司郎中，拣发福建，以道府用，补延平知府，署延建邵道事。调福州知府，入京，得疾假回。

235

道光元年卒于家，年六十二。维需少贫而好学，初官主事时，与都中诸才俊钱塘吴锡麒、长洲王芑孙等联课试律，合刻之，今所称《九家诗》也。在延平，按治奸党，新宋儒杨、罗、李、朱四子祠，求豫章先生嫡裔奉祠而褫其伪者，又增置道南书院膏火资，郡人颂之。所著有《知不足斋试帖》，即《九家诗》之一，又《畹兰堂课儿草》。子三，文枚，举人，官知州。文模、文楣同榜进士，文模有传，文楣官知州。《同治南丰县志》卷二〇、二六。见《江西历代进士全传》。《光绪江西通志》亦有传。《中国美术家大辞典》："雷维需，清建昌府人。乾隆五十二年进士。擅长书法。"雷维需《明清进士题名碑录索引》《江西历代人物辞典》亦有载。

## 雷文模

雷文模，字藻人，号简峰。清建昌府南丰（今江西南丰）人。嘉庆二十二年（1817）进士。雷维需长子，与弟致亨同榜进士。改庶吉士散馆授编修，阔达明敏，下笔千言词旨风雅，后进乐就之居词曹二十年，出为扬州知府，以足疾谢内升右中允，乞疾归。书法见称于时。见《光绪江西通志》《中国美术家大辞典》。按《同治南丰县志·人物志五》："雷文模，字简峰。福州守维需仲子。嘉庆丁丑与弟致亨同榜进士。改庶吉士散馆授编修。阔达明敏，下笔千言，谈论风雅。后进乐就之词馆二十年。"见《地方志人物传记资料丛刊·华东卷上编》第 71 册。《江西历代进士全传》亦有传。《词林辑略》《明清进士题名碑录索引》《江西历代人物辞典》均有载。

## 雷文楣

雷文楣，清建昌府南丰（今江西南丰）人。嘉庆二十二年（1817）进士。擅长书法。见《中国美术家大辞典》。《同治南丰县志》卷二〇："雷文楣，后改名致亨，雷文模弟，南丰人嘉庆二十二年丁丑科吴其浚榜进士。"见《江西历代进士全传》。《明清进士题名碑录索引》亦有载。

## 雷文海

雷文海，号素涛。清建昌府南丰（今江西南丰）人。幼孤贫，颖悟过人，好读书而无力。每就邻塾听讲，退则勤苦自励。工吟诵，尤精书法。弱冠游闽习申韩术，持己廉介，郡县争罗致之，四十年无虚席。所得馆谷，辄周恤族戚故。晚年归余橐无多，子士芸举人，州同加级封奉直大夫。《同治南丰县志·人物志五》。见《地方志人物传记资料丛刊·华东卷上编》第71册。

## 雷六御

雷六御，清抚州金溪（今江西金溪）黍溪人。幼孤，弟荆石妇谢氏病瘵生一男，六御母惧病乳不利儿，又力不能往雇乳媪大戚。六御语妻王氏曰："古有舍己子，以活弟之子者，今汝所育女也，当与娣易子而乳，以安母心。"王欣然白之："姑姑悦，从之。"年余，娣与己女相继死，荆石殊不自安，而六御无毫发憾。既而母命析居，六御悉以田予荆石，母难之，六御请曰："产薄分之则两不足。儿方业医可粗给弟非此不赡也。"后荆石贾于滇，岁寄兄金视寄其家埒，故其母终老怡愉乐，两子之能养也。《同治金溪县志·孝友》。见《地方志人物传记资料丛刊·华东卷上编》第70册。

## 雷景凤

雷景凤，清抚州府东乡（今江西抚州）三十三都西雷人。以剃发不屈被贼戕。《同治东乡县志·忠义》。见《地方志人物传记资料丛刊·华东卷上编》第71册。

## 雷光业（1616—?）

雷光业，字鞠思、世裘。清南昌府丰城（今江西丰城）人，知县。顺治十二年（1655）进士。原名文爌，雷谷之子，会魁封川知县，有政声。工书法，宗欧阳询。见《道光丰城县志》《中国美术家大辞典》。《明清进士题名碑录索引》《清代人物生卒年表》亦有载。按《江西历代进士全传》："雷光业，字世裘，谷之孙，丰城人。庚午举人，授高安教谕。冲雅有度，留心经术，日与诸生庙切。去，益思之。后举顺治乙未进士。封川知县，有政声。分典文衡。（《同治高安县志》卷八，参见《同治丰城县志》卷八）"《道光丰城县志》言雷光业为雷谷之子，而《江西历代进士全传》则言雷光业为雷谷之孙。疑《江西历代进士全传》有误。

### 雷　鉽

雷鉽，字端臣。清南昌府丰城（今江西丰城）东城人。康熙壬子（1672）举人，宜春教谕。有杨彭二生因公触知府，怒祸不测，鉽曰："杀人媚人，吾其为乎?"力争之，上官遂得解秉铎，十七载讲课无虚日，士风赖以振起，升袁州教授，四邑相庆得师，引年解组士，为立教思碑。旋里键户著书，知县王履仁甫下车，闻其学行即造庐访之。《同治丰城县志·仕绩》。见《地方志人物传记资料丛刊·华东卷上编》第68册。

### 雷　曾

雷曾，字沂公。清南昌府丰城（今江西丰城）东城人。年十三冠童子军，康熙四十二年（1703）癸未科王式丹榜进士，任湖广巴东知县。巴辽周，岩山万叠，治无城郭，学校县试止数十人。曾立义学，亲为讲授，赴意试者三百有奇。邑接壤四川建始，两省民争界，久不决。上官委曾勘之，陟降周察，判曰："两山壁立，一河中分。"遂奉为铁案。地鲜陶瓦，民多结茅居，恒苦火，终曾任无灾。山怪为崇，之即灭，旱祈雨辄应，邑人称为异政。寻以老乞归。《同治丰城县志》卷一四、《同治南昌府志》卷四二。见《江西历代进士全传》。《地方志人物传记资料丛刊·华东卷上编》第68册亦有传。

### 雷　沸

雷沸，字飞涛。清南昌府丰城（今江西丰城）东城人。鉽之子，邑诸生，有声场屋族人某屋与沸居比邻，某有急以屋质沸，得数十金不为己有也。后竟售于他姓，沸检券还之，不责其偿。家不饶于财而乐济人困乏，两举乡饮大宾。乾隆十二年（1747）自解囊买城外茶园一段为义冢。《同治丰城县志·善士》。见《地方志人物传记资料丛刊·华东卷上编》第68册。

## 雷　耀

雷耀，字映川。清南昌府丰城（今江西丰城）东禅巷人。家贫，性孝友，尝推产赡其兄，乾隆壬午（1762）举于乡，初官吉水训导，以廉介，年满截取。当入都有户书熙百金峻拒之，谒选广西马平知县。时西隆苗匪不靖，邑当要冲，耀日应兵差，晚理案牍，事皆就。理添设马站六所，亲行勘验，驿无稽役旋卒于官。《同治丰城县志·仕绩》。见《地方志人物传记资料丛刊·华东卷上编》第68册。

## 雷清琦

雷清琦，字鲁玉。清南昌府丰城（今江西丰城）丰山人。国学生，父希人，以千金为龙山学生书院膏火，清琦承父志行善不倦，岁歉出谷周济贫乏，修石路，建憩署亭，立成名义学皆鼎力为之。《同治丰城县志·善士》。见《地方志人物传记资料丛刊·华东卷上编》第68册。

## 雷乃发

雷乃发，字恢伦。清南昌府丰城（今江西丰城）三坊雷坊人。邑庠生。幼颖异，年未及冠即能读子史百家之书，作文力追先辈。乡试屡荐，俇得复失者数次，尤长于古今体诗，以才见忌几罗于法。邑侯高以本得其诗击节叹赏，复以优礼待之。《同治丰城县志·文苑》。见《地方志人物传记资料丛刊·华东卷上编》第68册。

## 雷腾云

雷腾云，字中和，号致斋。清代江西高安县庵前人。以医为业，颇悟《金匮》之秘，治病多获捷效。曾悬壶河口镇，名噪于时，有起死回生之誉。重医德，常施药以济贫病，乡里称之。《高安县志》。见《中医人名大辞典》。

## 雷　寅

雷寅，字东甫。清代江西高安人。乾隆九年（1744）举人。潜心经学，以文见重于时。著有《易象参解》《春秋传质义》《周官略义》

《诗论》《公车杂录》《畲山诗集》。《同治高安县志·文苑》。见《地方志人物传记资料丛刊·华东卷上编》第 62 册。《江西历代人物辞典》亦有载。

### 雷光赞

雷光赞，字公育。清瑞州府高安（今江西高安市）畲里人。品行端穆，有古人风。治经史，探濂、洛、关、闽之学，躬行实践。乐赈贫乏，修仙溪、德美二桥以便行。李舍旁薤山有虎，为文祭之逸去。辟斯园学舍，购图书数千卷。以德行、文章训子孙。著有《友兰斋集》。子举乡饮，孙登贤书。《同治高安见志·敦行》。见《地方志人物传记资料丛刊·华东卷上编》第 62 册。

### 雷浮庭

雷浮庭，字显明，号仙槎。清瑞州府高安（今江西高安市）庵前人。太学生。弱冠失怙，事母孝，先意承志，家虽贫而奉养必丰。兄弟四人友于倍笃，商河口镇交以诚信，无市廛诈伪习，后家渐裕。凡恤困济乏，诸善端縻不乐为。喜刊印善书以劝世，家藏有金刚经善本，捐资勒石，以广流传。孙镇邦食饩庠序有声，余俱克绍书香。《同治高安见志·敦行》。见《地方志人物传记资料丛刊·华东卷上编》第 62 册。

### 雷华万

雷华万，清瑞州府高安（今江西高安市）庵前人。性谨愿待人以诚。家贫商狮江无市，廛施伪习人皆以长者称之居。恒好与人排解，处乡党无争竞。凡施济事力虽不能为，每乐与人同人共为之。生丈夫子四，均能丕振家声，孙曾书香继起，其方与正未艾云。《同治高安见志·敦行》。见《地方志人物传记资料丛刊·华东卷上编》第 62 册。

### 雷鸣春

雷鸣春，字康书，号晴川。清南昌府奉新县（今江西奉新）新兴乡人。以子秉忠职赀封登什佐郎，妻罗氏赀封孺人。《同治奉新县志·封荫》。见《地方志人物传记资料丛刊·华东卷上编》第 67 册。

## 雷悦智兄弟

雷悦智、雷悦贤二人为兄弟，清南昌府靖安（今江西靖安）人。雷捴华之子。咸丰六年（1856），贼寇塘埠，悦智兄弟奉父，携眷避贼，匿迹于霞山。贼突至，二子跪伏哀号云："我等本地居民，奉父避兵于此。"贼欲杀之，二子卫父舍身，刀伤枪刺至遍体血痕，沾衣尽赤，愿身代父死，遂泣拜父曰："儿身代父，不能复奉父矣。"语贼曰："速杀我兄弟，速释我父。"贼不顾，牵长子智杀之，掷头于地。复牵次子贤杀之，亦掷头于地。捴华昏绝，贼复掠捴华两孙而去。遭际之惨如此，捴华仅遗一媳奉养服勤相依。事平，越年两孙均从间道回。悦智、悦贤照例议恤。《同治靖安县志·孝友》。见《地方志人物传记资料丛刊·华东卷上编》第 65 册。

## 雷春鸣

雷春鸣，字长民，号雨窗。清南昌府靖安（今江西靖安）追里人。笃学砥行，事继母以孝闻。早补弟子员席，丰厚而俭约。自持工诗，淡于进取。精岐黄，活人无算，踵门求者无虚日。乡里有事辄相就正，道光年间，以捐输义仓议叙八品。咸丰年间，举行团练总理，保卫乡里，出力居多。辛酉寇炽掠乡间，诣请兵忧瘁过甚，遂成疾，逾年卒。子汝霖膺上庠有声。《同治靖安县志·善士》。见《地方志人物传记资料丛刊·华东卷上编》第 62 册。

## 雷文焕

雷文焕，字桂偶。清吉安府（今江西吉安）塘东人。家素贫，慵工养亲，比长懋迁获利。慷慨好善，修桥路，培古冢，施糜粥，义声颇著。《民国吉安县志·义行》。见《地方志人物传记资料丛刊·华东卷上编》第 72 册。

## 雷邦灿

雷邦灿，清吉安府（今江西吉安）纯化大汾人。性孝友，兄弟同爨数十年无诟谇。本村义仓捐谷八十石以倡之，余如义学、桥梁皆量力捐输。《民国吉安县志·义行》。见《地方志人物传记资料丛刊·华东卷上编》第 72 册。

### 雷缵绪

雷缵绪，清宁海州牟平（今山东牟平）人。道光举乡饮耆宾。幼失怙，事母孝。耿介仗义，有同邑李蕚亭年幼乞食，绪见其聪颖，出资令其读书，后竟入庠。《同治宁海州志》《民国牟平县志》。见《地方志人物传记资料丛刊·华东卷上编》第 27、28 册。

### 雷亨坤

雷亨坤，字伊蒿。清济宁府峄县（治今山东枣庄）人。先世陕西人。父烓为峄县丞，因家峄。亨坤幼苦学，家贫冬乏衾，茵寒不成寐，起走绕几诵书不辍。康熙丙午（1666）领乡荐。历章邱、临清州教职，士咸乐其指授。孝事继母，友昆季，凡所遗产皆均折不自私。尝刊《族谱》、祖墓碑，以敦本训后人，所著有《艾悔诗稿》。《康熙峄县志·文苑》。见《地方志人物传记资料丛刊·华东卷上编》第 7 册。《蒲城文献征录》《民国三十七年蒲城县志稿》亦有传。

### 雷士宏

雷士宏，字阔然。清泰安府东阿（今山东东阿）人。天性纯孝，母宋寿九十七而终。士宏负土为坟，复庐其侧，昼夜悲号，时年已七旬矣。《乾隆泰安府志·孝义》。见《地方志人物传记资料丛刊·华东卷上编》第 31 册。

### 雷镠孙

雷镠孙，清高唐州恩县（今山东平原）人。岁贡。事继母二十余年，以孝闻。既殁，庐墓三年。族人有盗典墓地者，具价赎之。同里傅氏矢柏舟之志，值岁欠悬釜不炊，舅姑亦老病，不得已谋鬻身以养舅姑举家痛，镠孙厚恤之卒完其节。《重修恩县志·孝友》。见《地方志人物传记资料丛刊·华东卷上编》第 11 册。按《山东省科考名录汇编》：雷镠孙，康熙间岁贡，以孝闻于里。

### 雷雨霖

雷雨霖，字公澍。清山东平原县人。贡生。学问精深，任观城训导，教授生徒，不事具文，士林感德交口颂之。在任六年告归，寿八十余岁。雨霖性至孝，事父母定省无间，父病笃亲事汤药，衣不解带者数阅月，亲墓所在三里外，每徒步往返，飨祀必求丰焉。《民国续修平原县志·人物》。见《地方志人物传记资料丛刊·华东卷上编》第12册。《山东省科考名录汇编》亦有载。

### 雷振远

雷振远，字廷选。清东昌府夏津县（今山东夏津）人。慷慨好义，一方推重。同治六年（1867），张总愚党扰临清德州间，奉邑宰令练团，振远联合三十余村庄筑墙防守，四方避难者均依为保障，称之"雷四团"。《民国夏津县志续编·忠义》。见《地方志人物传记资料丛刊·华东卷上编》第9册。

### 雷金榜

雷金榜，字题卿。清东昌府夏津县（今山东夏津）人。弱冠游泮，旋食饩。岁科试七次冠军，秋围五荐未。善设帐授徒，历馆临武、夏、恩诸邑，游其门者多所成就。晚岁理邻政充里长，均以和睦相倡，导化邻里使无争。岁饥购粟赈贫穷，多所全活。除日分麦、分肉使度新岁者六十余家。年七十八岁无疾而终。生九子多成立。殁后，及门兴，同里追思德泽，为立石墓道以志不朽。《民国夏津县志续编·义行》。见《地方志人物传记资料丛刊·华东卷上编》第9册。

### 雷　霂

雷霂，清郑州（今河南郑州）人。康熙己丑（1709）科会试中式，癸巳（1713）科殿试。初任怀庆府教授，次任河南府教授。雍正五年（1727）举乡饮大宾。见《乾隆郑州志·选举》。《明清进士题名碑录索引》亦有载。

## 雷中魁

雷中魁，字瑞嵩。清河南巩县七里铺人。幼时父母俱瞽，左右欢洽，冀娱亲心。父卒后母善病，数十年奉侍如一日。弟克依山治宅第，山颓掩覆家人势甚危。群呆视不前，中魁膝行乞救，乃拯出得无恙。嘉庆癸酉（1813）岁祲，捐粟百石以活穷饿。其他槽殣埋瘗、赠金助葬善行累累。知县李以"以仁存心"额其门。子殿安。见《民国巩县志·人物下》。

## 雷殿安

雷殿安，字环三。清河南巩县七里铺人。例贡生。早读书嗣因家务繁重乃谢章句。家本素封目，乃父中魁高掌远跖，兼以食指日繁，渐致中落。然拯急解危，削己益公，仍绰有父风。凡公共建筑、慈善事业，辄输巨资襄助。时或躬自经纪至雷氏宗祠，则又惟力是视，蒲伏恐后。咸丰七年（1857）岁灾，曾捐粟若干石遍施贫民。同里曹姓无茔兆，割地三亩与之，行谊为邻里所重。见《民国巩县志·人物下》。

## 雷鸣鲁

雷鸣鲁，清开封（今河南开封）人。岁贡生。康熙二年（1663）任渠县，修复县治，招集流移，后卒于官。舆榇归，民皆泣送，路为之塞。见《雍正四川通志·名宦》。《乾隆直隶达州志》《民国渠县志》亦有传。

## 雷云程

雷云程，字鹏九。清河南孟津人。性耿介，家无儋石泊如也。文古雅，书法摹大小欧阳，求书者或馈遗之不受。同时与游者皆显达，程独以食饩终。士林惜焉。见《嘉庆孟津县志·文苑》。

## 雷复始

雷复始，清河南嵩县人。少孤事母至孝，事祖母二十余年，曲尽其道。叔父早世，时析居已久解衣殓之。遗二孤衣服、饮食始皆邑勉给之，

244

延师课读，以至成立。喜读书，课诸子寒暑不辍。子振纶、孙觐光并举孝廉，女苦节四十余年得旌表，皆始之教也。见《乾隆嵩县志·孝义》。

## 雷觐光

雷觐光，字图阁。清河南嵩县人。乾隆己丑（1769）成进士，授广西永福县知县。为政严明，豪恶敛迹，永民不习织纺，无棉花，艰于衣。君自故里带棉花种子教民种之，又于署之两厢别院，招乡中老媪十数人，令夫人教以纺绩之法，自是永民衣有所出。每课诸生亲为讲贯，移暑不倦，升横州知州，邑民挥泪送别，百里不绝焉。见《光绪嵩县志·治行》。"雷觐光，清河南嵩县人。乾隆三十四年（1769）进士。工书，草书尤佳。"见《中国美术家大辞典》。《明清进士题名碑录索引》亦有载。

## 雷冲霄

雷冲霄，清河南洛宁永宁乡民。有勇力，善枪。康熙十四年（1675）七月，降寇张开与其党潜通吴三桂作乱，洛西震动。都御史佟凤彩命河南府通判任进孝同守备郭永固讨之。守备营于北，通判营于南，冲霄见通判营人少，自领子弟百余人诣营护卫。会霖雨数日夜不止，营内泥深一尺余。冲霄族弟某以蒸羊犒师密谓冲霄曰："天雨不止，我军谓贼不能出防御日懈，贼侦知夜必来劫营，兄何不去？"冲霄叹曰："吾固知之第任府君所将皆在洛阳胥役，不知兵，贼来必溃。吾去是以府君委贼矣。严兵以待贼即来未必能得志，不然吾有死耳。"是夜五鼓贼果至，众皆骇散，通判仓皇不知所为，纳靴未毕，贼突前犯之。冲霄独挺枪力战，急掖之马上送以出，通判遂入守备营获免。冲霄复独入中军大呼杀贼，应枪而毙者八人。贼四面环刺之身被百枪遂见杀。比晓，守备兵始至，而嵩县长枪手来援者并力奋击，贼披靡大败乃遁去。会洛水涨溢高数丈，十余日不下，贼不得北渡，而官军至者益众，遂乞降。都御史闻冲霄烈死，给银三十两埋葬，命僧道修斋以荐者三日。见《民国洛宁县志·义烈》。

## 雷炯（1719—1790）

雷炯，字含章，自号晚山堂。清河南洛宁炉底村人。岁贡生。赋性

245

沉潜，谨身力学，言动举止必循礼法。能诗、古文、词，工书，善画，迥超尘俗。循循善诱，乐启迪后进，受其教者，皆名于一时。生于康熙己亥（1719），著有诗文集。卒年七十有二。见《民国洛宁县志·文学》。

## 雷兴山

雷兴山，字云峰。清河南洛宁陈宋里坡头村人。母张氏初以跌伤遂致痿痹，呻吟床褥，医药罔效，恻然心尤久之，几废饮食。后闻熊耳山有泉水可以已疾，遂不惮跋山涉水，和药疾果瘳。值寇乱，督众筑寨，并施村东地为车路，人皆以为义举。见《民国洛宁县志·孝友》。

## 雷玉山

雷玉山，字温如。清河南洛宁陈宋里坡头村人。性孝友，尤重义轻财。母患瘫症，侍奉汤药，出入抱持，洗污涤垢，虽秽亵不假手他人。如是者三年，毫无倦容。兄子三己子一，二兄已先逝，分爨时念子侄惟一，不令置有偏枯，遂析产为五，复视食指繁者量为多予。武汉起义到处响应，村中贪黠者汹汹，思逞呕捐粟数十石以济之，众乃安。见《民国洛宁县志·孝友》。

## 雷履祥

雷履祥，清河南洛宁坡头人。雷冲霄之七世孙也。承袭后归抚标，历署开封、陈州、固始营，朱仙镇千总守备屡著劳绩，旋授信阳州千总。咸丰年间，奉军率关檄赴鹿邑大营，数战有功。事平，回任升署守备，后以年老告归，徙居王召里新庄家焉。时在同治六年（1867）。次子魁元随父任，具有胆略。咸丰年间，贼犯信阳，率本营部下出，身先士卒，战辄胜，手毙七人。贼遂遁南汝，光道蒯申请督办团练，大臣毛奏奖四品军功，赏戴花翎，以都司侯铨。于后随父归里，卒于家。见《民国洛宁县志·武略》。

## 雷维洛

雷维洛，字金桥。清河南洛宁坡头人。性戆直而聪颖，邃于经史，不屑时尚诗文。迥异恒蹊应试，辄踬志不少渝。光绪丁丑（1877）邑令李识其文，以为不类小家言也，特拔取之。遂以是入邑庠，时年已强仕矣。生平笃孝行，善事亲，母臻耄耋，常依作孺子，慕间寝视，膳时形喜惧交集之色。卒年七十八岁。见《民国洛宁县志·文学》。

### 雷鸣皋

雷鸣皋，字舒阳。清陕州卢氏（今河南卢氏）人。登癸未（1643）进士。学宗濂洛，天性孝友。是科改秋期，始行，皋以白云亲舍为念。试甫毕，束装遄归，同试或止之曰："吾不以身外物易吾膝下欢也。"抵里，父母俱罹重疾。奉事汤药，衣不解带者五阅月，幸皆愈，人以为孝感所致。闲居设经史，惠后学启诱所及多获成就。国初授广宗县知县，调繁溆浦，俱有明效，至今犹歌思之。至若育脆弟之孤儿教养，兼至嫁难友之幼女，不啻亲生。康熙壬寅（1662），邑人士公具居官居乡状蒙当事核实从记乡贤。子顺。见《光绪重修卢氏县志·人物》。《民国洛宁县志·流寓》："雷鸣皋，号舒阳。卢氏人。崇祯癸未进士。历官不得志，放怀山水，卜永宁居焉。"《南明史》卷六十三："雷鸣皋，庐陵人，崇祯十六年进士。"雷鸣皋为庐陵人应有误。《光绪河南通志》《明清进士题名碑录索引》《中国美术家大辞典》均有载。

### 雷绳武

雷绳武，字克念。清陕州卢氏（今河南卢氏）人。岁贡生。克敦孝友兼通医卜。弟某乏嗣，卜迁祖墓，劝弟焚券，广种阴德，晚年生子。京试太医院作疟疾论，掌院深加叹赏特取一等，辞不就职。凡亲族家贫不能婚娶者，无不助金完娶。并施义冢以掩暴骨。县东观音阁为往来通衢，招僧主持，捐地数顷以助焚修、施茶之用。康熙三十年（1691）通省告减盐价，具呈督宪卢盐减价十五文，至今每斤价银一分四厘三毫。雍正四年（1726）选授光山县训导。途遇晋民康姓被劫，深怜其厄，解衣赠金，得归故里。莅任后谒司马温公祠见其祠宇倾圮，捐俸修理。兼摄教谕代理县务，勤慎洁己，上嘉其廉正。任三年告归故里，享寿八十四卒。见《光绪重修卢氏县志·人物》。

### 雷阿淳

雷阿淳，字妙柔。女。清卫辉府辉县（今河南辉县）人。妙柔父

247

隐居苏门山下，姊芳柔，妹顺茜俱能诗，著有《联香小草》。《正始续集》。见《国朝闺阁诗人征略》。《三十三种清代传记综合引得》亦有载。

### 雷玉喜

雷玉喜，清大名府清丰（今河南清丰）人。康熙四十八年（1709）拳手雷玉喜刀、枪、剑、棍，无不精通，一时有名气。见1990年版《清丰县志》。

### 雷永鸣

雷永鸣，字先声。清陈州淮宁（今河南淮阳）人。廪贡生，稽古好学，天性纯笃。少孤，每逢父母忌辰，辄流涕。明崇祯末，李贼攻城，叔恒守西关，城陷气绝于城楼，永鸣率仆佃负归救治得苏，州牧孙芳设义塾延永鸣为师，多所成就，任叶县训导。教先德行，后文艺，叶邑士子登贤书，成进士者十余人，上宪嘉之。年七十告归，叶人犹踵门问字焉。卒年八十三。著有《四书讲义》《五经讲义》。见民国五年《淮阳县志·文学》。民国二十三年《淮阳县志》亦有传。

### 雷　瑸

雷瑸，清陈州淮宁（今河南淮阳）人。明辰州同知恒曾孙。庠生振祚子。年十二父病脾泄，瑸尝之以告医，昼夜吁天，父病顿愈。及长，父命分居，瑸以美屋腴产让兄，怡怡无间。姊适党蘷居，无子，瑸为立嗣，并布粟供之。岁饥，出资周贫，父友张岑挈家来投，为筹居处服食十余年无德色。子方来，字九皋，康熙丁酉（1717）武举。工书画，善骑射，父好客小饮，或至终夜来，与弟方性侍侧不怠，母命仆代之不肯去。父母殁，以美宅让弟，自辟涉园于沙湄，与舅张渔渭课读其中，张有学行，甥舅相尚以道，游其园者目为烟霞中人。见民国五年《淮阳县志·孝友》。民国二十三年《淮阳县志》亦有传。

### 雷显宗

雷显宗，字凤羽，号梅隐。清陈州淮宁（今河南淮阳）人。明建文时，殉难南京前军都督敬之后。曾祖恒，辰州府同知。祖惟谨，父宏俱宾乡饮。宏子二，显宗其仲也。入庠后肄业太学，大司成孙岳颁器重之，考授县丞不仕。性至孝，父病瘫，手足俱废，显宗常就榻前演说忠孝，以博欢心。复手暖其四肢历二十七昼夜而愈。后父病剧焚香愿代，父殁哀毁骨立。母丧庐墓五年，家故饶良产多让兄。族子麟少孤无依，育之成立。康熙己丑（1709）大饥，捐粟济贫代偿千余户。逋赋助婚葬者三百余家。李荣贫甚思鬻子女以养母，显宗为赎，归时绘布米。立义塾，以教订闾里。施药疗贫，捐地掩骼，习以为常。奉旨建坊旌表，一时文人诗歌以纪其事。称梅隐先生，卒祀忠孝祠。子三：长方运，次方奋、方晓。方奋字惊荣，候选州同。以亲老肩家政，好周族党，每岁暮必以钱物资贫乏。年二十八卒，人多恸之。方晓善承父志，张乾名家子鬻甚，晓委曲提携。汪晰有九丧未葬，出二百金助之。显宗常喜曰：“此吾家尧夫也。”方奋子衣德，候选盐运司运同。见民国五年《淮阳县志·孝友》。《清史稿》卷四百九十七、《国朝耆献类征初编》、《李铁君先生文抄》、民国二十三年《淮阳县志》、1991年版《淮阳县志》均有传。《三十三种清代传记综合引得》亦有载。民国五年《淮阳县志·艺文》有汪思回《雷孝子赠言记》；刘青芝《雷梅隐孝义赠言序》；赵希濂《赠孝义雷梅隐》等。按《吴敬梓集外诗一首》：“廿年流落江南路，岁时未展先人墓。侧耳惊闻孝义诗，拂拭阽厘泪痕注。人生笃行良独难，岂为富贵易承欢。永锡尔类思罔极，相逢齐下皋鱼泣。”《吴敬梓集外诗一首》刊登于《文献》2004年03期。

## 雷绍宗

雷绍宗，字嗣美。清陈州淮宁（今河南淮阳）人。贡生。事亲人无间言。十七入庠，父命与万如洛、祁庭仪诸人结社读书。母病遂留心岐黄，设药室施剂不受值，强委之即留以济贫。积二十四年药资费数千金，年七十里人欲制锦称庆固辞。卒后有吏部郎山东马祺遣仆持书馈人参二斤，珠百颗云：“十八年前过此患疾将毙，赖治而愈，特申谢。”子方震，侄方晓具书却还。方震等庠生，孙拔贡采章等接踵有声，成均黉序间。见民国五年《淮阳县志·义行》。民国二十三年《淮阳县志》亦有载。

## 雷方震

雷方震，字惊伯。清陈州淮宁（今河南淮阳）人。孝友性成，父游江南病还，震尝粪以试甘苦。继母宋氏性严，能得欢心。父殁，弟六，唯次弟方起成立，余俱幼。震营产业，条理秩然，延师课诸弟皆成名，析产任弟择取，后有荡业者割己田与之。子建章，太学生，次采章，拔贡生。见民国五年《淮阳县志·孝友》。民国二十三年《淮阳县志》亦有传。

## 雷方声

雷方声，字宇闻。清陈州淮宁（今河南淮阳）人。贡生。性至孝，父早卒，母好施与，建一桥费百金，时声囊空贷以成之，里人有负德者，旁观愤欲起攻，声止之曰："勿使渠有不义名。"州牧闻其贤，立为乡正。里中事无大小俱和处之，人咸感德。子雷需皆入庠。见民国五年《淮阳县志·义行》。

## 雷方运

雷方运，字惊田。清陈州淮宁（今河南淮阳）人。恩贡生，候选教谕。孝义雷显宗长子。颖悟好学多读书务求心得，至废寝忘食。课子弟亲自选注，乾隆丙辰（1736）举贤良，方正有司欲以方运与弟方晓应固辞勿获，卒举方运逾年卒。子继祖，廪生，候选州同；次锦绣，太学生。弟方晓，字惊万，号抱痴，豪侠好义，有画癖，与彭湘南、钱廷文、张体铨诸名士为知交，乾隆十九年（1754）修邑乘总董其事。兄弟均有著作。方运著有《春秋心解》四卷、《古文心解》四卷。方晓著有《雪庐诗抄》《南游诗草》。见民国五年《淮阳县志·文学》。民国二十三年《淮阳县志》亦有载。

## 雷继祖

雷继祖，字聿斋。清陈州淮宁（今河南淮阳）人。由廪贡捐州同。性孝友，工诗文，好施与，尤精医术。著有《医论》一书，行于世。《民国淮阳县志》。见《中医人名辞典》。《中医人名大辞典》亦有载。

## 雷采章

雷采章，字东阁，号暗亭。清陈州淮宁（今河南淮阳）人。幼失恃，毁瘠有至。性至孝，乾隆辛酉（1741）举拔萃科，朝考入都闻父疾驰归。左右就养，十数年无倦色。事继母谨，亲殁丧葬如礼，家设木主，率子弟展拜日三。事兄敬，有过辄谏。侄破产代复其业。诸父，诸舅告匮周之，有生养死葬者。十九年修邑志，三十九年修黉宫，皆力任其役。四十七年龙湾口决，邑告灾，采章施钱粟振济。五十一年大饥，戚党告贷不能偿者焚其券。有以茔田鬻者，必留隙地听鬻主自葬。训子弟以敦行为本，案置格言，受业得第者指不胜屈。又设义塾多所造就。修桥路，救疾苦习以为常。郑广文旌其门曰："当世醇儒"。子四，长孟伸，次仲伸，次叔伸太学生，次季伸岁贡生。孟伸子淳历任遂平、信阳、新郑训导。季伸子兼山，入乡贤祠。见民国五年《淮阳县志·义行》。

## 雷兼山

雷兼山，字静斋。清陈州淮宁（今河南淮阳）人。母早亡，父患目眚，购药数百里修瀹务获欢心。家中落，砚田稍裕，辄分赡兄弟诸侄。嗜书耄而不倦，潜心性理诸书，八秩后犹有日记。教养外孙李毓英、擢英等宦成名立。尝借山右常星五银百五十两，星五旋里欲偿，末由后司谕郾城如数出银，捐入书院，而勒碑大书山西常星五名。在郾四次俸满进士赵时熙，举人柴金坡、赵时庚、高攀桂、赵保善，副贡苗麒阁皆成就。武职陈国瑞一见执弟子礼。监修郾城黉宫捐廉五百金，于节孝祠设立义塾，出资延师二十年如一日。去郾时复捐俸银二百两入城工，郾人称之。卒年八十八。传后附有项城举人杨凌阁表其所墓志云："公讳兼山，字静斋，号酉崃，原名澄江。河南淮宁人。原籍江西丰城，自始祖讳宽公，元季徙陈。传十三世至采章公，乾隆辛酉科援贡公大父也。父讳季伸，岁贡生，候选训导，有子五，公行四。"见民国五年《淮阳县志·乡贤》。民国二十三年《淮阳县志》亦有传。

## 雷效曾

雷效曾，字绍先。清陈州淮宁（今河南淮阳）人。事亲孝，生养死葬如礼。昆季怡怡，幼贫失学，好问强记，能谈历代事。堂叔登瀛无子，效曾例当继，及登瀛卒，乃以遗田数顷让从兄承嗣，自出己资经纪丧葬。村南桥圮解囊修筑，亲族婚丧多资助。尝置粟于门以给丐。岁除邻里求贷无弗应。时以仁厚称。见民国五年《淮阳县志·义行》。民国二十三年《淮阳县志》亦有传。

### 雷继贤

雷继贤，字圣传。清陈州淮宁（今河南淮阳）人。早年习儒，绩学不遇，后研习医学，药饵、针灸，各臻其妙。道光十八年（1838）秋，时疫流行，慕名延请者昼夜不绝，全活不可胜数。《民国淮阳县志》。见《中医人名大辞典》。

### 雷乐善

雷乐善，字同与。清陈州淮宁（今河南淮阳）人。邑庠生。兼精医术，每遇险症，多起死回生，知名于时，子雷春华，孙雷曰钫，皆传其术。《民国淮阳县志》。见《中医人名大辞典》。

### 雷春华

雷春华，清陈州淮宁（今河南淮阳）人。儒医雷乐善子。继承父学，以医知名。子雷曰钫，继业亦精。《民国淮阳县志》。见《中医人名大辞典》。

### 雷曰钫

雷曰钫，清陈州淮宁（今河南淮阳）人。邑名医雷乐善孙，雷春华子。继承家学，亦以医术著称。《民国淮阳县志》。见《中医人名大辞典》。

### 雷效先

雷效先，字绳武。清陈州淮宁（今河南淮阳）人。以医为业，名重于时。自备车马，凡乡里延诊，皆往治。遇贫病施赠药饵，世人德之。《民国淮阳县志》。见《中医人名大辞典》。

## 雷汝岑

雷汝岑，字翠峰，号笠庵。清陈州淮宁（今河南淮阳）人。善画山水，尤精人物，邑人珍之，咸称为翠画云。见民国二十三年《淮阳县志·方技》。

## 雷汝清

雷汝清，清汝宁府正阳（今河南正阳）莲花寺人。仗义忠勇。清道、咸间，土匪千余人骚扰店东。知县郑元善带兵五百余名，跃马进剿，寡众相悬，身陷重围，再三冲突莫能出险，左右已半受伤，坐骑亦中矢毙，覆殁在即。汝清闻之，急率健儿数十，飞奔驰援。腾身奋呼，杀进重围，觅得郑公，臂负之，血战溃围出。且战且走，适土河水涨，急夺船，俾护公先渡。而贼已逼近，追势益急，汝清乃转身截战。郑公得远脱，汝清竟力竭战殁。此咸丰十年（1860）事也。后郑公升河南巡抚，碑以悲之，诗以吊之，更访其子全忠、全仁及遇难者，优恤之。见《民国重修正阳县志·人物》。

## 雷毓渭

雷毓渭，字谷山。清汝宁府正阳（今河南正阳）莲花寺人。性豪爽，任事有力。幼失怙，年十五主家事，渐致丰裕。咸丰间，匪患过剧，乃毁家筑雷堰寨。联络曹楼、熊寨等二十余处，誓同共守。寨数被围，力御未陷。计遣雷振坤赴汝宁求救，旋得太守刘子恕驻寨剿抚，张凤林等相继就擒。刘公主痛剿除党，渭力请歼枭魁，予胁从自新，刘从之，获救数千人。后刘升河南按察司。保其子应权为游击，族孙振坤为都司。匪既平，乡邻借贷数万缗，公以民生凋敝，债据当场焚去。至今父老犹称赞不休。见《民国重修正阳县志·人物》。

## 雷宣化

雷宣化，字著廷。湖北武汉人。汉阳庠生。精书法。《达可斋集》。见《中国美术家人名辞典》（补遗一编）。

## 雷楚材 （1747—1822）

雷楚材，字兰樵。清湖北汉阳汉阴里人。其先数世通诂训，习艺文，授徒数百，人称乡闻大师。父烈，字衡若。兄弟四人，楚材为幼。少孤，由长兄代养。壮岁入胶庠，与诸兄俱为名诸生。生二子：联奎、联璧。楚材工于诗，有《自怡集》《舒怀草鸠栖集》《石鉴山房集》《芥房集》等。侄孙著亭善书法，抄存其诗稿。民国初年，后世将其诗集合为《南汉诗约》出版，傅守谦撰《雷兰樵先生传》。见《达可斋文初集》卷五。《清代人物生卒年表》误将雷楚"材"写作雷楚"村"。

## 雷坦健

雷坦健，字履中，号乾斋。清湖北汉阳人。家世业儒，健通经史，工篆隶，积学未遇。年二十余丧妻，不更娶孑然一身，著《碗垆春》一吟一咏，弟南翘编其诗于《汉南诗约》中，略存梗概。鳏居三十年闭门教子，潜心经术。子冲霄早年游庠，邑人高其义请于学使，茹古香以"太璞完贞"额旌之。见《同治续辑汉阳县志·儒林》。

## 雷世旺

雷世旺，清襄阳（今湖北襄阳）人，白莲教掌教。按《碑传集》："西安将军鄂密特公德楞泰传，嘉庆三年（1798）入川会剿白莲教，至蓬溪县珍逆首雷世旺、孙老六，皆襄阳掌教贼也。"《清史稿》亦有载。按《梓潼〈战绩歌〉碑、鸭鹤岩碑考》：嘉庆五年（1800）庚申，白莲教起义军，黄号徐万富部，兰号冉天元部，青号汪派部，线号陈德俸部，白号张子聪、雷世旺部，抢渡嘉陵江，清总兵朱射斗在蓬溪高院场战死，未几渔江失守，全川震动，清廷起用勒保为领队大臣由京入川会同参赞大臣德楞泰同办"川贼"。本文刊登于《四川文物》1993 年6 期。

## 雷春沼

雷春沼，清湖北黄冈人。道光二十三年（1843）举人。曾任鹤峰州训导，兼署巴东教谕、归州学正，内阁中书衔恩施县教谕、襄阳府教授。纂有《同治宜昌府志》《同治续修鹤峰州志》《光绪恩施府志续编》。见《中国方志大辞典》。

## 雷作和

雷作和，字育长，别号宋山樵客。兴国州（今湖北阳新）人。工书画。《兴国州志》。见《中国美术家人名辞典》。《中国历代画家人名词典》《中国美术家大辞典》亦有载。按《中国美术家人名辞典》（补遗二编）："雷作和，字育长，别号宋山樵客。江西兴国人。工书，善绘画。参考《兴国州志》。"雷作和为江西兴国人之说疑有误。

## 雷　鸣

雷鸣，清代书法家。湖北咸宁人。道光三年（1823）癸未科进士。工书，取法钟、王。见《中国美术家大辞典》。《明清进士题名碑录索引》亦有载。

## 雷青云

雷青云，清武昌府崇阳（今湖北崇阳）人。贡生，鸣昌继子。事亲尽职，亲殁守制庐墓，哀毁过人。建立家塾义学，一切善举糜不乐为。学使王匾奖。见《同治崇阳县志·孝行》。

## 雷九（1842—1879）

雷九，名义堂，字君贤。清湖北崇阳华陂雷骆畈人。光绪四年（1878），县正堂竺某闻宁家堰有阴沉木，遂强令毁堰取木。但水流湍急，木难取。适有高枞人放木排过堰。竺令拆排堵水，雷九愤然不平，率众抗拒。竺羞愤回县。事后，雷邀请孝廉米席珍以"毁拆民堰，强取民木"罪，向武昌督抚控竺；又以减赋为由，约聚宁家堰两岸农民千余人，扼城岭山以防不测。竺亦以"借官逼民反，图谋叛逆"罪，向督抚申请剿办。事闻清廷，甚为震惊，敕命湖北督抚查处。乡绅程洪海奉命协助调解。程拟定"官府拆毁民堰，崇阳聚众闹饷，遵照古例略减，立碑永久遵行"的办法，劝官兵撤走，乡民解散，讼息。雷九以石碑易毁，改铸铁碑，碑未成而雷九病故。见1991年版《崇阳县志》。

## 雷文蔚 （1848—1882）

雷文蔚，湖北崇阳华陂雷骆畈人。太学生。雷九之侄。雷骆畈乡民与竺某一案，雷九以石碑易毁，改铸铁碑，碑未成而雷九病故。县衙闻讯，竟违约。雷文蔚怒甚，继向府宪上诉。光绪七年（1881）上宪批复："准许刊碑禁革。"翌年，文蔚于去白霓桥铸造铁碑，并进县城，会集士绅，商议竖碑。知县余某命人熔毁铁碑，拘捕文蔚，并以站笼刑将其站死。文蔚妻王氏闻凶讯，即向邻县通城、蒲圻申诉。全县士庶在县城公祭文蔚。余惧，命桂口扬一鹗出面调和，愿出抚恤钱二千串。王氏不允，亲赴武昌向道、抚台拦舆告状。道、抚台批示武昌府提案究办，府宪拖延不理。王愤极，候总督出巡，于火星塘拦马上告，总督拒不受理，并责以杖刑。总督按例行香，王于保安门再次拦马鸣冤，获准。光绪九年三月道台陈某，奉命来崇，提审粮房书差二十八人。杨一鹗出面为吏役等申辩，引起士庶公愤，群集宾兴馆，骂杨系"第二个蔡绍勋"，欲杀之。陈见众怒难犯传讯邑绅林三寿等，并严审粮房，提取口供回省。五月，罗宪莅崇视事。六月，奉上逾："革除余宪及有关粮房、书吏，永不叙用。"碑得立，冤始平。邑廪贡生骆宗曹赞颂王氏："曹操孟德，女中难得，夫冤沉底，志在必雪，冒死控上，不畏斧钺，续成夫志，革尽蛀贼。"见1991年版《崇阳县志》。

## 雷以动 （1869—?）

雷以动，字静山，号炼生。清松滋（今湖北松滋）人。光绪二十一年（1895）进士。散馆改湖南耒阳县知县。书法见称于时。见《中国美术家大辞典》。《民国湖北通志》《词林辑略》《明清进士题名碑录索引》《清代人物生卒年表》亦有载。按《清代科举人物家传资料汇编》："始迁祖讳声洪，嘉靖年间由崇阳迁松滋。"

### 雷之榆

雷之榆，清沔阳州（今湖北仙桃）人。雍正初年由训导改秩特授遵化知州。抚字心劳，哀矜谳狱，大差不吝解囊，以息民力，有古良吏风，升北路同知，寻擢永昌道。《光绪遵化通志·名宦》。见《地方志

### 雷承德

雷承德，清长沙府益阳（今湖南益阳）人。性至孝，尝负薪归，见母曝暄檐下，有虎蹲伏堤上，将搏人。承德遽惶恐跪地，祷曰："无惊我母，愿终身茹素。"虎遂去，殆诚孝所格也。见《光绪湖南通志·人物》。

### 雷时惠

雷时惠，字侨如。清长沙府安化（今湖南安化）一都小淹人。好读书，以圣人言体认甚切，著有《人禽论》。父必声，庠生，早故，事母彭以孝显。兄弟五次居三友于甚笃。生平矜孤恤寡，善行不一而足。以故至湖北孝感适与亲属同舟，匿其金数十，时惠明知之，置不问。晚年尤介贪得，虽家计亦不问有无。唯一训课子孙为要务，易箦时犹强舌睁眼，以必要读书再三嘱。子义方，隶县学。见《同治安化县志·善行》。

### 雷义胜

雷义胜，字亭表。清长沙府安化（今湖南安化）一都小淹人。其家四世同居，丁口甚众，义胜与妻黄氏共治家政，夙夜不遑。自度世业无多，徒耕不赡，乃冒险经商，跋涉江湖，备尝甘苦。父母先后卒，遗命勿分爨，义胜总理五十余年，凡饮食、衣服、婚嫁、死丧，皆井有法度。卒年八十。见《光绪湖南通志·人物》。《同治安化县志》亦有传。

### 雷先攀

雷先攀，字麟元。清澧州安乡（今湖南安乡）人。廪生。执亲丧，三年不入内室，未尝见齿。生平一注目，一措履，皆凛然自持。妻张氏，贤而秉礼，人推为里中梁孟。见《光绪湖南通志·人物》。

### 雷玉映

雷玉映，字半吟，号绿窗散人。女。清澧州（今湖南澧县）人。贵州婺川县知县雷畹香女，湘潭何官麦妻。著有《半吟楼诗存》，书前

257

有鄞县沈栗仲序。见《湘人著述表》。

## 雷名杰

雷名杰，字轶千。清衡州常宁（今湖南常宁）人。监生。与邓泌科友善，泌科赴试，资斧皆名杰营助。力竭，则鬻田继之。邓捷南宫，了无德色。有佃因债将鬻妻，名杰已贫，为典质百金以偿负。年七十卒。见《光绪湖南通志·人物》。

## 雷松筠

雷松筠，清衡州衡山（今湖南衡山）人。精于医术，治病不索谢，遇贫者更给以药饵。寿八十岁，无疾而逝。见《中医人名辞典》《中医人名大辞典》。

## 雷兴侃

雷兴侃，清郴州（今湖南郴州）人。监生。于石面礶渡司工渡，共施田租二十余石，修桥、梁、亭、路约费二百金。修观音堂捐银八十两，冬尝施棉衣，刊《阴骘文注解》约费五十余金，刷装遍送。《嘉庆直隶郴州总志·义行》。

## 雷澍万

雷澍万，字苏亭。清桂阳州（今湖南桂阳）人。九岁能文，所授经能自正句读。萧山汤金钊督湖南学政，取为拔贡生，年四十二矣。澍万天材超逸，博览强记，用诗赋擅一时，州中后学论声韵，藻采必师澍万，与曹德赞并号工馆体。弟子尤众。性友爱，兄为贾，负债数百金，以己所得资代偿之。族人来告贷，视己所有，必分给焉。在京心动念母，遽归。母病寻卒，庐墓侧，有大鸟覆其茔，久之乃去。晚筑室临钟水，亭馆略备，皆因山水自然号石笋山房。外辟一径曰愚谷，遂老焉。年六十八卒。著有《石笋山房文集》十六卷。见《光绪湖南通志》。《同治桂阳直隶州志》亦有传。《湘人著述表》收录其著述。

## 雷敦苏

雷敦苏，清郴州永兴（今湖南永兴）人。咸丰九年（1859），以母老病不能避，贼入村焚掠，敦苏引颈受刃，其母亦被焚死。见《光绪湖南通志·人物》。

## 雷朝亭 （1611—1675）

雷朝亭，字凤甫。清桂阳州嘉禾（今湖南嘉禾）贵贤乡翰门人。祖仕元，父以爵，以朝亭贵俱赠儇远将军。朝亭貌雄伟有力，年十六能挽三百石弓，身长八尺，今子孙守藏袍服中人立几上服之。尚曳地尺许云：“少不事诗书。”粗识字喜兵家言，恒杂取竹柘缚为弓，囊炉砂为弹，走牧童丛中，画地投石，施放葭萌箭如敌阵者。然长益疏宕偶行贸粤广道遇相者曰：“君当大贵。”会明季寇炽，李自成陷京师，吴三桂借兵于清，朝亭投王师摄政王，以其勇力绝伦拔用之。俄授千户，转战辰沅全宝间，最从征平武冈。江右叛变，朝亭为先锋功最，顺治十年（1653）癸巳由江右西抚州游击，擢江南苏松河总兵，诰封怀远将军。未几，九仙山贼杨文称乱，诏朝亭与陈升往征，破之，凯旋刘河。刘河濒海，当南北之冲，时郑氏踞台岛貌顺阴违，海贼出没，防不胜防。朝亭以宿将坐镇建威树信，清内奸，示招徕，缮甲兵讨军实为荡平海疆根本之计。旋领崇明水师筑土填海口坝，工甚巨，朝亭勤施廉奉，既不病帑，亦不以困累力役，康熙四年（1665）调入京，巡捕京城内外南营。十一年从将军赵良栋平云南，最转广东惠州府总兵。十四年薨于位，年六十有五。廷谕祭葬，颁“大树遗风”匾额以旌异之。朝亭为将几险难劳苦，皆先士卒赴，凡镶功饮军陈犒皆士卒食，人乐为之用。所向当驰道功多自以起行伍立功名，接礼贤士大夫辞气蔼如也。镇刘河时，大学士吏部尚书金之俊退居林下，泛舟游太湖，朝亭适巡海道遥语舟中遂交欢。及移军崇明筑治海塘工九里口碑载道之。俊乃复因上将军王瑞轩致辞为寿有曰：“将军以武功立节，转从诸王征战江右之师，手扼元凶，拔步飞岭至今，九仙之人望将军旗帜如霹雳，作声能止小儿啼。”又曰：“崇明之坝为海疆第一险冲，故持以第一人扼之于戏，可以见其风概矣。”子祖材。见《民国嘉禾县图志·贤达列传二》。

## 雷祖材 （1634—?）

雷祖材，字汝圣。清桂阳州嘉禾（今湖南嘉禾）贵贤乡翰门人。

朝亭子。幼聪悟，涉诵文史，执笔为制策辄数百言立就好。骑射有父风。偶操弓马试，入武庠。顺治十一年（1654）祖材年二十一岁，以二十七名武举于乡。康熙八年（1669）授江南崇明千总，以尘职称。六年以运粮功升守备。十四年奉朝亭丧回籍。十七年起复补江南淮安守备，淮安介江傅海舟车辐辏，屹然南北一重镇也。乃申约束核简练，先恩后威，使士卒咸知设兵以卫民也。礼讶寮案，辑睦文武，凡典守淮安十有八年，率初弗解，四境谧肃。三十四年擢甘肃参将，诰封明威将军。祖材时年六十有一矣。居无何，乞归。以其财分与疏数昆弟，稍治室岁时，召宾戚燕饮以自娱佚。八子九女，年八十余乃卒，长子宗瑞，庠生，博学多通，旁涉医卜、阴阳家言尤喜谈佛氏因果善行，至老不倦。见《民国嘉禾县图志·贤达列传二》。

## 雷恒（1676—?）

雷恒，派名祖恒，清桂阳州嘉禾（今湖南嘉禾）贵贤乡榜背山人。雷正绩之孙。父朝瑞，康熙甲寅（1674）乙卯间吴三桂之变，清兵出湖南常德征饷，州邑有司辄以解运受谴。朝瑞应募输运往来重湖，还报，县官嘉其廉干。五子十九孙皆有名于时。恒兄恺学已成而恒始执笔为童子军，文恺教之。后乃同年附学籍，同饩于廪。恺淡于进取，恒以贡生为龙山县校官。初，康熙二十六年（1687）东南郡邑清丈亩，恒时年十二，承写鱼鳞细册上县，县官嗟异之。父以恒善心计命治生产，不令读，外舅胡圣凤翼之入塾，学锐进。年十九以府试第一受知岳，学使举秀才科岁试六置第一，十赴秋闱三荐遭腜其之，官龙山教谕兼署保靖谕司铎十二年。年已八十矣，日夕展书目光炯炯，善言易数，深得邵康节之学，凡与居游铲骄锄吝，久而自化大吏重之。乞老书四上不允，以病归，僚友门徒属涂祖钱至千余人，为教官致仕仅见之荣。子二：宗澍、宗霖。澍之子：曰骏、曰騄，霖之子曰骧、曰骧、曰骊、曰騑、曰骆、曰骅，俱隶学籍为名诸生。骧充廪生，骏成岁贡，骧以年为赐举人。而恺之子曰霆，霆子钦，均有名庠序间广文。雷殷其从孙也。见《民国嘉禾县图志·贤达列传五》。

## 雷祖博

雷祖博，清桂阳州嘉禾（今湖南嘉禾）贵贤乡榜背山人，丧父哀毁逾礼，事诸兄怡怡一室。性醇谨人乐亲附，然遇忿争面斥其过，不少徇人以此益重之。《同治嘉禾县志·义行》。《民国嘉禾县图志》亦有传。

## 雷凤恒

雷凤恒，清桂阳州嘉禾（今湖南嘉禾）贵贤乡姜里人。父文光，增广生。事继母以孝闻，学木读儒行矜式。凤恒生而神秀，弱冠举茂才，乡俗褊陋，士行轻佻，封己为秀才。则攘臂里社，神躁形丧，俯仰随人，诩然曰排难解纷，不知其为名教所腆也。凤恒痛斥俗诟，引躬淑谨。好读东严崔徐之文，乾隆十八年（1753）癸酉拔贡生，廷试不谐归。益肆力于文歌辞，今所著有《珠泉赋》。元明以来，张言性理文尚散衍，以骈偶声律为病，僻乡则溺时艺不究故训。自凤恒以篇辞噪郡邑，学者稍知师尚之云。见《民国嘉禾县图志·贤达列传七》。

## 雷 殷

雷殷，字闻远，派名世瀹。清桂阳州嘉禾（今湖南嘉禾）贵贤乡榜背山人。九岁始就塾，初，事霆为弟子，旋师骧及骏。性耐坚劬，读书洛诵无一字遗。卒以此教人，人多难之。自时艺盛，学子但埋头讲章揣摩八比不究古籍，殷独以多读经史倡导后生。今乡里称朴学笃行必曰闻远先生。以乾隆五十四年（1789）己酉岁贡贡生铨湘乡教谕，既告归，不闻外事。嘉庆壬戌（1802）与蓝山雷雨才孝廉纂辑《雷氏通谱》，以为敦本之计焉。见《民国嘉禾县图志·贤达列传五》。

## 雷如合

雷如合，清桂阳州嘉禾（今湖南嘉禾）上乡乐塘人。家故寒俭，然地方义举恒乐为之，尝倡建村右文昌阁。有子二人，长信钦，次汝霖，贡生。汝霖性颖异嗜学如合，常忧无资使读。信钦请曰："愿挑盐脚获力资以成弟业。"后汝霖为诸生负时名，常举父兄抚读之苦以教门徒，谓有缘读书不可不奋志也。信钦子楚彬从汝霖学，同治四年（1865）乙丑院试已罢归矣，忽报至获隽，盖有因枪替复试遭摈者，而以楚彬补之。飞鹏、先叔澍霖入学时亦类此，人以为皆其先人好义重师儒之报云。见《民国嘉禾县图志·贤达列传六》。

## 雷大应

雷大应，字雨亭。清桂阳州嘉禾（今湖南嘉禾）贵贤乡新队人。少孤贫养于叔父，事母孝，尝为人牧。弱不好弄异，于群竖试之读，颖悟过于一塾。稍长学吏事勤慎明干，持以清苦，稍置田庐，年三十余去吏归而从。一时名宿问学郡孝廉曹昌，拔贡雷澍万，县教谕龙翔皆录为弟子，遂窥经史大义。年五十三始以县试第一举茂才，而心存利济，馈贫学纾民隐本谋义行，知无不为。规建金鳌书院，募膏火谷，大应实始倡之。豁免采买谷乡，设征赋总柜，建天锡祖墓道祭祠，以及社仓茶亭、道路，经大应告劳，辄以有成也。沛泽明经称之曰："大应才力能与事，赴不幸而囿于一隅，所就者小。"又曰："为人厚重简默，与人接终日怡然不妄发言。朝夕依母侧有莱氏风，其为文略不构思而成章甚捷。"行年八十问学不倦。而同里老屋雷德和、雷德雨俱以廉直，能举善义见称于时。见《民国嘉禾县图志·贤达列传六》。

## 雷祖昌

雷祖昌，字培润。清桂阳州嘉禾（今湖南嘉禾）贵贤乡人屋地雷家人。祖电，武庠。父良嶙，人称长者，死时祖昌方童年，生计窘服。贾于粤，以孝养母氏何最谨。及年三十有八，遽弃商习弓马，遂隶学籍，性伉直善排解是非，以廉洁诚信见重于人。历三四十年未尝俯从一不义予人以瑕疵也。卒之日，不期而来会葬者远近千数百人，多泣下沾衣嗟叹，乡里失善人焉。沛泽明经赞之曰："古大有为之才，济变匡时而不必皆诗书之士，盖天所素定然也。"窃见君凡所治事才肆而约，虑曲而中，言简而赅，行决而当。虽有沮难泽手冰释，然或任气人争辩之不少挫，虽未尝学问屈信卷舒之妙，人莫能测，倘所谓吕端大事不糊涂，徐传见长非学问者耶？一时推重如此。见《民国嘉禾县图志·贤达列传六》。

## 雷德刚

雷德刚，字忠朝。佾生名玮。清桂阳州嘉禾（今湖南嘉禾）贵贤乡人。少多疾成童躯干始僵，家号小康。学书不成，去县为吏二十年，以辨职称。四十归乡里，民间利弊孰复于心。而义形于外知则为之，星子司卡征盐担事甚虐，始由一二驵侩伥官为之。德刚伪为游食于临武遍帖字曰："尔地方私卡取人千辛万苦钱，必如所为是任一处皆可以卡征也，今请与约。"不日文武院试，凡骗人赴州所遍沿涂脚耗必取纳焉，以报卡虐，时论快之。县赋多零星小户，赴城完纳赋少而耗多，诚不如乡柜便。同里刘起文等谋移柜于乡，或利而致贿以钳口，德刚却贿，力赞其事。天锡祖墓道、祠亭、文昌阁，悉所谐建。晚年刊行善书，八十余卒。孙裕乾。见《民国嘉禾县图志·贤达列传六》。

## 雷裕乾

雷裕乾，字健行。清桂阳州嘉禾（今湖南嘉禾）人。父晋玉，世父晋璧，俱困于章句早逝。裕乾性淑均，事祖王母、李世母、曾母氏胡恪孝有礼法，而家世儒，素思有以振之。然幼塾中辍，成童力学惟日不足。嘉尚文行，沛泽明经称之曰："此之今古人也。"裕乾女弟嫁同里曾氏十阅月，而婿亡遗腹生男，誓不再醮家产，故绕族无赖思构害之，刃一猫如血婴，诬以私胎。裕乾往婉言于其族众曰："某女弟不幸而寡，幸而守节抚遗孤，为曾氏持门户也。"曾人感之，而女弟完节数十年。裕乾复为延师教，甥曾烜举茂才有名节。见《民国嘉禾县图志·贤达列传六》。

## 雷仕颉

雷仕颉，清桂阳州嘉禾（今湖南嘉禾）贵贤乡定里人。曾祖从斐有孝行，正德间举孝廉不就，林泉乐道自号岩石。子祖应，渡以爱亲敬长，为教乡党矜式之。父彦赞善积著治生定里，开宅已五世，族居渐大矣。彦赞二子，仕颉居季，承业愈振，有田二百余亩。喜施予捐砌桥梁十八处，里居善碑，往往见仕颉捐施名字。仕颉六传而至大洛。大洛三岁丧父，时祖业已零散矣。劳力养母，尝营小贸清泉墟市。一麻商醉遗囊金三百于侧而去，大洛守待日夕人散，遗金者至，举以与之。其人且泣且言，探囊出金以谢，大洛不顾而归。族有清明祭会值年主计差一钱不当，坐上某者素横遽投算盘击面，大洛归饰言误触壁伤。其廉让如此。年三十余始娶妻王氏。俱八十余乃卒，葬之日五男二女俱见孙甥，送殡人以为哀荣焉。第三子济霖国学坚苦农力席父业田不及一亩，尝肩挑木棉、牛汾道宿芹菜岭亭舍，被亭舍媪子盗去，里正责亭媪嫁其子妇以尝。济霖曰："如此非情所忍。"遂不问。又尝赴妻弟文盛副将英山屯，次文盛治装寄家属之曰："箧内八百金可于汉口换银洋以归。"及在途启视，乃九百金悉数归之。尝戒其子飞鹏曰："钱谁不爱，非分不可贪也，当官尤须切戒。"言之凛然。大洛四子澍霖，附贡生，贫苦殖学，不苟取予，中岁后渐经商致产百余亩，人有贷其钱而遁者计券可二千金，戒子孙勿责偿；贫甚者，焚其券。尝失数十金，知为某窃去，终不问。晚岁尤乐善举，村近道路掷费三四百金治弗不吝。族有支祠倡茸上坐，其戏台及雨廊则济霖倡修之，财俭而好义如此，家世清德递相绵缀，今负邑望焉。见《民国嘉禾县图志·贤达列传六》。

## 雷渊清

雷渊清，清桂阳州嘉禾（今湖南嘉禾）贵贤乡茶窝岭人。弱冠丧父，事母谨慎。友爱兄弟，各完家室，母命析居。时仅占田一亩四分觳行啬食，勤劬垦殖，积累以致资产，号素封焉。子时雨，魁梧异众，入武庠。渊清年七十时，雨请张寿宴，渊清坚拒之。移其费以捐施义举，族某豪横常觊渊清，一以平易处之，终免于戾。尝被盗储藏一空，知其人而不问，俄而盗之母已非命死。人曰："稍一不忍，渊清家且倾矣。"渊清八十终。见《民国嘉禾县图志·贤达列传六》。

## 雷德焕

雷德焕，字熙亭。清桂阳州嘉禾（今湖南嘉禾）贵贤乡新队人。生有夙慧，称神童子。年六岁随父蒙塾读书，五行俱下。五七言均语属对辄工妙，客过其父。适雷雨大作，客曰："电光斜射高低路。"德焕应声曰："云影平铺远近天。"城人李赞堂茂才闻其异，携去学戒，同馆生供给膏火。年十一塾诵诸经，桂阳雷澍万拔贡居与同里尤奇之。家贫无书可读，每翻阅《康熙字典》，人有问字者，辄举每篇页每行以答无遗。然可以此徒耗聪明，少受师友教益，使究于经史根本有用之学是其厄也。身材短小，年十二院试，学使责以不应与考，及试以对偶，默经惊异之。给卷别为一题曰：举直错诸枉则民服。德焕文分两比，一比曰，五臣而天下大治；一比曰，四罪而天下咸服，遂隶学籍。年十四乡试，拟中以文策过长膑之，郡城曹太史德赞、曹孝廉昌皆引为忘年交。后以岁贡终。尝言，吾于诗爱王梦楼，文慕效魏叔子、侯方域云。著有《三余别集》《读史臆说》各若干卷。见《民国嘉禾县图志·贤达列传七》。

## 雷闻驱

雷闻驱，清桂阳州嘉禾（今湖南嘉禾）銮三乡翰石人。家赤贫，锸土养母。父没时母氏罗哀哭成风病偃蹇床褥，闻驱以菽麦、荞荠易药物医之。谳则色然喜焚香拜天地不则号哭自挞，母曰："尔作土所得俭长年需药尔，妻子安得食？"闻驱则愈号泣曰："儿不孝，无以疗母，反萦母虑。"盖两眶不干泪者二十余年。及母八十二岁卒，负畚掘土为茔域。既葬朝夕必省墓，终身未尝旷也。终岁勤动渐致家业，日饭一餐，饥则烹粥，而常所以余为义施，行年六十一无病卒。卒时端坐语子步云曰："诸所贷我者勿索也，我今念自身从前无米时。"言未毕遂卒。步云例贡生，守先训，为善乡里有声。步云子寿林，贡生，今志局校勘。翰石开村以来，无青其衿者，寿林乃破天荒云。见《民国嘉禾县图志·孝友列传》。

## 雷晋日

雷晋日，清桂阳州嘉禾（今湖南嘉禾）銮三乡翰石人。高祖开名，乾隆时有田数百亩，葬妻被人盗棺，讼累耗产。祖鸣春，席残业克自振拔，而急人之急，有义声。父闻烨，尤好急难赴义，然家资窘矣。晋日兄弟三人居长，弟晋星、晋月遂析居，相与议曰："兄弟分财，此衰世事，今无财可分，愿各努力造家。"其时月未娶，所偶为同邑李知府昌彩之姊，以贫不能备礼，李人颇望之。日语月曰："兄有妾，愿遣资之，于是卒卖其妾以完弟婚。"李氏生二子二女，未成立而李氏死，无何月亦死。日方糊口新田归而与星谋分育之，日旋死。星痛哭失声曰："天不佑我，我伯氏日竟以乏绝乎而某也仅一女。仲氏二子已殇。其一天乎何辜？"日夜忧泣目瞀卒。年七十一。月子裕财，财子宇仁。见《民国嘉禾县图志·孝友列传》。

265

## 雷晋士

雷晋士，清桂阳州嘉禾（今湖南嘉禾）贵贤乡茶窝岭人。父德学乐贫式毂，有子三人，晋士居季。少成若天性，父丧哀戚尽礼，母氏谢多病侍汤药，常数月衣不解带。兄俊及凤昪居十共财，孝友闻一乡。晋士故敏干，善为人折衷曲直，然谦忍有容，或加横逆常自反不与校。尝语人曰："古人如刘宽问羹烂手，娄师德唾面自干，可勉而几也。"远近翕然称为长者。卒年七十有七。见《民国嘉禾县图志·孝友列传》。

## 雷有容

雷有容，字忍庵。清桂阳州嘉禾（今湖南嘉禾）榜背山人。岁贡生。榜背山村人士多喜营干，善辩论，而有容谨愿讷讷如不出口。胆极小，事亲体悉微隐，唯恐亲忧。尝读《戴记》，不登高，不临深，辄叹息曰："此孝子志也。"父秉礼，庠生，有文行。母李氏，年八十余，温清无违，稍病尝药就养视于形声之表。一日母登楼觅金针线，遽腹痛呻吟。有容方手卷，闻之奔梯上视母无恙。及下楼而有容审视梯危，足怯不敢动，数人扶之乃下。其上梯也以救母忘其险也，可谓孝矣。子四皆读，仲子裕琨，学行似父。见《民国嘉禾县图志·孝友列传》。

## 雷裕炎

雷裕炎，清桂阳州嘉禾（今湖南嘉禾）贵贤乡定里人。父晋启，早逝。母唐氏，儿耕母织，偕弟圭服劳奉养，以孝友著。炎为人丰额长髯，恂恂如儒者，人对之尊敬之心不觉而生。性喜观戏剧，村里远近不惮往，尝曰："观今鉴古，国家盛衰，社会善恶存乎。几微应响，甚捷不可忽也。"尝举以训诫族子弟焉。子四，渊耀，业儒未售，然能自爱。咸丰初寇乱，所配曾氏不及备礼而父母家遽送至，后生七子焉。见《民国嘉禾县图志·孝友列传》。

## 雷大芳

雷大芳，清桂阳州嘉禾（今湖南嘉禾）贵贤乡定里人。有孝行，而性刚毅。父世粹坟地为王姓某盗葬，大芳伤父棺有损也，讼于官，官祖王，大芳忿极，庭讯啮指洒血哀诉，官为动容，遂理之。然因此耗累生理，乃迁居水东源耕荒卜宅。其后浸昌。见《民国嘉禾县图志·孝友列传》。

## 雷裕祁

雷裕祁，字兴甫。清桂阳州嘉禾（今湖南嘉禾）贵贤乡冈背塘人。父晋邦，有清德。祁幼读不逐流，习自程功过。世所传《文昌帝君阴腾》《文关圣觉世经》遵奉唯谨，人或横侮之，反身而诚，绝不与校。母氏胡高年瞽目祷神乞医竟愈。祁因从眼医雷德琳学，尽得其秘，遂以眼科名乡里。然医药率不取值，教人以孝友为本。弟郊及邰式好最笃，邰一子早世无嗣，祁以孙源椿为之。后源椿即光南庠生也。郊有学行先祁卒，遗孤渊印抚若己出。渊印笃行谊处事有权略，子有文庠生，以孝亲闻。祁子渊鲸，怀才励行，年二十余死，里人增生雷雨作哀之曰："兰也，香霜拒之，士也，方天夺之，天不可知，人则可知。"后有知者视此题词。见《民国嘉禾县图志·孝友列传》。

## 雷世瑄

雷世瑄，清桂阳州嘉禾（今湖南嘉禾）贵贤乡人。年三十七岁，质朴正直，竭力事亲分年八十九岁，眼蒙十七载，寝兴不离，父母亡日丧葬尽礼。好义乐施，乡有河名东流水桥梁九渡捐修济步，里人戚属不吝周急。其妻王氏年七十四岁，相夫内助，孝事翁姑，甘肯汤药朝夕身亲。和妯训子孙，夫有捐吝，并无悭助，自今夫妇齐眉，儿孙绕膝。善可励俗，乡人引重。《同治嘉禾县志·义行》。《民国嘉禾县图志·孝友列传》亦有载。

## 雷德忠

雷德忠，清桂阳州嘉禾（今湖南嘉禾）贵贤乡一都人。幼孤贫，诚蒙养母务得欢心。母氏刘，尝被汤沸足，溃裂卧床褥两月余，日如厕数次，德忠必亲负。子妇求代，辄曰："吾母也，当吾负。异日吾老，乃若曹事耳。"母年九十余终，时语孙曾沛泽等，述此为家法。见《民国嘉禾县图志·孝友列传》。

## 雷德珈

雷德珈,清桂阳州嘉禾(今湖南嘉禾)贵贤乡一都人。亲丧三月不见齿,事兄如父。自妇子家人相待必以礼。里中年少有邪僻者,必呼至家治酒具,然后告以为人宜有礼法。始以婉言劝继以严辞,终以谈笑俾欢洽而听受焉。人咸畏而爱之,敬而信之,盖以德化人者也。见《民国嘉禾县图志·孝友列传》。

## 雷晋瑜

雷晋瑜,清桂阳州嘉禾(今湖南嘉禾)上乡田心人。家赤贫,为人慵保,常持素好善,见丐者辄施衣米以为常。临武至星子有舜头岭者,磴道峻险,肩担盐脚疲苦,甚于蹇驴服盐车上太行。晋瑜常常至其地,侯人之疲力不堪者代之挑运,予以钱不受,则曰:"吾以力行所不忍耳,非以力售钱也。"邻人争畲将讼,晋瑜以己畲与之。他善事类此者,多以苦力为义役期,可谓独行君子矣。见《民国嘉禾县图志·义行列传》。

## 雷渊秀

雷渊秀,字敬严,清桂阳州嘉禾(今湖南嘉禾)富乐乡添泰塘人。少孤贫无立锥地,随母再醮为他人子,长乃归宗。年二十佣工自给。服勤毂行耕野荒山渐以有家。晚年乃竟有富名,然好行其德,唯恐弗逮,士夫咸乐道其贤。渊秀亦资忠履信以赴之。既积著有财,不能为他务展拓以放债济人。困其收息必亲往,免于役力给资又不受餐饭。往返忍饿,责者不与息。且抚慰之,甚乏则焚其券。尝曰:"吾故媭人子,今敢以财炫矣。"道路、桥梁,岁有灾歉必先焉。桂郡建南门雷氏宗祠,渊秀捐巨金不吝,甘善好施而不有其惠。廖贡生咏霓赠以序曰:"闻人有急而周之,而贷者不责其偿,仁也。遇人有纷难辄出金钱解之,而受者不望其报,义也。有过见则指斥之,而悔者不念其旧恕也,凡与人为善则乐之,而多施不吝,勇也。"一时推仰如此,盖农而有士君子之行者欤。见《民国嘉禾县门图志·义行列传》。

268

## 雷廷秀

雷廷秀，派名晋河，字弼臣。清桂阳州嘉禾（今湖南嘉禾）贵贤乡童子拜观音村人。国子生。父大程，力田清苦，八十五岁卒。时六子十四孙十余曾孙。叔父大称年亦八十五，以正月九日家常饮次语未毕而逝。曾孙灿坤方五岁，列侍捧鸡肘笑曰："老公公睡去矣。"廷秀稍识字，笃于行义，不苟取与有义声。九十三岁时先夕除年饭毕，戒子妇曰："明展元日，毋呼我起。"及旦，子凌汉率孙等拜于床侧，廷秀答言："愿尔等吉利。"寝三日召子孙训曰："我阅世久矣，尝见人学好者则兴，学坏者则败等尔，切记！"言讫而逝，若平生焉。见《民国嘉禾县门图志·义行列传》。

## 雷裕能

雷裕能，字载职，号心泰。清桂阳州嘉禾（今湖南嘉禾）贵贤乡大屋地雷家人。国子生。祖良儒，年十三父母俱亡，哀戚若成人，友爱弟妹，至性奋发。父晋悠，以孝友著，村前大井头亭独力创建，有义声。裕能读书粗晓大义，孝事后母诚心行善。族人裕元者亦国子生，以直道见信于里巷。于人不轻许可，年长于裕能，而独心折焉。尝录裕能行事有十善云：构茶亭，施茶田善一。焚借券三百余金善二。施槽不下三四十具善三。施医药善四。独砌锈泥井黄并头石路善五。倡修村前楼门建石师为表善六。邻村张寡妇质田一亩八分，十七年不收田租善七。印送《玉历钞传》等善书善八。古垄渡桥捐六十金，其余捐十金数十金者不可胜纪善九。周急恤患，岁尝有闻善十。然裕能尤好贤礼士，同里萧贡生赏心亟称之以为能好是懿德者也。子荣椿，增广生，县议员；桢，庠生；栋，法政生。孙七人。见《民国嘉禾县图志·义行列传》。

## 雷礼生

雷礼生，清桂阳州嘉禾（今湖南嘉禾）贵贤乡茶窝岭人。村族生房之支祖也。家富有而勤朴力作，常与牧为伍，诚心施与不欲人以己名刊碑。尝曰："恒言阴德，阴者，隐也。沽名市德是反不德。"凡礼生所施捐道路、桥梁不可胜纪。乐塘利民桥工兴，初未有向礼生募者，礼生耻之。乃日驱牛而牧于桥侧，伪为桥工力役，匠石者异之。既而桥工费窘，礼生告人曰："盍住茶窝岭某家募助乎?"当事持簿往其家，则即日日来桥侧工作之牧牛者也。慨捐多金桥遂成，匠者为特刊一碑曰："雷礼生塞桥尖。"谓之塞桥尖者，凡塞之一石以喻大功告成受礼生多施之赐也。而礼生耻其沽名，乃沉碑于水云。见《民国嘉禾县图志·义行列传》。

## 雷晋美

雷晋美，清末湖南嘉禾县茶窝岭人。为人谨饬，颇负乡望。精医术，以眼科著称。年八十二卒，子雷席珍，得其传授。《民国嘉禾县图志》。见《中医人名大辞典》。

## 雷席珍

雷席珍，清代湖南嘉禾茶窝岭人。本县眼科名医雷晋美之子。传承父学，亦通医术。《民国嘉禾县图志》。见《中医人名大辞典》。

### 雷国福

雷国福，字以德。清代湖南嘉禾人。精通医术，尤通脉理，决病者死生多奇中。以济人为怀，不论贫富，率不受酬。《民国嘉禾县图志》。见《中医人名大辞典》。

### 雷裕榜

雷裕榜，清代湖南嘉禾县人。随岳父李高风习医，深究《内经》《难经》《伤寒论》，通悟医理，临证多奇验。重医德，治病不求酬报，知名于时。《民国嘉禾县图志》。见《中医人名大辞典》。

### 雷元亨

雷元亨，清代湖南嘉禾人。增贡生，相貌清癯。兼善岐黄，尤通脉理，以儒医著称。为人多智，里党倚重之。《民国嘉禾县图志》。见《中医人名大辞典》。

## 雷元炤

雷元炤，清代湖南嘉禾县贵贤乡人。贡生雷邦子。自幼嗜学，尤善医术。设药肆于村前，凡求诊者，富不责酬，贫则施药。著有《内外医方便览》，今未见。曾孙雷渊河，亦以医闻。《民国嘉禾县图志》。见《中医人名大辞典》。

## 雷渊河

雷渊河，清代湖南嘉禾县贵贤乡人，儒医雷元炤曾孙。幼习举业，刻苦励学。后致力岐黄，亦负盛名。诊病不炫长，不执见，遇困乏者赠以药资，时人敬重之。《民国嘉禾县图志》。见《中医人名大辞典》。

## 雷雨河

雷雨河，清代湖南嘉禾县茶窝岭人。家贫失学，先习弓马，不欲以武生显，遂研究医术。初以眼科著称，后熟读吴有性《温疫论》，多有心悟，尤擅长望色断病，与同村名医雷晋泽齐名。族人雷高仔之子年十六，暴死半日，将殡。雨河至，曰："此子可活。"灌药而苏，闻者称奇。雷雨河寿至七十余卒。《民国嘉禾县图志》。见《中医人名大辞典》。

## 雷晋泽

雷晋泽，清代湖南嘉禾县茶窝岭人。善书法，尤精医术，知名于时。同村雷雨河以擅长望气著称，雷晋泽以通晓脉理闻名。著有《验方锦囊》若干卷，未见梓行。《民国嘉禾县图志》。见《中医人名大辞典》。

## 雷成琪

雷成琪，清末湖南嘉禾县上乡乐塘人，早年读书，略通书史。其祖父患痼疾不意，成琪闻云居寺僧多奇方，遂往跪求，祖父疾得愈。后师事寺僧，擅制丹药，尤精眼科，治病多佳效，遂以医名。族人雷晋龄，亦以医闻。《民国嘉禾县图志》。见《中医人名大辞典》。

## 雷晋龄

雷晋龄，清末湖南嘉禾县上乡乐塘人。精通医术，不以技谋利，病家赠以金，却而不受。好善乐施，凡地方善举，乐为之倡。子雷印燊，为方志局采访员。《民国嘉禾县图志》。见《中医人名大辞典》。

### 雷大柏

雷大柏，清末湖南嘉禾县游坡井人。质直好善，专擅幼科，毕生施诊不倦，名重于时。孙雷秉瑛，官至少校。《民国嘉禾县图志》。见《中医人名大辞典》。

### 雷雯溥

雷雯溥，字瀣屏，清湖南嘉禾县人。法律讲习所毕业。候选州判。宣统二年（1910）十一月，署抚顺第一初级检察厅检察官。《民国抚顺县志·职官》。见《地方志人物传记资料丛刊·东北卷》第6册。

### 雷永道

雷永道，字性善。清桂阳州临武（今湖南临武）人。幼业儒。因母病疯痰，弃学养亲，晨夕不离于舍。好义句，乾隆三十二年（1767）修建学宫、文塔，捐钱十余万。邑侯胡公莫域额以"义甲临阳"。其他桥梁、道路，靡不解囊倡修。邻近有孤贫无倚者十余家，人给田数亩，俾耕种终老，不计租。戚党中死无所归，为备棺椁以殡之。贫不能娶者，永道叹曰："不孝之罪，无后为大。"假以数十金，往往有焚券者。学使石褒以"岁寒晚节"。子若孙游黉序厠成均者济济。长子庠生，仁尤慷慨好义，大营建捐金，倡率矜孤济贫人，咸以为善继父志云。见《同治临武县志·忠义》。《光绪湖南通志》亦有传。

### 雷青云

雷青云，清桂阳州临武（今湖南临武）人。幼聪慧，事寡母以孝闻。母年九十一，云年七十。服劳奉养，未尝一日懈。行诣端方，言笑不苟，乡人敬服焉。《同治临武县志·孝友》。

### 雷开天

雷开天，字赞化。清永州零陵（今湖南零陵）人。庠生。明季兵兴民苦，科派繁重，同里推开为社长，悉力曲全。康熙己未（1679）吴逆之变，道殣相望闻天多收瘗之。仁心爱人不求仕进，卒年八十四。见《道光永州府志·行义》。

## 雷声纯

雷声纯，字文昭。清永州零陵（今湖南零陵）人。父康世，庠生，早卒，母高氏抚之。家贫以纺绩自给。幼尝业牧，然出必挟册，所至时有讴吟声。由乾隆乙酉（1765）拔贡需次教谕，方铨遽卒。声纯主讲濂溪书院数年，兢兢自守未尝干请当道。与之交，淡如也。时静坐一室，造谒者窥其户，寂若无人。见《道光永州府志·经术》。《光绪湖南通志》亦有传。

## 雷辉郢

雷辉郢，字荆山，号黄冈。清永州零陵（今湖南永州市）人。贡生。祖万旭。父汝贤，早逝。辉郢事孀母曲承欢心。朔望焚香祷天，愿减己寿增母寿，母年八十余岁终。辉郢学受之叔父永顺，无嗣，立弟辉都为之。后叔母唐氏老病，与辉郢夫妇事之至孝。辉郢授徒所得，率分饮之。教侄如其子，其为文辞有家法，尤精声韵之，学书法亦工。辉郢右者生平好议尚古，家近黄溪明月庵，明王兆熊死节处，辉郢请学政表扬不果行，则自为碑揭于庵右。著有《荆山集》藏于家。卒年六十五。见《道光永州府志·文藻》。《湘人著述表》收录其著述。

## 雷声逵

雷声逵，清永州东安（今湖南东安）人。庠生。九岁失怙，事母以孝闻。笃于报本，置祀田，建宗祠，立族训俱力为经理明桐雷术，不计功利。教人以品行为先，周急择忿俗多化之。督学钱澧尚德行按永郡，时以德型邦族奖之。卒年六十九。见《道光永州府志·行义》。

## 雷 安

雷安，字安宇。清永州东安（今湖南东安）人。故富室也。留客止宿为赎妻子，客既去，邻人妒其富，误以通叛党纳逃人府檄拘之。道中遇前客领兵至，见安宇缧继立脱之，尽讨诸山贼灭之。旧志失其事，未知客何人也。见《光绪东安县志·列传》。

### 雷济纯

雷济纯，清永州东安（今湖南东安）人。贡生。弟济怀，县学廪生。幼孤，事母与祖父最孝谨。振人之急，能不吝百金。见《光绪东安县志·孝义传》。

### 雷济怀

雷济怀，清永州东安（今湖南东安）人。济纯弟，师事蒋舒怀，舒怀年老耳聋又无子，济怀时时恤其家室。及舒怀病且死，济怀立榻前哭泣。又伤其师道义自砺无子嗣世其业，死后声名将不显著于时，收其文刊之。见《光绪东安县志·孝义传》。

### 雷振迅

雷振迅，清代湖南东安县人。为本县医士，知名于时。撰有《经验方注》若干卷，行于世，今未见。寿九十岁卒。子雷时蒸，传承父学，亦业医。《永州府志》。见《中医人名大辞典》。

### 雷时蒸

雷时蒸，清湖南东安县人。邑名医雷振迅子。继承父学，亦业医，有名于时。年八十六卒。《永州府志》。见《中医人名大辞典》。

### 雷雨才

雷雨才，字健衡，号汝霖，派名吉纯。清桂阳州蓝山（今湖南蓝山）附郭夏陶坪人。生而木疆，结发效学，嗜读如痴。蒙师杂取授之无遗，年十八举茂材，是时天下文致，士艳羡春秋榜，如不世之遇。风会所趣，上驱者争之，边郡邑未之能逮也。雨才家蓬累，游艺乏资，折节为童子军。昼则丹句而墨乙之，唇敝手灼，夜篝灯达旦。盛署蚊蚋聒嗷，不设帱具，若忘之。严冬牖外雪没径，馆佣觉之。引败絖打擞坐而已，如是者几三十年。乾隆五十七年（1792）壬子，登贤书，年已四

274

十七矣。连上车公不第，嘉庆六年（1801）辛酉，大挑录二等。叙教职，初雨才北上，浮湘涉湖，道武汉襄樊走郑鄘，逾浊河而北。观于京师之大，周历人世情状，利所以膻趋，义所以岿然独存，乃著《北上日记》二卷。盖公前之亟亟于名也，以示可知也。其终届薄淡退也。惧思弗完也。既以教官，归自京门，会谒其始祖雷天锡墓嘉禾。乃咨于宗人嘉禾雷闻远广文修通谱焉。今其族人犹乐道其事云。见《民国蓝山县图志·贤达列传上》。

## 雷时中

雷时中，字允执，号晓斋。清桂阳州蓝山（今湖南蓝山）舜乡岩口洞人。舜乡接九凝，相传舜勤野所经，因以名乡。山箐奥旷，环居多雷族。王湘绮撰郡志颇称之。时中生性肖于其地，闭门距跃，咏先王之风。属文，好声律，天趣淡逸，所为诗歌，随散佚之。尝曰，一时之兴，岂以媚世耶。然自弱冠举茂材，学使者行郡，试辄第一。嘉庆十八年（1813）癸酉充拔贡生。明年廷试二等，以教职用，授凤凰厅训导。居无何归，屏营深山中，结庐求志，自署所居曰"寻乐斋"。学者慕尚文采，载酒备弟子礼来者，止相错。公因材设论，务在迎导善气，使有所乐，尝曰："今文学去科目诚无以表见，然必憧憧往来于彼，而后降心求所谓贷取之具，是鼗帨也夫。"持此以教，垂三十年。而邑里邑序之秀，大半出其门。蓝令某行县过舜乡要见，时中敬谢介绍，为告贤大夫。某他日无所冀请也。壤室幸不辱车马，卒弗见，其行已类如此。时中著有《寻乐斋诗文集》若干卷，所交最善石笏山房雷澍万郡名士，为同年贡生，诗辞期许，自以为风义不及时中云。见《民国蓝山县图志·贤达列传上》。

## 雷秉忠

雷秉忠，派名晋笏。清桂阳州蓝山（今湖南蓝山）人。少失怙。事父暨继母以孝谨闻。壮年贾于市，甘口之物，不敢先尝，必怀归奉亲。端午市伴坚留过节，不顾而归。是夕铺壁倒压伤人，独免于难。治家勤俭，积而能散，族有弱女不能养，将鬻为童媳。秉忠留养数年，乃嫁。乡邻有事睚眦，辄力排解，是非不阿。嘉庆壬戌（1802）雨才孝廉倡修其族通谱。秉忠从事勤慎，性好学，尝应童子试，隶价生。子启宸增广更名吉仁，道光丙午（1846）科恩赐举人。见《民国蓝山县图志·孝友列传》。

## 雷殷南

雷殷南，号静山。清桂阳州蓝山（今湖南蓝山）雷家岭人。恩贡生。勤学实践，纯笃冠一乡。性静饬寡欲，自为童子应郡县道试外，终其身未尝一履城市。人或以事故请谒，初婉言坚辞，必欲强，则闭门不纳矣。履苦俗虑，游心山泽，去来都庞钟渚间。望云省气，步地脉，如有灵通。然不轻为人陈休咎。行滕所止，独则听夕无倦容。或道遇行人，远见山原有侪辈行立，预避之。恐人见，虽久与近习，未尝窥其喜怒也。可谓恭敬谦谨君子矣。孙雨甘，庠生亦以循谨为里式。殷南之弟曰保南。见《民国蓝山县图志·贤达列传上》。

## 雷保南

雷保南，字鉴三。清桂阳州蓝山（今湖南蓝山）人。增贡生。美风仪，语声嘈吰，好议论，终日滔无欠容。读书不屑帖括，偶为时艺，拾英掇绮，人以方之王广心尤恫，然非所乐也。质直好义，恶佞言令色如仇雠，面斥人是非，人多畏忌之。卒以其言，怵利害，少祸作。尝有经世之志，诸所勤举者，家则宗祠，邑则兴贤文会。修武庙，及创茸夔峰塔，钱谷校之。竹丁木屑躬平章之。有疑难未协，或迎或拒，务使善气欻流而争端克成也。军兴民游荡失业，亟治之则多盗，无以治之则多饿殍。邑屡被兵寇，旧称饶亩利，而人满食浮，一夫不耕，散而非民，积渐之势也。聚族庞然，苦贫羸，村后百叠下垂，是利垦辟。保南导族人丁壮，令自食其力。度岭势，峭者树木，原衍者树艺，菽荅、荞芋、芦菔杂殖，皆惠鳏愁。居室待举火以百数，又劝令族人之稍黠者，出境贸迁，处务农野，远服贾业。于是柘溪子姓，衣食蒸蒸，比前完美云。方赭寇余股之上窜也，州邑团防御贼。时蓝山知县罗行楷，颇以爱人下士为政。素重保南，委办团练，保南闻命奋发。贼拥至，以所部三十人，乘夜御贼众于火田渡，设方略，教族子弟有胆气者，列燧百叠山一带，声猎枪相闻，以疑贼，而阴遣居民妇稚，趋避山谷林箐。及旦，贼

276

渡，村落阒无人，无所掠，远扬。其保全盖不少矣。事平后，行楷再莅蓝，保南犹困诸生。行楷推之曰："当今唯贤者试，士所从人尔。"乃与萧玉春同舟赴湘闱，玉春故贫士，保南分润之。玉春是年领荐，保南里居，课子弟，旋卒。家世本饶于财，保南挥霍仗义，不营生产。卒之日，远近多泣下如私丧。子澍棠，岁贡；澍梁，庠生；绍棠军功六品。见《民国蓝山县图志·贤达列传上》。

## 雷澍棠

雷澍棠，号涤泉。清桂阳州蓝山（今湖南蓝山）人。貌癯目炯炯，攻举子业甚劬。居岳麓书院，课试辄超等。继而入衡州船山书院，治今古文尚书，覃研经义，恍然于夙习帖括，不究本原。与桂阳雷经品、雷阳庚，嘉禾雷飞鹏、雷印申同学相砥砺。时衡永郴桂道刘镇，江西进士，主课书院，奖励后进，意致勤恳，常称之曰"五雷"。澍棠故工于时艺，文境似项水心，乡闱拟中二次，尝以试帖诗失律遭黜，宣统二年（1910），以廪贡生赴部就县丞，分发广西，署桂平县穆乐司。志不得展，国改回里。众举为临时县议会议长。建议改采买兵谷为米折，随粮带征，宿弊尽除。旋被选为省议会议员，未终期，假归，卒。见《民国蓝山县图志·贤达列传上》。

## 雷雨顺

雷雨顺，字豫亭。清桂阳州蓝山（今湖南蓝山）南隅人。性孝，母病，虔祷，愿以身代。病愈，斋戒，步至南岳，祈亲永年。及亲没后，遇生日、忌日、母难日必斋宿奉祀焉。年七十五，端坐而逝。子二：长运权，今志局采访员；次远枢，别有传。见《民国蓝山县图志·孝友列传》。

## 雷应隆

雷应隆，清桂阳州蓝山（今湖南蓝山）东隅人。家颇裕，轻财行义。岭脚龙须渡者，昔通粤要津也。应隆捐田十五亩六分。其他桥、亭、路、庙，所在多有其名焉。见《民国蓝山县图志·义行列传》。

## 雷电辉

雷电辉，字光耀，自号云门。清桂阳州蓝山（今湖南蓝山）大福镇人也。髫龄颖悟，年十四，父鸿思卒。奋励志行，能治生产。不伤廉，亦不入于吝。常思广孝继嗣，昌大先世。其始迁祖道禧，旧有祖祠，在邑西关外，火于粤寇。电辉与族父老应春，购宗人泰进屋，廓而新之。既而泰进不嗣，电辉曰："是先祖所式凭于兹也。"以建祠余资，为泰进立祀，岁有常需。蓝治直郭南出，中渡，春涨猛下，桥梁圮。慨然倡捐，偕钟璧卿醵资缮葺。复以赢余为岁修，其朴实举事类如此。初电辉既废学，入资为国子生，非其好也。读书观大略，而好星象堪舆，卜吉凶如响。子四：长绍焕，字晋卿，国子生，行义忠若有为。有浆洞人白姓者，失牛携猎枪逐盗，过县城，宿旅舍，差役遽白县官，夺牛而系其人，绍焕适见之，辄请于官曰："若辈山民，寻获所失畜牛耳，无他也。"事遂解。喜刊布善书，亦颇言阴阳风角，多验。次绍炳，国子生。勇义行善如其兄。次丰，庠生。次益，俱有学行，绍焕子震潜，别有传。见《民国蓝山县图志·义行列传》。

## 雷克震

雷克震，字九六。清永州祁阳（今湖南祁阳）人。以岁贡授石门训导。时久旱不雨，克震年九十一，率诸生随邑令祈祷，即大沛甘霖，时称为"寿星雨"。诱掖后学，孜孜不倦。卒于官。见《道光永州府志·经术》。《光绪湖南通志》《国朝耆献类征初编》有传。《三十三种清代传记综合引得》亦有载。

## 雷时登

雷时登，字化期。清永州祁阳（今湖南祁阳）人。庠生。父瑞庭。母饶氏，不得于父，被出嫁远商。时登在襁褓，及长始知，常不胜悲痛。读书至朱寿昌事，辄流涕曰："吾独不能效之耶？"后以秋试至鄂渚，出闱，即刺血书榜，遍揭衢路。适有陕西客告以汉中兴安州马姓，往岁经商过祁，娶得饶氏。语合，时登遂重趼至兴安寻之，果得。母子相持大恸。时继父已殁，遗子四人。时登迎母归，并携两继弟、一弟媳

278

同至祁。寄居乡村授徒以给奉养凡七载。继弟趣母还陕，不得已，殚力赍送。舟次长沙，母虑其难舍，给以市物，登岸解维去。时登返，不见母舟，痛绝仆地，同行戚友强劝之归。巡抚赵申乔闻其孝，传至舟中奖谕，授以《先正格言》数册。年四十三卒。旋得兴安信，饶于是岁先时登三日卒，祁人异之。乾隆元年（1736），旌表建坊入祀。见《道光永州府志·行义》。《光绪湖南通志》亦有传。

## 雷鸣矣

雷鸣矣，清代湖南祁阳县人。庠生。精医与子雷上士，皆以廉谨闻名于时。曾经理社仓，在任时谷增三倍，县令勒石，以表彰之。著有《武昌集》十卷，今未见。《祁阳县志》。见《中医人名大辞典》。

## 雷俊章（1816—?）

雷俊章，字甸臣，号葆真，又号菊潭。清武冈州（今湖南武冈）人，同治十年（1871）进士。以书法见称。见《中国美术家大辞典》。《明清进士题名碑录索引》亦有载。按《清代人物生卒年表》：雷俊章（1816—?）字甸臣，号葆真，又号菊潭，出处，《同治十年辛未科会试同年齿录》。

## 雷　辉

雷辉，清宣化（今广西南宁）人，乾隆二十五年（1760）进士。见《明清进士题名碑录索引》。

## 雷焕光

雷焕光，字耀山。广西南宁人。秀才。工书。参考《广西画家传略》。见《中国美术家人名辞典》（补遗二编）。

## 雷祖迪（1850—?）

雷祖迪，字简庭，号惠航行人。清桂林府全州（今广西全州）人，光绪九年（1883）进士。以工书法见称。见《中国美术家大辞典》。《明清进士题名碑录索引》《清代人物生卒年表》亦有载。按《续眉庐丛话》："光绪中叶，吏部有二雷：一名天柱，陕西人，一名祖迪，广西人，皆官文选司主事。"《清代科举人物家传资料汇编》：始迁祖新三郎原籍江西南昌府，晋时讳焕为丰城县令，至明洪武初将军杨景征取永州，公时为参军，遂家于永。

## 雷超元

雷超元，清广西全州人。清嘉庆三年（1798）全州新建镇湘塔落成，雷超元登塔有感，作五言律诗一首，刻于石。诗云："一柱连城起，超然古渡东。高悬苍岭外，直插碧云中。瑞锁层层霭，祥飞面面风。安澜知永赖，人力胜□□。"见《广西石刻人名录》。

## 雷静元

雷静元，清广西全州县人。清嘉庆元年（1796）武进士。嘉庆三年全州兴建镇湘塔落成，雷静元登塔有感，赋诗一首，刻于石。诗曰："宝塔凌虚障夕阴，层层瑞霭锁江浔。万家烟火环湘郡，八面风云接桂林。力挽狂澜回地脉，好将文笔写天心。从兹永壮河山色，回雁峰高共古今。"见《广西石刻人名录》。

## 雷德久（1808—?）

雷德久，字翰之，号浚三。清重庆府长寿县（今重庆长寿）人。廪膳生民籍。祖讳盛灿，卫千总。父讳鸣，庠生。历任陕西郿县、吴堡、安塞、商南等县知县。持己清严，循声卓著，为林文公器重焉。奉讳回籍，蒙宪委办黔省军务。钦加直隶州知州衔。诰授奉直大夫。子成麟、成鲲、成骧俱幼。见《清代科举人物家传资料汇编》。《民国商南县志·名宦》："雷德久，道光二十八年（1848）任。二十七年蝗灾大旱，群盗蜂起，疮痍满目，公承灾变之余，下车后问民疾苦。良者抚之，莠者惩之，宽猛兼施，地方得以安靖。"见《地方志人物传记资料丛刊·西北卷》第11册。

## 雷成鲲（1836—?）

雷成鲲，字鹏飞，号涛生。清重庆府长寿县（今重庆长寿）人。

廪生民籍。咸丰辛酉科选拔,癸亥朝正场一等第三名,候选直隶州州判。父讳德久,号浚三。子光第、光宇。见《清代科举人物家传资料汇编》。

## 雷光宇 (1861—?)

雷光宇,号东辅行一大。清重庆府长寿(今重庆长寿)人。学优廪生民籍。父名成鲲。伯父讳成麟,号瑞生,郡增生,积学有年,自束发受书谆谆教诲,十有余载未就外传焉。见《清代科举人物家传资料汇编》。

## 雷 仑

雷仑,清忠州垫江(今重庆垫江)人,道光十三年(1833)进士。以工书法见称。见《中国美术家大辞典》。《明清进士题名碑录索引》亦有载。《民国建瓯县志·循吏》:雷仑,垫江人。道光二十二年春令建安,次年夏适有宛平王谦署瓯宁,民为之谣曰:"东溪清,建令明,西溪清,瓯政平。东西合流清见底,两侯但饮双溪水。"未几,仑改调福鼎,谦同时谢事,民惜其去复谣曰:"东溪清留政声,西溪清留政声,东西合流向南去,两侯一时留不住。"见《地方志人物传记资料丛刊·华东卷上编》第76册。

## 雷惠远

雷惠远,清代四川彰明县(今江油县)西乡人。以医为业。轻财好义,凡贫病者求治,皆悉心诊疗,遇极贫者倾囊助以药资。《彰明县志》。见《中医人名大辞典》。

## 雷恩逮

雷恩逮,清四川什邡人。书画家。按《中国历代画家人名词典》:"雷恩逮,清四川什邡人。官训导,守分安贫。工书画,更长指画鱼藻,为人所珍爱。(《益州书画录》)"《中国美术家大辞典》《中国美术家人名辞典》均有载。

## 雷雨江

雷雨江，字先沛。四川汉州人。工画，善画花鸟虫鱼兰竹，气韵超逸，颇负时誉。《四川近代书画家》（2）。见《中国美术家人名辞典》（补遗二编）。《中国历代画家人名词典》《中国美术家人名辞典》《中国美术家大辞典》均有载。

## 雷文渊

雷文渊，字仙枝。清绵州绵竹（今四川绵竹）人。举人。知甘肃礼县，礼士优，御民宽，政简刑清，上下相视如家人。时值太平，年丰民阜，众皆归功于官清所致。补城修志皆捐俸为之，去后邑人念之不置。见《重纂秦州直隶州新志·名宦》。《民国秦州直隶州新志续编·名宦》《民国重修礼县新志·名宦》亦有传。见《地方志人物传记资料丛刊·西北卷》第 16、18 册。《巴中县文化志》雷辅天将军墓园，附二，五言律诗，其中一首为"丁卯科举人即补县正堂雷文渊题"。

## 雷代诒

雷代诒，清中江（今四川中江）人。自幼习儒因家贫辍学，以医问世。素以济人为念，治病不计酬谢。时有医者黄某，以骄矜为乡里所恶。后其自身卧病，延代诒治之，代诒曰："汝自誓今而后不再持傲待病人，则七日可愈汝病。"黄誓曰："异日当效先，以愈人为己愿。"遂治之，七日果痊。见《中医人名辞典》。《中医人名大辞典》亦有载。

## 雷炳燊

雷炳燊，清阆中（今四川阆中）人。精医术，善用经方，于古法之外别有神悟。凡沉疴痼疾，众医束手者，每能应手而痊。见《中医人名辞典》。《中医人名大辞典》亦有载。

## 雷用霖

雷用霖，字云帆。清遂宁（今四川遂宁）人。天资敏捷，博通经史。工诗，善书法，宗钟、王。《益州书画录》。见《中国美术家人名辞典》。《中国美术家大辞典》亦有载。

## 雷 斑

雷斑，字筊山。清资州井研（今四川井研）人。雷起剑长子。斑以名家子与群从切劘奋厉于学未遇而明亡。起剑监军死，既免丧。蜀乱，粗定县人胡世安方以征拜礼部侍郎，奏请开四川乡试，以收人望。是时，成都未下诏暂即保宁观音寺为试院，以顺治九年（1652）补行诸生，就试才三百人，解额七十二名，斑与焉。后官泌阳知县。斑兄珙，生员；弟璁，举人，初知山东新城县，迁至云南武定知府。斑子宏，先以监生知山阳县。起剑弟起甲，廪生。起甲子玮，举人，广西苍梧知县；璇岁贡生，名山教谕。见《光绪井研志·乡贤四》。

## 雷 璁

雷璁，清资州井研（今四川井研）人。丁酉举人。康熙十三年（1674）任知县，重修县署。以报开荒逾额升德安府同知。《民国重修新城县志》。见《地方志人物传记资料丛刊·华东卷上编人名索引》第43册。按《光绪井研志·乡贤四》雷斑：弟璁，举人，初知山东新城县，迁至云南武定知府。

## 雷宏儒

雷宏儒，字暗章。清资州井研（今四川井研）人。雷瓒子，少聪颖，垂髫补弟子员，康熙乙酉（1705）举于乡，品端学正，士相师友，立身服官之道无不熟练，年四十余卒，未竟其学。后子畅登仕籍，皆以廉能著，犹奉其遗训也。见《嘉庆井研县志·仕女志》。

## 雷 时

雷时，字雨若。清资州井研（今四川井研）人。雷宏儒之子，畅之兄。雍正元年（1723）拔贡，慷慨多智慧，略磊落不羁。初无仕宦志，省亲至平遥县署或劝之，乃以州判职赴挑分发畿辅，强干有为，历署诸大邑，升授宣化知县。见《嘉庆井研县志·仕女志》。《光绪井研志》亦有传。

## 雷畅（1703—1777）

雷畅，字燮和，号快亭。清资州井研（今四川井研）人。雷宏儒之子，雷时之弟，雍正六年（1728）拔贡，分发山西补平遥知县。乾隆五年（1740）迁沁州知州。十五年擢常德知府改长沙，调补陕西汉中。二十二年迁汉兴道改山东济东泰武道，转浙江粮储道。入觐授湖北按察使，母忧服阙补山东寻改山西，召为内阁侍读学士。又二年以疾归里，卒于家，年七十有五。见《光绪井研志·乡贤四》。"雷畅以拔贡知平遥县。加意民事，修惠济桥以便农商。建文昌阁魁星楼以振文教。设立西河书院廷师课训，士皆感悦。"《光绪平遥县志·名宦》《光绪山西通志·名宦》。见《地方志人物传记资料丛刊·华北卷》第 40、47册。1990 年版《井研县志》亦有传。《清史稿》《图解姓氏：画说百家姓》均有载。《光绪井研志·乡贤四》雷畅传后附有沈清任撰《雷阁读墓志铭》。雷畅故居至今存世，按《川西古民居雷畅故宅之史迹探秘》："2007 年 6 月，雷畅故居被批准为第七批四川省重点文物保护单位。2009 年，四川省文物局申报雷畅故居为全国重点文物保护单位，待批。"本文刊登于《青春岁月》2014 年 19 期。

## 雷翀霄（1729—1793）

雷翀霄，字桐轩，号雷峰。清资州井研（今四川井研）人。雷畅子，乾隆三十一年（1766）进士。官编修。父以内阁侍读学士告休，他则以翰林院编修乞养侍父归里，后不复出仕。与王文治为儿女姻家，其书法亦绝妙，至今仍有存世。著有《二则堂全集》十六卷、《纪事诗略》一卷。《井研县志》。见《中国美术家人名辞典》。《光绪井研志》有传。《词林辑略》《明清进士题名碑录索引》《中国美术家大辞典》《王文治与其亲家雷翀霄》均有载。《王文治与其亲家雷翀霄》刊登于《中国书法》2011 年 01 期。按《光绪井研志·乡贤四·雷翀霄》："雷翀霄，字雷峰。"传后附有祝德麟《雷峰传》。祝德麟《悦亲楼诗集》收录作者与雷峰酬唱诗作若干。

## 雷腾霄

雷腾霄，字双峰。清资州井研（今四川井研）人。父昂，早卒无子，腾霄以昂兄子出继为嗣。力学敦行，湛深经术，以举人大挑官直隶署深泽、长垣知县，莅任皆才数月，畿辅冲要之区差徭丛集。腾霄所至著声誉暇则延，其邑之贤者与论文艺。以病告归。所著曰《竞爽轩集》刊以行世。见《光绪井研志·乡贤四》。1990 年版《井研县志》亦有载。《嘉庆井研县志·艺文志》皇帝制曰："直隶试用知县雷腾霄乃浙江湖州府知府雷轮之叔父。"

## 雷轮（1738—1801）

雷轮，字绍堂，号兰皋。清资州井研（今四川井研）人。按《嘉庆井研县志》："雷轮，字绍堂，宣化知府时之孙。"半岁时丧父，全靠母亲抚养长大。曾随侍叔祖雷畅于山西、陕西、山东等省官任。乾隆三十年（1765）为拔贡；三十三年乡试举人；三十四年进士。乾隆四十三年充会试同考官，后为兵部给事中，终官至江西督粮道。有《海集》二卷，为乾隆四十三年奉旨巡视台湾时所作，记往返旅途见闻甚详。书法见称于时。见 1990 年版《井研县志》《中国美术家大辞典》。雷轮《光绪井研志》有传，传后附有周兴岱撰《雷观察墓志铭》。《中国历代画家人名词典》《词林辑略》均有载。

## 雷 輵

雷輵，字福泉。清资州井研（今四川井研）人。能文，工绘事。以国子监应京兆试，适从兄轮守湖州，特往依之。东南多故家，藏书甚富，輵与诸名游，得纵观宋、元人手迹，因与讲论家法，所为松竹山水卷颇工。《益州书画录续编》。见《中国美术家人名辞典》。《中国美术家大辞典》亦有载。

## 雷 莲

雷莲，字蓉塘。清资州井研（今四川井研）人。按《中国美术家人名辞典》："雷莲，四川井陉①人。工勾勒花卉，尤长画莱。（《墨香居画识》）"《中国历代画家人名词典》《中国美术家大辞典》均有载。

---

① 原文注：四川只有井研，井陉当在河北。

## 雷尔骧

雷尔骧，字龙溪。清资州井研（今四川井研）人。至性孝友，品貌俊伟，登嘉庆己卯（1819）贤书。屡赴春官不第，旋与挑选已授一等，某宗藩曰："此金马玉堂器也，勿以风尘吏羁之。"再次与挑，始得二等，授屏山县训导，启迪有方，学者宗仰，一时知名士，如聂钧聂铃辈皆出其门，未几卒于任，时论惜之。见《光绪井研志·乡贤四》。

## 雷作霖

雷作霖，字雨樵。清资州井研（今四川井研）人。雷轼之孙。父尔骧，秀水典史。雷氏世贵显，至作霖时甚贫。作霖用舅氏宋雨仁荐参川北总兵占泰戎幕，会泰奉檄剿办建宁夷匪，凡规画方略壹是左右之。夷平以功叙典史，咸丰十年（1860）丁父忧至嘉定而泰徇节绵州。作霖感泰知己思欲有所树立，而佐之不终，旋又战殁。因内郁郁不自得，携家入阆中。数年旋随云南提督唐友耕援滇，扼贼李本忠于昭通，用作霖策卒斩。本忠事闻优叙补缺。后以知县升用，同治十三年（1874）授贵州婺川县典史，旋摄县事。作霖莅婺川不携家口，然禄薄又不足养，乃请疾归。归五年卒，年五十九。作霖沉毅有知略，遇事不挠，而宅心仁厚，在建宁得汉奸百数十人说而释之，在昭通全回妇之见俘者数十人。子谦，拔贡生，八旗官学教习。见《光绪井研志·乡贤四》。《光绪井研志》雷作霖传后附有龚熙春《雷雨樵家传》。

## 雷衍祖

雷衍祖，清资州井研（今四川井研）人。素孝友，季弟衍贵贫乏卖产，祖将己产出当承买。越数年田昂贵，弟又用原价赎回。即以此田另当还旧日买价，祖亦听之安于贫困，以全恩义。县令南曰延旌以孝友可风。见《嘉庆井研县志·仕女志》。《光绪井研志》亦有传。

## 雷翠英

雷翠英，女。清资州井研（今四川井研）人。随兄避贼荣邑东昌沟匿菁中，贼逼恐累兄，遂自缢，贼去始敛，面如生。见《嘉庆井研县志·仕女志》。《光绪井研志》亦有传。

## 雷冲汉

雷冲汉，字雨生。清四川叙永人。清代书画家。咸丰、同治时人。《道光叙永县志》称其善书画，雕刻花鸟尤称绝技，人有得其尺幅者，珍藏视如拱璧。见《中国美术家大辞典》。

## 雷时祥

雷时祥，字中吉。清泸州江安（今四川江安）人。顺治时由荫袭任湖广岳州守备，岳苦兵后继以荒疾，积骨如山，时祥悉收瘗之营中。有儒家儿被掠者，时祥养为子，既长听其归澧阳。华藩归服经岳老病，时祥调护周至有长者风，擢岳州参将。见《嘉庆江安县志·忠义》。《民国江安县志》亦有传。《南明史》卷六十七亦有载。

## 雷宏震

雷宏震，字长公，号敬斋。清泸州江安（今四川江安）人。湖广参将时祥之子，宏震幼而失母，孺慕性成其父解组归里，遭吴逆之变，家私一空。宏震甘贫嗜学，寒暑不懈，举康熙甲子（1684）经魁，知福建建宁县，以终养继母归。补知陕西礼县，除暴弥盗，卓有政声，以西陲用兵督运，劳瘁卒于官，民立祠祀之。宏震赋性严重，言笑不苟，乡间咸称其德。著有《偶轩文集》《粤游草》《定水集》等书。见《嘉庆江安县志·乡贤》。《民国江安县志》有传。著有《周氏家训序》。见《民国江安县志·艺文上》。

## 雷　伊

雷伊，字任之，号松坞。清泸州江安（今四川江安）人。宏震子，有文笔。乾隆乙丑（1745）邑令周颂册县志，时承平已久，而旧志经乱，后绝无存者。伊偕附生黄瑛蹑屩搜访，桥碑、庙梁拾残掇碎，粗有端绪。九月既望，塾师罗某夜半梦伊高坐，此君轩有前代衣冠，数十列序厅武，数妇女形容惨淡立阶除若来谒状，罗大惊寤备述本末，伊盖殚瘁，惜书成未刊（嘉庆中赵志据为蓝本）。又与修泸州志，伊为人豪放

287

有气，初以附贡捐职，慷慨欲立事功。尝东走吴越，北游秦晋。在外十余年迄不得志以卒。尝作《按剑图》，潮州守龙为霖（重庆人）。题云："绣服毡裳挟蒯缑，壮怀应为觅封侯。不知柳色春风里，几度愁人上翠楼。夜光明月可曾逢，底事摩娑秋水锋，莫向延平津里过，恐警神物化双龙。"又华阳顾汝修题云："当年按剑想风标，久客于今意气消。为爱渝州诗笔好，披图相对雨萧萧。"别有《柳阴垂钓图》自为跋。见《民国江安县志·文学》。《嘉庆江安县志》亦有载。

## 雷正新

雷正新，清泸州江安（今四川江安）共乐乡贾人。光绪二十年（1894）母疾，笃割胸肉疗愈。知县沈秉堃旌其门无向。母卒，结茅守墓。明年以毁，卒。见《民国江安县志·孝友》。

## 雷辅天（1817—1882）

雷辅天，字世义，号仁山。巴州（今四川巴中）人。其长子豫动，中光绪己丑科（1889年）武进士。光绪六年任陕西固原右营游府，即补参将，诰授武功将军。附录碑序："巴州正堂雷尔卿撰。保宁政学江南文生雷泽荣书。"附二五言律诗二首，"甲子科举人，候补县正堂雷正溶""丁卯科举人即补县正堂雷文渊"各题一首。见《巴中县文化志》。

## 雷际泰

雷际泰，清四川渠县人。乾隆庚寅（1770）举人。任广东高明县知县，代理鹤山邑。邑本来贫，多通欠。莅任后，减浮征，赈水灾，设义学，清刑政，勤慎廉明，四民歌颂焉。因逃犯，被吏议。归里过洞庭，舟轻不胜风帆，以沙实舱。有诗云："解缆从今悟昨非，三阳裘马任轻肥。清风送尽波涛险，饶得白沙满载归。"见《嘉庆渠县志·人物》。

## 雷礼禄（1774—1831）

雷礼禄，清贵州人。祖籍湖南，生于郎岱厅落别官寨（今六枝特区属地）。以开办铅锌矿厂为业。先后到水城开办穿岩洞铅锌矿厂和万福

288

厂。几十年苦心经营，万福厂越办越兴旺。他热心公益，对当地修庙宇、桥梁、道路都慷慨解囊。见《贵州省志·人物志》。

### 雷彭源

雷彭源，又名彭元。清嘉道间（嘉庆到道光期间）贵州贵阳人。书法家。《丁亥烬余录》谓其书"骨肉停匀，法度严整"。《贵州书画家简论》。见《中国美术家人名辞典》（补遗二编）。

### 雷振风

雷振风，清云南曲靖人。滇剧演员。同治、光绪年间曾拜王福寿为师，演须生。擅演《火焚棉山》《马芳困城》等剧。见《中国人名大词典·历史人物卷》。

### 雷弘宇

雷弘宇，清云南新兴（今云南玉溪）人。雍正癸卯（1723）举人。乾隆十二年（1747）莅陶，修文庙，置学田，四办大差，无扰无累。清理词讼，开渠利农，设学课士，捕蝗赈饥，修衙署仓廒及普育诸堂。在任九年百废俱兴，民乐其生，续修定陶县志，到今称之。《民国定陶县志》。见《地方志人物传记资料丛刊·华东卷上编》第41册。

### 雷致福

雷致福，字震初，号恐庵。清西安府长安（今陕西西安）人。弱冠以第一人入庠，为路德门下知名士，由廪贡生候选训导。著有《日抄篇》《竹荫书屋文集》。子雷光地，进士。《民国续修陕西通志稿·列传一》。见《地方志人物传记资料丛刊·西北卷》第1册。《民国咸宁长安两县续志》亦有传。

### 雷光地（1858—?）

雷光地，字绍初，号曜庭。清西安府长安（今陕西西安）人。光绪十五年（1889）进士，授刑部主事，改山西候补道。工书法。见

《中国美术家大辞典》。《民国咸宁长安两县续志》《明清进士题名碑录索引》《清代人物生卒年表》均有载。按《清授中宪大夫四川璧山县知县花翎在任候选道幼初雷君墓志铭》："伯氏曰光地，出嗣子恐公。君与伯氏同举于乡。明年光地捷春闱以主事改知县补授山西乡宁县。"据此，雷光地与雷幼初应为同胞兄弟。

### 雷幼初（1860—1923）

雷幼初，清西安府长安（今陕西西安）人。先世江苏人，五世祖美梧公游幕来秦逐家焉。祖心时公乡饮介宾，父震，初咸丰乙卯举人，花翎盐运使衔，候选道诰授资政大夫。伯氏曰"光地"，出嗣子恐公。君与伯氏同举于乡。明年光地捷春闱，以主事改知县补授山西乡宁县。君顾夷然资政公既没，君始就教习职期满，以知县用需次四川，历任绵竹、经荣、雅安、江安、开县等县，补授璧山县理烦治剧所至有声，弭盗革奸，尤为上游所推许，以功加同知衔，赏戴花翎。夫人沈氏，箧室赵氏、李氏生六子：兆瑞、献瑞、庆瑞、志瑞、集瑞、荫瑞。见《清授中宪大夫四川璧山县知县花翎在任候选道幼初雷君墓志铭》。《民国续修陕西通志稿·金石》收录墓志录文。见《地方志人物传记资料丛刊·西北卷》第 2 册。

### 雷　壮

雷壮，清西安府咸宁（今陕西西安）人。幼有奇气好读书。顺治十一年（1654）解元，安化县教谕。讲课诸生如子弟焉。县有河滩废地，十余里教民种稻。遂捐学俸购稻种，又掘水开田，教以灌地法，下秧法，分苗法。不数年而一带水田相沿数十里，县民感德立"雷公祠"，名其田曰"雷公田"。至今每十月间，民尤设祭祠内，虔拜其善政不泯如此。所著《易经集解》行世。见《嘉庆咸宁县志·列传下》。《乾隆西安府志》《清秘述闻三种》均有载。

### 雷　丰

雷丰，字恒山。清西安府咸宁（今陕西西安）人。同治九年（1870）举人。以修堡寨功保教职归部候选补授吴堡县教谕。严于课士，杜绝包苴，生监好讼则且戒之。有劝士诗六首，语婉而讽，久之士风丕变，归长少墟书院，逾年，辞归家故不裕。宾至留饮，欢畅竟日，座客常满，有北海之风。见《民国咸宁长安两县续志·列传》。

### 雷振林

雷振林，字樾村。清西安府咸宁（今陕西西安）人。雷丰胞侄。同治十二年（1873）癸酉拔贡。本科举人严峻，拔俗初肄业关中书院，为高才生。粮道某公知其名，欲罗致门下，示意同舍令其一谒群怂恿之，卒不往数月，课以膏火自给，不求仕进。曾一主鄜州经正书院，及其门者多闻于时。书宗欧阳率更，文师昌黎，均能得其神似而不轻著述，稿成辄弃之。仅有诗文若干篇，存于家。见《民国咸宁长安两县续志·列传》。

### 雷启秀

雷启秀，字芝心。清西安府盩厔（今陕西周至）人。道光十四年（1834）解元。性坦直，敦气节，取与不苟，邑令咸礼重之。捻军陷城与家人服毒身亡。《民国续修陕西通志稿·忠节二》《民国盩厔县志·列传》。见《地方志人物传记资料丛刊·西北卷》第1、3册。《清秘述闻三种》亦有载。

### 雷虹玉

雷虹玉，清西安府三原（今陕西三原）人，顺治二年（1645）举人。登州知州，有善政，擢刑部主事，多所平反。见《乾隆三原县志·选举》。《乾隆西安府志》亦有载。

### 雷天柱（1833—1898）

雷天柱，字石臣，号幼堂。清西安府醴泉（今陕西礼泉）人。光绪十二年（1886）进士。岁丙戌，余与醴泉雷公见于京师，即订交焉。厥后，公以女妻余兄子，则又重之以婚姻。君讳天柱，字石臣，世居醴泉东乡题阁村。曾祖成望，祖世仁，父声信，家传儒业，均有潜德。君为人廉朴耐劳，坦白无私，衷其学问，得力处尤以不欺为本。官铨曹十余年，绝无干谒，而性情复极和易。吾乡人之客京师谒选者，无论识与不识，托君一言，无不悉心擘画。以故乡人后进咸啧啧称君为长者。公余之暇，闭门课子，于京师酒肉征逐习气，概谢绝之。其操守矜严，绰有关西四知之风。戊戌八月，党锢起，朝廷兴大狱，君见几最早，□□说弗得人。事既平，君以时事艰处，慨然作莼鲈之想。余与二三同志劝阻之。九月，余出都，君送之郊，握手依依，若有不忍别者，心窃异之。岂意抵家尚未匝月，而君之讣音至。君其自知病根之已伏耶，送余之时，即与余永诀之时耶。嗟乎！君以儒术起家，沈滞郎署，方冀展其作用，以挽回叔世人心，天竟夺公之速。此余所为铭公之墓，歔歔感慨而不能自已也。君生道光癸巳年五月初十，光绪戊戌十一月十七日卒，春秋五十有六。配梁氏，继张氏。生子恒溥，女三。次年十月二十九日，葬公村东新茔，甲首加庚趾。见李绳先《皇清赐进士出身诰授中宪大夫吏部文选司员外郎加四级石臣雷公（天柱）墓志铭》。墓志在《新中国出土墓志》（陕西·壹）有著录。志石出土地点不详，现存于礼泉县阡东乡提戈村雷其奎家。按《续眉庐丛话》："光绪中叶，吏部有二雷：一名天柱，陕西人，一名祖迪，广西人，皆官文选司主事。"《民国续修陕西通志稿·列传补遗》《民国续修醴泉县志稿·乡贤》有传。见《地方志人物传记资料丛刊·西北卷》第1、5册。《明清进士题名碑录索引》《清代科举人物家传资料汇编》《中国美术家大辞典》《清代人物生卒年表》均有载。

## 雷育芝

雷育芝，清耀州（今陕西耀州）人。《关平拉马石刻题诗碑》，雷育芝题诗，道光十九年（1839）按："因台前石似马，雷育芝叔雷氏遂刻关平拉马石刻。"本碑在《陕西药王山碑刻艺术总集》（第六卷）有著录。

## 雷天壮

雷天壮，字子大。清陕西渭南人。诸生。雷电子。生而颖异迈伦，十四岁冠童子试，入泮学使者批云："乳臭未脱，口喷珠玉，岂池中物哉？"厥后累困场屋，竟以明经终身。时人为之扼腕，识者曰："修行积学如是不获见售，或天厚其德而降之余庆欤！"后子恒果成进士。《光绪新续渭南县志·文苑》。见《地方志人物传记资料丛刊·西北卷》第8册。按《皇清庚辰科进士绩溪县知县雷公（恒）墓志铭》：雷恒，其先山西洪洞人，明初迁陕西之洛南。五世祖毅，高祖行，曾祖孟楚，祖电，父天壮，母辛氏。

## 雷恒（1658—1725）

雷恒，字久也，号贞庵。清西安府渭南（今陕西渭南）人。其先山西洪洞人，明初迁陕西之洛南。五世祖毅，高祖行，曾祖孟楚，祖电，父天壮，母辛氏，弟益、颐。子六人：曰随，曰省，曰纶，曰纬，曰鉴，曰履。孙男三人：绳武、缵武、杨武。孙女二人。曾男孙三人：汝霖、汝懋、汝翼。曾孙女二人。见《皇清庚辰科进士绩溪县知县雷公（恒）墓志铭》。墓志在《新中国出土墓志》（陕西·壹）有著录。按1987年版《渭南县志》："雷恒，康熙三十九年（1700）中进士后，任江南绩溪知县。山洪为患，雷恒拿出两千两俸银，修筑长堤。后又创建'华阴书院'，亲自讲课。五十年，雷恒主持文武生考试，所选之士，都有真才实学。五十五年，绩溪县又遭水灾，雷恒奏请上司，从邻县拨来钱粮，救济百姓。他著有《南游草》《纲鉴辑要》。"《民国续陕西通志稿·列传四》《光绪新续渭南县志·宦业》有传。见《地方志人物传记资料丛刊·西北卷》第1、8册。《雍正陕西通志》《明清进士题名碑录索引》《中国美术家大辞典》均有载。

## 雷曰履

雷曰履，字素公，号二川。清西安府渭南（今陕西渭南）人，乾隆十三年（1748）进士。翰林院庶吉士。博学多才，工于书法。见《中国美术家大辞典》。《光绪新续渭南县志·宦业》："雷曰履，字素臣（公）。绩溪令恒季子。乾隆丙辰举人，由明通授安定县教谕。性极严，安定乡贤故祀明尚书张某，曰履以为刘瑾私人撤去之。委司通渭、会宁、安定赈务咸称公正。戊辰成进士，改翰林院庶吉士，起居注行走。卒祀安定名宦。"见《地方志人物传记资料丛刊·西北卷》第8册。《乾隆西安府志》《道光重辑渭南县志》《词林辑略》《明清进士题名碑录索引》均有载。据《皇清庚辰科进士绩溪县知县雷公（恒）墓志铭》，雷曰履为雷恒第六子。

## 雷光甸

雷光甸，清西安府渭南（今陕西渭南）人，光绪二十一年（1895）进士。擅长书法。见《中国美术家大辞典》。《明清进士题名碑录索引》亦有载。

## 雷大鸣（1834—1898）

雷大鸣，字震百，号西桥。清陕西渭南车雷村人。曾祖世华，妣氏王。祖呈祥，以笃行称，事载邑志，妣氏王。考先春，妣氏杨，继刘，继张，继曹。先世皆力农。君始奋于文学，虽九试仅得一矜然，弟秉乾、第三子延寿皆早岁捷秋闱，延寿即曼卿也。长子永寿，次增寿增贡生，俱出嗣。庆寿廪生，全寿附贡生，多寿廪生，德寿、眉寿幼读未试也。见《赠内阁中书雷君西桥墓志铭》。墓志铭收编在刘光蕡《烟霞草堂文集》，见《清代诗文集汇编》第 751 册。《清代人物生卒年表》亦有载。按民国十一年（1922）《雷大鸣继配刘氏墓志》："孤哀子，德寿、延寿、多寿、恭寿。降服子，增寿。孙，家驯、改朝、改翔、改制、家驹、家骆、家□。"墓志拓片图收编在《北京图书馆藏中国历代石刻拓本汇编》第 93 册。

## 雷多寿

雷多寿，清西安府渭南（今陕西渭南）人。光绪三十年（1904）进士。见《明清进士题名碑录索引》。按民国十一年（1922）《雷大鸣继配刘氏墓志》：孤哀子，德寿、延寿、多寿、恭寿。

## 雷永平

雷永平，清西安府渭南（今陕西渭南）人。务农为业，事继父委屈周挚，务悦其心。《民国续修陕西通志稿·孝义二》《光绪新续渭南县志·孝友》。见《地方志人物传记资料丛刊·西北卷》第 1、8 册。

## 雷发财

雷发财，清西安府渭南（今陕西渭南）人。事亲色养无方，家贫甚为人执役西关。母嗜粳米饭，发财由县市购其熟者，疾趋至家乘热进之，岁无虚日。《民国续修陕西通志稿·孝义二》《光绪新续渭南县志》。见《地方志人物传记资料丛刊·西北卷》第 1、8 册。

## 雷振关

雷振关，清华州华阴（今陕西华阴）人。父年八十有五，构弃疾勺水不入口者五日。振刲臂肉，大如钱者三烹药而进之，其父饮药顿呼家人曰："我恩食粥啖粥尽二盂。"明日病良已。逾年，乃卒。振庐于墓侧老屋三间，上漏下穿，天寒月黑，悲风萧飗，振抚臂夜哭，与嗥狐啼猿相应和也。见《乾隆华阴县志·孝义》。《南明史》卷八十九："雷振关，字动宇，明末教谕。庐墓三年，卒年九十七。"《雍正陕西通志》《碑传集》均有传。《碑传集》《三十三种清代传记综合引得》将雷振关姓名误作雷振。

## 雷嘘和

雷嘘和，字阳生。清华州华阴（今陕西华阴）人。顺治三年（1646）进士。历任嘉禾、栾城知县。书法见称于时。《同治栾城县志·职官》。见《地方志人物传记资料丛刊·华北卷》第 13 册。《乾隆华阴县志》《雍正陕西通志》《明清进士题名碑录索引》《中国美术家大辞典》均有载。

## 雷承宪 （？—1705）

雷承宪，字钦宇。清华州华阴（今陕西华阴）人。原配刘氏，生子三，副配王氏，无出。长子忠，配牛氏，次子恪，配张氏，三子资，元配张氏，继配某氏。忠子二：燮、焞，女四；恪子炳，女一；资子二：照、烜，女三。燮子三：缂、缉、绾，女一；焞子二：绩、綝，女一；炳子一。见《雷承宪及妻刘氏合葬志》。《合葬志》其他题名：首题："待封钦宇雷老先生暨孺人刘氏合葬墓志铭"；刻立地：陕西省华

295

阴市；馆藏信息：墓志 6771。见"国家图书馆网站–碑帖菁华"。

## 雷鸣夏（1809—1862）

雷鸣夏，字时庵。清华州华阴（今陕西华阴）人。世居关西五桥屯。始祖以进士起家，官山西太守。祖讳雨霖。考讳延秀，妣赵孺人，实生公。公少时家道寒微，与伯兄觐光、仲兄仰山公协力同心。嗣后子孙蕃衍，诸侄以文显，以武著。为一邑望族焉。德配王孺人，子二，长维澍，次维清；女一。孙男三：鸾霄、丹梯、云梯。孙女三。见《雷鸣夏及妻王氏合葬志》。其他题名："皇清武庠生时庵雷公德配王孺人合葬墓志铭"；刻立地：陕西省华阴市；馆藏信息：墓志 7352。见"国家图书馆网站–碑帖菁华"。

## 雷振声

雷振声，清同州韩城（今陕西韩城）人。顺治九年（1652）进士。推官。以擅长书法见称。见《中国美术家大辞典》。《雍正陕西通志》《乾隆韩城县志》《明清进士题名碑录索引》均有载。

## 雷见龙

雷见龙，清同州韩城（今陕西韩城）带留里人。监生。慷慨好施，遇岁荒歉辄煮粥赈饥，粮贵减价惠周闾里。一见于康熙辛丑（1721），一见于乾隆乙亥（1755），朱、唐两邑侯扁其门曰："利人以德，谊敦桑梓。"嗣更捐谷三百石，独建社仓一所，出数十金用周闾里贫乏之家，膺修职即八品顶带。郑邑侯又一善行施济表之洵范鲁遗风哉。《乾隆韩城县志·人物续传》。见《地方志人物传记资料丛刊·西北卷》第8册。

## 雷大瀛（1736—1788）

雷大瀛，字海亭。清同州韩城（今陕西韩城）人。曾祖经待，祖云掌，父洪聚，母某氏。元配史氏，卒，生子兆元；继配孙氏，生女二。见《雷大瀛墓志》。本志其他题名：首题："皇清例赠武督骑尉大学生海亭雷公墓志铭"，盖篆书同首题；刻立地：陕西省韩城市出土；

馆藏信息：墓志 7975。见"国家图书馆网站–碑帖菁华"。

### 雷懋德

雷懋德，字迪修。清同州潼关（今陕西潼关）人。旺十三世孙。乾隆二十二年（1757）进士，以廉正著。初任江油知县，值久旱，祷雨端山，雨随车至。后官定陶，有干以金者，辞曰："天不可以欺。"拒不纳。兰阳堤决，檄往勘。时方赈饥或以停赈趄之行曰："缓将获罪。"懋德曰："舍一人以救众生，得罪所甘也。"竟以此被遣归。囊无余金。主关西书院二十余年，门下多知名士。《嘉庆续修潼关厅志·宦绩》《民国潼关县新志·人物志》。见《地方志人物传记资料丛刊·西北卷》第 10 册。《中国美术家大辞典》《明清进士题名碑录索引》均有载。

### 雷毓秀

雷毓秀，清同州潼关（今陕西潼关）人。进士旺裔。监生。乾隆间岁饥，毓秀自咸阳贩粟至家倾舟散赈，里人赖以存活。见《嘉庆续修潼关厅志·义行》。见《地方志人物传记资料丛刊·西北卷》第 10 册。

### 雷　应

雷应，字效生，号供斋。清同州朝邑（今陕西大荔）人。康熙四十五年（1706）进士。博群书，熟练时事，任仁化知县，为政宽和平恕，悴然儒者风，以廉能膺荐擢道出朝邑。归省祖墓，以疾卒于家。工书法，精于篆隶。《乾隆朝邑志·孝友》《咸丰初朝邑县志·补记》。见《地方志人物传记资料丛刊·西北卷》第 10 册。《康熙朝邑县后志》《雍正陕西通志》《明清进士题名碑录索引》《中国美术家大辞典》《五彩大荔》均有载。

### 雷乃元

雷乃元，字长公。清同州朝邑（今陕西大荔）人。由禀贡任宝鸡县训导。律身严整，课士以实践。居家恂恂几笃于友谊。《乾隆朝邑志·本朝著闻人录》。见《地方志人物传记资料丛刊·西北卷》第

10 册。

## 雷代述

雷代述，字知化。清同州朝邑（今陕西大荔）乐丰里人。父甲万，母杨氏，述甫数龄，授小学已晓大意。十一岁值岁饥，父就食河南，即能负米数十里外以奉母。嗣因弟早逝，脊令抱痛，勤苦益力，一蔬一果必亲自检点，然后进之父母。稍暇辄亲课其子，早夜无宁时，父母每怜其过苦。邑人徐君万龙述之密友也，偶于冬月至其家，见积雪拥门，启视则方拥絮于床，琅琅诵书不辍，余地皆雪，愕然曰："兄一寒至此乎?"因言："父母谓我农学兼务太苦，若兄馆于我家，父母必喜!"徐慨然不辞。由是教子有所托，而事亲亦得左右无违。承颜顺志终身不衰。父、母殁，哀毁骨立，运石营圹，负土筑坟。庐墓三年，滋味未入口。每食跪奠必哀，服阕犹不忍居内，于父在时所居易安洞旁筑小洞，寝食观书不预外。惟徐君从靖远司训归与共卧榻，信谊老而弥笃。乾隆八年（1743）建坊旌表纯孝，年八十三卒。子三，长长纲，太学生，奉养继母食必亲尝，人称其孝。殁后亦庐墓三年，守制一如其父，里人欲上闻坚辞。次长维，为叔嗣。三长缉，庚辰举人。孙元春、亿春俱诸生。《民国续修陕西通志稿》《咸丰同州府志·列传》《乾隆朝邑志·孝友》《咸丰初朝邑县志·补记》。见《地方志人物传记资料丛刊·西北卷》第 1、9、10 册。

## 雷长纲

雷长纲，清同州朝邑（今陕西大荔）西寨人。太学生。乾隆年间与其父代述先后俱旌乡贤，午天先生其叔太高祖也。有四字"鸟语教家"，以孝世诵守之。长纲迁两女镇，事父及母张无少违志。事继母安亦然，安晚失明，饭常亲以匙食。值荒年并携继母弟长缉及侄儿元春赍资带书册，就食北山旅馆。不废功遇师儒即命问字，后长缉以广廪生中式乾隆庚辰（1760）恩科举人，元春为增广生。长纲又好施与，见孝父母者尤多厚给，或减食用及脱裘济之。亲没皆结庐墓侧，每饭必奠，奠必哭，妻甚病亦未尝一视，年六十五卒。子生员电章，孙廪生里涤，事父母皆尽心，一如家法。教家人胥如礼，电章虽贫，体父施与亦若父。里浒母周病，笃尝效黔娄暗尝粪。事继母张尤谨。亲没皆庐墓。夜或遇雷雨风，必时省亲。里浒以贫即增室授徒兼教子。子三，少皆、才一死，五策入庠初试秀才榜出第一，里浒列第二。复试督学言，子不可先父，改里浒第一。是年五福亦入庠，人皆为里浒荣，而五策旋死。今五福以进士官交河，邑人士并以三世庐墓事，上闻获旌，是乃世孝之报也。《咸丰初朝邑县志·德民》。见《地方志人物传记资料丛刊·西北卷》第10册。

### 雷长缉

雷长缉，字敬五。清同州朝邑（今陕西大荔）人。乾隆二十五年（1760）举人。县人后迁两女镇，柏林后，孝子代述子，长纲弟，著文名没遗联云："莫开吊，莫廷宝，静静萧萧好。"任游魂归造化，须读书须立品。端端正正常念先祖，祀乡贤，足见其人。《咸丰同州府志·列传》《咸丰初朝邑县志·德民、续补传》。见《地方志人物传记资料丛刊·西北卷》第9、10册。

### 雷长祺

雷长祺，号碧梧。清同州朝邑（今陕西大荔）人。雷柏林元孙。家贫性孝，事继母张尽道五十余年。七岁作文即有佳句，十三入岁试场交卷早，学宪阅之，文清诗尤美异之。指堂上纱灯松林图面试七绝，即成句云："谁割孤峰插碧空，苍松霭霭护禅宫，看并晓景无人赠，应有闲僧一梦中。"阅罢亟赏赠以金。名传左辅赴省应科试，汉中生员王朝奇遗金拾而与之。王赠以诗，他义行不可胜纪。邑侯重其品，三举乡饮大宾，皆确辞不获。文庙武庙春秋祭，以学官值试事，亦尝委代祭则文行皆可知矣。《咸丰初朝邑县志·补传》。见《地方志人物传记资料丛刊·西北卷》第10册。

### 雷尔杰

雷尔杰，字汉三，号毅斋。清同州朝邑（今陕西大荔人）。乾隆二十五年（1760）解元。署云南大姚县，劝农课，除盗安民，烛奸若炬，嫉恶如仇。以刚直不合罢去。《民国续修陕西通志稿·列传五》《乾隆朝邑志·清朝著闻人录》《咸丰初朝邑县志·补记》。见《地方志人物传记资料丛刊·西北卷》第 1、10 册。《清秘述闻三种》《五彩大荔》均有载。

## 雷凤至 （1764—1833）

雷凤至，字仪廷。清同州朝邑（今陕西大荔）西寨人。雷午天近裔。举人。选甘肃静宁州学正，谒上官不即见，凤至语门者曰："学正官虽卑，不可辱也。请还刺当投篆去矣。"上官闻遽见之。由是遇凤至有加礼，在任勤于课士，尤重品行。诸生李充实为兄所讼词本直，凤至素奇生文坐明伦堂责之曰："若秀才胡为与乃兄讼，乃兄何足罪？试思瞀叟不底豫谁之罪也？"生涕泣引过，遂受业学署。凤至怜其贫时给衣食，后果登贤书。时西域不靖，凤至襄转运务上台，拟举卓异，凤至力辞不受，竟告归。数年卒于家。《光绪同州府续志·列传》《咸丰初朝邑县志·科贡》《光绪甘肃新通志·循卓》。见《地方志人物传记资料丛刊·西北卷》第 9、10、13 册。按《清代人物生卒年表》："出处，《墓志铭》，李元春《桐阁文钞》10。"《桐阁文钞》收编在《清代诗文集汇编》第 496 册。

## 雷振邦 （1786—1856）

雷振邦，字名远，号远峰。清代同州朝邑（今陕西大荔）人。先世自洪洞迁朝邑北大夫村。太高祖养林，高祖体展，曾祖世德，祖长兴，父元亨。三子，宗义、泰焕、成焕。二孙，丽青、步青。雷五福撰文，雷榜荣书丹。见《皇清兵部侯铨武略佐骑尉庚午科武举远峰雷君（振邦）暨原配石安人继配张安人李安人合葬墓志铭》。墓志在《新中国出土墓志》（陕西·壹）有著录。

## 雷五福

雷五福，字畤九。清同州朝邑（今陕西大荔）人。道光十三年（1833）进士。知武邑县，创观津书院，捐俸数千金。调交河，以运河不时决伤民田，捐俸筑堤防之，民赖以安。工书法，长于行楷。见《中国美术家大辞典》。《民国续修陕西通志稿·列传五、孝义》《光绪同州府续志·列传下》有传。见《地方志人物传记资料丛刊·西北卷》第1、9册。《五彩大荔》亦有载。雷五福曾为雷振邦撰写墓志铭。墓志在《新中国出土墓志》（陕西·壹）有著录。

## 雷星汉

雷星汉，清同州朝邑（今陕西大荔）人，道光二十六年（1846）举人。与同榜孟兆丰赴礼部试，途中盗窃孟金，抵京始觉。星汉曰："同车独累不可也，分任之。"比归，星汉乘一车，孟与仇海、高士元同车。高患泻症，星汉曰："父执也！"与易坐料理药饵，污秽不避，在途共染疫。仇道卒，星汉为视含殡携衬归，劳剧成疾，寻卒。《光绪同州府续志·列传下》《咸丰初朝邑县志·科贡》。见《地方志人物传记资料丛刊·西北卷》第9、10册。

## 雷冲霄

雷冲霄，字剑华。清同州大荔（今陕西大荔）南程家庄人。道光二十九年（1849）进士。宁夏固原州学正，升贵德厅教授，光山知县。著有《防心集注》，主讲阮陵书院。见《五彩大荔》。《民国续修陕西通志稿·列传五》有传。见《地方志人物传记资料丛刊·西北卷》第1册。《同州府续志》《明清进士题名碑录索引》均有载。

## 雷培株

雷培株，字月岩。清同州大荔（今陕西大荔）人。雷冲霄次子。广西武缘知县，清勤俭素自励，不取民间分文。到任阅月，清案百起，民间呈词，随到随讯随结，民爱戴之。后捐升道员，分发山东。委稽查，课吏馆总办师范传习所。奉委引黄入海，兼会办利津县迁民事宜。所至实心考查，事举而民不扰。见《五彩大荔》。

## 雷震亨

雷震亨，清同州大荔（今陕西大荔）人。武进士，固原提标、守备。见《五彩大荔》。《光绪同州府续志》亦有载。

## 雷由之

雷由之，清同州朝邑（今陕西大荔）县西关人。雷光耀之子。后志知广灵，捐俸赈饥，垦荒田，判究州府。核粮储，却常例暑峄清前任纷拿。以母老告归，年才五十，田庐推美者。与兄及侄迎养女兄五十年。王公之采志其墓可征也。《咸丰初朝邑县志·补记》。见《地方志人物传记资料丛刊·西北卷》第10册。

## 雷榜荣（1824—?）

雷榜荣，字瀛仙。清同州朝邑（今陕西大荔）人。家贫力学，能文善书。咸丰六年（1856）进士。授刑部主事。荐升郎中总办，秋审处律例馆事务皆有声外简，知福建延平府。延平故烦据地瘠民贫，而盗风复炽，号称难治。榜荣抵任宽以抚氓庶，而严于缉奸究，不期年，政平讼理，强盗敛迹。纪纲整肃乃培植文化，时躬往庠序进俊秀，而亲课之。更勖以敦品立行，一时风气为之丕变，权延建邵兵备道察吏，抚民绩效大著，以疾归，卒于湖北旅次。见《同州府志》。《民国南平县志·循吏》。见《地方志人物传记资料丛刊·华东卷上编》77。《民国续修陕西通志稿·列传五》《咸丰初朝邑县志·科贡》有载。见《地方志人物传记资料丛刊·西北卷》第1、10册。《明清进士题名碑录索引》《中国美术家大辞典》均有载。按《清代人物生卒年表》：雷榜荣（1824—?），出处，《咸丰六年丙辰科会试同年齿录》。

## 雷棣荣

雷棣荣，字仪斋。清同州朝邑（今陕西大荔）人。雷榜荣次弟，同治十三年（1874）进士，知山西榆次县，历宰名城。为政以宽，持躬以廉，所至民颂，所去民思。卒于官，无以葬，且负累数千金。《民国榆次县志·名宦录》。见《地方志人物传记资料丛刊·华北卷》第46册。《明清进士题名碑录索引》亦有载。

## 雷橡荣

雷橡荣，字质亭。清同州朝邑（今陕西大荔）人。雷榜荣季弟，以孝廉方正四川青神知县。光绪二十九年（1903），清溪知事雷橡荣查悉收椒役吏，历年借收贡椒，苛扰舞弊，乃禀报上司豁免，树碑立信。见1994版《汉源县志》。《中国美术家人名辞典》："雷橡荣，四川候补知县。工书法，出入柳公权、赵孟𫖯之间。"《中国美术家大辞典》亦有载。

## 雷镇华

雷镇华，字少仪，号廉麓。清同州朝邑（今陕西大荔）人。雷棣荣子，光绪二十一年（1895）进士。选庶吉士散馆改知县。历知山西五台、赵城等县，有善政归。主讲丰登书院，门下多知名士。通经史，工诗文，书法宗欧阳询。见《中国美术家大辞典》。《词林辑略》《明清进士题名碑录索引》均有载。

## 雷尔卿（?—1886）

雷尔卿，字乙垣。清同州朝邑（今陕西大荔）人。拔贡生。同治四年（1865）至光绪十二年（1886），先后四任南溪知县。同治五年，在龙腾山岑参别业地址，创建龙腾书院，于各乡镇增办教学义馆25处。还增修文庙，培修瀛洲阁，修筑城墙炮台，增设孤贫粮。擅书法，县内古迹名胜多有他的题字。所书治家格言等，县人以版印流传，作为楷模。光绪十二年病故于任上。设灵堂于县衙，悼念者万多人，灵柩运走时，百姓沿途路祭。民国初，县内人士曾于仙源公所设龛，同另两名知县一起祭祀，名为"三公祠"。见1992年版《南溪县志》。《中国美术家人名辞典》："雷尔卿，宦蜀。善书，笔法苍劲，逼似刘墉。"四川《巴中县文化志》雷辅天将军墓园碑序为"巴州正堂雷尔卿撰"。雷尔卿《咸丰初朝邑县志·科贡》有载。见《地方志人物传记资料丛刊·西北卷》第10册。《中国美术家大辞典》亦有载。

## 雷星恺

雷星恺，清同州朝邑（今陕西大荔）人。同治十二年（1873）举人。博学精易理，在任时士子多从。游者严立课程，训诲无倦，忽于年终集聚生徒，告令各自择师，遂于次年新正将眷属携归如解任。然至家十余日会亲友而卒，人始服。《民国盩厔县志·官师》。见《地方志人物传记资料丛刊·西北卷》第 3 册。

## 雷在夏（1854—?）

雷在夏，字鸣叔，号西溪。清同州朝邑（今陕西大荔）人。光绪九年（1883）进士。散馆授检讨，绎内阁中书，至广西候补知府。以工书法见称。见《中国美术家大辞典》。《词林辑略》《明清进士题名碑录索引》《清代人物生卒年表》均有载。

## 雷纪明

雷纪明，清同州大荔（今陕西大荔）贾家庄人。唐雷万春将军后裔，事兄纪正问饥寒朝夕无懈。后正得瘫痪疾，饮食便溺需人，明夜不脱衣，左右侍奉者三年，乡党以悌称。见《光绪大荔县续志·孝友补编》。

## 雷伯望

雷伯望，清陕西大荔东石曹人。康熙六十年（1721）有代纳一甲贫户丁粮事，州守赵给奖曰"以仁存心"。又值岁饥，赈济村众酬以额曰"惠如时雨"。今其五世孙道盈已有孙入庠犹同居云。《光绪大荔县续志·义行》。见《地方志人物传记资料丛刊·西北卷》第 10 册。

## 雷复震

雷复震，清同州朝邑（今陕西大荔）王家庄人。生而颖悟，喜读易，精于卜筮，性孝友，定省如礼。父老多疾身侍汤药，未尝少离。及父殁移枢外室，奉遗像设衣冠，朝夕哭奠，足不出户者二年。既葬庐于墓所，三年不茹荤，不入寝，时尚未举子，亲友有劝归者，辄号泣不已。五年来发长蔽面，服将阕母丧继之，庐墓如前比。三周禫祭毕，即于是日无病而逝。《民国续修陕西通志稿·孝义三》《乾隆朝邑志·孝友》《咸丰初朝邑县志·补记》。见《地方志人物传记资料丛刊·西北卷》第 1、10 册。

## 雷笃万

雷笃万，字处厚。清同州朝邑（今陕西大荔）人。增广生，幼丧母哀慕成疾，事父尤谨，友于两弟，修祠叙谱收恤宗族，壬申岁祲出谷平粜贱其值。好古文，善书画，为督学令长所嘉奖。《乾隆朝邑志·孝友》。见《地方志人物传记资料丛刊·西北卷》第 10 册。

## 雷元儒

雷元儒，字雅臣。清同州朝邑（今陕西大荔）人。邑诸生。性好义，戊辰岁饥，周恤里人四百余金。庚寅又饥，散谷三百七十余石，又施地户亩为义冢，赐八品服。《乾隆朝邑志·义行》。见《地方志人物传记资料丛刊·西北卷》第 10 册。

## 雷运高

雷运高，字升宇。清同州朝邑（今陕西大荔）人。性雅饬，有隽才，植品方正，里人群推重之。遇有纷争难决者，得其一二语咸输服。又好施，与宗族邻里，又有不能丧葬婚嫁者悉周之。宇殁里中罢社，及葬童叟执绋哭送，数里不绝。后以孙大俊职移赠奉直大夫。《乾隆朝邑志·义行》。见《地方志人物传记资料丛刊·西北卷》第 10 册。

## 雷元利

雷元利，字盆公。清同州朝邑（今陕西大荔）人。雷运高子，性质俭不喜华侈，虽席丰履，泰而恂恂如布衣。生平急于施与，常云有无相通洽比之，谊应尔若厚自封殖，不过一守钱虏耳。乾隆辛卯（1771）壬辰岁饥，先后轮金粟里中，全活甚众。戚党之有急者，每不待其请而助之。屡膺乡饮宾，德隆望俊当道无不引重争旌其门间。以子大俊职封奉直大夫。《乾隆朝邑志·义行》。见《地方志人物传记资料丛刊·西北卷》第 10 册。

## 雷起祥

雷起祥，字意如。清同州朝邑（今陕西大荔）泰安钟人。乡耆。

305

年九十一岁，步履康健，每逢道瓦砾必掷去。先贸易市缠，有邻人窃取柜金，瞥见退潜佯为不知，不忍败其名节。每岁歉辄出粟，周给邻里，不吝所有。生平不与人争是非较短长，和气谦德，邑人盛称之。《乾隆朝邑志·义行》。见《地方志人物传记资料丛刊·西北卷》第 10 册。

### 雷百行

雷百行，字孝先。清同州朝邑（今陕西大荔）人。为人醇谨，动必以礼法。博览群籍，叩无不知，载酒问字之车，往往盈户外。悯今世罕良医，尤精研灵素，自朝至昃汲汲以济人为事，未尝受人馈，遗其贫不能药者，则袖金赠之，蒙其惠者无算。《乾隆朝邑志·义行》。见《地方志人物传记资料丛刊·西北卷》第 10 册。

### 雷元真

雷元真，字名臣。清同州朝邑（今陕西大荔）人。庚寅岁饥，散给里人谷一百余石，邑沿河滩地冲决，邑人苦赔粮，真首倡吁请得豁免滩地粮十项余。次子大献善承父志，左右襄赞厥力甚多。《乾隆朝邑志·义行》。见《地方志人物传记资料丛刊·西北卷》第 10 册。

### 雷大烈

雷大烈，字武公。清同州朝邑（今陕西大荔）人。雷元儒子，贡生。有厚德，克继父志。父殁后，有持百金来偿债者，大烈搜箧中无其券谢不受。邑中饥，施粥助米八十石。延师塾中训贫家子弟，里邻屡受赈恤。有焚香夜祝者曰："愿世世食厚报也。"士大夫与交咸乐其善气迎人。《乾隆朝邑志·义行》。见《地方志人物传记资料丛刊·西北卷》第 10 册。

### 雷大柱

雷大柱，字南池。清同州朝邑（今陕西大荔）人。性淳朴，嗜读书，工古文学，时推博雅生。平施米粥厂，修药济人力所可为无不争先恐后，义行不可枚举。《乾隆朝邑志·义行》。见《地方志人物传记资料丛刊·西北卷》第 10 册。

## 雷永清

雷永清，清陕西大荔乡避村人。庠生。事母至孝，父长元同治六年（1867）被捻匪掳去竟无消息，时永清仅三岁，家赤贫无以为生，赖母张氏十指度日相依为命。迨年渐长，痛父之失踪而母之过于劳苦也，常泣下。好读书，颇能刻苦自励，藉博亲欢。入庠后，赖笔耕上供甘旨。母晚年曾得瘫痪疾，永清依恋母侧，跬步不离，饮食寒热体察无微不至。凡母亵衣秽器，必躬亲洗涤，曾不假子妇手，虽盛暑严寒绝无倦容。母性不喜酒，永清为之终身酒不沾唇，其孝之纯笃有如是者，时人以为难能。《民国大荔县新志存稿·孝友》。见《地方志人物传记资料丛刊·西北卷》第 10 册。

## 雷鸣夏

雷鸣夏，清陕西大荔县三里村人。诸生。性友爱与仲兄根来尤笃。设帐洪善村三十余年，生徒前后几二百人，门下青衿联翩。每岁馆谷所入，多归之仲兄。仲兄贫，诸子不能婚娶，鸣夏又一一为之授室，人谓有邓伯道风。《民国大荔县新志存稿·孝友》。见《地方志人物传记资料丛刊·西北卷》第 10 册。

## 雷　铎

雷铎，字伯觉。清华州蒲城（今陕西蒲城）人。康熙三十五年（1696）举人。性孝悌，时称笃行之士。著有《克念堂文钞》。《乾隆蒲城县志·孝义》《光绪蒲城县新志·孝友》。见《地方志人物传记资料丛刊·西北卷》第 8 册。《蒲城文献征录》有传。《雍正陕西通志》《四库全书百科大辞典》《中国历代人名大辞典》《中国人名大辞典》《中华万姓谱》均有载。

## 雷　鏻

雷鏻，字剑华。清华州蒲城（今陕西蒲城）人。少时才学出名，考得副榜贡生，为当时"关中四杰"之一。康熙帝西巡长安，读他所献六言律诗后，评论说"朕自西巡以来，献诗不少，惟雷鏻诗一卷可

307

观"。遂交翰林院掌院议授官职，并命陕西巡抚传旨召见。巡抚在酒店找到，他正酩酊大醉，巡抚急忙用汤灌醒，驰赴行宫。他见到掌院，匆迫间未及投递名帖，掌院暗怀怨恨，在皇帝面前使坏。康熙不悦，不予任用。他既不得志，便将愤懑寄于诗文，著作甚丰。其诗上承《诗经》《离骚》，刚劲忠义之气，跃然纸上。其古文尤其豪迈。见 1993 年版《蒲城县志》。《光绪蒲城县新志·文学》有传。见《地方志人物传记资料丛刊·西北卷》第 8 册。《雍正陕西通志》《蒲城文献征录》均有传。

## 雷鼎甲 （1759—1823）

雷鼎甲，字俊三，号果亭。清蒲城（今陕西蒲城）人。诸生。事母色养备至，弟联甲，生未逾年即孤，养于伯父。少读书至忠孝节义章，即悲泣。遇父忌日，辄号痛。及长，与从弟殿（联）甲俱以武举应兵部试。时方盛暑，徒步携囊数千里，不令其弟分之，或问其故，泣曰："伯父只此子，又吾母所爱，恐伊年少不堪劳瘁耳。"后官山东临清卫千总，迎母于署，饮食必亲进，署夜必执拂，公事出必预言归期，不得归必使人告母。后母旋里，送至河，于恸几绝，卒以思母成疾殁。大吏奏于朝，俱邀旌祀忠孝祠。《光绪蒲城县新志·孝友》。见《地方志人物传记资料丛刊·西北卷》第 8 册。按《雷鼎甲墓志》："先世由同州华源迁于蒲。传行人司讳雨者以名进士起，家族始显。曾祖讳守业。祖讳刚，貤赠武略骑尉。考讳永得，字止宇，敕赠武略骑尉；妣牛太安人，初封太安人。公止宇公长子，生四岁孤，依太安人以立。"配某氏，子洲，候选县尉。女二人，孙二人，孙女一人。《墓志》首题："皇清例授修职郎候选县丞庠生果亭雷公墓志铭"。见"国家图书馆网站-碑帖菁华"。

## 雷延珍 （1789—1845）

雷延珍，字聘侯，号竹泉。清陕西蒲城人。刑部主事雷鉴莹之父。始祖由太原迁蒲城，以耕读世其家。曾祖讳福荣，祖讳月旦，字惕斋，艺学好古，授徒里门，工书，得者转相临摹，手宋诗藏于家，赠儒林郎。考讳雺，字凝宇，授奉政大夫同知。祖妣各封赠如例。昆弟三，伯讳延瑛，仲讳延璈，学生，季即君。元配胡氏，继室原氏、郭氏，皆先

308

于君卒。副室田氏、张氏。子三，长鉴莹，胡氏生；次鉴龄，田氏生；次鉴涵，张氏生。女一，胡氏生。孙男二，来庆、来继，孙女一，俱幼。见《雷聘侯墓志铭》。墓志收编在路德《柽华馆文集》。见《清代诗文集汇编》第 545 册。《清代人物生卒年表》亦有载。

### 雷鉴莹

雷鉴莹，字介石。清同州蒲城（今陕西蒲城）雷家堡人。咸丰二年（1852）举人，系当地财主富户，上司来陕筹饷，带头捐银八千两，被授以道员，赏戴花翎。因居家未仕，俗称"坐家道"。《续修陕西通志稿·孝义四》。见《地方志人物传记资料丛刊·西北卷》第 1 册。按《雷聘侯墓志铭》：君姓雷氏，讳延珍，字聘侯，号竹泉。刑部主事鉴莹父也。

### 雷育民

雷育民，清蒲城（今陕西蒲城）人。庠生，弟抚民早死，遗妾生子，岁饥不能食，育民妻弃所生女乳养之。《光绪蒲城县新志·孝友》。见《地方志人物传记资料丛刊·西北卷》第 8 册。

### 雷国楫

雷国楫，字松舟。清同州蒲城（今陕西蒲城）人。监生。松江县丞。善吟咏，受到袁枚赏识。著述颇多。见 1993 年版《蒲城县志》。

### 雷元德

雷元德，字愚山。清同州蒲城（今陕西蒲城）人。乾隆、嘉庆年间书法家。与原维桢、崔问余、张汝骧并称蒲城书坛"四山"。见 1993 年版《蒲城县志》。《光绪同州府续志·列传下》有传。见《地方志人物传记资料丛刊·西北卷》第 9 册。

### 雷　铙

雷铙，字剑华。清陕西蒲城人。副榜贡生。少好学，工古文辞。性笃孝友，执亲丧哀毁骨，立所遗产悉让两弟，仅居数椽哭号不绝意恬如也。季弟客死山左，闻讣恸绝欲归骨为己任，跟跄冲雪而行，既至为人慵书得金始扶榇归葬。《乾隆蒲城县志·孝义》。见《地方志人物传记资料丛刊·西北卷》第 8 册。

## 雷麒生（1718—1787）

雷麒生，字麟台。清同州澄城（今陕西澄城）人。父盘祥。弟德生、茂生。子，日琠、日熙。孙措邦等六人。庠生宗侄雷雨撰。见《清雷公（麒生）墓志铭》。墓志在《新中国出土墓志》（陕西·壹）有著录。志石新中国成立后出土于澄城县冯原镇，藏于雷夕远家。

## 雷雨（1760—1827）

雷雨，字伯霖。清同州澄城（今陕西澄城）太庆里迪家河人。乾隆乙卯（1795）举人。聪慧绝伦，读书数行俱下，过目辄成诵。为文顷刻十数艺，从无点窜，塾师不能易一字。官皋兰教谕，以病乞休，制军长公固留之，竟致仕归。道光丁亥（1827）卒，年六十七。《咸丰澄城县志·人物》。见《地方志人物传记资料丛刊·西北卷》第 8 册。

## 雷校（1750—1798）

雷校，字书台。清陕西澄城伏龙里雷家河人。廪生。祖宣泰，父闻堂俱有隐德，以淑行闻。师事朝邑张明经，延瑞明经器许之耿介拔俗，胆力过人。嘉庆戊午（1798）卒，年仅四十九。子时夏，字季常，号云峰，嘉庆丙子副榜，己卯举人，道光癸未（1823）进士。安徽宁国县知县，己亥江南乡试同考官，署无为州宿州知州，调太和县知县，庚戌十月以清查保举奉特旨升河南光州直隶州知州。见《雷书台先生墓表》。《咸丰澄城县志·人物》有传。见《地方志人物传记资料丛刊·西北卷》第 8 册。

## 雷时夏

雷时夏，字云峰。清同州澄城（今陕西澄城）人。道光三年（1823）进士。以工书法见称。见《中国美术家大辞典》。按《咸丰同州府志·皇恩纪》："制曰：分符百里必遴出宰之材，报最三年爰重懋官之典。尔安徽颍州府太和县知县加知州衔雷时夏，雅擅才能克宣慈惠抚绥有要，常深疾痛，在己之心怀保无穷，不忘顾复斯民之责。兹以覃恩授尔为奉直大夫。"《民国续修陕西通志稿·列传六》《咸丰澄城县志·选举》《民国澄城县志·儒林》有载。见《地方志人物传记资料丛刊·西北卷》第1、8册。《明清进士题名碑录索引》亦有载。

### 雷大晓

雷大晓，字子亮。清同州澄城（今陕西澄城）雷家洼人。乾隆六十年（1795）赴宴千叟，钦赐御诗一轴，银牌一面，龙头杖，合包锦缎等物，时年九十二岁。《民国澄城县续志·耆寿》。见《地方志人物传记资料丛刊·西北卷》第8册。

### 雷大备

雷大备，字全斋。清同州澄城（今陕西澄城）阳城里雷家洼人。监生。父振万，本生父振祚，季父振千乾隆累出粟赈济。振千子九周，振祚子大年俱监生。大备恭兄友弟乡间称之。大周子百里例贡生，五世同堂。大备子作霖，字庆之，诸生。作霖弟作雨，永年子永清俱武生。作雨字雨亭，道光甲辰（1844）举乡饮宾，百里子逢峰，诸生。作雨子致云，监生；升云诸生。作霖子起云，道光乙亥武解元。《咸丰澄城县志·人物》。见《地方志人物传记资料丛刊·西北卷》第8册。

### 雷庆云

雷庆云，字瑞天。清同州澄城（今陕西澄城）白其里南酥路村人。嘉庆己卯（1819）岁贡生。未冠入泮试列优等者十余次。崇实黜华取与不苟，授徒恳挚，多所成就。无子。捐所居宅为阖族祖祠。年八十余卒。《咸丰澄城县志·人物》。见《地方志人物传记资料丛刊·西北卷》第8册。

### 雷在丙（1806—1847）

雷在丙，清同州澄城（今陕西澄城）冯长里人。武生。年十二失怙。事异母兄生雨视他人，事父倍谨。十九岁兄殁，悲伤废饮食，或劝以诸母在堂犹子幼宜少自爱，乃节哀治事，奉诸母弥敬慎日，今岂有兄分任耶？生母党氏病亲乍汤药，盛暑不少离比，卒庐墓三年，道光丁未（1847）卒，年仅四十二，里人咸悼惜焉。《民国续修陕西通志稿·孝义三》《咸丰澄城县志·人物》。见《地方志人物传记资料丛刊·西北卷》第1、8册。

### 雷蔚瑞（1850—?）

雷蔚瑞，字辑五。清同州白水（今陕西白水）人。光绪十五年（1889）进士。有诗才，任河南荥泽县知事。治理河务，勤劳懋著，清廷特旨嘉奖。离职归里后，监修县南门外文昌阁，终年八十岁。见1989年版《白水县志》。《明清进士题名碑录索引》《同州府续志》《中国美术家大辞典》均有载。按《清代人物生卒年表》："雷蔚瑞（1850—?），字辑五，号玉山。出处，《光绪十五年己丑科会试同年齿录》。"《皇清诰封宜人雷（蔚霖）母王太宜人墓志铭》：太宜人姓王氏，雷封翁讳鸣斗之继室。五子，蔚东、蔚堃先室出，蔚琛、蔚霖、蔚瑞太宜人出。孙辈建斌、建猷、建基、景禄、禧禄、惠禄、宗禄、绥禄。曾孙辈，仲喜、顺喜、朗喜、述曾、绍曾。墓志在《新中国出土墓志》（陕西·壹）有著录。志石现存白水县。

### 雷蔚琛

雷蔚琛，字蕴华。清同州白水（今陕西白水）人。优廪生。幼承庭训，有声胶庠。事亲备极色养，兄弟间怡怡如也。乡党有重大事，率就调度，与人交坦白易直。《光绪同州府续志·列传下》。见《地方志人物传记资料丛刊·西北卷》第9册。《皇清诰封宜人雷（蔚霖）母王太宜人墓志铭》："蔚琛、蔚霖、蔚瑞太宜人出。"

### 雷敬儿（1612—1701）

雷敬儿，女，清同州郃阳（今陕西合阳）人。雷翀次女，嫁给本县和阳村秀才史继鲁，人称史夫人。聪明好学，博览群书，工诗文，善书法。继鲁早丧，无子。以侄为嗣，为其修建书房，亲写铭文"天地为屋，江河为沼，古今旦暮圣贤期好。具此心眼，以窥奥妙，月明灿，书声缭绕"。嗣子亦早亡，遗孙三人。她悉心教养，著有《弥清阁集》。晚年自行烧毁。《乾隆合阳县全志》有《哭夫》诗一首："去年灯火共元宵，为我窗前拂翠翘。佳节依然人不见，一轮明月冷迢迢。"民间传抄其织锦回文诗作多首。见1996年版《合阳县志》。《宰莘退食录》亦有载。《晚晴簃诗汇》卷一百八十四，收录其诗作二首。

## 雷文中

雷文中，清同州郃阳（今陕西合阳）人。淳朴慈祥。曾祖完以孝行著，祖可昌，父昆弟五人，世以勤俭传家。迄文中堂兄弟六人，曾元同堂男女六十余口，犹七世同居。岁饥屡出粟赈济，邑令旌之，举耆宾。见《合阳士女续志》。

## 雷景遇

雷景遇，字会昌，清同州郃阳（今陕西合阳）人。宋侍郎德骧之后。敏悟殊绝，读书不拘章句，训诂超然有神解。为制义①，绝时蹊，援笔立就，莫不出人意表。明崇祯末，学使汪公乔年拔置第一。国朝顺治丙戌（1646），闱中得其文，称为先正典型，拟元以小误置第四。家素贫，后授四川荣经知县，其清约如故。县与滇南西域界，为茶、马货易之地，旧榷以为利，除之，商民大悦。以失上官意，罢归，邑人立祠刻石颂焉。家居，益肆力文学，日与子弟后学谈经讲艺不辍。郃之科第联翩，盖得其引掖绳削之力居多云。《乾隆合阳县全志·人物》。见《地方志人物传记资料丛刊·西北卷》第9册。《顺治重修合阳县志》《宰莘退食录》《雅州府志》均有载。

## 雷学谦（1622—?）

雷学谦，字六吉。清同州郃阳（今陕西合阳）人。顺治时进士。任广西桂林推官，以清正闻名。康熙元年（1662），其考选广西道监察御史，为整肃选拔任用官员和弹劾旷职渎职行为，向康熙皇帝陈奏时政得失数十条，都被采纳。巡视江浙盐政，受商民拥护。因母去世弃官回

---

① 编者注：康熙钱万选《宰莘退食录·雷景遇》："义"为"萩"，"萩"古"艺"。

乡。当时，王村瀁常因雨潦水涨而淹没耕地，遂率众修渠整堰，使泄蓄流畅，灌田多而不复为害。潼关车牛站每年要耗掉合阳百姓银子上万两，其催促知县徐起霖上报，得以免除。卒后墓葬南蔡园村西。擅长书法。见1996年版《合阳县志》《中国美术家大辞典》。《民国续修陕西通志稿·列传六》《乾隆合阳县全志·人物》有传。见《地方志人物传记资料丛刊·西北卷》第1、9册。《顺治重修合阳县志》《合阳县乡土志》《雍正陕西通志》《嘉庆广西通志》《明清进士题名碑录索引》《清代人物生卒年表》均有载。

## 雷　琰

雷琰，清同州郃阳（今陕西合阳）人。康熙乙酉（1705）举人。曾祖登朝，治家严肃。祖宏茂，以孝闻。宏茂子剑飞、剑跃。明末岁饥，剑飞千里负米养亲，子浪煖，诸生。剑跃二子：长琬；次琰，能文，又能尊祖父法，同炊，内外无间言。以家事授浪煖子毓桂，毓桂又授琰子廷桂。廷桂侄煴，孙重阳，曾孙萃，一门共爨，食指八十，延及八世。《民国续修陕西通志稿·孝义三》《乾隆合阳县全志·人物》。见《地方志人物传记资料丛刊·西北卷》第1、9册。《合阳士女续志·雷登朝传》亦有载。

## 雷　豫

雷豫，字介石，号河浒。清同州郃阳（今陕西合阳）人。雷学谦孙。读书过目成诵，里中号为神童。年十六入庠，甲午举于乡，授郿州学正。郿数十年科名寥落，豫至，课试数年，掇科者累累。迁邹平令，推赤爱民，祈雨，捕蝗，不避炎威。境有水利，为豪强者所据，命案不绝，豫矢公画畔，永息争端。丁卯，分校乡闱，所取多名士。年六十三卒于官。闻所著有《叩缶杂言》二卷，未刻。《乾隆合阳县全志·人物》。见《地方志人物传记资料丛刊·西北卷》第9册。《合阳县乡土志》有传。

## 雷茂林

雷茂林，字千章。清同州郃阳（今陕西合阳）人。乾隆甲午

（1774）举人。富而能施，尝输田三百亩及银千二百两于官，以岁入租息，为合阳童子试及乡会试卷。赀继复捐榜备陕西全省乡试卷，赀前后捐输累万金，他所施与亦称是或以其过事挥霍，劝为储积计，茂林举汉疏广语应之，且曰："吾爱吾同类，以爱吾子孙也。"韪哉！所谓仁人之言，仪其人如或见之焉。见 1996 年版《合阳县志》。《民国续修陕西通志稿·孝义二》《光绪同州续府志·列传上》有传。见《地方志人物传记资料丛刊·西北卷》第 1、9 册。《合阳士女续志》《合阳县乡土志》均有传。

## 雷景鹏

雷景鹏，清同州郃阳（今陕西合阳）人。嘉庆十五年（1810）解元。嘉庆十六年进士，内阁中书。工书法。见《中国美术家大辞典》。《清秘述闻三种》《明清进士题名碑录索引》亦有载。

## 雷以动

雷以动，字兆初。清同州郃阳（今陕西合阳）坡赵人。乾隆癸酉（1753）拔贡，丙子副榜第一，朝考列一等。数年未选或曰盍求同年韩城王相国，以动曰："朝廷铨选，自有伦次，岂可以人力为乎？"后为蓝田教谕，教诸生先品行而后文艺。尝谓"己不修无以治人，今日诸生安知不为他日卿相也"。数年卒于署。《民国续修陕西通志稿·列传六》《光绪同州府续志·列传上》《咸丰初朝邑县志·科贡》。见《地方志人物传记资料丛刊·西北卷》第 1、9、10 册。《合阳士女续志》亦有传。

## 雷廷兰

雷廷兰，字香畹。清同州郃阳（今陕西合阳）人。雷以动之孙。嘉庆癸酉（1813）拔贡，丙子举人。胞伯诸生泽患疯疾，廷兰事之尤谨。泽后疾愈，舌耕他乡。家中兄弟欲分，廷兰曰："兄弟俱无子，分必饥寒，吾不忍也。"有横逆来，避不与校，曰："失在我不可校，失在彼不必校，且校不受，必兴讼，吾家以不入公门为教，何可犯乎？"教授终身，年六十卒。《光绪同州府续志·列传上、列传下》。见《地方志人物传记资料丛刊·西北卷》第 9 册。《合阳士女续志》亦有传。

## 雷 首

雷首,字冀山。清同州郃阳（今陕西合阳）人。雷廷兰子,诸生,累世书香。父卒,厄于贫,子弟势难俱读,首令子贸易弟读书。屡劝家人勿析箸。或曰:"弟未必不负兄。"首曰:"宁弟负我,我不敢以不教弟负祖宗也。"后弟夏及洲俱入庠,塘、廪贡生,就教职。子登蟾,咸丰壬子举人,石首知县;登阁由孝廉方正历官四川南川等县。孙四人葆泰、葆初、葆谦俱以科第官州县,时人艳称。雷氏父子四人同时仕宦,以为首一生孝友之报。《光绪同州府续志列传下》。见《地方志人物传记资料丛刊·西北卷》第9册。《合阳士女续志》亦有传。

## 雷遇福

雷遇福,字五斋。清同州郃阳（今陕西合阳）马庄人。道光辛卯（1831）举人,铨授泾阳县教谕。奏闻奉旨照知县例议恤,崇祀泾阳名宦并忠烈祠及原籍忠烈祠。《民国续修陕西通志稿·列传六》《宣统重修泾阳县志·官师》。见《地方志人物传记资料丛刊·西北卷》第1、5册。《合阳士女续志》亦有传。

## 雷成基

雷成基,清同州郃阳（今陕西合阳）人。侨寓伏羌（今甘肃甘谷）牛蹄镇,精方书,尤善外科,手制珍药所费不赀。遇贫乏辄施与之,医富者病愈听其自谢,从不索值,有长厚之称。生一女授之《小学》《女诫》诸书,有善相者奇之谓当作配玉堂清望,后果然以为阴德之报。《光绪甘肃新通志·方技》。见《地方志人物传记资料丛刊·西北卷》第14册。

## 雷登阁

雷登阁,字剑南。清同州郃阳（今陕西合阳）坡赵人。由光绪壬午（1882）副榜,征举孝廉方正,铨四川南川县。历署乐至、剑南等县,所至肃清奸宄,缮城郭,平冤狱,生擒长脚蚊子,以功报最。晚年致仕家居,三子皆分省入仕。所藏书籍及版、著作多散失四川,今仅见其遗文二卷而已。见《合阳士女续志》。1991 年版《南川县志》：清光绪二十三年（1897），上年久雨伤谷，二、三月米价日昂。下川东饥民聚众来县，讹传抢粮造反。知县雷登阁开发济仓谷，并下令团、保劝富绅设厂施粥救济灾民。清光绪二十六年，知县雷登阁，将已收应退捐户的昭信股票款挪作兴修普泽寺城垣，当年完工。

## 雷 浒

雷浒，字用修。清同州郃阳（今陕西合阳）碁南人。邑诸生。性耿介，不妄取人一介。亲友或子弟行为有不检者，辄面折其非，不假词色，以故乡党间多畏惮。闻朝邑杨损斋、三原贺复斋讲程朱学，家贫不能久游学，岁时请谒不断。教授子弟率多谨厚存心。尝谓："古人嘉言懿行自体力行已足，人每妄自尊大，侈言著述，是伪也。"生平孝友特笃，士林咸称"用修先生"。见《合阳士女续志》。

## 雷 柱

雷柱，字立夫。清同州郃阳（今陕西合阳）碁南人。幼读书即厌帖括，好研古人性命之学。稍长，从朝邑杨损斋先生，遂肆力于程朱之学。继受业于贺复斋先生，愈攻苦程朱诸书，兼致力经史，日与乡理学谢季诚相切磋，后膺关中存古学堂分教之聘。有余资，即购书，藏书甚多，著作宏富，年八十余犹朝夕披览。著《曾子点注》一卷，已刊行于世；《五经臆解》四卷，《文集》二卷，《论语类编》二卷，藏于家；《禹贡源流考图》一卷。见《合阳士女续志》。

## 雷乃欣等

雷乃欣、雷正明，清同州郃阳（今陕西合阳）西佃头村人。乾隆五十七年（1792），雷乃欣等上控刘来生等，谋占梁山地亩一案。合阳县前任赵令、陈令已经审定。雷正明提出异议，经复审最终裁定，地亩为雷姓族产无疑。乾隆五十九年，树石立碑，以垂久远，永息讼端。见《梁山地亩案碑》。碑文节选收编于《合阳文史资料——合阳佛教文化专辑》。

317

## 雷沛霖（1849—1903）

雷沛霖，字晴三，号苏崖。清陕西合阳井溢坡人。廪生。以教书为业。在本村设立的"培英书屋"，为当时合阳县人文荟萃的地方。他的学生每年考中秀才进入县学与府学的常有八九人，占全县名额的三分之一。一生学而不厌，诲人不倦。教学生先器识而后文艺，以实用为目的。1940年学生曾立碑纪念。见《合阳县教育志》。

## 雷先春

雷先春，清西安府富平（今陕西富平）人。康熙三十九年（1700）进士。西华知县。擅长书法，精于大小篆。见《中国美术家大辞典》。《雍正陕西通志》《光绪富平县志稿》《明清进士题名碑录索引》均有载。

## 雷慎言

雷慎言，字铭三。清西安府富平（今陕西富平）新移里人。监生。端庄寡言笑，事亲以孝闻。咸丰元年（1851）陕甘学政慎奏赐建坊银，又以养志遗风表之。《光绪富平县志稿·孝行》。见《地方志人物传记资料丛刊·西北卷》第11册。

## 雷慎行

雷慎行，字震芝。清西安府富平（今陕西富平）新移里人。慎言弟。居家孝友，处乡宽厚。遇荒年出粟赈饥里人，公立德行碑于到贤镇东门外。《光绪富平县志稿·孝行》。见《地方志人物传记资料丛刊·西北卷》第11册。

## 雷动之

雷动之，字雨田。清鄜州（今陕西富县）廪生，光绪三年（1877）任教谕。《光绪高陵县续志·人物传上》。见《地方志人物传记资料丛刊·西北卷》第3册。

### 雷正印

雷正印，名某。清鄜州洛川（今陕西洛川）员郊村人。岁贡。祖永尚，举人。父某，亦岁贡。正印性淳好学，一意教徒，七十不倦。出其门者多知名士，如廪生雷梦笔等。《民国洛川县志·学艺》。见《地方志人物传记资料丛刊·西北卷》第7册。

### 雷翼极

雷翼极，字象臣。清榆林府怀远（今陕西横山）堡人。性耿介有干才，由岁贡任临洮府金县训导。恒以振兴士习自任，每见诸生推心教诚，一时士风丕变，人才蔚起。他如国事所关不惮烦劳，即远征青海护解兵饷一事，慨然以卫校儒官任之，亦可见其一斑矣。《道光增修怀远县志·人物》《道光榆林府志·忠节》。见《地方志人物传记资料丛刊·西北卷》第7册。

### 雷启祥

雷启祥，清榆林府怀远（今陕西横山）波罗堡人。廪贡。忠厚和睦，孝友性切，同治初城陷，双亲死难，启祥孝事叔婶不亚父母。晨夕省问，至忙罔倦。胞弟启华幼有足疾，抚养成年，爱护备至。子侄咸列胶庠。享年七旬有三。《民国横山县志·孝弟》。见《地方志人物传记资料丛刊·西北卷》第7册。

### 雷东生

雷东生，清汉中府褒城（今陕西汉中市汉台区）人。副榜。雷木生岁贡生。兄弟以孝友称，姻睦任恤乡里感其德。经学有渊源，东生官高台教谕，木生官兰州训导，课士皆有方。兄弟相约引归，庞眉皓首方行矩步，数十年犹想见，老成典型焉。《嘉庆汉南续修郡志·人物》《道光褒城县志·名人传》。见《地方志人物传记资料丛刊·西北卷》第12册。

### 雷祥云

雷祥云，字呈瑞。清汉中府南郑（今陕西南郑）人。六岁失怙。

因贫弃学就贾，事母极孝。同治三年（1864）方明府访求仓科吏，雷出则一洗咸丰间积弊。先是每年春秋出陈易新，多视为利，敛出时遮一席，不令斛满，入则先以筐取其息满尔不忔。雷甫至躬操量鼓，出入较前平，至光绪纪元其弊全革，一邑颂仁人焉。方雷之至县也。逢岁祲夙夜在公，不遑家事。其析据兄某将其田窃售于蜀人某，雷归无怨言。其兄愧遣其值，雷不受，泣曰："弟不肖不能养兄，致兄无以度荒岁抚衰滋恶焉，卒以值归兄。"兵燹后村中多废学，乃倡立义塾延师教之。不能备赞者倾囊助之，一时振声庠序者颇不乏人。时弥勒院米肆牙行抽民间斛，面众恨之，雷力白于官，永行革除。晚年辞吏归，虽甚贫犹学医以救人。生平慕李二曲之为人，日读二曲集，尝曰："先生一生得力在改过，余志在迁善，虽不能至心向往之。"《民国续修南郑县志·孝义》。见《地方志人物传记资料丛刊·西北卷》第12册。

## 雷钟德（1842—1910）

雷钟德，字仲宣，号禹门。清兴安府安康（今陕西安康）人。原籍陕西渭南。同治元年（1862）进士。曾任庶常、编修、收掌等职。光绪三年（1877）以亲老截取同知分发四川，光绪五年题补理番直隶同知。川西为汉藏杂居地区，民俗复杂。到任后倡修书院，自任讲席，传播文化，熏陶民风。有金二喇嘛闹事，率众涌入厅署，官吏失色。他挺身而出，晓以利害，众感泣散去。不久，调任忠州篆，光绪九年移署石柱厅，同年，以知府回任候升，加盐运使衔。光绪十四年奔丧返乡，兴安太守童兆蓉延请主持关南书院。丧假满后，重入川，先后在涪巴盐局、雅州府、泸州厘局、宁远府、嘉定府任职。光绪二十四年，晋升道员候补，先后调任重庆篆、成都篆。时宁远阿什兴兵，守官数易其人。四川总督锡良以他熟悉夷情，延请，他毅然单骑赴任。用兵三月，夜不能寝，精竭神亏，又苦无良医，延至宣统二年（1910）逝世。著有《晚香堂诗存》行世。见1989年版《安康县志》。按《民国续修陕西通志稿·列传九》："雷钟德，弟树德，字滋庵。性孝友，母疾笃割臂肉和药以进，病竟愈。钟德为请旌，力止之。事兄如父，爱敬不衰。钟德病甚，常隐泣叩祷求减己寿以益兄。少好学，喜谈忠孝节义事。以家累改业商，中年纳粟以盐大使分四川，历署犍乐场大使，越嶲厅照磨。又弟润德官四川牛华溪大使，以直著。子宝荃光绪壬辰（1892）进士。官直隶迁安知县。"见《地方志人物传记资料丛刊·西北卷》第1册。《中国美术家大辞典》《词林辑略》《明清进士题名碑录索引》《中国美术家人名辞典》《清代人物生卒年表》等均有载。雷钟德《晚香堂诗存》收编在《晚清四部丛刊》第六编（全一百二十册）第九十五册。《四川诗词》《晚晴簃诗汇》均有选刊。

## 雷宝荃

雷宝荃，清兴安府安康（今陕西安康）人，光绪十八年（1892）进士，知县。工书法，长于行楷。见《中国美术家大辞典》。《明清进士题名碑录索引》亦有载。按《民国续修陕西通志稿·列传九》："雷钟德，弟树德，字滋庵。性孝友，母疾笃割臂肉和药以进，病竟愈。钟德为请旌，力止之。事兄如父，爱敬不衰。钟德病甚，常隐泣叩祷求减己寿以益兄。少好学，喜谈忠孝节义事。以家累改业商，中年纳粟以盐大使分四川，历署犍乐场大使，越嶲厅照磨。又弟润德官四川牛华溪大使，以直著。子宝荃光绪壬辰（1892）进士。官直隶迁安知县。"

## 雷宗盛

雷宗盛，清兴安府汉阴（今陕西汉阴）人。嘉庆五年（1800）十二月，遇贼①乱，为保桑梓村民，与同乡高宽、高朗响应吴兰馨，王学周提议，一起入贼营陈说大义，劝降未果惨遭杀害。《嘉庆汉阴厅志·孝友》。见《地方志人物传记资料丛刊·西北卷》第12册。

## 雷良能

雷良能，清兴安府紫阳（今陕西紫阳）大北铺人。性忠直，好为

---

① 编者注：疑为白莲教起义。按《从承德的匾额看清代中期白莲教起义》："清嘉庆元年到嘉庆九年（1796—1804）的川、陕、楚白莲教起义、是我国十八世纪末期规模最大的一次农民大起义。川、陕、楚等五省几百万农民、矿工参加起义军纵横驰骋于清朝统治的心脏地区，横扫清军，历时九年，从政治上、经济上、军事上严重地削弱和动摇了清朝的封建统治基础，使清朝由盛而衰。"本文刊登于《文物春秋》1991年第03期。

义举，捐业一份作金坪渡船工食之，资绵鱼河口来往通衢，修石梯七十余级。子定邦，武生。克承父志，补修亮风岩路数十丈，行旅便之。《民国重修紫阳县志·懿行》。见《地方志人物传记资料丛刊·西北卷》第 11 册。

### 雷兆麟

雷兆麟，号雨田。清兴安府紫阳（今陕西紫阳）林开铺人。廪贡生。有学行孝友，尤笃置祀田修族谱。充当该地保长多年。设学、购仓、筹赈糜不次第举行。里党纷争，和平解决。善岐黄术，一介不取，惟务济人，人咸颂之。《民国重修紫阳县志·懿行》。见《地方志人物传记资料丛刊·西北卷》第 11 册。1989 年版《紫阳县志》：雷兆霖，号雨田。宣统二年（1910）贡生。精于医术，且医德高尚，为人治病不收分文，当地人人称颂。

### 雷启蛰

雷启蛰，清兴安府洵阳（今陕西旬阳）桐木沟人。庠生。同治时发逆掠境，兄子镇河被掳。蛰闻终夜泣，亲诣贼营，陈情哀祈，贼感其义，使遍觅营中不可得。后侄果逃归。子镇岳，廪生。《光绪洵阳县志·孝友》。见《地方志人物传记资料丛刊·西北卷》第 11 册。

### 雷声震

雷声震，清秦州（今甘肃天水）南乡高桥关人。性豪迈，道光初年撤守关戍兵，突来匪徒多名据关恣淫掠，乡民纠众捕得四五人欲报官，则畏轻纵，欲私纵，又畏报复。声震独建议杀而后首官，自是盗纵永息。有《剿匪碑》记其事。《民国秦州直隶州新志续编·人物》。见《地方志人物传记资料丛刊·西北卷》第 16 册。

### 雷舒和

雷舒和，清秦州（今甘肃天水）人。雷泽裔孙。以贡生训导扶风，革学署陋规，邑士为制文颂德。性廉介，在官终不释褐。《光绪甘肃新通志·群才》。见《地方志人物传记资料丛刊·西北卷》第 13 册。《重纂秦州直隶州新志》亦有载。

## 雷大才

雷大才,清秦州(今甘肃天水)人。明镇国将军都指挥佥事雷泽六世孙。精医学,性纯孝。因母疾,誓断荤酒,母病寻愈。遂与兄大臣、大弼,皆茹素终身。子雷逢源,继承医业有声于时。《重纂秦州直隶州新志》。见《中医人名大辞典》。

## 雷逢源

雷逢源,字守妙,号天然子。清秦州(今甘肃天水)人。邑名医雷大才子。沉静简默,传承父业,亦精医道,以内科知名。兼好道术,晚年遇兰道人,授以太乙、通甲之学,所得深邃,医道亦精进。曾手写医书、道经数十卷。子雷现,孙雷攀桂,皆以医显,全济不可胜数。《重纂秦州直隶州新志》。见《中医人名大辞典》。

## 雷 现

雷现,清秦州(今甘肃天水)人。邑名医雷逢源之子。继承父学,亦以医显,全济不可胜数。《重纂秦州直隶州新志》。见《中医人名大辞典》。

## 雷攀桂

雷攀桂,字林一。清秦州(今甘肃天水)人。邑名医雷逢源孙,雷现子。继承家学,亦以医术著称,全济不可胜数。《重纂秦州直隶州新志》。见《中医人名大辞典》。按《光绪甘肃新通志·孝义》:"雷攀桂,字林一。秦州世族也。三岁丧母,稍长思母不置,夜读倦寐,忽见母形,旦以语祖母田,具道其状。田泣曰:'真尔母也。'自此岁时,荐献必悲泣竟日,十三居父丧,哀毁过人。以早失怙,恃事兄澄天如父。兄性刚待攀桂极严,值其威怒,则长跪请罪,兄怒解乃敢起,至老犹然。子二,宗价、宗值州庠生。"见《地方志人物传记资料丛刊·西北卷》第13册。《光绪重纂秦州直隶州新志·人物》亦有传。见《地方志人物传记资料丛刊·西北卷》第15册。

## 雷鸣夏

雷鸣夏，字豫叔。清狄道州（今甘肃临洮）人。雷从龙之子。其母节妇赵氏别有传，见《通志》。鸣夏少孤贫，力学不倦。游泮后屡试辄冠军，同时工制艺者皆推服之。性嗜酒，与人坦夷无城府。后以岁荐铨洛南训导，辞不赴，逾年而卒。《乾隆狄道州志·文学》。见《地方志人物传记资料丛刊·西北卷》第16册。

## 雷鸣夏

雷鸣夏，字奇峰。清庆阳府正宁（今甘肃正宁）人。由岁贡官伏羌训导。任满调贵德厅训导。请终养回籍。父殁，庐墓三年服阕。历任礼县、阶州，俱以德教并称。《光绪甘肃新通志·孝义》。见《地方志人物传记资料丛刊·西北卷》第13册。《光绪新修礼县志》：雷鸣夏，协修《光绪新修礼县志》并作序云，光绪十八年岁次庚寅孟夏之吉，署礼县训导罗川雷鸣夏序。雷鸣夏庆阳府正宁县人，岁贡生，光绪十五年现署任。

## 雷　和

雷和，清庆阳府真宁（今甘肃正宁）人。贡生。麟游教谕。手不释卷，善属文，尤喜为诗。寒毡兀坐恬吟密咏未尝偶倦。著有《介庵诗集》。《乾隆正宁县志·文学》。见《地方志人物传记资料丛刊·西北卷》第18册。

## 雷启瀛

雷启瀛，清安西直隶州敦煌（今甘肃敦煌）人。道光乙亥举人。殚思经史，持己谨严。主讲鸣沙画院，士林悉资栽培。同治初，逆回起邑遍蹂躏，县令设办城防，以启瀛为团练管带。督率兵勇昼夜不倦，筹款办公井井有条。性严厉，人有过辄面斥之，遇正人则谦恭。相接时有不肖诸辈因谋不遂，阴为构陷，人皆代为之危，启瀛处之淡如也。及冤白，祸即解。《光绪甘肃新通志·忠节》。见《地方志人物传记资料丛刊·西北卷》第13册。

## 雷仁（？—1828）

雷仁，清宁朔（今宁夏青铜峡）人。出身行伍，乾隆三十七年（1772）起随征金川，又攻廓尔喀有功，五十八年累迁为参将。嘉庆元年（1796）转战陕西平息教民起事，九年迁重庆镇总兵。后以事夺职，戍伊犁。十四年赦归，道光八年（1828）卒。见《国朝耆献类征初编》。《中国历代人名大辞典》《中国人名大辞典》《中华万姓谱》均有载。

# 近 现 代

## 雷 彦

雷彦，清同治年间捻军地方首领。按《清史稿·严树森》：五月，雷彦等围鹿邑，经月始回巢。

### 雷永富

雷永富，驻望巡防队哨官。宣统三年（1911）在坤字西洼荒与匪接仗，勇敢直前，奋不顾身，被匪击伤腿部，因伤殒命。时革命军起未请恤，本邑各界曾开追悼会哀之。《民国望奎县志·忠义》，见《地方志传记人物资料丛刊·东北卷》第 12 册。

### 雷文清

雷文清，1946 年任第九十军第六十一师第一八二团团长。1947 年在陕北宜川被俘。1948 年 3 月 24 日追赠少将衔。见《中国国民党百年人物全书》。

### 雷仰汤

雷仰汤，早年入晋绥军。抗日战争期间任第二战区司令部警卫总队总队长、政卫一师师长、第八十三军暂编第五十师师长。后任第十九军暂编第三十七师师长。1948 年 5 月被俘。1948 年 9 月 22 日授少将衔。见《中国国民党百年人物全书》。

### 雷献瑞兄弟

雷献瑞、雷献华兄弟，北平人。祖籍江西建昌（今江西永修），

"样式雷"雷廷昌之子。按《样式雷与〈雷氏族谱〉》:"中国文化遗产研究院藏 11 册雷氏族谱系中国营造学社旧藏,1933 年春,雷廷昌之子雷献瑞、雷献华送交学社。除刻本《雷氏支谱》外,其余 10 册手写本族谱均为雷景修道光、同治年间抄本或稿本。因其传承有绪,且直接出自样式雷一支,对该建筑世家的研究具有重要价值。族谱包括:《雷氏大成宗族总谱》四卷四册,道光廿一年(1841)至同治五年(1866)抄本,底本为乾隆廿一年(1756)《雷氏大成宗族总谱》。《雷氏族谱》四卷四册,道光廿一年(1841)至同治五年(1866)抄本,底本为嘉庆十九年(1814)《雷氏重修大成宗谱》。《雷氏支谱》一册,不分卷,道光七年(1827)刻本。《雷氏族谱》二卷二册,道光廿五年(1845)稿本。"本文刊登于《紫禁城》2011 年 03 期。按《样式雷家族传奇》:"第八代样式雷——雷献彩,字霞峰,光绪三年—不详(1877—?)。雷献光、雷献瑞、雷献春、雷献华兄弟参与圆明园、普陀峪定东陵重建、颐和园、西苑、崇陵、摄政王府、北京正阳门的工程等。"本文刊登于《海内与海外》2010 年 01 期。

## 雷振邦 (1916— 1997)

雷振邦,北京人。满族。著名作曲家。自幼爱好音乐,1939 年考入日本东京高等音乐学校作曲科。1942 年 9 月以第一名成绩提前毕业。回国后,先后在北京一些中学、大学任教。1945 年组织业余交响乐团,任指挥及作曲。1949 年入北平电影制片厂(后改称中央新闻纪录电影制片厂)工作。1955 年调长春电影制片厂任作曲。先后为《七一节在北平》《新中国诞生》《抗美援朝)等 17 部纪录片、《五朵金花》《刘三姐》《冰山上的来客》等 33 部故事片作曲,创作了百余首电影歌曲。由于他经常深入壮、回、拉祜、彝、白、朝鲜、维吾尔、塔吉克、傣、景颇、藏等民族地区,广泛搜集民族民间音乐素材,并使其融合在自己的音乐创作中,所以他创作的电影歌曲,不仅形象鲜明、优美抒情,而且具有强烈的民族、地方色彩和浓郁的生活气息,形成了独有的艺术风格。许多歌曲广为流传,久唱不衰。有多部作品获奖,其中《五朵金花》获第二届亚非电影优秀影片奖;《刘三姐》获全国第二届"百花奖"最佳音乐奖;《冰山上的来客》获长影第一届"小百花"最佳音乐奖；《吉鸿昌》和《小字辈》均获长影第二届"小百花"最佳音乐奖。出版有《花儿为什么这样红》和《雷振邦创作电影歌曲选》。见《近现代中国少数民族英名录》。

## 雷恒成 （1876—1953）

雷恒成，北京宛平人。留学日本振武学校。辛亥革命后，任张作霖奉军总司令督察处督察长，京师侦缉处副处长兼侦缉队队长。曾逮捕李大钊等数十人。抗日战争期间，附汪为汉奸。建国后，被处决。见《中华万姓谱》。《民国人物大辞典》亦有载。

## 雷树垣

雷树垣，字勤甫。清宣化府万全（今河北张家口）东区深井堡人。廪膳生。持身勤俭，孝友性成，入泮后在村设帐教徒，一时门下弟子达于百人，成名者不少。先生造诣甚深，尝身为翰林孙公耀先所器重。惜文章憎命终于诸生。入民国后，充任本村小学校长，于学校多所擘画焉。《民国万全县志·儒林》。见《地方志人物传记资料丛刊·华北卷》第 16 册。

## 雷海宗 （1902—1962）

雷海宗，直隶永清（今河北永清）人。1922 年毕业于清华大学。后留学美国，获哲学博士学位。回国后，任中央大学历史系副教授、教授、系主任，并兼中国文化研究所研究员和金陵女子大学、武汉大学、清华大学教授。抗日战争时期，任西南联大历史系教授、系主任及代理文学院长。1952 年任南开大学历史系教授。毕生致力于中国史、世界史及史学理论的教学与研究。著有《中国通史》《西洋通史》《中国文化与中国的兵》《文化形态史观》等。见《中国近现代人名大辞典》。

## 雷明祥

雷明祥，临清州邱县（今河北邱县）儒林村人。充陆军十四师步兵第二团第三营一连连长，勇于剿匪得七等文虎章。1922 年直奉交战阵亡。《民国邱县志·忠烈》。见《地方志人物传记资料丛刊·华北卷》

第 35 册。

## 雷德容（1913—1948）

雷德容，又名阿明、刘莫京、雷岩。女。山西平遥人。1936 年到包头、太原等地开展抗日民族统一战线工作。1939 年任新生活运动总会妇女指导委员会战时乡村服务队指导员。1941 年到新加坡、印度尼西亚等地从事革命活动。不久与王任叔结婚。抗战胜利后，在棉兰筹备建立中国民主同盟苏东支部筹委会。见《中国近现代人名大辞典》。1999 年版《平遥县志》有传。《中华英烈辞典》《古今中外女名人辞典》均有载。

## 雷壮衢（1907—?）

雷壮衢，别字震炎，别号震烨。山西平遥人。陆军大学正则班第十四期毕业。山西太原北方军官学校①步兵科毕业。1935 年 12 月考入陆军大学正则班学习，1938 年 7 月毕业。1945 年任陆军大学参谋班西北班第十一期兵学教官，抗日战争胜利后，兼任陆军大学特别训练班第七期兵学教官等职。1945 年 4 月任陆军步兵上校。见《陆军大学将帅录》。

## 雷统信（1903—?）

雷统信，别字义卿。山西猗氏（今山西临猗）人。陆军大学正则班第九期毕业。山西太原北方军官学校第一期步兵科毕业，中央训练团将官班结业。历任山西晋军步兵团排长、连长等职，1927 年任国民革命军第三集团军总司令部军官队分队长，后任山西绥靖主任（阎锡山）公署参谋等职。1928 年 12 月考入陆军大学正则班学习，1931 年 10 月毕业。后任晋军步兵团团附、团长等职。据 1935 年 12 月印行《陆军大学同学录》记载其时年 31 岁，家居山西五台石咀原平村寓所。抗日战争全面爆发后，任第二战区司令长官部参谋处参谋，后任师司令部参谋长、副师长、参议等职。1946 年 1 月入中央训练团将官班受训，1946

---

① 《陆军大学将帅录》原注：湖南省档案馆校编，湖南人民出版社《黄埔军校同学录》查无。

年 3 月结业。见《陆军大学将帅录》。

## 雷立法

雷立法，号雨团。山西猗氏（今临猗）人。毕业于太原北方军校。抗战期间任第六集团军参谋处处长、第十二战区司令部参谋处科长。1948 年底平津战役中曾任华北"剿总"司令部第三处处长，参与策划平津战役。1949 年 1 月随傅作义参加北平和平起义。见《中国国民党百年人物全书》。

## 雷福荣（1925—1950）

雷福荣，内蒙古准格尔旗暖水乡人。蒙古族。烈士。1949 年参加伊盟支队，为战士。1950 年 8 月在达旗剿匪战斗中不幸牺牲。见 1993 年版《准格尔旗志》。《中国少数民族姓氏》亦有载。

## 雷长春

雷长春，字玉亭。辽宁台安四区雷家屯人。曾充陆军部卫队团长等职。《民国台安县志·荐绅》。见《地方志人物传记资料丛刊·东北卷》第 6 册。

## 雷炎（1911—1939）

雷炎，原名李辉。黑龙江海伦人。1931 年 11 月参加抗日民众自卫军。1932 年所部溃散后回海伦。后在海伦、珠河（今尚志）、哈尔滨等地从事抗日活动。1936 年任东北抗日联军第三军五师参谋长、九师参谋长和政治部主任。1938 年任东北抗日联军第三、第六军远征部队四支队队长。1939 年 1 月在黑龙江绥棱与日军作战时牺牲。见《中国近现代人名大辞典》。《民国人物大辞典》亦有载。

## 雷奋（1871—1919）

雷奋，字继兴。松江府娄县（今上海松江）人。诸生。留学日本，研习政法，毕业于早稻田大学。归国后，任上海《时报》编辑，主编《本埠新闻》，并在城东女学、务本女塾等校任教。旋任江苏省咨议局议员、资政院民选议员。曾主编《法政杂志》，发表文章，被袁世凯目为"立宪派"，时张謇负东南重望，辛亥革命前夕，雷奋受聘为张的高级顾问，清廷电张北上议政，张犹豫未决，雷奋力动其行。民国成立，袁世凯任总统，许多法律规章，大多由雷奋起草。留京任咨政院议员。及袁有称帝图谋，雷即退出政界。回松后，松江市成立自治公所，被推为总董。1913 年国民党人发动讨袁战争，钮永建在松江成立临时军政分府，起兵攻上海制造局失利，浙江都督朱瑞趁机发兵进窥松江，局势十分紧张。雷奋与朱瑞为早稻田同学，于是从中斡旋，通过协商，松江守军水师沈葆义部让出防地，由浙军进驻，战祸得以消除。又与钮永建料理善后，向松江款产处暂借现款七万元，遣散其部众，并劝钮出国，松城局势遂告安定。后被任命为财政部参事、湖北省高等检察厅厅长，均因病未赴任。不久卒于家。见 1991 年版《松江县志》。

## 雷瑨（1871—1941）

雷瑨，字季生，又字涵初，初号君曜，又号君尧，别号娱萱室主，笔名云间颜公、缩庵老人等。上海松江人。雷补同族弟。清光绪十四年（1888）举人。工诗词，善文章。初任扫叶山房编辑，后任《申报》编辑多年。熟谙掌故，著述颇富，文史兼擅。尝笺评、编选诗、词、小说集数种，尤关注女性文学。相关著作有《美人千态诗》《美人千态词》《闺秀诗话》《闺秀词话》《青楼诗话》等。见 1991 年版《松江县志》。有《雷瑨、雷瑊〈闺秀诗话〉》刊登于 2009 年 2 期《苏州大学学报》。按《清代科举人物家传资料汇编》："始祖耕读原籍江西南昌府，丰城县令讳焕公后裔，宗族繁衍至公，始迁于松江之青邑。""《云间雷氏统宗谱》一卷，记有雷晋（瑨）、雷补同。藏于上海松江图书馆。"见《中国家谱总目》。

## 雷圭元（1906—1989）

雷圭元，原名雷曾熹，号悦轩。江苏松江（今属上海）人。1927年毕业于国立北平艺术专科学校。1929 年赴法国学习染织、美术和漆画工艺。1931 年回国。曾任四川省立艺术专科学校教授兼教务主任，国立杭州艺术专科学校教授、系主任。新中国成立后，历任中央工艺美术学院教授、副院长。第二届全国人大代表，第五、第六届全国政协委员。著有《工艺美术技法讲话》《新图案学》《图案基础》《敦煌莫高窟图案》《中外图案装饰风格》等。见《民国人物大辞典》。

## 雷莲伯

雷莲伯，清吴县（今江苏苏州）人。雷浚子，钱泳外孙。学得钱泳指授，工隶书，善绘画，尤精通药理。咸丰十年（1860）与父避难鹅湖被太平军俘，愿以身代父，后同被释，避至上海。同治二年（1863）归苏州复业，继雷子纯后任雷允上诵芬堂经理，与雷理卿修改六神丸原方，疗效愈著。见《苏州历代人物大辞典》。

## 雷文行

雷文行，号滋蕃。清末吴县（今江苏苏州）人。雷子纯子。居通和坊。于上海创设雷桐君堂药铺，创雷滋蕃牌六神丸。清光绪六年（1880）与雷骏声合倡中兴之策，全族订立合议书，修订《订准章程》《分按店业书》，雷桐君堂药铺闭歇并入雷允上诵芬堂。1915年任雷允上诵芬堂苏州总号、上海分号经理。1919年捐资创办纯一小学，1925年增设中学，时为苏州私立中学之翘楚。曾刻《雷桐君堂丸散全集》，为王德森刊《动孝词》，自辑刊《富贵宝笈》。见《苏州历代人物大辞典》。

## 雷理卿（1851—1926）

雷理卿，名文均，字仲穆，以号行。清末吴县（今江苏苏州）人。雷子纯侄。咸丰十年（1860）丧父，被掳入太平军。归从叔祖雷浚业儒。同治六年（1867）辍学佐助重建雷允上诵芬堂药号，任经理，捐纳盐运司运同职衔。生平主旨在至诚不欺，行事实事求是。增修家传六神丸秘方；盘进族人雷文衍上海药号，将劣质存货尽弃于海，事业大昌。多有善举，曾捐资重建横塘彩云桥。光绪中筹办靖江急赈，获"见义勇为"匾额旌表。见《苏州历代人物大辞典》。按《清代人物生卒年表》："雷文均（1851—1926），出处，《墓志铭》，张一麟《心太平室集》3。""君讳文均，字仲穆，号理卿。高祖讳桂，广西苍梧知县。曾讳梦熊。祖讳荣泰，本生祖讳荣河。考讳庆和，本生考讳庆镤。兄弟五人，排行三。十岁即值咸丰庚甲之变，考、妣、昆弟均以身殉。君被掳置军中，从容定计，得乘间逸出。平安归里，受业于叔父甘溪先生。君博览经史百家，通其微言大义，尤潜心于宋儒之学。配黄夫人生子二，长学懋，县学生，光禄寺署正，出嗣君兄翰卿；次学志，县学生，候选盐运同。女一，适同县举人弼德远秘书官吴铭常。孙男五，传征、传洵、传泳、传漭、传湛。孙女三。"见《心太平室集·雷理卿先生墓志铭》。

## 雷震（1897—1979）

雷震，字儆寰。浙江长兴人。浙江省立第三中学、日本名古屋第八高等学校、京都帝国大学法学院毕业。1926年回国，任国民政府法制局编审、中央军校政治教官、铨叙部秘书兼调查科长、国立中央大学法学院教授等职务。抗战全面爆发后，历任国民参政会副秘书长、国民政府委员、国大代表兼国民大会秘书长。1949年到台湾，著有《雷震回忆录》《舆论与民主政治》等。见《黄埔军校将帅录》。《中华万姓谱》《中国国民党百年人物全书》均有载。

## 雷鹤云（1883—1925）

雷鹤云，字应春，小名柏三，号樟德先生。浙江龙游人。畲族。1899年秀才，父草药郎中。赴沪杭中药店帮工习中医，回乡师事雷德富。精妇、儿、外伤、针灸。出诊伤腿，骑白马行医，人呼白马先生。家藏医书三百多卷攻读甚勤。整理《天花要问》《外伤诊治》等书稿。凡病重者撮药必一一校验。常垫付贫穷者药资，致身后欠药账银圆四百余。见《续编〈浙江古今人物大辞典〉》。

## 雷文富（1885—1947）

雷文富，谐音"来猛虎"。浙江景宁人。畲族。信奉孙中山"平均地权""扶助农工"政策。1927年前后在沙湾一带竖起红旗，率先推行"二五减租"。遭地主迫害，先后五次入狱，受尽酷刑，表现出畲家好汉的勇气。见《续编〈浙江古今人物大辞典〉》。

## 雷茂林 (1888—1912)

雷茂林，字竹村。安徽亳州人。幼年随父宦游通州，逐迁入。经党人丁东第介绍，加入北洋铁血会。谋起义，与滦州起义军相呼应，事泄，于1912年1月15日在张家湾王宅被捕，17日遇害于通州东门外。见《民国人物大辞典》。

## 雷光熙 (1917—1941)

雷光熙，又名雷泽。福建莆田人。畲族。父觉苍，当过民军营长。光熙七岁时，在村里念私塾。稍长，随父到仙游读书。1933年考进莆田砺青初级中学。后参加抗日战争，不幸牺牲。见1994年版《莆田县志》。

## 雷焕猷 (1875—1924)

雷焕猷，字子嘉，号退庵。福建宁化人。幼孤而家贫，刻苦读书。光绪二十三年（1897）中举。曾主讲禾口道南书院。后赴京应试。中选。分发广西后补知县。未几辛亥革命爆发，由京返闽。时福建已成立都督府，而宁化尚未易帜，他请派省防军一小队随同回宁，升起五色国旗，号召县人剪辫放足，咸与维新。鉴于省防军不能久留，遂倡办团防，维护治安，并倡导革新教育、兴修水利、增加积谷等。1913年当选国会参议员。1919年为请求减轻民众负担，致书粤军军长许崇智，情辞恳切，多获采纳。1923年曹锟贿选总统，焕猷不为利诱。他说："我岂能自鬻其身并鬻及子孙！"毅然束装南下，穷死自明，受到孙中山的嘉勉。1924年病逝于福州，章士钊替他写志铭，盛赞其南下之举。见1992年版《宁化县志》。"雷焕猷子六，长寿彭，任福建省议会议员。"见《民国福建通志》。"雷焕猷（1875—1924）字子嘉，孙光霆《东斋文钞》第二卷《参议院议员雷子嘉君传》。"见《清代人物生卒年表》。

## 雷寿彭 (1886—1952)

雷寿彭，字肖篯。福建宁化人。雷焕猷长子。自幼聪颖好学，考中清末最后一科秀才。光绪三十二年（1906）在日本经纬中学毕业，升入日本明治大学专门部商科。毕业回国后，清政府授他为商科举人。1913 年当选为省参议会参议员。1920—1926 年选任省参议会副议长。1929 年任省临时参议会驻会议员，还先后担任省政法专门学校校长、省政务厅代厅长、省府秘书、省禁烟委员会副主任委员及福州戒烟医院院长、云霄县县长等职。颇受当时省长萨镇冰、陈仪等人器重。辛亥革命期间，他和刘春海在福州合办《群报》，宣传革命，抨击时弊，为孙中山先生倡导的国民革命尽力尽责，多次当选省参议员之职。他精书法，尤工行楷。每日早起盥洗毕，先临汉魏碑碣，持之以恒。擅写大字，当时福建商号招牌属他手迹者不少。著译有《统计学问答》《中国现行商法总论）等。并曾集资重刊雷铉《经笥堂文抄》、黄慎《蛟湖沛钞》等，以广流传。见 1992 年版《宁化县志》。雷寿彭之父雷焕猷按《清代人物生卒年表》："雷焕猷（1875—1924）字子嘉。"1992 年版《宁化县志》雷寿彭出生年"清光绪十二年（1886）"疑有误。

## 雷必均（1898—1965）

雷必均，字啸云。宁化人。擅古典人物，画风受黄慎影响。《闽画史略》。见《中国美术家人名辞典》（补遗一编）。

## 雷臻璧（1902—1980）

雷臻璧，福建宁化城关人。小学毕业后，因家境贫寒，18 岁起边教小学边学中医。掌握基本医术后，便由刘镜波老师介绍到下东门吉祥昌药店实习，开始临床实践。1921 年始在禾口新街开设同仁济药店，并行门诊。1944 年迁回城关大桥头开业。1955 年并入健康中医联合诊所，同年曾往龙岩地区进修医务。1958 年在禾口卫生所工作，1959 年调县院专司中医。从师开始，他勤奋攻读基础理论著作。师古又不泥古，博采各家之长，理论联系实际，注重临床治疗，逐步积累临床经验。在妇科方面，根据妇女多有情郁所随之症，侧重舒肝理气，以逍遥散加减为常用方剂。在儿科临床上，注重望色、闻声，确诊病症，尤重外感、消化不良等因，对症用药。在内科方面，着重经方的应用，且认为四家学派不能偏颇，宜从证而应之。碰到疑难病症时，能克服主观偏见，普于倾听他人见解，探索症结之所在，故理论上有发挥，临证中有胆识。《福建中医医案医话选编》第一辑中收录他的文章计 23 篇。他发表的《伤寒论见解》受到好评，被评为省名老中医。晚年，将平生积累的医疗经验写成《医案》99 篇。见 1992 年版《宁化县志》。

### 雷庭瑞

雷庭瑞，字肇鸣，号莹谷。福建上杭人。畲族。清己卯科举人，丙戌科武进士，钦点御前侍卫，在京候差多年。辛亥革命之后，出任中华民国浙江台州军政分府，浙江杭州、嘉应、金华协镇都督，浙江十一府水陆统领等职。他的部下有浙江右路陆师封统章翔授。据说有七个营的兵力，营的首领称"管带"，其中管带有梅占来、花耀斗等人。雷庭瑞任职期间，为官清正，爱民如子，深得浙江人民的爱戴。他在年老卸职时，当地人民赠送他一把红缎金字绣织的万人凉伞，和绸缎五色锦旗数十面，以表纪念。见《上杭畲族英才录》。

### 雷纪臣

雷纪臣，字蜷修，号人龙。福建上杭人。畲族。清武生。雷庭瑞兄。为人谦和诚实，乡里如有民事纠纷，他就不辞劳苦，为民排难解纷，减少民间官司争讼。有人赠送礼物，他坚决拒绝不受，一丝不苟。因此，在群众中获得好评，威信很高。见《上杭畲族英才录》。

### 雷剑秋

雷剑秋，字肇升，号起龙。福建上杭人。畲族。清廪生。雷庭瑞兄。曾出任崇安县学官，崇安祀学宫由他缮写大楷字，现该庙有许多他的字迹。杭城原保安宫（即现在的县政府），在 20 世纪 40 年代，前后园假山等地均留有许多他的字迹，他写有诗词三百余篇，装订成本。该本由于年远遗失无存，殊为可惜。见《上杭畲族英才录》。

### 雷善堂

雷善堂，字肇邦，号国瑞。福建上杭人。畲族。清文秀才。雷庭瑞弟。为人诚实俭朴，热心地方公益事业。如设书院、办学校和育婴堂等，均能积极协助办理，造福乡里。见《上杭畲族英才录》。

### 雷熙春

雷熙春，福建上杭人。畲族。贡生，生性聪颖，博览群书，历任上杭县劝学社社长、琴冈小学堂堂长、县立中学教员等职。一生从事教育工作，著有《家塾琐言》《国文讲议三册》等书。见《上杭畲族英才录》。

### 雷瀚（1902—1953）

雷瀚，字升浩。福建上杭太平里（今才溪乡雷屋村）人。幼年随父在杭城美华中学就读。1919年考取勤工俭学赴法留学。在法国里昂读两年中学后即考入里尔大学工科。1925年被授予土木工程师，又被保送到巴黎大学学习高等电学。一年后，回到里尔大学专门从事赫芝波研究。1927年回国未被录用，搁下专长到大学去教数学和物理。1928年曾一度被任命为南京工务局工程师，曾设计南京市无轨电车及其实施方案上报，很久得不到批复，即到中国公学任教授，终生从事物理学、数学的教授和研究工作。1931—1949年先后在武汉大学、光华大学、广西大学、安徽大学讲授高等数理课程，担任过系主任及安徽大学理学院院长等职务。1949年8月带病前往北京师范大学担任教授。1953年因病逝世。见1992年版《宁化县志》。

### 雷述三（1906—1951）

雷述三，福建上杭太拔乡崇厦村人。私立稔田中学毕业。民国期间，先后任保队副、民团队长、县田粮处稽征员、区仓管员。解放初任民兵队长，后被镇压。见1993年版《上杭县志》。

### 雷钦（1915—2014）

雷钦，福建上杭人。1930年加入中国共产主义青年团。1931年参加中国工农红军。1932年由团转入中国共产党。土地革命战争时期，任福建上杭县乡少先队副支队长，红十二军一〇三团宣传员，兴国模范师新兵连指导员，红一方面军总部警卫营政治委员，中央军委总部侦察科科员、队长，军委一局三科科长。参加了长征。抗日战争时期，任中国人民抗日军政大学第二大队干事、队指导员，第四大队政治协理员兼八队指导员，第三大队政治委员。解放战争时期，任华北军区通信联络处政治委员、补训第一旅政治委员。中华人民共和国成立后，任第二野战军驻武汉办事处主任、中国人民解放军总军械部代副政治委员、铁道公安师政治委员、步兵师政治委员。1961 年晋升为少将军衔。见《中国人民解放军将帅名录》。

## 雷志波（1847—1914）

雷志波，乳名其元，号冰镜。清宁德（今福建宁德）八都猴盾村人。畲族。自幼聪敏好学，常走读于闽坑村举人余幹家，是光绪二年（1876）贡生。平时待人谦恭，热心公益事业。光绪十五年捐资修建猴盾至闽坑村一公里长官道和兴建塔头岭路亭。在他担任祠堂董事期间，多次捐资兴建祠宇。对发展山区茶业独具慧眼，他认为畲家无茶失礼，无茶不富，带头垦荒种茶。在他的倡导下，全村种茶成风。同治十三年（1874）他开设"雷震昌"茶庄，与福州、古田茶庄挂钩，共同经营茶业出口。不久，同村雷志满也办起"雷泰盛"号茶庄，福安甘棠、溪潭、溪柄、穆阳与宁德赤溪、七都、八都、九都、霍童等地茶农均送茶到猴盾销售，茶庄购进茶叶后，挑运至八都岚尾港转运三都澳出口。旺季卖茶者手提签号，列队成龙。茶市既旺，村里相继开起屠宰店、糕饼店、京杂店（百货日杂），山村顿成集市，皆得力于志波的倡导与努力。见《闽东畲族志》。

## 雷成元（1865—1916）

雷成元，清宁德（今福建宁德）八都镇猴盾村人。畲族。自幼练就一身武功，刚烈尚侠，常为乡邻排难解纷。光绪年间，他参加组织"农社"，为村里巡田防盗，多次勇斗盗贼。宣统二年（1910）十二月，村民雷志满家两头牛被盗。雷成元即率社兵搜查。得知牛被人转卖给马贩牛贩赶往溪边宰牛场宰杀时，他即率众赶往宰牛场讯问，受主见事情败露，一哄逃散。社兵赶到拆毁宰牛场，追回牛肉，"追牛案"显示出"农社"的威力。次年 8 月，周围大坪后楼、岭头、新楼、灵山、猪头垄、南岗等村群众，纷纷要求加入农社，遂成立十八村联社，群推雷成元为社长。规定每亩农田收稻谷四斤作为经费，编排值勤班次，加强巡班。从此闽坑一带民事争讼减少，地方安静。宁德县得知后也特加表彰，并发给执照，"农社"影响更大，遂组织起闽坑堂社，成元担任闽坑堂社长。见《闽东畲族志》。

## 雷天何（1883—1937）

雷天何，俗名石蛋，又作石嫩，谱名志与，字产贡，号王山。福安（今福建福安）康厝老虎岩半山村人。畲族。其父雷茂兴（步臻）光绪十年（1884）携家迁徙至霞浦县岚青洋中厝居住，被邑绅王邦怀聘为管家，并将天何收作义子。光绪二十五年福宁府城（今浦县城）创办"山民会馆"，天何常随其父在会馆中活动，结识许多知名人士。光绪三十年他婚后在家设馆，以教私塾为业。子容华（春芸）、侄春生（春苏），均在他的启迪教育下，先后考入霞浦中学，成为一方有影响的人物。1912年山民会馆正式成立董事会，改称福宁三明会馆，公推天何负责。他把馆务处理得井井有条，深得闽浙畲民信赖。1916年山民会馆会员涉及闽浙10个县2000余人（户），集资银圆1000余元及大量谷物，集中岚青由天何统管。1919年会馆在王邦怀帮助下，由雷天何出面买下城北社乘驷后境的砖木结构六扇大瓦房一座，作为会馆大楼，装修后迁入办公。自此，福宁三明会馆作为畲族群众联合组建的民间社会公益团体，在闽东及浙南享有盛名，会馆馆务一直由天何主持，他竭力为畲民办事。见《闽东畲族志》。

## 雷一声（1885—1939）

雷一声，乳名北庆，谱名兆芳，字毓馨，号地平。清福安（今福建福安）十六都月斗村人。畲族。幼年住在福安城内开米店的姨夫家，进学堂读书，因家道贫寒，中途辍学。学过五行、裁缝；一度在廉岭村教私塾。1928年考入福建巡警学校，毕业后任赛岐警察巡官、第五区自治员。任职期间，爱为畲民打抱不平。为畲民修纂家谱，今藏民国时期的月斗村雷谱、溪塔村蓝谱、长潭村雷谱的修纂都与他有关。见《闽东畲族志》。

## 雷凑使 （1901—1965）

雷凑使，女。福建古田凤都冈头仔村人。畲族。周岁即送与当地半山村肖茂昌为童养媳。1944 年夫殁，她租佃几亩田以赡老养幼。1946 年游击队来到凑使家，成为游击队的交通员。有一次，郑荣堂把三条枪交与凑使保管，她把枪藏到山上洞穴里。因叛徒告密，乡长带保安队包围半山村。凑使暗中躲到邻居屋檐下的柴堆里。敌人就把干柴堆到各家楼板上，准备烧房。凑使见状猛地推倒柴火，冲向敌人说：“我就是雷凑使，要抓就抓我，不要连累乡亲们！”游击队获悉她被捕的消息后，暗中在山上埋下三条破枪遣人暗示她带敌人上山寻找。在找到枪后保释出狱。1948 年 6 月南平、古田、建瓯地区开展除恶分粮斗争，一百多个村庄连成一片小解放区。10 月敌人向该地带大举进攻，妄图歼灭游击队。凑使不顾个人安危，照样冒险为游击队送粮、送情报。1949 年 6 月古田解放，她当上县妇女代表，后又当选为县五届人大代表、县政协常委。见 1997 年版《古田县志》。

## 雷静贞 （1903—1989）

雷静贞，原名雷雪花。女。福建古田大桥梅坪村人。畲族。1916 年静贞进私塾读书。其时，一牧师娘至中村传教，见静贞聪明伶俐，便于第三年将她带往县城进教会所办的毓菁小学读书。后又升入毓馨女子中学，终以优异成绩考取该校师范班。不幸此时养母及未婚夫先后去世，家中仅父女二人相依为命。1926 年静贞女师毕业，先后任教于中村小学和隆德洋教会小学。1928 年 6 月古田教会保送其至山东烟台启暗师范学习聋哑教学。1929 年 8 月静贞学成归里，可是县府当局却要她从事小学教育。随后，她征得毓菁小学主管者同意，在该校内设一聋哑实验班，仅招生 5 名。她将所收学费全用于添置凳子、黑板；师资缺乏，她边上小学课程，边义务为聋哑童讲授。1934 年聋哑班新旧生增至 17 人。聋哑教育引起社会关注。1940 年时值抗战，毓菁小学遭炸，为了聋哑生的安全，她携领他们东奔小东，北逃平湖。在此期间聋哑校一度被迫停办。1946 年由于聋哑童家长的迫切要求，静贞毅然复办此校，她抽出自己部分月薪，延聘吴彩瑞女士协理教务，并向其传授启暗教学法，同时还时常接济贫苦聋哑生。1949年6月古田解放，毓菁小学更名新生小学，学生数增，教室不够，静贞经与彩瑞磋商后，就借用其房宅作为校舍维持教务。1951年8月中国救济总会福州分会派员接办古田聋哑校，决定将原古屏妇女工艺所拨与该校专用，并任命静贞为校长。静贞欣然受命，当年招生35人。1956年秋，该校学生增至88人，开设6个班。为使学生成为社会有用之人，她按教育部颁发的教学计划，增设理发、藤工、绘画、编草鞋等课程，同时开办小型工厂、农场、畜牧场，引导学生参加自食其力的劳动实践。自1959年始，该校面向宁德、南平、三明等地招生，外省少数聋哑家长亦慕名送子女前来就读。翌年，学生数增至122人，她一心扑在特教事业上，废寝忘食地研究发音器官运动与语言呼吸等问题，探讨先天聋和后天聋有无残余听力的适应性，并运用特殊的聋哑口语、手语进行教学。在她的谆谆教诲下，许多聋哑生从只会"咿咿啊啊"发单音，到会写、能唱、善绘画、懂舞蹈。1972年静贞因病退休。病休期间，静贞仍关心学校教学，参与擘画，受聘为该校名誉校长。1987年国家教委将静贞列入《中国名人词典》。见1997年版《古田县志》。

## 雷贤钟（1904—1984）

雷贤钟，福建古田大桥梅坪村人。畲族。马来西亚归国华侨。1924年去马来西亚谋生，初靠卖苦力为生。30年代中期，经营锯板厂，开发橡胶园，渐渐致富。1953年联络18位华侨到海南岛考察橡胶种植业，在崖县（今三亚市）建立华侨侨福胶业公司。1954年返回侨居地，挑选橡胶良种。1955年携良种举家回国，投身于橡胶种植事业。1958年侨福公司并入国营橡胶农场后担任南田农场作业区主任。曾积极参与把橡胶良种输往雷州半岛以及云南西双版纳等地的工作，为中国橡胶北移做出了贡献。曾任全国侨联委员、崖县（三亚市）政协副主席等职。见《世界华侨华人词典》。1997年版《古田县志》有传。

## 雷阿尾（1894—1935）

雷阿尾，福建柘荣东源郑家仔村人。1934年3月参加革命，任桃坑里村苏维埃政府粮食委员，出色地完成各项任务。1935年1月在执

341

行任务时，被杨家溪反动派杨某某带兵捕获，押解到岚中村。他遭受严刑拷打，但坚贞不屈，守口如瓶。后在岚中村门首大丘田英勇就义。见1989年版《柘荣县志》。

## 雷泽（1897—?）

雷泽，号溉天。江西南昌人。毕业于日本陆军士官学校第二十一期炮科，1934年5月任江西保安处第一科科长。抗日战争期间任南岳游击干部训练班教务处副处长。1947年11月18日授少将衔，同年退役。见《中国国民党百年人物全书》。

## 雷振声（1905—?）

雷振声，别字震宇。江西南昌人。陆军大学将官班乙级第四期毕业①。任中央陆军军官学校南宁分校第八期步兵第二队队长等职。1947年11月入陆军大学乙级将官班学习，1948年11月毕业。见《陆军大学将帅录》。

## 雷水镜（1896—1978）

雷水镜，名天成，字斐卿，别号水镜先生。江西进贤人。1928年入上海中医专科学校深造，受业于名医丁济万、程门雪。毕业后返乡注释《伤寒论》《金匮要略》等医学名著。数十年间，著书二千余万字。学术上有较深造诣，临床用药，亦匠心独运。见《江西历代人物辞典》。1989年版《进贤县志》有传。

## 雷德（1902—1927）

雷德，江西修水人。黄埔军校第一期毕业，父从农商，有田产若干，经济中等。本县西平国民学校、县立初级师范学校文科毕业。曾任攻赣北伐军司令部参谋课三等编修，后入赣军随营学校学习。1923年毕业，任广东西路讨贼军第一支队第一营第二连司务长，海军警备队独立营第一连排长、中尉副连长等。1924年3月由海军警备队顾问钟世

---

① 《陆军大学将帅录》原注：湖南省档案馆校编，湖南人民出版社《黄埔军校同学录》查无。

英保荐投考黄埔军校，同年5月入黄埔军校第一期第四队学习，在学期间任第四队分队长，参加孙文主义学会活动，曾为校刊《中国军人》撰稿。参加平定广州商团叛乱和东征、北伐作战，历任大本营海军陆战队营排长、上尉副连长，军政部警卫连长，国民革命军第一军第二十师六十团第二营中校营长，中央军校教导一师中校副团长。1927年8月龙源战役中牺牲。见《黄埔军校将帅录》。

### 雷文燮（? —1931）

雷文燮，江西余干雷湾人。裁缝出身。1927年6月加入中国共产党。同年，他担任古埠支部书记。古埠扩大为区委会，他是区委委员之一。1930年9月10日在第一次"围剿"中，他与组织失去联系，避难于长岗岭，被叛徒出卖，不幸被捕。1931年11月在马驿桥慷慨就义。见1991年版《余干县志》。

### 雷永通（1918—1969）

雷永通，江西兴国人。1930年加入中国共产主义青年团。1932年参加中国工农红军。1934年由团转入中国共产党。土地革命战争时期，任红军前敌指挥部电台报务主任，军委二局电台台长、股长。参加了长征。抗日战争时期，任军委二局整理科副科长、科长，军委第三处处长。解放战争时期，任热河军区政治部组织部副部长、冀热察军区独立第十三旅政治部主任、军区政治部组织部部长、东北野战军第十一纵队政治部组织部部长、第九纵队政治部副主任兼组织部部长、第四野战军四十六军政治部副主任、第十二兵团兼湖南军区政治部组织部部长。中华人民共和国成立后，任中国人民解放军海军政治部组织部部长、海军干部部部长、海军军事学院副政治委员、海军学院政治委员。1955年被授予少将军衔。见《中国人民解放军将帅名录》。《民国人物大辞典》《江西历代人物辞典》亦有载。据《近现代中国少数民族英名录》：雷永通，畲族。

### 雷凤鼎（1866—1922）

雷凤鼎，鞠农。江西临川人。父鉴泉，以知县需次滇南。凤鼎生于滇，幼随外祖读书蜀郡，既返滇，居欧阳雨苍先生门，未弱冠以才称。好为诗与李厚庵、陈古仪诸子结莲湖社，一时名流如剑川赵藩、樾村石屏朱廷珍、筱园观察姚文栋、志巢太守陈鸥兰卿皆入社，折节为忘年交，遂以诗名滇中。中丞岑公毓宝见其诗，以女妻之。后试北闱不利，乃入资为兵部主事官。京师宅西城冷巷，与岑清贫相守，泊然儒素，过者皆知名高洁之士。在部独与崇仁黄申甫讲职方地理之学，出则与胡绍唐铨部就肆购书见所好必挟以归。两人无日不相见琉璃厂肆，胡积书盈屋，君亦插架皆满。数踬于试，以新制入仕学馆，既兵部改陆军部，别立海军处，以统水师升补员外郎。始以学见用，教兵学馆兼海军处编制长江水师事。辛亥退位诏下，皆弃去，每过宫廷及闻旧伶工歌曲，辄流涕赋诗，读者以比右丞凝碧之作。归临川后，唯华持盦编修。卒年五十有七。所著《军事地理学》二卷，《云谷山房集》四卷，《外集》四卷，《拜鹃楼诗集》二卷，《文》一卷，《冰鸥词》二卷。见《临川雷鞠农传》。此文收编在魏元旷《潜园文续钞》。见《清代诗文集汇编》第784册。

### 雷宗林（1913—1958）

雷宗林，江西泰和人。按《雷宗林墓碑》："前甘肃天水军分区司令员雷宗林上校，江西省泰和县人。一九一三年五月生。一九三一年加入中国共产党，一九三〇年参加中国工农红军。历任战士、班长、副连长、正副营长、团参谋长、科长、副团长、师参谋长、步兵学校校务部长、分区副司令员等职。革命二十八载，在第二次国内革命战争、抗日战争、解放战争的战斗中，表现积极勇敢，指挥果断，毕生忠于革命事业。不幸，因积劳成疾，于一九五八年八月十六日在中国人民解放军总医院病逝，享年四十五岁。中国人民解放军总政治部立。"刻立地：北京市石景山区八宝山革命公墓。馆藏信息：北京9607。见"国家图书馆网站-碑帖菁华"。1993年版《泰和县志·人物表》亦有载。

### 雷紫屏（1910—1949）

雷紫屏，原名雷广镕，又名雷迅。山东济南人。1926年投考济南军官学校。1930年考取了山东省建设厅举办的长途电话训练班。结业后被分配到齐河县任长途电话局长。1938 年 10 月到达延安。先后在抗日军政大学、马列学院、敌后城市干部训练班学习。1942 年学习结束后，到济南开展工作。1949 年 8 月 27 日病逝。见《山东省志·人物志》。

### 雷广闻 （1890—?）

雷广闻，别号翰声。山东历城人。1914 年 11 月保定陆军军官学校第一期步兵科毕业。之前毕业于山东陆军小学堂、北京清河陆军第一中学。1919 年 11 月考入北京陆军大学，1922 年 12 月毕业。历任北京政府陆军部科员、热河都统公署参谋，后任北京陆军大学兵学教官等职。见《陆军大学将帅录》。《保定军校将帅录》亦有载。

### 雷云震 （1902—1975）

雷云震，字雷霆。山东寿光人。毕业于山东省立第二师范。历任中国国民党县党部委员、常务委员、书记长，山东寿光、阳谷、郓城、东平四县国民抗日自卫团团长，县参议会议长，山东省政府参议。1948 年当选第一届"国民大会"山东省代表。后去台湾，仍为"国民大会"代表。见《中国国民党百年人物全书》。《中华万姓谱》亦有载。

### 雷宪瑞 （1907—?）

雷宪瑞，别字祥吾。山东泰安人。陆军大学参谋班西北班第十一期毕业。中央陆军炮兵学校第五期毕业。1945 年任陆军大学参谋班西北班第十一期兵学教官，抗日战争胜利后，兼任陆军大学参谋班特别训练第七期炮术教官（挂陆军炮兵上校衔）等职。见《陆军大学将帅录》。

### 雷鸣玉 （1920—1968）

雷鸣玉，山东惠民县吕家村人。1937 年 11 月跋涉千里赴山西临汾参加八路军。1945 年冬任吉林省盘石县委书记。后任延边地委组织部长，吉林省委办公室主任、省委组织部长、省委书记处候补书记等职务。1968 年 12 月 19 日受迫害致死。1978 年 5 月吉林省委为其平反。见《山东省志·人物志》。

### 雷明德（1877—1957）

雷明德，字靖臣，或称请丞、俊臣，河南洛阳老城人。清末在北京、上海、南京开设古玩字画行，经营古玩字画、金石碑刻，与当时的贤达名流于右任、张钫等交往颇多。当时洛阳邙山等地出土的碑碣墓志，雷氏多有收获，他还以流水账形式作《售石记》，可惜已失。据说，民国十一年（1922）雷明德在偃师新村发现东汉司空袁敞碑，篆书俊雅，初拓面世，便引起轰动。此碑于1925年归金石学家罗振玉，其有云："此石出洛阳已再逾岁，乙丑夏予始购致之……此碑不仅为寒斋藏石第一，亦宇内之奇矣。"曹魏皇女残碑也是雷明德发现于乡村民的门槛下，后归收藏家建德周进，其后人将其捐给故宫博物院。见宫大中《"洛阳雷氏"的碑志搜集及其传人的现有收藏》。本文刊登在《中国书法》1994年06期。

### 雷英夫（1921—2005）

雷英夫，河南孟津人。1938年参加八路军，同年加入中国共产党。抗日战争时期任山西新军教导师军士第二团连政治指导员，八路军一一五师晋西南独立第一游击支队宣传员，中国人民抗日军政大学学员，中共南方局军事组成员，军委总参谋部一局科长、作战部资料研究室副主任，叶剑英参谋长军事秘书，解放日报社军事副刊编辑。解放战争时期，任北平军事调处执行部执行处科长、副处长、代处长，华东野战军第十纵队二十九师八十七团参谋长、副团长，第三野战军二十八军八十三师二四八团团长、师参谋长，福州市军管会军事部部长。中华人民共和国成立后，任周恩来总理军事秘书，军委作战部一局副局长兼总参谋部作战室主任，中央复员委员会副秘书长，中央兵工委员会秘书长，中国人民解放军总参谋部作战部作战处处长、副部长，中国人民解放军后勤学院副教育长。1961年晋升为少将军衔。见《中国人民解放军将帅名录》。

### 雷志德（1904—1962）

雷志德，河南洛宁西王村中沟人。幼年孤苦，乞讨流浪，后由舅父收养，就读私塾。在县立第一高小毕业后，受革命思想影响，拟赴汴求见孙中山先生，待借足路费到开封时，孙先生已他往，怅然而返。1927年冯玉祥主豫，掀起反封建、破迷信运动。他在县立第一小学当教员，领导学生深入民间宣传。1932年在县立第四高小当教师时，与教师赵筱斋一起向学生宣传进步思想。1934年李廷坤到上级取机密文件，将文件装入钱褡里回洛宁，被敌特盯梢。李在难以摆脱敌人监视的情况下，径直进入王范第四高小，将钱褡交给他越窗翻墙而去。雷志德将钱褡埋在床下木炭堆里，当敌特持枪搜查时，人物皆空，无所获。1937年雷以读书会名义，培养进步青年。1939年孙永兴向县公安局密告西王村地下党组织，雷志德等17人被捕入狱。后由张三等出面保释出狱，便带小女儿出奔延安。新中国成立后雷志德任洛宁文化馆馆长。见1991年版《洛宁县志》。

## 雷跻堂（1884—1932）

雷跻堂，字放勋，号沛霖。河南商城人。1912年商城县中毕业，考入信阳中学。1915年考入武昌中华大学。1918年毕业留校中学部任教。1920年协助创办"互助社""利群书社"，任义务教师，讲授辩证唯物主义。是年冬北上信阳，在林镇筹办"互助社"新型学校。1923年受聘于商城县立中学任史地教员。1925年与教师黄秉耀等发起成立"商城学会"，创办《曙光》校刊。1932年"肃反"被冤杀。见1991年版《商城县志》。

## 雷太平（1890—1950）

雷太平，别号子安。河南商水汤庄乡雷坡村人。早年加入西北军。1932年6月至1937年8月间任第三路军总指挥部手枪旅旅长。曾被山东省政府聘为参议。1937年5月7日授少将衔。见《中国国民党百年人物全书》。1990年版《商水县志》有简介。《西北军人物志》有传。

## 雷中田（1893—1950）

雷中田，字兰波，河南商水汤庄乡雷坡村人。早年入冯玉祥部当兵。1929年任西北军暂编第二旅旅长。中原大战后为国民党政府军陆军新编第八师师长。1931 年 8 月为争夺权力在兰州扣压国民党甘肃省主席马鸿宾，制造了"雷马事变"。后去职。1933 年任察哈尔民众抗日同盟军军事委员会委员兼骑兵第一挺进军司令。后投靠日伪汉奸王英，任"大汉义军"副总司令。1936 年 12 月 2 日，在百灵庙战役中被中国抗日军枪击。见《中国近现代人名大辞典》。《中华万姓谱》《中国国民党百年人物全书》均有载。雷中田百灵庙战役并未死亡，1950 年被公安机关处决。1990 年版《商水县志》《西北军人物志》均有传。

## 雷云汉

雷云汉，字倬章。清陈州淮宁（今河南淮阳）人。通经、工书，援例入成均。尝施茶粥、药饵、棺木，数十年如一日。道光六年（1826）重修邑乘力任经理。治城内文庙大成殿、关帝庙、文昌宫、魁星楼、鼓钟两楼，及新站集炎帝阁祖师庙，皆次第修葺。捐资劝事修太昊陵、玉带河增铸铁王浚等四人跪像，以抒冤愤。二十三年河决灾，黎断炊载食救人全活甚众。尝设义塾养寒士，邑令：陆额曰："嘉惠来学"。偕弟家居训子侄以实行讵，粤逆至境击匪不克，与弟云衢俱被伤。闻者悼之。见民国五年《淮阳县志·义行》。民国二十三年《淮阳县志·列传》有传。1991 年版《淮阳县志》亦有载。

## 雷日棠（1886—?）

雷日棠[①]，别字仲云。河南淮宁（今淮阳）人。1906 年 10 月保定北洋陆军速成武备学堂法文班毕业。历任北京政府陆军第五混成旅（旅长魏宗瀚）步兵第一（团长宋焕章）第三营连长、营附等职，后任步兵第二团（团长耿锡龄）第一营营长、代理长等职。1919 年 10 月被北京政府陆军部授予陆军上校军衔。见《保定军校将帅录》。

## 雷淑性（1920—?）

雷淑性，女。河南淮阳人。1937 年雷淑性在简易师范读书时，积极参加抗日救亡活动。1939 年在四川省三合县参加中华民族解放先锋

---

[①] 雷日棠，"日"，疑为"曰"之误。

队。1943 年毕业于西北联大教育系，先后在北京国立女中、东北大学、东北师大济南师范学院任教师、讲师、副教授。1953 年后，历任华北局保育院副院长、国务院及国家计委保育院院长、中央教育部科研所副研究员。1962 年被选为全国妇代会代表。她在长期的工作实践中，积累了丰富的经验，长于探索，勤于笔耕，著有《论儿童品德教育》《幼儿识字问题的调查研究》《文明礼貌教育初探》《儿童教育学》《儿童行为的培养》等书。见 1991 年版《淮阳县志》。

## 雷寿荣（1880—?）

雷寿荣，字伯康、葆康。湖北武昌人。日本陆军士官学校毕业。1912 年 10 月 8 日任参谋本部第二局局长，1915 年 10 月 18 日改任第一局局长，1925 年复任第一局局长。1926 年 6 月 4 日一度任参谋本部代理次长。1933 年曾负责接收河北战区事宜。1936 年 1 月任直隶行政院冀察政务委员会外交委员会委员。1939 年 4 月 20 日任日伪武汉市参议府参议，11 月 5 日任日伪湖北省政府委员。见《中国国民党百年人物全书》。《中华万姓谱》《民国人物大辞典》均有载。

## 雷福春

雷福春，清湖北汉阳蔡站河北屯人。咸丰五年（1855），贼出德安下窜，窥官兵隔水罔觉，将偷渡暗袭之。春密报知碛船堵截不得渡，贼乃大趋东下，春知其不悉行也，乃大呼官军渡河，袭杀无算，贼恚甚，掳春乱刃之，遂遇害。见《同治续辑汉阳县志·忠义》。

## 雷绍璞（1894—?）

雷绍璞，别号楚石。湖北黄陂人。1919 年 3 月保定陆军军官学校第六期步兵科毕业。之前毕业于湖北陆军特别小学堂、武昌陆军第三预备学校。1926 年 12 月任武汉国民政府南湖军事训练班教官，兼任学员大队队附等职。抗日战争爆发后，任武汉战时干部训练团军事教官等职。见《保定军校将帅录》。

## 雷震（1906—1993）

雷震，湖北黄陂人。1929 年加入中国共产党。1930 年参加中国工农红军。土地革命战争时期，任红四方面军第四军十二师三十六团排长、连政治指导员、营政治指导员，第九军二十七师七十九团政治委员、师参谋长、团长，红四方面军第四局一科科长。参加了长征。抗日战争时期，任山西青年抗敌决死第三纵队政治部组织科科长、山西游击第十团团长、八路军一二九师三八六旅十六团团长、太岳军区中条山军分区司令员。解放战争时期，任辽宁军区副司令员，吉林军区副司令员，吉北军分区副司令员、司令员，吉林军区参谋长，第四野战军四十五军参谋长。中华人民共和国成立后，任中国人民解放军副军长、江西军区副司令员、第三十三文化速成中学校长、福建省军区司令员。1955年被授予少将军衔。是中国人民政治协商会议第四、五届全国委员会委员。见《中国人民解放军将帅名录》。

### 雷天明（1916—1947）

雷天明，原名盈鉴。湖北房县人。1938年毕业于湖北省农业专科学校。参与编辑《动员日报》《五月》杂志和《民先日报》，举办成人文化补习班，宣传、动员群众参加抗日。1940年2月进入鄂豫边区根据地参加抗日战争。1947年不幸牺牲。见《湖北省志·人物》。

### 雷振（1908—1932）

雷振，湖北襄阳峪山老集村人。1923年考入樊城鸿文中学，参加反教会教育运动。1926年积极参加学生运动。1926年9月担任国民党襄阳县第六区区分部执行委员，从事农运活动，先后在峪山、老集、梅庄发展农协会员300多人，建立了襄阳县第一个区农民协会，并任主席。1926年冬从事兵运工作。1927年1月随军开赴河北通县。1929年春到河南偃师县做地下工作。1930年7月调回襄阳，任鄂豫边区革命委员会常委，后又调任荆沙地下交通站站长，经常活动在南漳、宜城等地。1932年因叛徒出卖被捕。1932年11月24日在襄阳西门外英勇就义。见1989年版《襄阳县志》。

### 雷炳焜（1875—1956）

雷炳焜，字韵午。湖北襄阳人。清末邑庠生，补博士弟子员，1901

年肄业于湖北武备学堂。1903 年入湖北武昌高等学堂，习炮工专科，后留任该学堂监学，曾一度任两湖师范教员，旋供职于湖北陆军第八镇工兵营，兼任武昌教员总汇所和畿师范、中北两路高小兵操教练。1905 年以官费赴德国留学，习陆军工兵。1909 年毕业。回国后，授工兵科举人，历任陆军制司工兵科长、参事、顾问，武昌起义爆发后，随陆军大臣荫昌南下。1914 年袁世凯组织陆军混成模范团时，任工兵教练官兼官长班第一区队长。1917 年参加讨伐张勋复辟之役，后任北洋政府陆军部科长。1924 年段祺瑞任临时执政时，授陆军中将，派驻汉阳兵工厂。次年，任萍乡矿矿长，不久辞职。1926 年 12 月充北伐军部北前敌总指挥部交际专员，劝说驻部的北洋系张仲三师与国民革命军合作。是月，驻襄张联升部易帜，又与陆椿桥、杨君谟作为张方军事代表，同国民革命军方代表在武汉谈判。后同国民革命军总司令部高参唐静送令回襄，授张联升师长。1927 年任国民革命军第十一路军参议兼军务处长。次年，任国民党襄（阳）、宜（城）、南（漳）、谷（城）四县"清乡"监督处监督，湖北省视察员。不久，改任国民党第四军团总指挥部办公厅主任。1929 年退离军界，办理湖北航政事务。翌年，辞职回襄。1933 年中国红十字会襄阳分会成立，被举为名誉会长。1935 年水灾后，倡导救济难民，开设红十字会诊所。1940 年当选为国民党湖北省第一届临时参议会议员。1944 年 8 月受聘为财政部公馈筹备委员会湖北分会委员，抗战胜利后，在家闲居。1950 年 1 月以开明绅士被聘为襄阳县各界人民代表大会代表。后在湖北文史研究馆襄阳工作组工作，同张文伯等负责整理文物古籍。11 月被襄樊市聘为各界人民代表会议特邀代表。次年，又以民主人士的身份出席襄樊市各界人民代表会议。译著有《要塞战术》《爆破教范》《工兵突击教范》《工兵辑要》等书。见 1989 年版《襄阳县志》。

### 雷法章（1902—1988）

雷法章，湖北汉川人。武昌文华大学毕业。历任山东省政府秘书长，国民政府农林部政务次长、内政部常务次长，浙江省政府委员，考试院秘书长。见《中华万姓谱》。《民国人物大辞典》亦有载。

## 雷绍康 （1913—1974）

雷绍康，湖北大悟人。1930年参加中国工农红军。1929年加入中国共产主义青年团，1934年转入中国共产党。土地革命战争时期，任鄂豫皖独立第一师排长，红四方面军第七十三师连长、营长、副团长，第三十一军九十三师司令部参谋主任，第二七九团参谋长。参加了长征。抗日战争时期，任八路军一二九师三八六旅营长，补充团团长，新编第七旅参谋长，冀南军区第四军分区副司令员、司令员。解放战争时期，任晋冀鲁豫野战军第二纵队五旅旅长，中原军区鄂豫军区第一军分区司令员，湖北军区副参谋长。中华人民共和国成立后，任中国人民解放军军事学院战役战术教授会教员，合同战术教授会副主任、主任，军事学院军事科学研究部部长。1955年被授予少将军衔。见《中国人民解放军将帅名录》。《民国人物大辞典》亦有载。

## 雷以诚 （1795—1884）

雷以诚，字春亭，号鹤皋。清咸宁（今湖北咸宁）人。著名诗人。擅长书法，笔力秀劲绝伦。喜画梅，瘦硬通神。按《中国人名大辞典·历史人物卷》："咸丰三年（1853），募勇屯江苏扬州万福桥对抗太平军，授刑部侍郎，帮办江北大营军务。为筹军饷，创厘捐。复广抽苛捐杂税。嗣补江苏布政使。咸丰六年以大营溃，扬州失，被革职查办，充军新疆。后赦归，授陕西按察使、光禄寺卿等。同治元年（1862）京察免职。"《中国文学大辞典》："道光三年（1823）进士，授刑部主事。历官郎中、御史、给事中、侍读学士、奉天府丞。咸丰初，官太常寺少卿，擢左副都御史。太平军至江苏，自请与战，有功，授刑部侍郎，帮办江南军务。坐失援、冒功，戍新疆，寻赦还。授陕西按察使，迁布政使，入为光禄寺卿。同治元年休致。主讲江汉书院。著有《大学解》《读经传杂记》《雨香书屋诗钞》，又与人合修《盛京通志》。"雷以诚《清史稿》卷四百二十二、《民国湖北通志》有传。《民国奉天通志·职官》亦有传。见《地方志人物传记资料丛刊·东北卷》第3册。《中国历代人名辞典》《中国历代人名大辞典》《中国人名大辞典》《中国近现代人名大辞典》《中国军事人物辞典》《中国方志大辞典》《中华万姓谱》《三十三种清代传记综合引得》《湖北省志·人物》《中国美术家人名辞典》《中国美术家大辞典》《清代人物生卒年表》《图解姓氏：画说百家姓》等均有载。雷以諴《雨香书屋诗钞》《两香书屋诗续抄》，收编在《清代诗文集汇编》第 589 册。《晚晴簃诗汇》一百三十一收录其诗作。《山西师院学报（社会科学版）》1983 年 01 期，刊登邵春宝《试论厘金制的产生》论文。个别书籍误将雷以"諴"，写成雷以"诚"或"针"。

## 雷安明

雷安明，清武昌府嘉鱼（今湖北嘉鱼）丰里人。儒士。自幼秉性慷慨，见人有阨则矜之。咸丰五年（1855）九月二十九日，粤匪至朱砂桥，焚掠居民无算，明挺身独出骂贼被执，曰："杀我愿吾乡邻无受害。"遂杀之。见《同治嘉鱼县志·义行》。

## 雷韶杰（1908—?）

雷韶杰，别字冰如，别号昭杰。湖北蒲圻人。陆军大学总务处管理科科长。南京中央陆军军官学校第六期步兵科毕业。1928 年 4 月考入南京中央陆军军官学校第六期第一总队步兵科步兵第三大队步兵第九中队学习，1929 年 5 月毕业。抗日战争胜利后，任陆军大学校本部总务处管理科科长（挂陆军上校衔）等职。见《陆军大学将帅录》。

## 雷鸣泽（1904—1949）

雷鸣泽，别号次勋。湖北松滋人。先后就读于武昌博文中学、武昌中华大学、上海光华大学。1927 年返回松滋，捐巨款于街河市苦竹寺创办向上小学，自任校长。次年辗转于黄州、荆门等地继续从事教育事业。1938 年武汉失守，湖北省委决定成立松、枝、宜三县联合抗日动员委员会，雷鸣泽任主任委员。1941 年因宣传抗日救国、抵制日货、严禁鸦片而开罪当地豪绅，被诬告判刑 12 年，后经保释出狱。抗战胜利后任联合国救济总署湖北分署沙市办事处主任。1949 年不幸牺牲。见《湖北省志·人物》。

### 雷希颜（1899—1965）

雷希颜，原名子贤。湖北当阳雷家港人。5岁丧父，且耕且读，18岁毕业于县第二高等小学，后在本地任教，开始自学医书。1924年任县立第一高等小学会计，业余时间，刻苦攻读医书，并参师名医李启元，功底渐厚。1926年任教育局会计。1927年参加了城关起义和瓦仓起义，起义失败后，被湖北省政府清乡督办公署通缉，遂随县委转移到雷港地区。1929年他不幸遭国民党逮捕，经教育局作保释放。1930年当阳县委被迫转移，他与党组织失去联系，从此在家潜心研究医学。1933年在县城"保康祥"药店坐堂行医。1935年挂"寿春医社"招牌自行应诊。同时，他求学于上海"恽氏"函授学校，得到国内名医恽铁樵的指点。因医术精湛，时人曾赠"国医雷希颜"金字匾。1940年日寇侵占当阳县城期间，他逃难至横店行医，常免费为难民施诊施药。1942年再次被捕，在监狱关押五个多月，遂释放出狱，仍继续行医。1945年日军投降，他回城复业应诊。1948年自愿任全县医师公会筹备处主任。行医之余，组织全县进行医学研究，开展学术讨论，努力发掘祖国医学遗产。新中国成立后，雷希颜任县卫生协会副主任、主任，县科协副主席，省科协委员和省第二届人民代表大会代表。1954年他组织个体开业医生，成立城关镇第一联合诊所，并当选为所长。同年被选为县第一届人民代表大会代表。第二年当选为副县长，1962年兼任县卫生院院长。他一生治学严谨，医德高尚，是本县名医。在任联合诊所所长时，身患痔瘘，坐凳困难，仍站着应诊，日复日。当副县长以后，常挤时间为患者应诊，无论在机关农村，还是在办公室和家里，总是有求必应，热情诊治。每遇疾病流行，他不顾年事已高，体弱多病，深入疫区，组织扑灭。终因操劳成疾而病逝。见1992年版《当阳县志》。

### 雷长升（1892—1924）

雷长升，亦名雷么。湖北应山（今湖北广水）人。早年在应城当熬盐工，后组织工人夺取盐局、民团枪支，惩治恶霸地主，湖北督军和县府曾派兵"清剿"。1924年到汉口购买军火被捕，以"鄂北巨匪"罪押回应山凌迟处死。见《湖北省志·人物》。

## 雷克明（1909—?）

雷克明，别字峻德。湖北沔阳（今湖北仙桃）人。陆军大学正则班第十六期毕业。1930年10月考入南京中央陆军军官学校第八期第二总队步兵科步兵第二大队步兵第六队学习，1933年11月毕业。1938年5月考入陆军大学正则班学习，1940年9月毕业。见《陆军大学将帅录》。

## 雷世兴（1800—1860）

雷世兴，湖北宣恩万寨罗针田人。土家族。鸦片战争时期的爱国将领。12岁时读书，13岁拜师学艺，立志弃文习武，光宗报国。他苦学武术，勤习刀箭，并在自家门前的山坡上修了一条约500米长的练马场，在此驯马、练武，前后十载寒暑，马不停蹄，刀不释手，武艺闻名远近。清道光十一年（1831），进京应试，得中武举。道光十六年赴宜昌卫宜昌县就职。在此期间，他因带兵防汛有功，多次受到褒奖，道光十九年升千总。次年，鸦片战争爆发，他率部参加了林则徐等在广州的抗英杀夷战斗，立下战功，受到朝廷嘉奖，赐予"宝马刀"一把。道光二十二年（1842）五月，英军占领泥城四方炮台，进犯广州城。雷世兴部为先遣部队，进驻炮台，与英军展开血战。战斗中，雷左臂负重伤，仍坚守阵地。全体官兵在他的感召下个个奋勇杀敌，多次击退英军战舰的疯狂进攻。其时，朝廷派琦善与英军签订了《广州和约》。雷知晓后，痛心疾首，大骂琦善祸国殃民。后雷世兴奉命回鄂，被派驻峰奇峰关。此间，他目睹了清廷丧权辱国、腐败无能和忠臣遭贬、百姓遭殃的事实，深感自己虽为武员却不能为国效力，实无颜面见祖宗乡亲，便于道光二十三年（1843）卸甲引退，寓居峰凌水河。他隐居林泉，多行善事，捐奉银两，接济乡亲，深受当地百姓的颂扬称道。咸丰七年（1857），雷世兴因病返乡，咸丰十年（1860）辞世。见《恩施名人》。1995年版《宣恩县志》亦有传。

## 雷风云

雷风云，字南山。清长沙府（今湖南长沙）人。初应募入伍。罗泽南嫌其聋。风云曰："杀贼在手不在耳也!"泽南壮之。两次从克武昌，战蕲、黄、广、济皆有功，累保副将，换花翎。九江之复，穴城先登，赏干勇巴图鲁。三河镇之败，收集溃卒，退保桐城。贼追及，城陷，力战而死。赠总兵，予溢威毅，赐祭葬，祀京师昭忠祠。见《光绪湖南通志·人物》。

### 雷恺（1878—?）

雷恺，字民苏，号邻鸥，又号晚知。湖南长沙人。雷悦兄。清优贡生。工书，善画竹。中华人民共和国成立后任文史馆馆员。《徐鑫龄稿》。见《中国美术家人名辞典》。《中国美术家大辞典》亦有载。"1935年雷凯（恺）等纂修《湖南雷氏三修族谱》三十五卷。藏于湖南省图书馆。"见《中国家谱总目》。

### 雷恪（1881—?）

雷恪，字恭甫，晚号南郭翁，又号南郭居士，一号宝甓居士。湖南长沙人。雷悦兄，清邑庠生。工花卉、山水，兼工篆刻，从沈翰、何维朴游。中华人民共和国成立后任文史馆馆员。《徐鑫龄稿》。见《中国美术家人名辞典》。《中国美术家大辞典》亦有载。

### 雷悦（1882—1933）

雷悦，字怡甫，一作彝甫，号壶公，又号锲公、壶盦外史、锲庵居士、铁耕山人。湖南长沙人。邑庠生。工山水、花鸟、人物、佛像。精鉴赏，善摹印。与兄雷恺、雷恪被称为"湘史三杰"，又称"三雷"。著有《铁耕斋印谱》行世。《徐鑫龄稿》《广印人传》。见《中国美术家人名辞典》。《中国美术家大辞典》亦有载。《湘人著述表》收录其著述。按《中国美术家人名辞典》（补遗二编）：雷浚（1814—1889），字甘溪、甘溪、深之。江苏吴县人。工书，精于小学。编辑雷悦刻印成《铁耕斋印谱》。

### 雷崧生（1907—1986）

雷崧生，名白韦，以字行。湖南长沙人。毕业于中央大学，获法学士，后留学法国巴黎大学，获法学博士。1928 年到巴黎领事馆任职。1932 年 1 月 20 日到职驻巴黎总领事馆副领事，驻博都办事处办事。1938 年 8 月 12 日任驻巴黎总领事馆领事。1940 年 5 月代理、1941 年 6 月 28 日调任驻古巴夏湾拿总领事馆总领事。1947 年 9 月任外交部台湾外交特派员。1948 年任台湾大学国际法教授，曾赴美韩出席国际学术会议。见《中国国民党百年人物全书》。

## 雷锋（1940—1962）

雷锋，湖南长沙人。1956 年在乡政府和中共望城县委当通讯员、公务员。1957 年加入中国共产主义青年团。曾参加沩水工程、团山湖和鞍钢的建设，多次被评为劳动模范和先进生产者。1960 年参加中国人民解放军，编入工程兵某部运输连四班。同年 11 月加入中国共产党，次年升任班长。曾被评为节约标兵，荣立二等功一次、三等功两次，并当选为抚顺市人民代表。1962 年 8 月 15 日因公殉职。1963 年 3 月 5 日毛泽东亲笔题词"向雷锋同志学习"。见《中国近现代人名大辞典》。《图解姓氏：画说百家姓》等亦有载。

## 雷光宇（1878—1952）

雷光宇，湖南浏阳人。日本早稻田大学毕业。辛亥革命时在山东动员巡抚孙慕韩反正。民国时期任过山东教育司长兼民政局长，交通部参事，湖北高等法院庭长、院长、法政专门学校校长。在修京张铁路中立功。编著《交通史》。晚年研究元史及佛学。见 1994 年版《浏阳县志》。

## 雷敢（1904—1990）

雷敢，湖南浏阳普迹雷家冲人。20 世纪 20 年代先后在大陆大学、南京东南大学、北平民国大学就读，1929 年留学日本早稻田大学。三年后归国，历任天津扶轮中学、北平市女二中教师及民国大学、湖南大学、国立师范学院教授。解放后任湖南大学、湖南师范大学历史系教授。是湖南省政治协商会议第一至五届委员会委员。离休仍任湖南省社会科学院历史研究所特约研究员。1927 年曾任武汉国民政府军事裁判所书记员。"九一八"事变后，在平津一带任教，追随老师许德珩、杨秀峰四出奔走呼号，被校方解聘，一度失业。1937年抗日战争全面爆发后，南下湖南任教。其间与翦伯赞、张天翼、谭丕模、吕振羽等教授过从甚密，坚持抗战，反对投降。坚持用历史唯物主义证法观点教育学生，启发觉悟。1948年加入中国民主同盟会。解放后参加土地改革和到少数民族地区访问等工作。为教育和史学研究事业付出了极大精力。雷敢长期担任历史教学，培养了大批有成就的学生。他先后发表了《中国史纲》《中国上古史》《中国古代中世纪史》《中国历史要籍序论文选注》等学术著作，翻译了日本著名学者河上肇的《新社会科学讲话》和《社会经济论丛》。进入八十高龄后仍笔耕史苑。他对中国古代史分期以及历史文献整理等有许多独特见解，都是重要的科研成果，受到史学界的赞誉。雷敢对于家乡的史志工作给予了极大支持，还亲自撰写了《雷化雨传记》等文章。见1994年版《浏阳县志》。

## 雷天觉（1913—2005）

雷天觉，湖南省浏阳县人。1935年毕业于国立北平大学工学院机械系。获工学士学位。后留校任助教。1936年任国民政府军政部兵工署应用化学研究所绘图员。1937年任昆明中央机器厂技术员，后任工程师。1942年赴美国学习机床与工具制造。1947年回国，任上海中央机器公司工程师。1953年任机械工业部机械科学研究院副院长、第一设计分局总工程师等职。第五届全国政协委员，第六、七届全国政协常务委员。著有《液压传动发展方向》等。见《民国人物大辞典》。

## 雷雄（1906—1943）

雷雄，号楚南。湖南常宁田尾乡人。1929年应募从戎。次年，被保送入武汉中央军校第七期学习。毕业后，回原部队任连长。抗战前夕，升任五二四团少校团附。1937年8月日军进攻上海，第五二四团奉命参加淞沪会战。10月下旬，该团奉命掩护主力部队撤退，在四行仓库与日军血战胜利完成任务后，退入英租界孤军营。1940年4月24日，团长谢晋元被叛徒刺死，雷雄被拥戴任中校代理团长。翌年12月8日，日军占领英租界，雷雄及八百名官兵被关进俘虏营，日军威胁利诱雷雄带头写歌颂"皇军"的广播稿和填写参加"和平军"的表格，雷雄宁死不屈。1943年冬，日军从俘虏营调一百人去修淮南铁路，后又派去安徽芜湖裕溪口做苦工。雷雄组织难友，趁黑夜冲进敌哨所，夺得二挺机枪、六支步枪、八九十个手榴弹，逃出虎口。在行至湖北光化县老河时，因劳累过度，病倒辞世。国民政府军政部追赠为上校团长。见1993年版《常宁县志》。

### 雷鸣（1906—?）

雷鸣，湖南耒阳人。黄埔军校第六期第一总队步科毕业。历任军职。1949年任第一〇八军第二四二师师长，同年12月随罗广文部在四川起义。见《黄埔军校将帅录》。《中国国民党百年人物全书》亦有载。

### 雷澂（1888—1951）

雷澂，号静海。湖南桂阳县东成庙下村人。中学毕业后就读于两湖总师范，留学日本。民国初期，先后充任鄂军政府军务秘书、湖南都督府顾问、湖南省长沙公署咨议。其时桂阳为袁世凯势力所控制。雷澂于1914年和1915年两次回县组织刘作民、何刚、雷龙海（嘉禾人，县警员）及弟雷洪等40余人捣毁县署，反对为袁氏复辟效劳。1922年，被选任桂阳县议会副议长。1926年夏起，雷澂反对国共合作进行的国民革命运动。1951年被镇压。见1994年版《桂阳县志》。

### 雷洪（1892—1927）

雷洪，字英洞，号容海。湖南桂阳东成庙下村人。先后毕业于湖南陆军小学、湖北陆军中学。辛亥起义时，任鄂军政府交通部部长，旋任黄兴副元帅府指挥官，同时参与湖南辛亥革命筹划工作。1912年1月任黎元洪副总统府参议。6月袁世凯授予陆军步兵上校衔。8月任驻宁陆军第三军顾问。1913年任南京义勇军司令。1914年留学日本振武学校。1915年回国后，任总统府军事咨议兼陆军部咨议。1917年任湖南督军府参议。1921年回乡到县城树旗招兵讨贼，北上攻打常宁失败，队伍散。次年冬，复回县招兵数百人赴广州参加国民革命军，任第五军（军长陈嘉佑）第十五旅二二六团团长，后在北伐战争中牺牲。见1994

年版《桂阳县志》。

## 雷崇周（1909—1928）

雷崇周，字有昭。湖南桂阳飞仙清溪村人。先在桂阳省立第十四联合中学就读，后考入衡阳省立第三师范。1926 年暑假，回桂阳与匡黎光、何汉、梁帮栋等成立县农民协会筹备处，匡黎光当选为筹备委员。1927 年 5 月与匡黎光深入西河区（今余田十字、古楼一带），组织农民数千人，配合驻县陈嘉佑部捣毁西河团防局。1928 年初，湘南起义爆发后，匡黎光任工农革命军第七师政治特派员，二人奔走于桂阳、新田、常宁之间，联络新田的张汉涛、程启汉、何援华，常宁的廖海民，组织桂、新、常三县工农革命武装，响应湘南起义。同年 3 月二人与程启汉、何援华等赴常宁水口山联系起义事宜时，被国民党桂阳县党部委员刘建勋侦悉，桂阳县政府急电常宁，匡黎光、雷崇周等在常宁两路口佳宾客栈落入常宁警察之手。几天后从容就义。见 1994 年版《桂阳县志》。

## 雷名扬（1910—1937）

雷名扬，原名裕称，又名雷声。湖南永兴人。陆军大学参谋班第一期毕业。中央陆军军官学校第三分校①步兵科毕业。1935 年 9 月考入陆军大学参谋班第一期学习，1936 年 11 月毕业。1937 年 8 月 13 日，淞沪战役爆发。雷名扬在十八军六二七师三九八团二营任少校营长，在师长黄维的指挥下，配合友军，坚守沪西罗店，与日军进行拉锯战达一月之久。11 月 5 日，日军从杭州湾登陆。6 日拂晓，日军一面指挥炮兵、飞机狂轰滥炸，一面派步兵进攻沪西八字桥。雷名扬满怀民族正气，身先士卒，带领全营官兵配合四〇一、四〇二团，死守阵地，激战四天四夜。战斗中，雷名扬身负重伤，壮烈牺牲。被追封为中校。1987 年 4 月 11 日，湖南省人民政府追认雷名扬为革命烈士。12 月 9 日，黄维先生亲笔题词"悼念雷名扬烈士，淞沪抗日沪西血战，为国捐躯永垂青史！"见 1994 年版《永兴县志》。《陆军大学将帅录》亦有载。

---

① 《陆军大学将帅录》原注：湖南省档案馆校编，湖南人民出版社《黄埔军校同学录》查无。

### 雷照雄

雷照雄，清桂阳州嘉禾（今湖南嘉禾）富乐乡长溪坊人。应募入张运兰军，号敢战。积功摧副将，赏坚勇巴图鲁。同治三年（1864）运兰率师福建，剿贼武平，大捷于中赤，照雄功最。未几，武平陷，运兰驰援。比战，后军溃，总兵贺国桢、王明高皆死。贼乘势来犯，困我军，照雄突阵，中矛而死。照副将阵亡例赐优恤。见《光绪湖南通志·人物》。《民国嘉禾县图志》有传。《清史稿》亦有载。

### 雷荣德

雷荣德，清桂阳州嘉禾（今湖南嘉禾）贵贤乡球村人。丰颐品粹，学宗程朱。初不耐读弃而力巽，又不耐复入塾，乃发愤忘食，学业大进。善书法，温润如集贤，而有小欧之遒劲。颇涉医方堪舆家言，然不为人役，有以自慊夷然也。咸丰初匪起球村界桂阳协中团，荣德负众望，以县人为郡协中团，团总设方略保聚香炉凹寨，备械以守，乡里粎安，叙功以廪生保教谕，淡于进取不赴铨，以贡生终。见《民国嘉禾县图志·贤达列传一》。

### 雷君祥（？—1878）

雷君祥，清桂阳州嘉禾（今湖南嘉禾）銮三乡翰石人。家贫幼为人牧。及长亦不事居业。好击剑，奋励尚节有胆略，年二十走柳州府投新田萧荣芳营为兵，战有功。同治二年（1863）梁塘寨叛，君祥单骑先入说寨头目梁某，画吉凶利害之状，因抚平之，积功授柳州府守备。同治五年龙州下洞洪杨军余股作乱，君祥请以五百人，先鼓行擒贼目二人遂破之，赏四品衔升柳州都阃府。同治十年交趾彭麟士乱，刘玉成分军出关。玉成亦新田人，素知君祥义愤乃偕行，初战再捷，旋战谅山以骁勇称一军，摧参将加副将衔授归顺州参戎府。君祥每战身先，炮伤股痕可指。光绪四年（1878）创发告归，卒于柳州。见《民国嘉禾县图志·贤达列传二》。

### 雷贵才（？—1898）

雷贵才，字宝山。清桂阳州嘉禾（今湖南嘉禾）富乐乡火巷人。

身材魁梧，健壮刚挺，年少时，农耕之余，从师习武。及年长，参加广西军务，驻防中越边境重镇。光绪十一年（1885）二月，法军向中国镇南关（今友谊关）守军进犯，三月，清将帮办冯子材率官兵奋起反击，二十五日在谅山血战中，先锋营第三队被敌围困，雷奋勇当先，只身冒着炮石多次突击，连歼法军，使清军转守为攻，乘胜连克文渊、谅山等地。雷骁勇善战，屡树战功，曾被封"提督军门"，钦赐"爱新阿巴图鲁"。晚年闲居，以酒自娱。见1995年版《嘉禾县志》。《民国嘉禾县图志》亦有传。

## 雷沛泽

雷沛泽，字甘邨，清桂阳州嘉禾（今湖南嘉禾）贵贤乡茶窝岭人。茶窝岭村自天锡曾孙一郎子郡廪生沕伯开基，又六世曰胜儒，成化丁未（1487）进士，官沅州府教授。十一世曰智铨，明季辟退思精舍于小桃冲习隐传学，不求人知。十三世曰应龙，康熙三十八年（1699）己卯科优贡。旧志列入儒林，称其学行方正，庠序所宗，居丧不信浮屠，有蓝田家法。子震乾、震坤同科补廪成岁贡。震坤，字贞夫，游学岳麓，与刘权之交欢。权之相公贵荐辟，书问不辍，终不赴以贡生，就湘潭教谕五阅月乞归。乾隆四十四年己亥正月朔，手书元旦别无疾卒。著有《小草集》。震乾子大亨，增生，有诗名。大亨子德忠，有孝行。德忠子晋秦，六岁解六书，体羸多病，不能卒读。稍经商以有田数十亩，中年丧妻，矢不再娶，是为沛泽之父。沛泽童而不戏，年十二丧母，戚易中礼，读书勤奋。先后见知于陈、梁、刘、胡、钱、吕、温诸学使，试辄高第，补廪膳员。桂阳州雷澍万拔贡，雷鹤龄明经，以诗古文词噪郡邑，居近邻里论交在师友之间。居业岳麓事师丁宫赞善庆与李绶采明经，讲艺相得厚，期许相戒，不为嚣薄。衡山谭鑫振太史引为畏友，亲老戒归。教授金鳌书院阐言性理，正襟危坐凛然有不可犯之色。及与言谦恂如无一能益然，粹然使人乐亲，然遇事不因人为趣。舍乡邑有大利害虽谲险，要人直与争之曰："若口柔，若面柔，某愧不能也。"乡里人疾困终当起之，与榜背山雷元亨、雷发，定里雷澍霖，石角塘王礼宾诸耆老尝因治一偷盗抗论，县前不直不休，县官卒改容礼之。咸、同间李国荣治团练清匪，沛泽自以知旧尽言敷陈多所保全。后先与亩捐为文武庠，免取印卷费，迁建学宫，于城修复县衙诸大役作。沛泽实与李锡麟、李榜麟诸明经等匡勷之。继父秦志，增葺金鳌义学，推广社仓，凡有关士行民俗之大为之恐不及。老而好学，取裁宋儒介节若金石焉。年四十六始成岁贡，及选辰溪县学训导，以耳重听不就，年七十余卒。卒之前夕，犹居金鳌东舍执笔作兴贤章程序记。著有《自镜录》《杂著课徒草》各若干卷。子印申，增生，喜任民国三年县官，沈需竟擅杀之。印申子辅青，今志局采访员。见《民国嘉禾县图志·贤达列传一》。

## 雷光发

雷光发，清桂阳州嘉禾（今湖南嘉禾）贵贤乡榜背山人。性朴厚，咸、同间投军从左文襄宗棠，平浙江诸郡邑。所至奋躯当先，杀敌致果积功至副将，赏戴花翎，浙江协镇府。乞假归农田，食力萧然田野间。然敢于任事，乡先生雷沛泽明经，王礼宾国学之属倚重，以争地方之利病，年八十余卒。见《民国嘉禾县图志·贤达列传二》。

## 雷雨作

雷雨作，字苍泽。清桂阳州嘉禾（今湖南嘉禾）贵贤乡茶窝岭人。增生。多智而有胆略，咸丰间佐沛泽明经治团练，能言人所不敢言。兴办公益，能为人所不敢。为民间利害当官不讳人，有被匪嫌就诛者，辄慷慨请释，救全不少。远村窑山有一疑事，为其邻泗洲寨陈姓大族所龋，雨作至侃侃剖辨，俱以无讼。窑山人感惠致谢不受，其为人鸣不平功成不居大率类是。见《民国嘉禾县图志·贤达列传四》。

## 雷信孔（1830—1895）

雷信孔，字震声。清桂阳州嘉禾（今湖南嘉禾）上乡乐塘人。少喜拳技，多力，才志不羁，试弓马不售。父如淇命业商至广西，洪杨军起，阻不得归，党徒物色之遂为。致力有功，位居天将。太平天国自天王以下次诸王、朝将、天将其制也。既据南京，信孔以天将分防高淳、栗水、东坝，民颇安之。信孔终不乐。清兵规金陵将合围，天王府内乱，诸王相戕杀，信孔遁往妇翁邵某家，其妻邵氏亦自高淳拔出，决计归里。清内江水师都阃府祁阳朱友臣者故天王府朝将也，介信孔于彭刚直玉麟戏下，遂将兵复高淳、东坝、栗水、青阳等处。同治三年（1864）金陵既复，信孔以都阃府衔赏换花翎，率师驻西梁山和州，八年归长江水师标。时武职大官，遍天下都守以上率不得真除，信孔以守备借补汉阳标簰洲营队，外委分汛东江脑。十一年调补芜湖营队把总驻荻港。光绪九年（1883）授千总驻三山上浃口。旋署守备，以覃恩给二品顶戴，诰封武功将军。二十一年卒于官，年六十有六，葬荻港小老龙洼。有四子：成琳守故里；成玕长沙榷局掾；成球早亡；成琅贸迁皖北无为州。信孔居三山水师时，夜巡见划船男妇三人中有瞽妇被难略诱，乃责划夫令去留养瞽妇年余不得其籍，耗为择嫁农家某。后生三子，人以为有阴德焉。见《民国嘉禾县图志·贤达列传二》。

## 雷晋琳

雷晋琳，清桂阳州嘉禾（今湖南嘉禾）銮三乡翰石人。轻财重然诺，有志节，洪杨军起，避乱山中。一人年老贼胁以刃，晋琳婉言，愿以身代，贼并释去之。尹尚英之乱，乡人更相侵夺，朝民暮匪，或游食匪间，如亲戚。李国荣治团练清余党，往往因缘以报复，同里周某者团总也，自负能杀匪党，而失刑殊甚，晋琳时与过谈。遇诬捕者，辄力争之，否则哀泣求免乃已。一日捕三人，屡辨其非贼不允，晋琳曰："三人即可杀，然愿以锾赎。"周某乃诺而释之。后三人偿金，晋琳坚却不纳。至今乡里犹称晋琳有盛德。见《民国嘉禾县图志·贤达列传六》。

## 雷飞鹏（1863—1933）

雷飞鹏，字筱秋，号艾室。湖南嘉禾行廊定里村人。自幼沉静好学，常挑灯夜读，年长月久，秽袭烟熏，以致右目失明，然仍勤读不懈，终有所成。于光绪十九年（1893）中举，历任宽甸县令，西安、德慧知县，绥宁、祁阳、湘潭、宜章训导。民国十年（1921）任长沙图书馆馆长。次年，任华洋筹赈会干事，并当选为省议员。博学多才，教学有方，两任宁远泠南书院山长，弟子遍九嶷，曾为书院捐款购书，撰《泠南书院置书泐石》一文。任宜章训导时，慕名从学者甚多，在栗源、白沙书院编印《知新编》四册，为生员讲授。平生著作有《都庞山馆》经史杂著数十卷。民国十七年秋，讲学于上海群治大学，时值嘉禾筹备修县志，十一月，应邀回县，任县志总纂，亲拟篇目，列图表，开展修志工作。次年农历十月十四日，在茂林公祠集中修志人员，收集、汇编资料，稿成70%左右，即赴湘潭山庄改稿。到第二年农历三月回县，四月审稿，五月应蓝山志局之聘，到蓝山指导修志。回县后，带《嘉禾县图志》稿乘船赴湘潭，拟居湘潭山庄补稿，赴南京铅印。由于桂军进入湖南，东行航道被阻，铅印不成，乃携稿走旱道回县，改用木刻本。民国二十年七月，《嘉禾县图志》刻印成书。数月后，又总纂成《蓝山县图志》。曾从师王闿运，两部县志的编纂，借鉴于王纂修的《桂阳直隶州志》，县志之成，为后人提供了一份珍贵的史料。民国二十二年，农历二月初二，病逝于桂阳，终年71岁。湖南《国民日报》以"吾湘名宿又弱一个——雷飞鹏逝世"为题，报道了他的生平事迹。见1994年版《嘉禾县志》。雷飞鹏主纂的《民国嘉禾县图志》在人物志设置先民列传，将本县各主要姓氏开基祖编入其中。这是旧志为数不多的姓氏志，对于研究当地姓氏具有重要价值。雷飞鹏《民国奉天通志·职官》有载。见《地方志人物传记资料丛刊·东北卷》第3册。《湖南名人志》《湘人著述表》等均有载。近年有《雷氏三代传奇：湘南嘉禾雷飞鹏家族史解密》专著。《民国嘉禾县图志·先民列传·雷天锡传》：天锡以字行县境，诸雷村所同祖也。而桂阳、临武、蓝山、宁远邻县诸雷皆祖焉。其墓在今永振区茶坞坊雷村近里许，飞鹏其三十二代孙也。

## 雷洪睁兄弟

雷洪睁、雷洪昀为二兄弟。清桂阳州嘉禾（今湖南嘉禾）人。雷澍森明经之孙，志局编纂洪畴之弟。兄弟七人睁行二，初名洪遇，昀行三，昀名洪鋆。睁读书不售乃毕业于警官学堂。从其叔飞鹏辽东，尝试事于辽源州警察，辽源边蒙古多盗，睁治事有劳，国变返湘为宁远知县，号能诛匪，居乡里有信惠。昀庠生学师范，亦尝客辽为海龙府学校教员，既以国变归里膺省议员，递补副议长。袁氏谋帝，首名驰说反抗之，激而出走日本习法律。湘省当道如程潜、林支宇悉交欢焉。尝为湖南高等检察厅厅长，骤居高位，轻喜治事既而湘政府退郴。昀感愤遘心疾，逾年死。见《民国嘉禾县图志·贤达列传七》。

## 雷洪畴（1874—1946）

雷洪畴，字海屏，号雯博。湖南嘉禾人。清代廪生。曾从师王先谦于岳麓书院。执教"抬萃书院"时，慕名求学者众。光绪二十一年（1895）考入奉天（今沈阳市）法政学校，毕业后任奉天、抚顺二府法院推事、检察官。民国建立，任职于湖南省清乡督办署及湖南省政府民政处。1922年任水明县知事。1924年湘南拟修公路，他任董事。1930年嘉禾创办赈灾平民工厂，任厂长。同年，选任临蓝嘉三县联立乡村师范学校首任校长，连任五年，为三县培养了一批合格师资。1943年在珠泉书院筹办嘉禾县立初级中学时，他众望所归，又被推为校长。他已古稀之年，仍不遗余力，主持校政，筹措资金，扩建校舍，选聘教师。1946年春学校已规模初具。计有初中七个班、简易师范一个班，在校学生480人。同年农历十二月二十二日逝世。见1994年版《嘉禾县志》。

## 雷 森

雷森，字宝吾。清桂阳州嘉禾（今湖南嘉禾）人。父裕珩，应童子军试州县率前列，院试三挑取终不售，与兄裕玱极友爱。森禀庭训就外传不乐为八比文，其叔飞鹏归自船山携之远游，以经古受知于张亨嘉学使，岁科并试连捷食饩。逾年由船山调校经堂。森好辞章，初事师王湘绮，与桂阳陈户部兆奎友善，光绪丁酉（1897）陪列拔贡，森耻之。会大府选派庠序高材生东渡游学，森与其列道，为族仇所击几死，森报复过当，幸而营脱。乃走京师谒张亨嘉，因缘为某太史家教读又不乐。凤凰熊希龄方从赵将军尔巽治新政于辽，森遂出渝关，以能为诗檄署昌图府司狱，未几国变归。而乡人请愿迁治事兴，然森初不知也。森故喜任事，乡人争推之遂与焉。森弟瀛，庠生，以武昌文普通学生颇亦言革命，民国三年（1914）春归自日本，而桂阳兵变案起瀛被戕。沈需解散五百埭新治将并加害于森，森逃自粤而闽人劝之，且仍渡辽避地不纳事将平遽归里，不克自戢，徇人情出居县城嘉善堂，与闻地方事务人称其能居无何遘疾。森素好医术，自诊不愈，更人医或疑中蛊遂死。森奉父母丧时，开馆教授从游者颇广。著《湘中风俗赋》规仿京都文长

366

不具录。有自订《怡庐诗草》四卷。见《民国嘉禾县图志·贤达列传七》。

## 雷宇仁

雷宇仁，原名雨人，字夏生。清桂阳州嘉禾（今湖南嘉禾）銮三乡翰石人。增广生。祖晋星。父裕财，有隐德。宇仁初受业雷森，复师事飞鹏。喜治经义，时务游幕于辽，览叶赫故墟，叶赫今奉天西安也。飞鹏宰西安时，宇仁尝为属，草《西安志略》。既而客鸭绿江中日采木公司掌文牍，会国变归里。初，宇仁以湘南公送游学日本，习师范改专理化，亦颇闻同盟会兴中之说。时中国留学生被日本约束严，多返国者，宇仁因归。居上海公学，郁郁无所就，及自辽归而役事乡县，好辩论膺县议会议长。以政见不容于湘当道，志不克展间走江汉航海，踟蹰于潮汕、羊城，跋涉邻峤。以见以闻率有笺记，著有《华国共和制》《议分经制法典》《官职则例》四编，而先成经制编遽以付刊，即其门徒见者亦疵诉之。吕步舒訾董江都春秋为大愚古今诚一丘之貉，然宇仁则自以为华国者定名也，共和者定体也。其书仿《周礼》述时事，反古道急于自见。遂以攘诉志局廖局长挽之编山川，宇仁诺而返家，遽以疾，生平著述复有《说文纂解》。见《民国嘉禾县图志·贤达列传七》。

## 雷灿鑫

雷灿鑫，派名渊金，字泽生，一号智仙。清桂阳州嘉禾（今湖南嘉禾）贵贤乡大屋地雷家人。少受业于桂阳何贡生耀山，同里萧贡生赏心颇有味于存心养性之学。旋师事雷森，习经史百家言。州试五场冠军，明年转从飞鹏，宜章训导署森时已选入湘水校经堂，故灿鑫与雷泷辈相从往学。是年灿鑫院试仍第一，飞鹏喜其得名早，以汉廷文学期之。灿鑫旋远游洞庭、潇湘归，以母老奉养不出。于村侧明善堂设馆为人师，修学殖行有声采，先后膺劝所董县议员手创族校设公益会，督族丁栽植柏树二千余株。明约束，儆偷盗，遗秉在门田无拾者。颇涉越人术覃研《内经》《难经》，极其用于伤寒金匮诊人多谳。楼居多暇琴书自娱，间写梅以寄意。颜其室曰"补过"，跋云："为拙不为巧，为介不为通，勿慕声华，勿贪名利，我居我仁，我由我义，循名责实，毋懈厥志。"

年二十余卒。舆论惜之。见《民国嘉禾县图志·贤达列传七》。

## 雷龙海（1877—1914）

雷龙海，湖南嘉禾人。1911 年 10 月 10 日武昌起义，他奉命随黄兴到前线参战，次年春，孙中山派他到日本留学。1914 年 5 月回国，6 月 28 日与李国柱、曾纪光等在郴县宣布起义讨伐袁世凯。袁惊恐万状，急令湘、粤、桂等省"派兵"进剿，起义军在数路袁军的合攻下，遭到失败，他在率领起义军突围时，不幸为袁军所俘，被害于桂阳县城。见 1994 年版《嘉禾县志》。

## 雷渊智（1887—1935）

雷渊智，又名小生。湖南嘉禾人。二十多岁被逼到北洋军当兵。在部队几年，他目睹军阀混战，百姓饱受战难之苦，乃离开部队回到家乡。1932 年在家乡成立游击队，打击土豪劣绅，劫富济贫。1935 年初准备攻打香花岭矿警时，在途中遭误伤去世。见 1994 年版《嘉禾县志》。

## 雷英（1891—?）

雷英，别号叔南。湖南嘉禾人。保定陆军军官学校第二期步兵科肄业。之前毕业于湖南陆军小学堂北京清河陆军第一预备学校。1915 年春肄业后，返回湖南陆军服务，历任湘军第四混成旅步兵团连长、团附等职，后任长（沙）浏（阳）游击支队大队附，湘南讨袁（世凯）军指挥部参谋长等职。见《保定军校将帅录》。

## 雷瀛（1893—1923）

雷瀛，字叔海。湖南嘉禾县人。宣统元年（1909）就学于武昌文普学堂，与谢代惇、雷洪等组织黄汉光复党。宣统三年，武昌起义时，参加学生队，随黄兴奋战汉阳。后出任湖北军政府交通部庶务，改军务部会计。"南北和议"告成，辞职返湘。民国三年（1914）初被咨选日本留学，适宋教仁被刺案发生，他滞留上海与王宪章、席正铭等组织民权党，奔波于沪、松、镇、宁间，运动讨袁。"二次革命"军兴，受任为两淮义军司令部军需。事败，逃亡日本，留学东京法政学校，加入民义社，继续从事反袁活动。1914 年 5 月自日本回国，先赴保定，邀约时在保定军官学校学习的族人雷英一道回到湘南，在桂阳县城内设立协记矿务公司。1914 年 7 月 13 日夜晚，郴州革命党人曾纪光（周同）李国柱等，在郴州发动兵变，拘禁知县。后因事败，雷英潜往汉口，旋转上海，走日本。雷瀛潜回乡里，准备由坪石走韶关赴广州再去香港。离家前夕被捕获，押往桂阳，被惨杀于桂阳城外。见 1994 年版《嘉禾县志》。《湖南省志·人物志》亦有传。

### 雷啸岑（1896—1982）

雷啸岑，原名昺，易名雷剑，别名雷曦，字啸岑，笔名马五先生。湖南嘉禾人。日本早稻田大学毕业。任国民革命军总司令部少将参议、南京国民政府秘书、国民政府重庆行营少将参议，《香港时报》总主笔。见《中华万姓谱》。《中国国民党百年人物全书》亦有载。

### 雷忠（1900—1938）

雷忠，字霆钧。湖南嘉禾人。北京大学肄业，陆军军官学校第六期毕业。1937 年任军事委员会第一支队少将司令，参与上海保卫战，在浦东一带担任游击任务，并发动群众抗日，鏖战数十次，策应主力部队作战。1938 年调皖北少将军事联络委员，兼游击副总指挥。同年 10 月与日寇激战于霍邱，中弹殉国。见 1994 年版《嘉禾县志》。《湖南名人志》有传。《中华万姓谱》《中国近现代人名大辞典》《黄埔军校将帅录》均有载。

### 雷渊博（1900—1929）

雷渊博，字时鸣，号濯清。湖南嘉禾人。1921 年秋进入省立三师简师科学习。1923 年夏毕业回乡，先后在添太塘和新田县东山岭等村任小学教员。他边教书边做社会调查，发现坦坪区团防局长谢镇湘（柱中）擅自提高猪牛税捐，他和刘沛率领群众进行斗争，取得了胜利。1926 年在县立女校任教，兼嘉禾文化书社购销员。在此期间，他还为农民夜校谱写《国耻纪念》《唤醒农民》等歌曲，并亲自教唱。1927 年初县农民协会成立，他被选为县农协执行委员。1929 年不幸遇难。见1994 年版《嘉禾县志》。

## 雷嗣尚（1905—1946）

雷嗣尚，字季尚。湖南嘉禾县普满乡定里村人。北京师范大学毕业后，在第二集团军总司令部先后担任秘书、宣传处长、秘书长。1929年 6 月，随冯玉祥赴太原，联络阎锡山共同反蒋。1930 年中原大战后，随冯玉祥上泰山读书。1933 年 5 月，任察哈尔抗日同盟军秘书长。同年 11 月，任北平市社会局局长。1938 年，武汉失陷前两个月，受何应钦、蒋介石的秘密委派，赴香港会同萧振瀛与日方代表和知鹰二谈判两国停战事宜。返回内地后，担任湖南省政府总参议。在重庆担任国民政府军事委员会顾问，主办青年文化书店，从事文化宣传工作。不久，只身潜返湖南，在衡阳创设南华实业公司，为抗战筹措经费。1944 年衡阳会战后，公司被夷为平地，他弃商从军。组织地方武装，挺身抗敌，被任命为湘南自卫区司令。后担任湖南省蓝山县县长，屡屡出击日寇获胜，终因体力不支病逝。见《西北军人物志》。《中国国民党百年人物全书》亦有载。

## 雷自修（1910—?）

雷自修，号秉诚。湖南嘉禾人。中央军校高教班毕业。曾任第二十三师营长、团长。1947 年任第十军第三师师长，同年 12 月在河南西平地区被俘。见《中国国民党百年人物全书》。

## 雷声远（1905—?）

雷声远，别字俊升。湖南零陵人。陆军大学特别班第五期毕业。1928 年 4 月考入南京中央陆军军官学校第六期第一总队步兵科步兵第三大队步兵第二中队学习，1929 年 5 月毕业。抗日战争全面爆发后，任陆军第五师（师长谢溥福）第十五旅步兵第二十九团第一营少校营长等职。1938 年 5 月奉命入中央军官训练团第一期第一中队受训，结业后返回原部队任职。1940 年 7 月入陆军大学特别班学习，1942 年年 7 月毕业。1945 年 4 月任陆军步兵上校。后任陆军第一六五师（师长李日基）司令部参谋长等职。见《陆军大学将帅录》。

## 雷发聋（1876—1909）

雷发聋，号竞蛮。清东安（今湖南东安）人。为人刚毅耿直，仗义勇为。在长沙读书时，有同学周某被仇家劫持，他只身营救脱难。同地区人陈某自东京回省，与南路公校一人相争，斗势甚急，其他人都望着束手无策，而他鼓勇当前，直挟出陈某于重围。因此，人多称他为雷猛。他也乐以猛自居，自号竞蛮。光绪二十八年（1902）至二十九年，他就读于武汉两湖书院，后被选派赴德国留学，启程刚到日本，不料因染病未能前往。光绪三十二年又至长沙求学。光绪三十四年冬，他支持家乡一些开明乡绅，募资六七千金，借花山庵子为校舍，创办民立两等小学堂。第二年春天，惨遭当地恶霸杀害，时年仅 33 岁。其弟雷竞群只身犯难救兄，被打成重伤，后咯血。事后，谭延、雷铸寰、鲁涤平等将他的事迹附记于"湖南大汉烈士祠"。1924 年东安县学界为他举行追悼大会。1926 年 3 月县人将其遗骨公葬于花山校后石山中，并在墓旁石头上刻"花山血迹"四个大字，以为纪念。为褒扬其办校功绩，曾将花山学校更名为"发聋学校"。见 1994 年版《东安县志》。《中华万姓谱》亦有载。

## 雷铸寰（1884—1941）

雷铸寰，字孟强。湖南东安县人。光绪三十二年（1906）毕业于湖南高等实业学堂。加入同盟会。辛亥革命后，供职湖南省都督府。后历任东安县保安会会长、嘉禾县县长、船山中学校长等职。创办廉溪中学（后改湖南第十三联合中学）、大麓中学。1926 年出任湖南大学首任校长。1932 年任中央教育专门委员，抗战初期任第九战区党政委员。见 1995 年版《东安县志》。《湖南名人志》有传。《中国国民党百年人物全书》亦有载。

## 雷攻（1903—1952）

雷攻，别字志。湖南东安人。黄埔军校第五期步科毕业，中央训练团党政班第六期、中央警官学校研究班毕业。历任国民革命军总司令部警备队排长，陆军野战团排、连、营、团长。抗日战争爆发后，任第五军第四十九师上校团长、少将副师长，1949 年 8 月参加长沙起义。见《黄埔军校将帅录》。《中国国民党百年人物全书》亦有载。

## 雷运枢

雷运枢，字仲璇，号寅坡。清末湖南蓝山人。体羸癯，十岁始受读，十三能属文，十七补博士弟子员。雷飞鹏以修诸事过蓝山，见而异之，携学于湘潭、宜章训导署。治春秋公羊，旋补廪膳员。宣统己酉（1909），考取拔贡生。庚戌（1910）朝考二等。以直隶州州判，就省广东。初充高雷阳道署文案。辛亥回湘，尝职矿于香花岭。转署大庸、桑植诸县。戊午（1918）出山海关，寻雷飞鹏于吉林，荐为吉林省长署掾。旋南归，庚申（1920）署慈利县，辛酉（1921）钟才宏长湖南财政厅，委运枢为秘书。壬戌署宁远县。甲子（1924）充湘南善后督办署军法官，以防务回蓝山乡里。会县长谭俊霄遁，县人士上书得请，即以运枢为县长，于是运书盖五为县官矣。大庸、桑植、慈利，皆时会抢攘，不久去位，其宰宁远。土匪蜂起，运枢以书生率民兵诛治之，竟用又安。去之日，民人上颂曰："容保无疆。"送饯者络绎属涂，蓝山县长谭俊之出走也，以李子青保安军队之骚扰也。俊走而人民愈以恐惧，运枢居间，虚与委蛇。既徇众请，以县人主县事，朝夕告劳，不敢宁居。尝偕游击队长朱树欣清乡至洪观墟，被匪袭而几濒于危。或曰，李保安军队衔之，勾结土匪围墟也。然运枢、树欣俱幸而脱。乃摘取李部肆害蓝山数端上闻。省政府以周斓来，解散保安队，蓝境始稍安。运枢罢县事家居，旋遭疾卒，年才四十七。见《民国蓝山县图志·贤达列传上》。

## 雷震潜（1879—1931）

雷震潜，字敬庵，一号鉴虚。清末湖南蓝山人。从雷飞鹏游，稍在运枢后。习尔雅，明故训，举茂才，充增广生。既而弃科举业。毕业于湖南公立法政，尝长蓝山中校，为县议会议员。民国初元，国民党兴，同志重其文学，挽入北京党部干事，就知县试。得售分发福建，初为延平府厘金局长，转盐田茶税局长。调闽侯地方检察厅检察官。亲老告归。会湖南行省宪，民国十二年（1923），起为永州地方检察厅厅长，居无何辞。以钟才宏荐入湘南督办署为秘书。十四年署攸县县长，十五年任雷家市厘金局长。调任武汉政治分会金库股股长。十七年充宝庆分金库经理兼宝庆厘金局长。十八年转长沙火车货捐局长。凡震潜在湘，为法宫县令各一，为征榷吏者三。皆遇兵戎旁午，征役纷纷，震潜一以平善处之。履险治剧，皆幸以安，境丰而守约，有足尚者。十九年以病回里，明年五月卒，年五十三。卒之前月，强病至塔寺，设斋厨召客，为飞鹏劝餐，盖师友之谊笃也。震潜为人谨厚，运枢用落拓不羁，二子皆蓝之秀者，著有诗集。见《民国蓝山县图志·贤达列传上》。

## 雷光焕

雷光焕，清桂阳州蓝山（今湖南蓝山）凤感乡雷家岭人。增生。谨言行，好施与，以诸生教授，不登修奉。尝曰："以财相贸，非所以教士也。"咸丰间，粤匪窜境，乡人避山谷，村室荡然。匪退，无以存活，光焕有窖谷数百石，集众议分食之。众曰："惠不自今日始，安有乘乱而争攫之者？"光焕曰："众困若此，独何能生？"卒开仓出谷分与之。子四：季子锡麟，国子生。谨愿好善有父风。见《民国蓝山县图志·义行列传》。

## 雷雨施

雷雨施，字济庵。清桂阳州蓝山（今湖南蓝山）夏陶坪人。年十九，入武庠，臂力过人。二十四岁投江华王德榜营，以功授五品蓝翎。光绪初，法兰西之战，阵亡于越南。见《民国蓝山县图志·忠烈列传》。

## 雷震清（1900—1984）

雷震清，字仲简，湖南蓝山龙溪乡福镇村人。小学教育家。1927年毕业于东南大学。历任杭州市教育局股长兼清波小学校长、南京市教育局小学股股长兼东南大学助教、上海工部局华人教育处督学、山东济宁专署科长。1938年起历任长沙明德中学校务主任、湖南衡阳中学校长、湖南省教育厅督学。1941年到江西泰和县文江村协助创办中国第一所公立幼稚师范学校——江西省立实验幼稚师范学校，任教导主任、专修科主任、代校长。1946 年任中央大学师范学院教育系副教授兼附属小学校长。1948 年赴美国考察小学教育和残疾儿童教育。1949 年南京解放后，调任南京师范学院副教授，并任该院第一届工会主席。1954 年加入民进。先后任民进南京市委第一至五届副主任委员、第二至六届南京市政协常委、第六届南京市政协副主席。著有《小学校长》《怎样办理小学》《教学视导之理论与实际》等。见《南京人物志》。1995 年版《蓝山县志》有传。

### 雷晋乾（1898—1927）

雷晋乾，字伯第，号醒顽。湖南祁阳人。先后就读县第一高等小学堂、省立第三师范学校。积极从事各种进步活动。1923 年因参加反对三师校长斗争被开除学籍，后在祁阳第一高小任教员。1927 年不幸遇难。见 1993 年版《祁阳县志》。《湖南名人志》亦有传。

### 雷霆（1904—?）

雷霆，原名陶成①，别字霆，别号拯民，后以字行。湖南祁阳人。陆军大学将官班乙级第四期毕业。之前，1926 年 1 月考入广州黄埔中央陆军军官学校第四期步兵科步兵大队学习，同年 10 月毕业。1945 年 4 月任陆军步兵上校。1947 年 11 月入陆军大学乙级将官班学习，1948 年 11 月毕业。见《陆军大学将帅录》。

### 雷再浩（? —1847）

雷再浩，清湖南新宁人。瑶族。湘桂边区瑶民起义首领。出身于农民家庭，曾参加道光十六年（1836）兰正樽领导的瑶山八洞起义。失败后，与广西全州庄塘村汉族李世德等在湘桂边区组织"棒棒会"。广泛招纳会众，铸造枪炮，伺机东山再起。道光二十七年九月，与李世德策划，准备从黄卜洞和庄塘村分头起兵夹击新宁县城，因攻城计划被泄，官军加强防范遂移师广西。夺取五排瑶山，以此为据点，发动群

---

① 《陆军大学将帅录》原注：据湖南省档案馆校编，湖南人民出版社《黄埔军校同学录》记载。

众，进行反清斗争，多次击缴来犯官军，杀千总刘春林、外委陈国熊等，附近瑶、苗、汉等族百姓纷纷响应。后遭湘桂两省兵围剿，李世德在战斗中牺牲。他率部移至梅溪口，于火把市与清军激战，击毙守备李廷扬、外委马瑞春等八十余人，夺取大量军需武器。旋回师新宁，重整旗鼓。官府深知单凭武力无法消灭义军，便利用地方团练从内部分化瓦解义军首领。后因李尚开等人反叛，于毛安中计被俘，遭杀害。见《中国民族史人物辞典》。《清史稿》《近现代中国少数民族英名录》《中国历代人名辞典》《中国人名大辞典·历史人物卷》《中国近现代人名大辞典》《中华万姓谱》《中华姓氏源流大辞典》《湖南省志》《广西通志》等均有载。

### 雷飙（1873—?）

雷飙，号时若。湖南宝庆人。湖南弁目学校毕业。1924 年 4 月派任广东大元帅府禁烟督办署总务厅厅长。1927 年 10 月 20 日，任军事委员会军政厅总务处处长，后任军政部参事。1929 年 4 月 29 日，升任军政部主任参事。1932 年 12 月 8 日，任军事参议院参议。1936 年 1 月 24 日，授中将衔。曾任国民政府军事委员会委员长行营驻蓉办事处主任。1949 年与岳森等约请程颂云、唐生智起义，和平解放湖南。见《中国国民党百年人物全书》。按《中华万姓谱》：雷飙（1866—1960），字时若，湖南邵阳人。历任广西陆军学堂监督、蔡锷讨袁军第一军梯团长、国民政府军委会第三厅厅长、军事参议院中将参议。参加湖南和平运动。

### 雷逸民（1898—1927）

雷逸民，又名毅安、逸安。湖南邵阳人。1919 年考入北京燕京大学，积极投入五四运动。毕业后，回家乡景文中学任教。后在华容县民政科供职。大革命时期，返回邵阳。1927 年 5 月不幸遇难。见《湖南名人志》。

### 雷瑜（1902—1930）

雷瑜，又名子平。女。湖南邵阳人。雷逸民之妹。在邵阳爱连女子学校读书时，五四运动的消息传到邵阳，她积极参加一切声援北京爱国学生的活动。1922 年因反对父亲给她包办的婚姻，离家出走到北京。在北京女子高等师范附设的补习学校学习英文。第二年秋，考入北京女子高等师范学校。1926 年在苏联莫斯科中山大学学习。1928 年回国在上海工作。1930 年不幸遇难。见《湖南名人志》。《中国近现代人名大辞典》《中华英烈辞典》《古今中外女名人辞典》均有载。

## 雷兴翰（1905—1989）

雷兴翰，湖南麻阳人。1930 年毕业于国立清华大学化学系。1938 年获美国威斯康星大学药学院博士学位。1939 年回国。曾任国立药学专科学校、国立重庆大学教授。新中国成立后，历任华东人民制药公司化学制药一厂厂长兼总工程师，上海医药工业研究院副院长、名誉院长。是第三、第五届全国人大代表。曾领导和组织研制出一系列驱钩虫、丝虫和防治疟疾的药物。1961 年研制成功世界上第一个口服非锑抗血吸虫病药物呋喃丙胺，同年，获国家发明奖一等奖。著有《药物化学进展》《有机化学》等。见《民国人物大辞典》。1994 年版《麻阳县志》有传。

## 雷震春（1865—1953）

雷震春，字连声，号远琴。湖南永顺县芙蓉镇（王村镇）三拱桥人。另说，雷震春，字朝彦，安徽宿县（一说庐州、合肥）人。按 2017 年版《永顺县志》："光绪初年在王村张远华丝烟铺当学徒，因私拿二十四个小铜钱被老板发现，遭辱骂和毒打，于是外出逃往安徽宿州，被一同族长辈收养。光绪六年（1880）投军入伍东三省直隶总督李鸿章部队，光绪八年七月平叛朝鲜哗变有功。光绪十二年考进北洋武备学堂，毕业后调小站练兵（长城地带），初当棚长。光绪十八年任天津北洋武备学堂学长，光绪二十年调赴朝鲜，任新军教司。光绪二十一年随袁世凯编练新建陆军，任步兵右翼第三营后队领官，为袁世凯所倚重，后调任直隶陆军第一混成团团长，驻陕西潼关。光绪二十六年调北京新华宫，任慈禧太后身边钦差侍卫，宣统元年（1909）任江北提督。民国二年（1913）任河南护军使兼河南护军统领、陆军第七师师长，驻河南郑州地带，民国三年，在北京任袁世凯的军政执法处处长，后调福建兼长江上游军事巡阅使等职。民国四年被袁世凯授予将军府震威将军。民国五年八月一日，中华民国国会复会，参众两院召开第二次国会常会。民国成立五周年庆典前夕，即是年十月九日，大总统黎元洪举行授勋仪式，被授予文虎章。1917年7月参与张勋复辟，任陆军部尚书。1919年隐居天津。1924年定居王村镇杨家坪雷家四合院，后因房屋失火烧毁，于1931年迁居列夕，1953年病故。"按《宿县文史资料·雷震春琐闻》："雷震春，字朝燕，原名雷逢春。祖籍广东省人，后迁宿县城居住，人称'雷大帅'。父亲在广东海上经商，因误伤人命被充军来安徽省宿县濉溪镇（现濉溪县），仍以经商为生。因去山西太原讨债不幸身亡，震春随母来宿县城随大爷生活。后在淮军当兵，为哨长。淮军奉调北京受训，他进入天津北洋陆军武备学堂学习。毕业后为江北提督，陆军第七镇统制。1912年任河南护军使。1913年宋教仁被袁世凯派人暗杀，他通电指责国民党人。同年任第七师师长。1914年任京畿军政执法处处长。次年任将军府震威将军积极参与袁世凯复辟帝制。1917年各省督军反黎元洪而设军务参谋处于天津，他出任总参谋，策划成立临时政府。不久因参与张勋复辟被捕，判处无期徒刑，次年被北洋政府宣布开释。"《清史稿》《大清宣统政纪》《保定军校将帅录》《中国人名大辞典·历史人物卷》《中国历代人名辞典》《中国近现代人名大辞典》《中华万姓谱》等均有载。

## 雷成五 （1882—1939）

雷成五，名懋功。湖南永顺塔卧乡人。土家族。其祖父雷万盛清末经商而富甲全县。民国初年，雷成五继承祖业，在永顺县城内经营"三益样"商号。曾任县商会会长、县议会议长、红十字会会长等职务。1901年捐田四十担，修建大庸仙槎河义渡，后又为首修建三拱桥，使地方交通畅达。民国初年，他在家里开办一所私塾，聘请塾师教授族中子弟。在任县议会议长时，倡议在全县办新学，1920年他在家乡创办永顺县第四区第一国民学校，亲任校长，先后以雷氏宗祠和他自己的房屋为校舍，学校经费不足，由他私人捐助，学生免收学费，使当地民众子弟得以就近入学。1923年县人张文琴主编的《永顺县志》稿成，因县财政绌，无力付印，将底本保存在雷成五家。1930年雷成五慷慨预垫稻谷1000担，使志稿得以送长沙付印。雷生九男五女，管教甚严，其子女多有成就，见1995年版《永顺县志》。

## 雷钰堂（1906—1998）

雷钰堂，祖籍广东香山县环城（今中山市南区）渡头村。出生于加拿大卑诗省温哥华，加拿大华人富豪。1896年父亲雷学溢从香山移民到加拿大经商。1903年父亲在温哥华唐人街开设一家小商店，名为华栈公司；1915年公司改名雷氏公司，扩大营业，向温哥华东区的中国移民供应日用品，从多伦多运来的烟草和芝麻最受顾客欢迎，将芝麻介绍给卑诗省的饮食界和饼食业，广为使用。1938年雷钰堂继承其父身后家业，进军批发市场，把散装货品以大捆包装的形式销售，以减价吸引顾客，业务蒸蒸日上。1955年买下IGA连锁超级市场，大力扩张该市场在省内营业网，将分店速增至40家，遍布域多利海东西两岸。1977年在温哥华收购10间伦敦药房，后扩大到45间，遍及卑诗省及阿尔伯达省内多个城市。1985年获Variety会颁发金心奖，1988年获太平洋区域最佳零售企业奖，随后任加拿大皇家银行董事，获授予金笔爵士。1989年获卑诗大学颁赠名誉法律博士名衔。1995年财富超2亿美元，名列《福布斯》杂志世界华人富豪榜。乐善好施，捐资给家乡学校等公益事业。见2012年版《中山市志（1997—2005）》。《中山市人物志》有传。

## 雷佩芝（1909—?）

雷佩芝，女。广东新会人。适摄影家郎静山。曾游于马公愚之门，工书善画，所绘人物，笔力遒劲。民国三十六年（1947）于女子书画会中展出之孔子像，识者誉为有金石气息。《民国书画家汇传》。见《中国美术家人名辞典》（补遗一编）。《中国美术家大辞典》亦有载。

## 雷鸿堑

雷鸿堑，别号有云。广东台山人。国立北平大学毕业。曾任北平特别市政府秘书、北平大中公学教务主任、北平民国大学讲师、北平《民

378

国日报》总编辑、浙江瑞安县代理县长、中央陆军军官学校中校政治教官、广州市政府协助地方自治委员会秘书等职。1932年4月任广东省教育厅科长。1946年6月任广州市政府委员兼秘书长。1947年7月兼、1948年9月25日任广州市民政局局长。见《中国国民党百年人物全书》。

### 雷砺琼

雷砺琼，字丽琼。女。广东台山人。毕业于岭南大学教育系。任广东女界联合会理事兼秘书长、广州市参议员、行宪"国民大会"代表。见《中华万姓谱》。《中国国民党百年人物全书》亦有载。

### 雷炳林（1880—1968）

雷炳林，广东新宁（今台山）人。1905年毕业于美国费城纺织染专科学校。回国后，曾任广州工艺学校、私立南通学院教师，上海永安纺织公司第三纺织厂总工程师。1956年起任中国纺织工程学会副理事长。曾试验成功精纺大牵伸及粗纱导纱双孔喇叭装置（简称雷氏大牵伸），并得到推广应用。见《民国人物大辞典》。

### 雷通群（1888—?）

雷通群，字振夫。广东台山人。早岁赴日本留学，入东京高等师范学校。毕业后赴美国，入斯坦福大学，获教育硕士学位。回国后，历任中国教育会会员、北京政府教育部视学兼编审、北京法政专门学校教员、国立音乐院文学讲师、北京《益世报》主编、美国《金山时报》主编、国立中山大学教育系教授、国立广州大学教育系教授兼主任、广州市教育局视学。译著有《教育社会学》《西洋教育通史》《新兴的世界教育思想》《现代新教育彻览》《群集社会学》《经济学说史》《新教育的基本原理》《中国新乡村教育》《奔纳氏返老还童运动法》《言语学大纲》《冈田式静坐心理》等。见《民国人物大辞典》。

### 雷浪六（1902—?）

雷浪六，广东台山人。日本国立东京大学毕业。工画，兼擅西画，精篆刻。所作山水、花鸟，简朴豪迈，意近白阳、八大之间。曾任武昌美专、上海艺术大学、广州市立美专教席。《民国书画家汇传》。见《中国美术家人名辞典》（补遗一编）。《中国美术家大辞典》亦有载。

### 雷洁琼（1905—2011）

雷洁琼，女。广东新宁（今台山）人。1924 年赴美国留学，1931年获南加州大学硕士学位。当年回国后，先后在燕京大学、东吴大学、北京大学等校任教。中华人民共和国成立后，曾任中国人民政治协商会议第六届全国委员会副主席，第七届、八届全国人民代表大会常务委员会副委员长，中国民主促进会第七届、八届、九届中央委员会主席，第十届、十一届名誉主席。见人民网、中国政协网。《民国人物大辞典》亦有载。

### 雷石榆（1911—1996）

雷石榆，广东台山人。诗人。早年留学日本中央大学，其间开始诗歌创作活动，编辑《诗歌生活》等刊物。1936 年回国后，参与创办《中国诗坛》，后主编《西南文艺》。20 世纪 40 年代曾在台湾、香港等地大学执教。中华人民共和国成立后历任天津大学、河北大学教授。主要作品有诗集《沙漠之歌》《国际纵队》《新生的中国》《小蛮牛》等，以及短篇小说集《惨别》《婚变》等。见《中国文学大辞典》。《民国人物大辞典》亦有载。

### 雷亚东（1909—1927）

雷亚东，女。广东曲江人。1926 年投身于欧日章领导的农民运动，积极开展减租减息斗争。1927 年 12 月参加西水农民武装暴动，为农民自卫军烧茶做饭。在一次战斗中不幸被炮弹击中，身上几处负伤，鲜血直流，但她仍然坚持战斗在第一线，一直坚持了七天七夜。但因伤势太重、流血过多而医治无效，光荣牺牲。见 1999 年版《曲江县志》。

### 雷次淮（约 1866—1940）

雷次淮，名庆河。广东广宁莲花村人。按黄耀棠《雷次淮先生传》："先生雷姓，庆河名，次淮字。清诸生也。初精举子业，未博一第。旋纳粟入官，又复不遇，乃翻然悟功名非专事科第必须爵禄而后可成。盖泽及生民曰功，死而不朽曰名，贵乎自立耳！唯时当清季，政治窳败，学术颓坏，内匪充斥，外族侵凌之际，先生恻然忧之。自光绪甲辰会匪围攻广宁县城，乱事削平后，默察世局，非办团无以弭盗，非淑学无以育才。由是创设元恺公所，筹建元恺学校，士气为之腾奋，风俗为之丕振。未几广东省咨议局成立，先生出任议员，因愤各县差役横暴，扰害闾阎，提议裁差改警，革除积弊，全体赞同，尤为时论所推许。迄民国肇造，海内喁喁望治，先生为万流仰镜，一再被选为县议会议长，复当选为民选县长。凡百兴革，利国福民，是先生之功名，卓然自立，且可垂于后世，先生年逾古稀，犹矍铄丰盈，诲人不倦，日饮酒赋诗，徜徉于山水间，怡然有以自乐。而轸怀国难，忧愤形于辞色，偶与纵谈世事，辄目眦欲裂，誓不与夷虏同天！闾何遘疾，遂以中华民国二十九年四月三日卒。"见《雷公次淮纪念册》。

## 雷在汉（1872—1952）

雷在汉，原名沛洋，易名在汉，号鲲池。广西邕宁（今南宁市）人。原为仕宦之家，因父早丧而辍学从商。清光绪三十二年（1906）加入同盟会，并被派为南宁支部长，先后发展会员数十人。1912年任镇安府（今德保、靖西一带）府长，天保县知事。1921年4月任孙中山总统府秘书和广西左江招讨使。1926年任第五军政治部秘书，次年因病在广州疗养。新桂系统治广西时期，退出政坛，参加西园诗社和天宁诗社，赋诗自娱，并参加同仁、华云、仁爱、保爱善堂和普济留医院等的社会慈善事业。中华人民共和国成立后，为广西省第一届各界人民代表会议特邀代表，先后被选为中国人民政治协商会议广西省委员会委员和南宁市人民政府委员会委员。著有《纯剑诗集》。雷在汉有子三人，长子荣甲曾任广西教育会会长，次子荣珂解放后曾任南宁市副市长，幼子荣璞（经天）解放后曾任广西省人民政府副主席。见《南宁市郊区志》。《中国国民党百年人物全书》亦有载。2012年第10期《文史春秋》刊登专题《百年雷家三英豪——记革命家雷在汉、雷沛涛、雷经天》。

## 雷殷 （1887—1972）

雷殷，字渭南。广西邕宁（今南宁市）人。日本法政大学毕业。历任国民政府内政部常务次长、国民党中央监察委员、国民党最高国防委员会委员、立法院立法委员、立法院海事委员会委员。1949 年随立法院去台湾，1972 年在台湾去世。见《中华万姓谱》。《中国国民党百年人物全书》亦有载。

## 雷沛鸿 （1888—1967）

雷沛鸿，字宾南，乳名寿增。广西邕宁（今南宁市）人。1907 年加入中国同盟会。曾参加广州新军起义和黄花岗起义。1913 年后留学英国和美国，获博士学位。回国后，任广西省教育厅长，暨南大学、上海法政大学、中央大学等校教授和广西大学校长。1944 年创办广西西江学院，任院长。历任广西壮族自治区政协副主席、自治区侨联主席等职。著作有《国民基础教育论丛》等。见《中国近现代人名大辞典》。《中国国民党百年人物全书》亦有载。《中华万姓谱》雷"沛"鸿，误作雷"谥"鸿。

## 雷祝平 （1889—1970）

雷祝平，原名雷炳升，曾用名雷炎。广西南宁津头村人。大革命时期到广州求学，后回南宁。1927 年 8 月被逮捕，1928 年 7 月获保释。1929 年夏秋，他被派到广西教导总队任第七连连长，后调任广西警备第四大队第三营营长。同年 12 月 11 日，参加百色起义，任红七军第一纵队第三营营长。参加了隆安、黔桂边游击和收复右江沿岸的多次作战。1930 年 11 月红七军主力北上江西后，他奉命坚持右江苏区斗争。根据地丧失后，他转移隐蔽，与党组织脱离了组织关系。解放后，他在柳州木材厂工作。见《南宁市郊区志》。

## 雷天壮 （1894—1927）

雷天壮，字铁虹。广西宣化（今南宁市）人。父雷树诚为同盟会员。早年就读于南宁府中学堂预科班，1915 年被保送到北京高等师范学堂攻读自然科学。参加了五四运动。1919年秋毕业后，先后到东北及日本考察。1922年任广西省立第一中学、贵县中学教师和百色中学校长。1924年底调回南宁，任省长公署教育科科长，负责全省教育工作。次年任南宁《民国日报》编辑、总编辑以及《岭表日报》总编辑。经常以"铁虹"的笔名在这两家报纸及《革命之花》等刊物上发表文章。被选为国民党广西省党部执行委员兼秘书长，并兼任省一中代校长。1927年被捕入狱惨遭杀害。见《南宁市郊区志》。《广西通志·人物志》有传。

## 雷飙（1894—?）

雷飙，别号醒南。广西南宁（一说邕宁）人。陆军大学乙级将官班第一期毕业。广西陆军小学堂、北京清河陆军第一预备学校、保定陆军军官学校第三期步兵科毕业。辛亥革命爆发后，参与同盟会组织的起义军事活动。1916年8月保定军校毕业。1927年10月任军事委员会军政厅总务处处长、军政部参事，1929年4月任国民政府军政部（部长何应钦）主任参事等职。1932年12月任军事委员会军事参议院参议。1936年1月31日任陆军少将。1938年12月保送陆军大学将官班学习，1940年2月毕业。1943年1月任广西省第七区行政督察专员，兼任该区保安司令部司令等职，抗日战争胜利后免职。1947年1月7日任陆军中将，同时退为备役，1948年2月被国民政府内政部禁烟委员会派任赴滇黔特派员等职。著有《蔡松坡先生事略》。见《陆军大学将帅录》。《保定军校将帅录》《中国国民党百年人物全书》均有载。

## 雷沛涛（1897—1927）

雷沛涛，广西南宁人。1914年毕业于南宁府立中学堂。1919年在湖南雅礼大学毕业后回南宁，在广西省立第一中学任教。五四运动期间，积极带领学生开展反对封建旧礼教及旧文化等进步活动。1922年应陈勉恕之邀赴贵县中学执教。同年广西发生自治军之乱，他到广州参加改造广西同志会，并在广州工业专科学校任教。1925年1月当选为国民党广西省党部监察委员。上海"五卅惨案"发生，各地举行大罢工，同时开展声势浩大的抵制日英仇货运动。1926年梧州为仇货输入广西的主要港口，不法资本家勾结梧州警备司令王应榆逮捕并杀害工人三名，他以省党部监察委员身份，到梧州调查，秉公处理，省当局不得不撤去王应榆的职务，厚恤死难者的家属。1927 年 4 月被投入监狱惨遭杀害。见《南宁市郊区志》。2012 年第 10 期《文史春秋》刊登专题《百年雷家三英豪——记革命家雷在汉、雷沛涛、雷经天》。

## 雷荣珂（1898—1974）

雷荣珂，又名田凡、雷迅。广西南宁人。1929 年日本京都帝国大学法学部政治科毕业。同年回广西后，任广西省立第一中学校长、广西省立南宁高级中学校长、浙江大学教授、中山大学教授兼政治系主任、广西军官学校教授。1946 年参加中国致公党。1947 年当选致公党第三届中央常委兼宣传部长。1949 年参加筹备并出席中国人民政治协商会议第一届全体会议。解放后，历任广西省人民政府委员、南宁市副市长、广西水利电力厅副厅长、中国致公党中央常委、全国人大代表。见《南宁市郊区志》。

## 雷经天（1903—1959）

雷经天，名荣璞，字季鲲，号经天。广西南宁人。南宁省立第一中学、厦门大学、上海大夏大学毕业。曾任南宁市学联主席。1925 年任黄埔军校宣传科科长。1926 年任国民革命军第六军政治部宣传科科长。1927 年任第十一军二十四师六十四团党代表，参加南昌起义南下途中任第二十四师党代表。同年 10 月到香港，11 月返回广州组织工人纠察队，12 月参加广州起义。1928 年 2 月到南宁，任中共广西特委常委。1929 年曾代理中共广西省委书记，并任省农协主任，同年 9 月任中共右江特委书记，12 月组织领导右江（百色）起义，任右江苏维埃政府主席。1930 年 10 月随军转赴江西苏区。1934 年 10 月随一方面军长征。次年 10 月到陕北，任陕北苏维埃中央政府粮食部科长。抗日战争全面爆发后，任陕甘宁边区高等法院庭长，后任代理院长、院长。曾被授予边区特等劳动模范工作者称号。1945 年 4 月列席中共七大。后被任命为八路军南下第三支队政委。1946 年初任中共晋察冀中央局秘书长、华东野战军（后改为第三野战军）两广纵队政委，率部参加济南、淮海战役。中华人民共和国成立后，任广西省人民政府副主席，最高人民法院中南分院院长。1956年任上海华东政法学院院长。后任上海社会科学院院长。著有《回忆百色起义》《雷经天自传》等。见《南宁市郊区志》。《中国近现代人名大辞典》《黄埔军校将帅录》均有载。2012年第10期《文史春秋》刊登专题《百年雷家三英豪——记革命家雷在汉、雷沛涛、雷经天》。

## 雷务衡（1910—?）

雷务衡，广西邕宁人。陆军大学参谋班西南班第六期毕业。之前，1937年12月考入南京中央陆军军官学校第十四期第一总队步兵科步兵第一队学习，1938年11月毕业。1941年3月考入陆军大学参谋班西南班第六期学习，1942年3月毕业。见《陆军大学将帅录》。

## 雷文兴（1910—1987）

雷文兴，又名条客。广西三江八江镇马胖村人，侗族，初小文化。雷文兴出身贫苦家庭，早年丧父，从少年时代起就肩负起了家庭的重担，过早的生活重担使他养成了勤劳俭朴的作风。他善于思考，尤好学艺。还在少年时，就常学着用麻秆、芦笛秆和芭芒秆等东西做材料，模仿木匠师傅制作房屋、桥梁、鼓楼、水车等模型和玩具。而且有所创新，经常制作一些新鲜花样，这为其后来成为一位远近闻名的木匠打下了基础。1944年重建马胖鼓楼时，应马胖村父老们的邀请，承担了马胖鼓楼的设计和建造工程。这是雷文兴开始建造的第一座鼓楼，而这座鼓楼竟以其精湛的工艺和雄姿著称于世，中华人民共和国成立后，被广西壮族自治区人民政府列为全区重点文物保护单位。从1953年起，他先后在马胖、上牙、岑牛、水团、茶溪、合华、归油以及湖南的黄土等地修建鼓楼七座、风雨桥三座。见《三江侗族自治县志》。《中国少数民族姓氏》亦有载。《文化月刊》2020年05期刊登的蒋凌霞《侗族木构建筑营造技艺历史名匠传承谱系研究》专题文章也有记述。

## 雷树蕃（1904—1966）

雷树蕃，广西融水大南街人。初中毕业后到广州法国教会学校"圣心书院"就读，1921年粤桂战争爆发，辍学回融。1924年考取广州南武高中，在校时开始接触唯物史观。1928年考取上海国立暨南大学法学院经济系本科，毕业后，先后任上林县中学、龙茗县中学教师，龙茗县府秘书、融县教育科长、融县县立初级中学校长、融县田赋粮食管理处副处长、广西省府咨议、广西省府设计考核委员会专员、宜山专署教育督导员等职。1936年在融县参加国民党，曾担任县党部监察委员、中学区分部委员。1950年2月他再次出任融县中学校长，8月被选为融县剿匪护秋委员会委员。1952年后为县人民代表会第一、二届委员。1956年县政治协商会成立后，为第一、二届常务委员。1964年调北京第二外语学院任教。1966年病逝于北京。见1998年版《融水县志》。

## 雷振南（1899—1984）

雷振南，广西龙胜平等乡麻龙屯人。祖籍湖南湘乡。1917年毕业于高级小学，旋返原籍杨家湾彭厚生主办的"中医学习馆"学习，次年转入富田桥陈梅林医馆深造，并投师当地名中医周贤清。1930年夏，归龙胜石村开中药店，潜心中医事业。中华人民共和国成立后，至瓢里街开设"养性药室"。1956年至县人民医院中医科工作。擅长中医内科、妇科、针灸，编写有《针灸孔穴分类》上下册，1959年3月，成立县中医研究所，被推为成员之一，先后参加采集药物标本530余种，并编就《龙胜县药用植物志》，第一集付印；收集各种验方、秘方3358条整理成《龙胜县中医药验方、秘方汇编》，分第一集第二集付印，全书收集整理1644条。历任县人大代表、县政府委员、县政协委员。多次荣获先进工作者称号。见1992年版《龙胜县志》。

## 雷震（1904—1983）

雷震，字叔鸣。广西龙胜平等乡广南城人。幼时读了几个月私塾，在家帮父亲算账。12岁始读初小，16岁入县高小，19岁考入桂林桂山中学。在校学习成绩优异，被聘为桂林《国民日报》特约撰述员。1927年夏，广西省政府招考保送北京师范大学公费生，他应考被录取，赴北京师范大学就读六年（预科二年、本科四年）。广西省政府每月给予津贴7元，因不敷生活和学习费用开支，他便为北京报刊撰稿，并在北京市一中兼课，以弥补津贴之不足。1933 年秋，于北师大毕业，到其妻故里河南信阳师范执教，授地理课。1935 年广西教育厅长雷沛鸿电促其回桂。7 月即抵邕，任教育厅视察员。1937 年 2 月他调任桂林女中校长。1942 年改任桂林中学校长。他治学严谨，对师生均宽严相济，鼓励上进、钻研。学生学科成绩优异，升学率较高。1944 年 9 月日军迫近桂林，桂林紧急疏散。他携妻儿及数名职工回故里广南城避难。在庖田设办事处，处理有关桂中事务并在庖田办补习班，招收数十名青年，亲自讲课。1945 年 8 月日本投降，他即赴桂。1946 年夏，任桂林师范学院副教授，讲授中国上古史、中国通史、史学通论等课程。1950 年 3 月他在桂林逸仙中学任教。1957 年反右运动中被划为"右派分子"，1958 年被清除离校。"文化大革命"后得到平反恢复公职。1979 年以后，为桂林市文管会校点了《桂林石刻》稿三卷近百万字，还整理一些文史资料及撰写几篇文章刊载于桂林报刊。他还计划将《桂故重钞》《广西天灾人祸录》编著完成，终因年迈体弱，力不从心而搁下。他已出版的著作有：《西洋史学进化概论》（1932 年北京出版）；《世界地理》（1984 年北京出版）；《中国上古史讲义》《中国通史讲义》《史学通论讲义》（广西师大将此三册讲义油印作教材）。见 1992 年版《龙胜县志》。

## 雷玲（1922—1974）

雷玲，女。广西龙胜乐江光明村人，出生于行医家庭。1932—1936 年就读于本地一小学校，1936 年入县城短师班学习。1937 年 5 月考上香山慈幼院桂林分院，1939 年以优异成绩毕业回龙胜工作。先后在县内泗水中心校、大同中心校任教师。其间，在县妇女会兼任组织和宣传工作，积极参加抗日救亡活动，成为县境内妇女运动先行者。同时，加入进步青年雷鼎、周大治等组织的"读书会"，成为读书会主要成员之一。1941 年 8 月受母校老师邀请，雷玲赴柳州香山慈小任教。1946 年下半年至 1947 年上半年，往贺县八步芳林私立临江中学任教导处干事。当时临江中学革命气氛较为活跃，一部分进步教师结合教学，积极向学生宣传进步思想，因而为当局所不容。在八步专员公署出动军警到校抓人前夕，她与丈夫携带小孩离开八步，于 1947 年 7 月下旬回到故乡光明村。积极参加和组织"小江暴动",为筹集活动经费,她变卖长期珍存的一副嫁妆。暴动失败后,她偕丈夫几经周折远赴香港。1948年6月从香港返溯南省新化任小学教师。1951年调广西钟山县工作。1952年加入中国共产党。1955年调任平乐专署办公室副主任。1957年在"反右"中受诬陷,被开除党籍。1979年中共梧州地委为她平反昭雪。见1992年版《龙胜县志》。

## 雷功掌

雷功掌,清宜山(今广西宜州)人。按《广西通志辑要》:"雷功掌,宜山匪首,咸丰七年(1857)九月十七日,由怀远德胜镇窜入思恩县。知县钱恩福出防他,匪功掌悉众入城中,杀幕友赵云亭、刘世芳,据城七日,由德胜窜回,掳去村民,备极酷虐。"《大成国起义与太平天国革命关系考析》:大成国起义是十九世纪中期继太平天国金田起义后在南方爆发的规模空前的天地会反清武装大起义,作为近代中国第一次革命高潮的重要组成部分,它与处于中心地位的太平天国革命并驾齐驱、相互辉映,在我国农民革命斗争史上写下了悲壮而绚丽的篇章。本文刊登于《广西民族大学学报》(哲学社会科学版),1996年03期。雷功掌疑为大成国起义军地方首领。

## 雷永铨 (1897—1932)

雷永铨,原广东琼海(现海南琼海)人。1924年毕业于广州甲种工程专业学校。1925年返琼,任嘉积农工职业学校校长。1927年赴星洲坡发动华侨募捐,筹款购买各种物资支援革命。1932年4月在"肃反"中被错杀。见1995年版《琼海县志》。

## 雷龙 (1904—1932)

雷龙,讳翼龙,字腾飞,四川璧山人也。生于民国纪元前八年,天性聪敏,好读书,善交游;志气远大,品性坚刚,做事不畏坚难劳苦。初入璧山小学肄业,继入重庆中学,毕业后,留学北平大学,精研经史,及各种科学政治等书,又好读古今人书籍,不数年,才冠于群!他见国事日非,常语人曰:"吾辈青年,不能坐视我国大好河山,任人宰割，弱小民族，任人蹂躏！当此国步艰难，正吾人努力之时矣！"业时值孙总理创办黄埔军校，他毅然南下，投考黄埔第四期步兵科肄业，民国十五年（1926），学业告成，在南昌分发第二十二师工作。后又调至陆军第一二师工作，历任排长、连长等职。自一月二十八日暴日侵我沪滨，屠我同胞，我师奉命调沪抗日，他闻之，欣然喜曰："是正吾辈雪耻报国之时，决与暴日作殊死战！"业初在江湾激战旬余，后又奉命调至竹园墩，金家木桥军处，担任重要任务。日寇以大军包围，他率能以一当十，击退日军！旋复调至金家木桥。日寇来势汹涌，火力极猛，他竟中弹身亡！呜呼！见《步兵五二三团三连上尉连长雷龙传略》。

## 雷迅（1884—1911）

雷迅，初名国栋，后易名迅。四川开县（今属重庆）人。曾就学于夔府中学。后受《革命军》一书影响，与彭丕昕在夔府谋发难，事泄出走日本。与彭丕昕、张百祥等建立共进会。嗣与熊克武、余英等运军械入四川，约敢死者多人赴重庆谋大举。事泄被捕，复潜走日本。1911 年 6 月 1 日，病逝于东京，年仅 27 岁。见《民国人物大辞典》。

## 雷履平（1911—1984）

雷履平，笔名平子、郁可。四川成都人。蒙古族。民盟成员。1942年毕业于华西大学中文系。历任成华大学中文系讲师、四川省师范学院中国古典文学研究室副教授。中国作协四川分会常务理事，四川省人大常委。1951 年开始发表作品。1980 年加入中国作家协会。著有评论《苏轼的生平、思想和艺术成就》《苏轼的词》《黄吉安的〈春陵台〉》《元好问〈论诗绝句选笺〉》《诗的含蓄美》《爱国诗人宇文虚中》《谈豪放》《李清照》《读毛主席〈贺新郎咏史〉的体会》《读周总理青年时期的旧体诗》《李贺诗的意境》《苏轼诗的风格》《〈情探〉的思想和艺术》《杜甫的咏物诗》，论著《中国历代文选》（合作）等。见《成都市志·民族志》。罗焕章《雷履平先生事略》：雷履平，名保泰，字履园。四川成都人。蒙古扎萨克族。其先世于清康熙六年（1667）入四川成都定居，遂为成都人。本姓勒克勒，音译为雷。父雷文富，举人。曾任骑校尉、八旗蒙古佐领。母石忠纯，亦蒙古族，有文化。雷履平少聪颖，笃志好学，母氏授以《四子书》。1934 年家庭破落，斥卖房屋，艰难地读完成都县立中学初、高中。1937 年考入四川大学中文系，兼职在中学改作文，又在平民夜校任教。1939 年转学华西大学中文系，同时在少城、三英、成县中教中、小学。好学笃行，出自天性。对唐颜师古《国谬正俗》作精心的校勘和翔实的注释。1942 年在华西大学中文系，其毕业论文《国谬正俗疏证》受到 1945 年当时教育部嘉奖。1943 年在华西大学国学研究所任助理研究员。同时在南熏、天府、成县中任教。1947 年在成华大学中文系任讲师。1950 年任教于华阳县中、华英女中。1952 年华阳县中改为成都三中，遂专教此校。1956 年被评为成都市优秀教师。当年秋调到四川师范学院中文系任教。1957 年三月加入中国民主同盟。同年作为中央少数民族参观团副团长，赴北京参观访问。六十年代初他任古典文学教研组副组长，全心全意与当时管理系、组任务的屈守元、王文才两先生合作，古文组被评为省先进集体。本文刊登于《成都大学学报》（社科版），1988 年第 2 期。

## 雷瑞生（1890—1979）

雷瑞生，名永发，字瑞生。四川省蓬安县人。读过 6 年私塾。1904 年随父雷正儒学医，1909 年随叔父雷正和到汉中一带行医。1914 年来陕西宁陕柴家关种党参，1917 年修房置业定居。1924 年于柴家关开设"永丰恒"中药铺。1956 年公私合营后到蒲河卫生院任骨伤科医生。这位闻名遐迩的骨伤科医生，以"雷水师"誉享宁陕、石泉、佛坪等县。一次他背运药材出山，行至田峪河，见到一位背枋的脚夫被枋板砸了脊椎骨，疼痛呻吟不止，他摸了摸伤者的患处，认定是脊椎脱位，只要复位就可以恢复行动。便让伙伴找来木板一块，让患者伏在板上，他看准方位后用脚一踏，脊椎复位了，患者经过几天休养又背枋去了。雷医生治疗骨伤病人时，常以一口水喷于患处，再用点穴麻醉或药物麻醉，随即以娴熟轻柔的推拉进行按摩操作。他以治疗骨折脱臼、跌打损伤、枪弹刀伤、虫兽咬伤及痈肿疮疖为见长。又一次，江口郑绍先不幸被子弹穿进小腹，抬到柴家关。雷医生将自制的"拔弹膏"贴于伤口，三天后就将子弹头拔了出来。雷医生用"拔弹膏"为四亩地海棠园村民（现归油坊垇乡）俞福新从身上拔出猎枪弹子数颗。雷瑞生不仅医术精湛，他的"无论贫富，有求必医"的医德，更受人称赞。见 1992 年版《宁陕县志》。

## 雷宗泗

雷宗泗，清四川中江人。家富于财。嘉庆时教匪之乱，与司局务收发军饷，出入分明。阅三载军务既平，或诬控之，牵累甚久卒得直，虽耗费多金不以介意。家居仍救难济急，乐施不倦，县令王遐龄书"盛世良英"匾赐之。联语曰："有田有宅堪娱老，无虑无忧足永年。"尔时寿逾杖国，精神矍铄如少年。见《民国中江县志·行谊》。

## 雷天扬

雷天扬，清四川中江人。固原军门族子也，同治初发捻窜秦，回乘间起西陲绎骚。天扬从征所向克捷，馘渠酋讷。三歼贼无算，高陵、平凉、通渭诸府县以次复选膺多，忠勇左文襄荐拔，不数年擢都司。丁卯（1867）春，战没于关口子，朝旨给云骑尉，子青云嗣袭。次毕，再予恩骑尉世职。见《民国中江县志·忠义》。

## 雷正芳（1821—1840）

雷正芳，清四川中江人。南赣游击雷泽普之子。雷氏自泽普以武功起家，生四子，长即正芳，又其次即钦差大臣帮办军务固原提督名正绾，而出继者也。正芳白皙修伟便习弓马，道光庚子（1840）泽普以千总出宁波兵，正芳从行。时中外初失和，华人不习洋枪，正芳临阵英勇，不避矢石，裂脑死后竟不获其尸，招魂归葬焉。然自是雷氏之声烈，遂著于时，正芳死年甫二十。见《民国中江县志·忠义》。

## 雷正绾（1829—1897）

雷正绾，字伟堂，又作纬堂。清四川中江人。按《中国历代人名大辞典》："雷正绾，咸丰间由把总从军湖北，积功至游击。旋随多隆阿镇压太平军。同治间擢陕西提督，帮办军务，镇压陕甘回民起事。光绪间法越开战，受命率甘军驻守凤凰城后加太子少保、尚书衔。"《雷尚书纬堂墓志铭》："公姓雷讳正绾，纬堂其字也。四川中江县人。曾祖联龄，祖世学，生父国棠，江西南赣都司。父国鸿，封皆振武将军。曾祖妣何，祖妣罗，妣吕、蒋、张、邱，本生妣谭皆一品夫人。都阃公四子，公以第三子出继。公生道光己丑年（1829）四月十五日午时，卒于光绪丁酉年（1897）三月二十三日寅时，春秋六十有九。元配罗夫人，三台人，父元焘以公驰封建威将军。夫人蕴德懿明，言行端淑，光绪辛巳年又七月二十六日卯时终于固原任所。次年公命家属扶榇归殡四川中江水浸垭，待公吉穴以祔。距生道光戊子年（1828）二月初九日辰时，春秋五十有四。公薨之明年，孤发声等将葬公于华阳县属羊皮堰侧，并迁罗夫人枢合葬。"见《民国中江县志·文征四》。雷正绾《清史稿》卷四百三十、《四川省志·人物志》有传。《民国续修陕西通志稿》《光绪甘肃新通志·大吏传》《宣统新修固原直隶州志·官师志》《民国朔方道志·宦迹》亦有传。见《地方志人物传记资料丛刊·西北卷》第 1、13、19 册。《重纂秦州直隶州新志》《中国近现代人名大辞典》《中国军事人物辞典》《中华万姓谱》《三十三种清代传记综合引得》等均有载。《宣统新修固原直隶州志》载有：雷纬堂所建提督署及告成楹联；雷纬堂捐资所建五原书院及《雷少保兴学纪事序》；雷公去思碑及《雷纬堂少保德正》；雷正绾《克复固原各情形疏》及上谕等。

### 雷　恒

雷恒，一作衡。清四川中江人。永固协副将。见《民国中江县志·仕进表》。按《清史稿·雷正绾传》：正绾弟总兵雷恒及副将李高启等以主将失职，煽乱，犯泾州，正绾不能制止，愤欲自裁。诏念前功，不加罪，责令整军剿贼图自赎。命巡抚赵长龄会杨岳斌按讯，正绾缚送雷恒等置之法。

### 雷海清（1862—1946）

雷海清，又名永章，号一心。四川阆中人。幼年孤苦，靠叔父抚养。叔父精通中医，他 16 岁时，从叔父就学，后往苍溪、旺苍等地遍访名医。23 岁去重庆，闻御医熊阎五弟子医术高明，即多次拜求，得允就学。清宣统年间，川、滇、黔三省在重庆举行医学会试，应考者2000 人，雷海清名列第五，被授予"医中金魁"匾额。1916 年回阆中在北街开诊所。他善治疑难病，尤长于治疗瘟疫、伤寒、白喉。处方特点是药味少、剂量重，一症一药，单捷而不杂糅，药力直达症候所在，人们敬称"雷大胆"。1920 年阆中霍乱流行，雷海清反复试验，制成中成药"雷积散"，疗效显著，熊克武赠以"阆苑活佛"匾额。杨百顺之孙患头肿病（颅内积水），雷海清用升清降浊疗法治愈。其子得重病昏迷，汤水不能咽，众谓不可治。他琢磨数日，在屋内控一土坑，将其子腹、脐以下埋入土中，三天后患者苏醒，服药数日而愈。他在医理上不守一家之言，自发组织医学研究会，发展会员四十余人，每月一次学术交流，所有费用由他负担。家中常备各种丸药，为有病无钱的贫穷患者急用，给穷人看病常不收诊费，并赠送药品。年八十四岁病故。次年，沙溪场人在沙溪桥头建庙、塑像，以表怀念。见 1993 年版《阆中县志》。

## 雷开瑄（1918—?）

雷开瑄，四川阆中人。南京中央军校第十三期交通科毕业。台湾革命实践研究院、圆山军官训练团、陆军指挥参谋学院毕业。抗日战争爆发后，历任陆军野战补充旅排、连、营、团长。1949 年到台湾，任第九十三师上校团长、副师长、师长。1959 年起任第八军副军长、军长、"国防部"作战参谋次长室助理次长。1962 年任金门防卫部中将副司令。1965 年任马祖防卫司令部司令。1969 年起任"国防部"常务次长、政务次长，1975 年退役。见《黄埔军校将帅录》。《陆军大学将帅录》《中国国民党百年人物全书》均有载。

## 雷惊百（1911—?）

雷惊百，别字布闻，别号播闻，又号声。四川营山人。陆军大学正则班第十九期毕业。1933 年 7 月考入南京中央陆军军官学校第十期第一总队步兵科步兵大队步兵第二队学习，1936 年 6 月毕业。历任国民革命军陆军步兵团排长、连长等职。抗日战争爆发后，任步兵团营长，海军军官学校学员总队区队长，中央海军军官训练团训练处附员等职。1942 年 8 月考入陆军大学正则班学习，1945 年 1 月毕业。任陆军大学兵学研究院研究员、教官等职。1947 年春任海军总司令（桂水清）部第三署（署长宋锣）第七科科长等职。见《陆军大学将帅录》。

## 雷铁崖（1873—1920）

雷铁崖，原名昭性，字泽皆、奢皆。四川富顺人，1905 年东渡日本留学，同年 8 月由孙中山介绍，在东京加入同盟会，遂改名为铁崖，意欲将以雷霆之声唤起国人的觉醒，从此就走上革命的道路，为中华复兴宣传鼓动，不遗余力奋斗终生。他不仅是著名的民主革命活动家，也是一位杰出的报人，同时还是一位优秀的诗人。创办报刊是他宣传鼓吹革命和从事政治斗争的重要武器，而写诗不仅宣传革命，也抒发其远大志向和理想，抒发其满腔爱国热忱。其报刊与诗歌皆与杜鹃结缘，第一份刊物名叫《鹃声》，被查封后与吴玉章再办《四川》。1910 年雷铁崖奉孙中山之命赴马来西亚组建同盟会喉舌《光华日报》，同时任孙中山两个女儿的老师。1912 年任中华民国总统府秘书。见《四川省志·人物志》。1993 年版《富顺县志》、1997 年版《自贡市志》有传。《中华万姓谱》《中国国民党百年人物全书》《清代人物生卒年表》均有载。近年有《雷铁崖集》《雷铁崖杜鹃情怀对杜诗及巴蜀文化传统之传承》《著名的民主主义宣传家雷铁崖》等专著出版发行。

## 雷识律（1916—1988）

雷识律，原名利汉。四川自贡市贡井区双塘乡人。他在雷氏家族男丁中排行十六，故后易名识律。少年时期，就读于玉皇庙小学、自贡私立初级中学，初显音乐才能。17 岁在成都演奏小提琴《纪念曲》，颇为马思聪赏识。1935 年肄业于成都东方美专，后在四川艺专做研究生，继又入华西大学音乐研究班深造。1938 年报考教育部音乐教导员，名列第一。抗日战争爆发后，他应同学王志先等爱国进步青年相邀，组织歌咏团，宣传抗日。自贡抗敌歌咏话剧团他任副团长，负责歌方面的排演、创作、编印、指挥、教唱等工作，先后印出版《救亡歌曲集》2 集及《大众歌声》1 册，其中自作 30 余首。其时，团员多数人不识简谱，他就耐心教唱，终于教练出一支支不同层次的歌咏队伍。抗敌歌咏话剧团被迫停止活动后，1940 年至次年，在被誉为中国戏剧摇篮的江安国立戏剧专科学校任讲师，和曹禺、欧阳予倩、应尚能等大师共事。该校成立校友会成都分会时，他被推举为名会长。解放后，他在成都体育学院、四川音乐学院任教，直到退休。在音乐学院等高校从事教学30多年，撰写和出版《手风琴初步自学法》《听、写练习》《节奏实例变化》《音程练习曲》《琵琶练习曲》及《音乐常识声律启蒙》等兼具学术与实用价值的著作。一生清苦自持，正直廉洁。每受外界邀请辅导，纯尽义务，不收报酬。在名利地位面前，一直恬退谦忍，倾力于奖掖后进。从1940年在江安剧专任讲师起，执教40余年，仍是一名讲师。他常对人说：我一生热爱音乐事业，锲而不舍，与其为名利走追逐，不如自甘淡泊，乐在其中。见1997年版《自贡市志》。

## 雷震（1916—1949）

雷震，又名雨辰，字崇厚，别号振华。四川泸县人。1935年考入成都成公高中。1937年加入中国共产党。1939年任中共成都朝阳法学院支部委员。1941年任中共宜宾中心县委书记。1943年到万县从事革命工作。1947年任中共下川东地委委员万县县委书记。1948年6月在万县被捕。1949年10月28日在重庆大坪就义。见《中国近现代人名大辞典》。

## 雷士奇（1864—1934）

雷士奇，又名雷东垣。清末四川宜宾人。自小学文习武，及长颇通文墨，善拳击、骑射，中清光绪武科秀才，继受叙州府令办地方团务，任宜宾县团队队长。见1991年版《宜宾县志》。

## 雷云飞（1884—1926）

雷云飞，又名雷国柱。四川攀枝花市仁和区务本乡人。从小当过用人，干过长工、月活、脚夫，做过马帮伙计。约三十岁乞讨至同德乡，被团总、袍哥大爷江海臣收留。他为人正直、机敏、忠实，打仗勇敢，得到江海臣的赏识、厚爱。江患病时便把团总的队伍交给他指挥，江死后他接任了袍哥大爷和团总。1922年3月朱德、金汉鼎等将领因反云南军阀唐继尧失败，被迫离开昆明，入川来到金沙江北岸河门口地区雷云飞领地大水井川军伍祥祯家。他得知详情后，即派人阻击唐的追兵，并将朱德等人接到家中盛情款待，命其妻刘元珍派人为朱德等人制备便装和 300 银圆旅费，并派卫队护送至西昌。雷云飞崇拜梁山好汉，同情贫苦农民，常在驻地放赈救灾，树起"雷"字大旗，喊出"打富济贫，保商保民，靖滇太平"的口号。灾年设棚施粥，受到贫苦农民拥护，队伍发展到三四千人，曾攻下盐源县城，直接威胁军阀、地主的利益。国民政府二十四军，蒋如珍团长多次对雷部进行武装清剿，未能得逞。后设计谋，以谈判磋商为名诱雷与蒋会合。雷中计，于 1926 年 11 月 11 日，在鲤鱼坡背山上被杀害。他的侄子雷耀宗、雷远光，妻弟刘继清，参谋彭庆高均先后被杀害。见 1994 年版《攀枝花市志》。

## 雷启鹏（1906—1985）

雷启鹏，别字云仙。四川巴中人。中央军校武汉分校第六期炮科毕业。军委会西南战干团特训班毕业。历任中央军校教导师炮兵连排长、第二方面军第四军教导团排长，1927 年 12 月参加广州起义。失败后返四川，加入川军，任第二十九军第三师第六旅排、连、营长。抗日战争爆发后，任第二集团军独立第二师中校团附、代理旅长，第四十一军新编第五师副师长，第二十二集团军总司令部少将副官长。1946 年起任国防部郑州指挥所少将总务处长，川鄂绥靖公署中将参军。1948 年 9 月授陆军少将，1949 年秋通电起义，后任四川省文史研究馆研究员、人民政府参事。见《黄埔军校将帅录》。《中国国民党百年人物全书》《民国人物大辞典》均有载。

## 雷显才

雷显才，清贵州修文至孝里羊群沟人。年十余即遭咸、同苗乱，奋起从军，每战必先。以勇、以勤、以臻索保得奖千总之阶。同治季年，乱象已息，遂引归乡里。每以耕读遗训教导儿孙。有子二人，长超瀛，次振瀛，均秉善教，制行读书皆能自立，俱早为诸生。孝友仁里，敬恭桑梓，颇为里仁称道。超瀛入民国省议会议员，继为印江县厘金局总办。振瀛于停科举后，即在地方创办私立养正进业学校，公立女子小学及高等小学校长，经费局长。孙九人，长房炳麟、寿麟、书麟、溢麟、祥麟；次房瑞麟、昌麟、宝麟、祯麟。除寿麟、昌麟外，余均受中等以上教育。皆能保持其家声，人谓厚德之食报焉。年八十七乃卒。见《民国修文县志稿·武功》。

### 雷超瀛

雷超瀛，字伯英。清贵州修文人。光绪廪生。民国年间曾为印江县厘金总办，贵州省议会议员。擅长书法。参考《贵州书画家简论》。见《中国美术家人名辞典》（补遗二编）。《民国修文县志稿·艺文》收编雷超瀛诗作若干。

### 雷振瀛（1875—1921）

雷振瀛，字仲湘。清贵州修文县城人。前清光绪癸卯（1903）县学附生。资性端耿，言行笃实，持躬勤俭，对人谦蔼，一生未尝与人龃龉。每家居诚子女曰："吾家数世忠厚，儿辈宜守先人遗训。"工余及灯下课子，自蒙至长，未尝稍懈。允以孝事双亲，友善兄弟，终生无间，盖秉承父之教泽。家仅中资，科举停即设塾课士培育人才，借以自修。边维新学倡遂本，其所学与地方群彦陈君等创办私立广智高等小学堂。又复创办养正初等学堂。是时，尚未有官立学堂。1913年任县立高等小学校长，今之朱德新、胡炎明诸君，即其任内毕业生。1915年又以男子教育固已粗具，而女子教育尚无，殊失男女平等之义。于是，又首创女子小学于江西会馆。开始困难重重，但本其服务精神，卒底于成。1916—1917年曾一度任地方经费局局长，嗣于1918年以公立学校未能接纳学子，为救济一般平民失学儿童起见，又复创办私立进业小学一所，生徒济济，极一时之盛。复于1921年服务贵阳筹饷捐局，竟以劳瘁致死，未达有所贡献于国家之目的，可为慨叹！但其直接置身于地方，热心教育，敬恭桑梓之精神则未可泯也。有四子，长瑞麟，次昌麟，次宝林，次祯麟，均秉庭训且多受中等教育，皆能自立而保持其家声焉。见《民国修文县志稿·政事》。

### 雷觉世

雷觉世，字宁园。清遵义府（今贵州遵义）人。道光乙酉（1825）副贡，官施秉县教谕。告归旋里同治改元，闰八月粤匪窜永安里沿村，

397

觉世集团堵御，匪衔之，走围其家执觉世逼之降，觉世笑谓曰："吾家仕宦，受国恩深，宁断吾头，不易吾节。"匪解其尸以泄愤。八年以死事上闻，追赠国子监学录衔，给云骑尉世职，入祀昭忠祠。孙正作袭职。见《民国续遵义府志·忠义》。

## 雷天寿

雷天寿，清遵义府绥阳（今贵州绥阳）人。同治三年（1864）吴逆扰绥阳，天寿母七旬有余，足病不能行，天寿负母逃向狮子山，及山麓贼大至，欲劫其母，天寿愤与贼斗，母子俱被害。见《民国续遵义府志·孝义》。

## 雷廷珍（1854—1903）

雷廷珍，字玉峰，称"绥阳先生"。清绥阳（今贵州省绥阳）人。传说他出生时祖父梦中见老人自学宫出，取井中藏书分篇授雷廷珍。此后，雷廷珍文思大进，于是署所居为"井书堂"。其母节衣缩食，遍购书籍，他汇通群经子史，进而泛览西方著述。青少年时，入县学为生员，光绪十四年（1888）中举人。他醉心经学，改为学术而学术的学风，坚持以通经为体，适时为用，勇于质疑，求其安妥。取群经诸子记述，穷流溯源，揣摩经义，择荀、孟之优长以"时中"为准则，"大同"为依归，融会贯通，力求致用于现代。兼采西方归纳演绎之治学方法，持历史进化之观念。眼界开阔，见地独到，挥笔而书，著成《经学正衡》《时学正衡》《文字正衡》《声韵旁通》《时义列传》诸书。中举之后，一度游历京师，将自己有关儒学与时务之见解写成论著，被当朝某大学士斥为"怪诞"，遂南归。光绪二十一年，天津严修（字范孙）督学贵州，与雷廷珍交谈，认为他是人才。于是，聘为学古书院山长，从全省生员中挑选四十名特优者入学。雷廷珍改革教学内容与体制，学兼中西。讲中学以通经致用，讲西学以强国富民；经、史、时务分为三门，三者之中，又循序探讨，专业致精。此书院被改称"经世学堂"，琢育人才甚众，不少人成为栋梁之材，人们誉为"雷门弟子"。后来兴义刘统之，聘雷廷珍主讲笔山书院又琢育出一批人才。湖广总督张之洞闻知雷廷珍贤能之名，遣使迎往武汉。他拟借此远游，进而考察西方政教。光绪二十九年途经重庆时患病去世，归葬绥阳。民国初，贵阳扶风山尹道真先生祠落成，以黔中历代先贤二十四人从祀，雷廷珍列于其中。见《贵州省志·人物志》。《清代人物生卒年表》亦有载。

## 雷晓斋（1889—1984）

雷晓斋，贵州威宁县城关人。七岁入私塾，后入涌泉学宫读。毕业后，在老中医盛仁慈的指教下，潜心研究医学，是威宁较有名的中医之一。擅长妇产科和治小儿惊风。1933 年县内发生严重痢疾，配制中药"痢疾散"无偿发放给病患者，很快抑制痢疾蔓延，群众称晓斋是一位积德的好医生。1935 年城乡霍乱流行，于是放弃经商，主动为患者治病，历时四月余。1950 年后，先后在城关医院、县人民医院工作。救死扶伤，几十年如一日。退休后，只要有病人上门求医，总是来者不拒，对经济困难的农民，还替付药费；即使生病卧床，也要勉强起身为来家求医的病人诊治。见 1994 年版《威宁彝族回族苗族自治县志》。

## 雷　发

雷发，清长安（今陕西西安）人。同治元年回乱，子克孝、克忠、克义皆被杀。发叹曰："吾门绝矣！非报仇不可。"持矛追贼到扬善寨，与贼六七人敌，矛杆折断而死。《民国续修陕西通志稿·忠节一》。见《地方志人物传记资料丛刊·西北卷》第 1 册。《民国咸宁长安两县续志》亦有传。

## 雷元吉（1853—1924）

雷元吉，字子贞。清西安咸宁（今西安市长安区）王曲人。曾祖法寅，姓韩。祖起义，姓刘。子二，长天忠，姓翟；次天宣。天忠子二，长元吉；次元润，出嗣天宣。元吉原配惠，无出；继配魏，子二，登岱、登恒。元吉事父母，生事死葬，一禀应礼。居乡里，兴学校，振穷饿，练乡团，以清积弊。宣统己酉（1909），举为乡饮正宾。见《民国修前清乡饮正宾雷府君（元吉）墓志铭》。墓志《新中国出土墓志》（陕西·叁）有著录。

## 雷晋笙（1898—1931）

雷晋笙，又名风仪、风翼。陕西长安人。1915 年起，相继入陕西省立甲种农业学校、上海震旦大学学习。积极参加"五四"新文化运动，与严信民编辑《秦铎》杂志，宣传反帝、爱国、民主思想。1920年结识陈独秀、李汉俊、李启汉等，参与组织工会，办平民学校、劳工补习学校及在知识分子中宣传反帝反封建等活动。1924 年夏大学毕业，返回陕西任《教育月刊》编辑，并在敬业中学、省立一中兼职任教。1926 年创办《陕西国民日报》，任社长。1931 年 4 月 5 日在济南遇难。见《山东省志·人物志》。《中国近现代人名大辞典》《中华英烈辞典》均有载。

## 雷崇修

雷崇修，清盩厔（今陕西周至）马召镇人。毕业于日本士官学校。辛亥起义，督队潼关遇害，奉命入忠义祠。《民国盩厔县志·选举》。见《地方志人物传记资料丛刊·西北卷》第 3 册。

## 雷悦成

雷悦成，字近亭。清醴泉（今陕西礼泉）力士村人。性廉介，家素贫，日以逐蹇卫送行旅为生活。年甫成童见道有遗金者拾之，归嘱家人姑葳之，有觅者若告以分两相符即与，既而失金者至慨然界还。同治初，回匪劫掠富室钱，贮悦成家废井中，为数甚巨。官军至，贼弃钱逃，悦成曰："此物不义，吾家不可用一文。"设法尽数散给于人。《民国续修醴泉县志稿·义行》。见《地方志人物传记资料丛刊·西北卷》第 5 册。

## 雷恒焱（1885—1912）

雷恒焱，陕西醴泉（今陕西礼泉）人。自幼就读乡塾，天资聪颖，学业优异。光绪二十九年（1903）入甘肃陆军小学，后入湖北省陆军第三中学。光绪三十五年毕业回陕。宣统三年（1911）十月二十二日，西安新军起义，雷恒焱投入新军，在战斗中颇受秦陇复汉军大统领张风翔、张云山器重。这时前陕西总督升允只身逃往甘肃，被清政府任命为陕西巡抚。他纠合旧部东进犯陕。雷恒焱当时任秦陇复汉军（国民革命第一军）兵马大督都张云山部行营执事官，兼王字营副统。他随军西进御敌，每战冲锋在前，退却在后。1912 年 1 月下旬黎元洪副总统南北议和，电令张云山传诸将问："谁可使者?"张云山便委任副统领雷恒焱为秦陇军全权代表，并派军士护送雷恒焱去乾州十八里铺见升允。升允一贯保皇，见面后下令速斩雷恒焱。他毫不示弱，在被砍断臂之后，犹痛斥不已。后被割耳削鼻，并被剖腹，弃尸于枯井之中。同年 4 月方收尸埋葬，因尸已腐烂，无法装殓，便封井为墓，并建"雷公祠"于墓前，立碑纪念。见 1999 年版《礼泉县志》。《西北革命史征稿》亦有传。

## 雷德田（1896—1928）

雷德田，陕西醴泉（今陕西礼泉）人。其父乐善好施，闻名乡里。德田忠实厚道，见义勇为，1925 年力士村成立武装自卫团，被选为团头之一。1926 年他利用农闲时间，奔赴泔河沿岸的孙家河、西张堡、新城等十几个村子，建团练功，发展农民自卫武装。同年，联络北寨村团头张天德、徐家村团头徐连宽，建立三村自卫团联防组织，共同抵御土匪，打击土豪劣绅。1927 年 3 月 9 日，东二区在阡东镇成立区农民协会，他带领力士村武装自卫团参加大会，积极拥护农民协会的成立。1928 年在一次战斗中不幸牺牲。见 1999 年版《礼泉县志》。

## 雷复乾（1901—1962）

雷复乾，陕西长武县彭公马坊村人。自小酷爱学画，每见心爱的画幅佳作，总要用指头在地上临摹一番，以致右手食指尖常磨出血。12 岁上私塾，在三官庙大殿墙壁试画一匹奔马，师生无不称奇。后拜浅水画匠王某为师，勤学苦练。既尊师仿古，又摸索创新。他画的"塞外风光""春江孤影"等，深受人们喜爱。终年奔忙于周围邻县，画庙壁、祠堂，塑神像，描神主，成为有名的民间画匠。他常为慕名求画者作四扇屏、中堂和描金彩绘箱柜等，留传民间的绘画作品到处可见。教授徒弟十余人，以芊园张兴亮较为出名。见 2000 年版《长武县志》。

## 雷克明 （1902—?）

雷克明，陕西武功人。黄埔军校第一期毕业。祖辈务农，有地产二十余亩。县立高级小学、榆林师范学校肄业。1924 年春由于右任、焦易堂保荐投考黄埔军校，同年 5 月到广州，入黄埔军校第一期第四队学习。毕业后派赴北方工作，曾任国民二军下级军官。1927 年起任国民革命军连、营长，中校课长，上校主任。抗日战争爆发后，在军政部及参谋本部任上校参谋、少将专员。1948 年 3 月授陆军少将，1949 年到台湾。见《黄埔军校将帅录》。《中国国民党百年人物全书》亦有载。

## 雷星阶 （1891—1969）

雷星阶，原名雷运泰。陕西岐山益店镇方家什字人。1912 年考入浙江省立蚕业专科学校。毕业后，先在紫阳、富平县立、西安省立职业学校任教。1923 年在周公庙创办岐山职业学校，并设一平民传习所，传授木科、竹科、砚科技艺，培养了一大批实业人才。1926 年冬，雷星阶加入共产党，不久，被选为岐山特别支部委员。1927 年初，帮助建立国民党岐山县党部，任主任委员。同年 4 月出任岐山县教育局局长，7 月在刘家原召公祠创办单级师范学校。1928 年曾两次被捕，经岐山教育界联名保释出狱。1929 年他辗转到凤县支持周笔岐发动"凤县兵变"，带出凤县民团百余人编入西北民军杨万青警卫团，后又在西北民军、扶风灾童教养院等处任职。1936 年他应邀重建益店小学，任校长。西安事变后，雷星阶积极宣传抗日。1938 年冬，他发起成立了岐山抗敌后援会，任主任委员。1945 年抗日战争胜利后，龙尾乡乡民公推雷星阶为乡长。1946 年 4 月辞职。解放后他历任益店小学校长、县教育科科长等职。曾当选为省、县各界人民代表会议代表，省政协委员等。"文化大革命"中受到冲击，1969 年不幸离世。1978 年 12 月平反昭雪。见 1992 年版《岐山县志》。

## 雷宝琨

雷宝琨，陕西耀县（今铜川耀州）人。清季翰林院孔目，与同县任尹、宋元凯、樊毓秀诸人夙相契，故对革命意义了解最深，遇有可为力者，人事、财政莫不极端资助。靖国军兴，第六路卢占魁部及云南第八军叶荃部先后同驻耀县，兵马以数万计，给养缺乏，闻宝琨老成硕望礼致之，任两军粮台总办。早作夜思惨淡营，度事举而民不扰。耀县弹丸小邑势久不支，复亲往邻村游说万端兼请军事当局统筹大计，于是南至富平、三原，西及旬邑、淳化飞刍挽粟源源而来，两军之众遂得腾饱。叶、卢两司令嘉其勤能制"为国宣劳"匾额以赠之，固辞不获。益为奋勉，三年之中食不以时，寝不解衣。及叶、卢西去，而宝琨亦土木形骸心力交瘁矣，不数月竟以疾卒，年六十八。子二，佑骥、佑骙。见《西北革命史征稿》。

## 雷天一（1900—1937）

雷天一，又作雷天益、雷天乙，名吼，天一（天益、天乙）为其字，以字行。陕西耀县（今铜川市耀州区）人。原籍西塬稠桑乡小王咀村，后移居县城内南街城隍庙巷。家道丰厚，因得以入三原旧学堂上学。由于读书聪颖，善于交往，不久即经人介绍与于右任、胡景翼等陕西豪杰相识，乃弃学入伍，先后任西北军马清苑部排长、连长、耀县保安大队副大队长等职。受耀县金石学家张木、书法大师于右任熏陶，逐渐嗜好金石古物的收藏鉴赏。先后收藏《雷明香造像记》《雷文伯造像铭》《雷惠祖等造像记》《弥姐后德等造像记》等碑六十余通，创建"耀县碑林"，并捐赠碑石归公，不久身亡。见《陕西民国时期文物大案（七）——耀县碑石捐赠归公案》。本文刊登于《文博》2000年第03期。1997年版《耀县志》雷天一有传略。

## 雷延寿（1869—1928）

雷延寿，字曼卿。陕西渭南人。少时天资过人，能文工书，刻苦好学。16岁中秀才，25岁中举人。光绪二十一年（1895）在京应礼部会试、复试，按例可授内阁中书，但他以国事为己任，参加了在京应试举人发起的"公车上书"。当时朝廷锐意维新，像康有为、梁启超、张菊生等聚集京都，雷延寿与他们互通气息，主张维新变法。他不懂外文，便入"通艺学堂"学习外文。二十四年春天，因父丧返家。陕西距京较远，消息闭塞，一些人对维新变法多有误解。他便筹集资金，到上海购回数百种新书报，在陕西开办书店，传播维新变法思想，使风气为之一变。三十年，36岁时与弟雷多寿同榜考中进士，授工部主事，后又调巡警部，派去东洋（日本）考察警政。巡警部改为民政部，他仍任主事。张之洞、袁世凯任军机大臣时，奏请清帝举行考试选拔军机章京，同考者数百人，他以第一名入选。1912年清帝退位，改组共和后，他出任北洋政府国务院秘书，后调总统府秘书、政事堂参事，政事堂裁并后借补国务院秘书厅佥事。1927年北洋政府解散，赋闲居家。他注意历史掌故和金石文字的研究。著有《日本警察调查提纲》《清谥法考》《续清谥法考》《清军机大臣年表》《金文类纂》等书。见1987年版《渭南县志》。《中华万姓谱》《明清进士题名碑录索引》《清代人物生卒年表》均有载。按《赠内阁中书雷君西桥墓志铭》："弟秉乾、第三子延寿皆早岁捷秋闱，延寿即曼卿也。"《雷大鸣继配刘氏墓志》：孤哀子，德寿、延寿、多寿、恭寿。

## 雷云汉

雷云汉，清同州韩城（今陕西韩城）人。恩贡生。就职教谕。同治六年（1867）入境，亲率团丁剿贼，力竭被执，叱贼胁之，神色自若，贼又劝之，大呼曰："头可断，志不可夺也。"贼怒杀之。汪学使奖之曰"毅魂如生"，蒙恩给予云骑尉世龙袭。《民国续陕西通志·忠节三》《民国韩城县志·忠烈》《咸丰同州府志·列传下》。见《地方志人物传记资料丛刊·西北卷》第1、8、9册。

## 雷成朴

雷成朴，字震初，号固庐。清同州朝邑（今陕西大荔）瑶紫头人。道光九年（1829）进士。道光二十一年由御史出守辰州。性沉毅，寡笑言，莅事严明，吏民畏服。念沅邑民贫土瘠，鲜盖藏，旧有义仓亦积聚无几，乃劝捐置义田数百顷，岁收其租，以裕仓储，至今利赖无穷。增设虎溪书院斋房，课多士，谆谆以敦品励学为训评骘文艺优佳奖赍，一时学者多所成就。复捐廉重修府学宫，后以调任长沙，去至今郡人犹思慕不置。咸丰八年（1858）任台州府知府。书法见称于时。《民国续修陕西通志稿·列传五》《光绪同州府续志·列传上》《咸丰初朝邑县

404

志·科贡》。见《地方志人物传记资料丛刊·西北卷》第1、9、10册。《民国沅陵县志》《光绪湖南通志》有传。《词林辑略》《明清进士题名碑录索引》《中国美术家大辞典》《五彩大荔》均有载。

## 雷星南

雷星南，清朝邑（今陕西大荔）人。从九品衔，刚决有伟略，雷成朴知台州延入幕。太平军串浙江围杭州城，成朴使率团勇五百赴援，城陷力战死之。事闻赐葬祭银两，祀昭忠祠给予云骑尉袭，次完时给予恩骑尉。《民国续修陕西通志稿·忠节三》《光绪同州续府志·列传上》。见《地方志人物传记资料丛刊·西北卷》第1、9册。

## 雷五堃

雷五堃，清朝邑（今陕西朝邑）人。庠生，远祖明举人雷子霖。同治回乱，组织邑人抵抗，身受创伤。官军救援，配合筹粮安置难民。《民国续修陕西通志稿·忠节三》《光绪同州府续志·列传上》。见《地方志人物传记资料丛刊·西北卷》第1、9册。按《中国家谱总目》：雷五堃撰修《雷氏族谱》一卷，清咸丰五年（1855）刻本。始迁祖准，明代人。藏于国家图书馆。

## 雷兴智

雷兴智，清大荔（今陕西大荔）杨村人。八品寿官，唐将军雷万春后裔。同治元年（1862）回乱，年已八十有五，率子侄抵御，全家遇难。《民国续修陕西通志稿·忠节三》《光绪同州府续志·列传上》《光绪大荔续志·节义新编》。见《地方志人物传记资料丛刊·西北卷》第1、9、10册。

## 雷震远

雷震远，陕西平民县（今陕西大荔）城内人。民国崛兴，绝裾应募，转战乾州、礼泉歼毙独多，以功擢至连长。旋以积劳成疾，有志未竟而卒，人多惜之。《民国平民县志·忠义》。见《地方志人物传记资料丛刊·西北卷》第10册。

## 雷 电

雷电,字季阳。陕西蒲城人。性侠烈,居乡遇不平事,辄加干涉。读书不求仕进,见四川邹容排满书悦之,加入同盟会与常铭卿、井崧生诸人组织教育分会充书记。联合草野豪侠待机举事,拟以蒲城为革命策源地。时在清光绪三十四年(1908)重九夜,亲带暗杀团员潜至巡警局欲杀县绅张某,不遂。与县令李体仁构隙,因有二十四日捕拿教育会长常铭卿及学堂全体学生之事,辛亥举义。时渭北各地民军蜂起,季阳鼓动之力为多,嗣后护法、靖国诸役皆奔走各方,为运动旋被陈树藩系狱年余,人皆称为"老革命"云。又有蒲城刘养正,字芳初;寇重,字孝庭;常瀛,字仙洲及原振之皆为最早同盟会员。与季阳同在教育会鼓吹革命,从事社会教育毕生不懈,后皆终老于家。见《西北革命史征稿》。

## 雷幸考

雷幸考,清陕西澄城镇基村人。同治二年(1863)投效军营,充某帅亲兵。五年腊月初五日,与发匪战于浐河滩,时风雪骤作,官军火器失利,贼伏桥下奄至,幸考率卒奋力卫主帅不克而死。《民国澄城县续志·义烈》。见《地方志人物传记资料丛刊·西北卷》第8册。

## 雷文棠（1872—1943）

雷文棠,字召卿。陕西澄城冯原迪家河人。少时中秀才,入廪,又肄业于三原宏道书院。博洽经史,能文能诗善书,又涉猎现代数、理、化科学。关心时事政治,至晚年仍学习新文字世界语不懈。民初请其任区长、省议员,均推辞不就。白水赵树勋据澄城时,慕名请为老师,待遇丰厚,推崇备至,而从不因其身份参与官事。1924至1925年主持白水仓圣庙存古学校,洛川、白水、澄城远近就学者数百人。1927年主持西北乡征粮处,善始善终。1929年与袁方亭主持县赈济会,秉公认真,救活饥民众多。"西安事变"以后,倾向于革命。苻秦《广武将军碑》出土后又湮没百余年,他于彭衙破庙中重新发现,将拓本寄赠三原李春堂,李春堂又寄赠于右任,于误以为李春堂发现,作长歌记其事。

1924 年他将发现经过作书告于，于又作赠雷召卿诗。雷文棠著述已散失无存，和于右任《广武将军碑长歌》见本志艺文。平生不置产业而收藏颇富，有明黄英画一轴，惜俱已无存。见 1991 年版《澄城县志》。《于右任咏〈广武将军碑〉三首》刊登于《碑林集刊（七）》2001 年。

## 雷从民（1907—1968）

雷从民，陕西澄城人。1928 年毕业于国立清华大学土木工程系。1931 年毕业于美国康奈尔大学研究生院，获土木工程硕士学位。1933 年回国。曾任粤汉铁路局工程师，叙昆铁路局三总段九分段段长，滇缅铁路局第三工程处工务课技术股主任、第三十四工程处副处长，湘桂黔铁路工程局都筑段工程处副处长。中华人民共和国成立后，历任西南铁路干线工程局贵阳工程处工务科科长，成都工程处副处长，西南铁路设计分局副局长，铁道部第一设计院总工程师，铁道部基本建设总局副总工程师、高级工程师。是第二、三届全国人大代表。主持完成成渝线西段的施工、宝成线南段的勘测设计及兰州至乌鲁木齐、银川、西宁，乌鲁木齐至阿拉山口，阳平关至安康，干塘至武威等线的初步设计。见《民国人物大辞典》。

## 雷巨声（1910—?）

雷巨声，陕西澄城人。陆军大学正则班第二十期毕业。之前，1933 年 7 月考入南京中央陆军军官学校第十期第一总队交通兵科交通兵队学习，1936 年 6 月毕业。1944 年 1 月考入陆军大学正则班学习，1946 年 5 月毕业。见《陆军大学将帅录》。

## 雷起云（1915—?）

雷起云，陕西澄城人。1932 年加入中国共产党。1937 年参加红军。抗日战争时期，任山西新军第一一三旅政治部组织科科长、青年抗敌决死第一纵队政治部组织股股长、第一旅二十五团政治处主任、太岳军区第二军分区政治部敌工科科长、太岳军区政治部敌工部科长。解放战争时期，任晋冀鲁豫军区第四纵队十旅政治部主任、副政治委员兼政治部主任，第二野战军十三军三十七师政治委员。中华人民共和国成立后，任中国人民解放军军政治部主任，云南军区政治部副主任，昆明军区政治部副主任、军政治委员，昆明军区政治部主任、副政治委员，武汉军区顾问。1961 年晋升为少将军衔。是中国人民政治协商会议第五届全国委员会委员，中国共产党第十次全国代表大会代表。见《中国人民解放军将帅名录》。

### 雷云西（1889—1925）

雷云西，字龙溪。陕西白水人。初力农为侠于乡里，1916 年护国军兴，与兄东禄从高峻、曹世英转战陕北，俱以勇敢知名。甘泉战役东禄战死，云西旋与刘锡麟归陈树藩。1917 年冬与锡麟、耿直发难西安讨树藩败走岐山，与敌血战八日夜复随耿、刘东趋白水，闻三原靖国军既建，即南至高陵任靖国军左翼总司令曹世英第二支队第一营营长，大破树藩军于灞桥。1918 年锡麟随郭坚西略凤翔，云西以所部归高峻编为靖国军第五路骑兵团，驻防白水、蒲城，驻军缑保杰以树藩命来攻，云西率队御于雷村，流弹贯臂，营长雷镇岳阵亡，全军几濒于危，卒以镇静全师而退。旋奉峻命驻防合阳。1924 年镇嵩军与峻龃龉，以大军攻澄城、白水相继沦陷，唯合阳固守数月敌不得逞，嗣以孤城无援乃举所部降麻振武。振武字允文，渭南人。旧为郭坚骁将，郭死，靖国军解散，始归镇嵩军为第六路分统。云西既与有旧，且同为陕人，势屈降敌仍冀有后图也。时高峻已离陕远去，其遗部多诣云西骤增四营之众。振武因以云西为第二旅旅长，而云西则因阴结李虎臣谋乘机反正。逾年六月合阳赵桂棠据灵泉村，邀云西有所议，临行出营门伏枪四面起，遂遇害，年三十七。振武闻云西死，哀痛不自胜，为之全军缟素者累日也。见《西北革命史征稿》。

### 雷丙阳（？—1860）

雷丙阳，字午斋，一作雷炳阳，又作雷秉阳。清陕西郃阳（今合阳）雷家洼人。道光戊戌（1838）武进士，钦点御前侍卫乾清门当差，期铨福州城守右军都司，历署龙岩、罗源营游击。旋因防剿江苏常州，克复句容、金坛，赏戴花翎，以参将用。又克复镇江常州府城，加总兵衔，以副将用。咸丰十年（1860）围丹阳，督兵防剿，因兵力单薄，

408

敌蜂拥，合战三日夜，力尽殉难。事闻恤如例，祀丹阳忠烈祠。《民国续修陕西通志稿·列传六》《光绪同州府续志·列传上》。见《地方志人物传记资料丛刊·西北卷》第 1、9 册。《江表忠略》《合阳士女续志》均有传。

### 雷登甲

雷登甲，字第甲，别号木堂。清陕西郃阳（今合阳）北党村人。同治元年（1862），充有勇团团长，回乱中遇难。《民国续修陕西通志稿·忠节三》。见《地方志人物传记资料丛刊·西北卷》第 1 册。《合阳士女续志》亦有传。

### 雷佑精

雷佑精，字一勤。清陕西郃阳（今合阳）井溢村人。尚技击，有气节。回乱进驻北党村，敌围城，奋力出战，身负重伤而死。敌恨之，磔其尸体。《民国续修陕西通志稿·忠节三》。见《地方志人物传记资料丛刊·西北卷》第 1 册。《合阳士女续志》亦有传。

### 雷堃祥

雷堃祥，清陕西郃阳（今合阳）井溢村人，诸生。同治三年（1864）回乱避难遇害。《民国续修陕西通志稿·忠节三》。见《地方志人物传记资料丛刊·西北卷》第 1 册。《合阳士女续志》亦有传。

### 雷葆初

雷葆初，字季悦。陕西郃阳（今合阳）坡赵人。光绪丁酉（1897）拔贡，朝考知县，分发云南，升南雄府镇雄县。为孝廉雷登阁子。得于家学渊源者深，学问文章，士林无不艳称，书法尤擅绝一时。著有《滇游诗草》二卷，《滇南游草》二卷，皆蝇头小楷，一手工书，见者无不钦佩。见《合阳士女续志》。

### 雷葆谦

雷葆谦，字吉九。陕西郃阳（今合阳）坡赵人。孝廉雷登阁第三子。由光绪癸卯（1903）举人循例分发江西，署上高县知县。后家居，历办地方各要政，兼中学校长、教员各职。著作多损失于兵燹，而工书法，能诗文，不特为士林社会所敬仰，即地方政府尤倚重焉。盖其得于庭训者也。今仅留文稿二卷，诗稿一卷。以编辑者，采访局局长编撰《合阳新志材料》。见《合阳士女续志》。

### 雷震和

雷震和，字时若。陕西郃阳（今合阳）岔峪口人。少读书至岳穆武"武将不惜死"之语，辄太息曰："是何难哉！"在学校时，闻讲演种族之义，遂起革命思想，由高小毕业即投入军界第六协十一标三营排长，累战身先士卒，冲锋陷阵，擢连长，记名营长。岐山之役，孤身冒险薄城下，中弹殁。追赠少校衔。见《合阳士女续志》。

### 雷升云（1891—1960）

雷升云，陕西合阳百良东宫城人。早年在县城东街开设"一六成"号，经营绸缎布匹。后又于蒲城、大荔增设连号，持身守正，自学不倦。连任县赈济会会长和商会会长，无不良嗜好，自奉俭约，点滴不取诸公家。后任县财委会副主任、县参议员，为地方公正绅士。中年以后，幼子幼女屡为庸医误而夭折，乃奋起习医，尤精小儿科，义务施诊数十年，名闻遐迩。见1996年版《合阳县志》。

### 雷震东（1889—?）

雷震东，字动之。陕西郃阳（今合阳）人。陕西陆军第二中学肄业。辛亥革命时期，追随张翔初①将军任执事官。后为邠州、乾州知州，继丁母艰辞职。派赴日本留学，1914年回国，在北京朝阳大学修习法律。先后任吴堡、清涧、镇安县知事。后追随大慈善家朱子桥将军办理赈灾救济事宜多年。1927年任西北国民军南路兵站总监部科长、部长等职。1929年在开封训政学院受训，因时事多艰，纷争无定，

---

① 编者注：按牛济《张煦张赞元父子年谱》，张赞元（1883—1939），字翊初、翌初，甘肃宁夏府灵州（今宁夏回族自治区灵武）人，客居长安，以陕西长安为籍。疑文中张"翔"初，即张"翊"初。

1930 年携眷回乡务农。抗战初长子不幸离世，送次子征天驰赴延安受训学习，旋即参加革命。见《雷动之先生手迹资料》。资料见"孔夫子旧书网"。据《中国民主同盟入盟申请表》，雷动之入盟介绍人为党晴梵、杨瑞霆。雷震东 2000 年版《彬县志》、1995 年版《吴堡县志》、1995 年版《镇安县志》均有载。

### 雷鸣霄（1895—1978）

雷鸣霄，又名凌汉。陕西合阳和阳村人。12 岁时患膝关节肿大病，久治不愈产生学医之念。15 岁家道中落，外出谋生，在富平县当药铺学徒。后至耀县药王山学医，得药王孙思邈经典真传，对妇、内、骨、精神各科疾病及药物学、脉学均有独特见解；尤精于针灸，法同华佗，不唯继承，尚有发展。善治顽症，着针起疴，世誉"雷半仙"，名扬三秦。1917 年陈树藩任陕西督军，其母忽发背疽（搭手），疮大如碗，久治不愈，张榜求医。雷揭榜应诊，不日而愈。督军盛宴款待，并封其官职，其婉言相谢。1927 年农历五月，合阳县长请他为其太太诊病。车行至县城东门为祈雨民众所堵。他笑示县长说："二日必雨，何必兴师动众。"二日午，果大雨倾盆。人询其奥妙，他说："医道通天道，人身乃一小天地。如遇外界气候风雨阴晦之变，针下必有滞凝针感，即《黄帝内经》中所说的'天地与人相应'之理。"其于针法之妙谛，深悟至此。1929 年韩城一小儿因惊吓失声成哑，多方医治无效，求治于雷。问明原委，思忖良久，乃命哑人独居一室，室内放刨花，洒上煤油，暗中点火后紧锁房门。一时，火热熊熊，哑人摇门推窗而不得脱身，于万分情急之中，大喊"哥哥"，哑症顿愈。他说："此乃水火互济，以惊治哑，用心理改变了病理。"1961 年秋，陕西中医研究所所长景莘农患头痛、失眠、多梦等症，多治无效而延请雷诊治。他为其直刺百会穴，一针痛止。景赞叹曰："真乃华佗针法也！"见 1996 年版《合阳县志》。

### 雷震甲（1902—1994）

雷震甲，字润之。陕西合阳南庄村人。幼年在私塾读书，后相继毕业于天津南开中学和南开大学，被推荐入中央政治学校大学部第二期教

411

育系教育行政专业学习，1933 年毕业。编写、汇编毕业论文《二十世纪三十年代国情调查报告》第 164、107 册。任浙江省江山县、江苏省泰兴县教育局局长等职。1937 年回陕西工作，先后任省立商州中学、省立第二中学（今陕西师范大学附中）、省立第三中学（今三原南郊中学）校长。常给贫困学生资助，家里长住毕业后暂无去处的学生。1940 年 12 月至 1943 年 6 月任陕西省彬县县长，其间兴办学校，改善交通，扶植秦腔戏剧，颇有建树。后曾任永寿县长等。中华人民共和国成立后，为陕西省和西安市政协委员、文史馆馆员。见《三原南郊中学校史》《二十世纪三十年代国情调查报告》。2000 年版《彬县志》亦有载。

## 雷振华（1914—1941）

雷振华，又名滨徐、云章。陕西郃阳（今合阳）人。1930 年在山西华阳中学、运城二中读书。1936 年底返乡，在本县东宫城村任小学教师，举办农民夜校。1938 年 1 月任合阳抗日民众自卫大队二尹联中队长，4 月开赴山西荣河县对日作战。1938 年 9 月合阳抗日民众自卫大队被迫解散，雷振华到第四集团军担任便衣队指挥员。1941 年 7 月在中条山附近进行侦察时，与日军扫荡队遭遇，壮烈牺牲。见 1996 年版《合阳县志》。

## 雷振声（1917—1966）

雷振声，陕西合阳和家庄井溢坡人。曾先后就读于合阳中学、同州师范。全国抗战爆发后，他弃学从戎，考入中央陆军军医学校，毕业后，奔赴山西中条山抗日前线，在部队野战医院任院长。先后获少校、中校军衔，为抗战胜利做出过贡献。1949 年 1 月他应邀到合阳中学任教并兼校医，同年 9 月他一方面在合阳中学工作，另一方面主持建立合阳县医院，并任院长。解放后，政府又调其主持建立蒲城县医院，任院长。1962 年 8 月又调回合阳，开始筹建合阳医院新址（即今院址）。是蒲城县、合阳县政协委员、县人大代表。"文革"期间遭受迫害含冤逝世。1978 年平反昭雪。见《中国对联集成·陕西卷·合阳楹联分卷》。1996 年版《合阳县志》有传。

## 雷恩钧 （1903—1985）

雷恩钧，陕西子长人。1927 年 9 月参加陕西清涧起义，是陕甘游击队领导人之一。1934 年后，任县苏维埃军事委员会委员长、中央革命军事委员会队列科长、关中分主区保安司令部参谋长、三边分区保安司令部参谋长。中华人民共和国成立后，任宁夏回族自治区劳动局长和工业厅长、甘肃省监察厅长、中共甘肃省监委副书记、甘肃省政协副主席。见《中国近现代人名大辞典》。

## 雷在阳 （1900—1938）

雷在阳，字子乾。陕西洛川人。武石乡贝郊村人。家境富裕，数代书香，是当地的名门望族。特殊的家庭环境使他既接触当时社会上的上层人物，交往甚广，又接触进步思想，倾向革命。1933 年任民团团总。1935 年初辞去民团团总回村。经人介绍担任张学良将军的随营副官。1936 年来洛川城窑院王以哲部，陪同张学良秘密谈判东北军与红军停战、合作抗日事宜。1938 年 2 月参加了热河抗日先遣军，任团长。在部队开赴抗日前线途中，因极力反对该部师长白凤翔公开谋议叛国投敌，被杀害于陕北府谷县境，时年 38 岁。见 1994 年版《洛川县志》。

## 雷云孚 （1905—1925）

雷云孚，陕西横山人。黄埔军校第一期毕业，祖父业儒，家境穷。早年信仰基督教，县立高级小学毕业，陕西省立榆林中学肄业两年，1924 年春，由国民党第一届中央执行委员于右任保荐投考黄埔军校，同年 5 月到广州，入黄埔军校第一期第三队学习。毕业后分配入军校教导第一团见习，参加第一次东征作战。1925 年 5 月在攻克惠州城时参加奋勇队，激战中阵亡。见《黄埔军校将帅录》。1993 年版《横山县志》有传。

## 雷亚霆 （1907—1937）

雷亚霆，原名云祥。女。陕西横山人。13 岁家建窑山崩，亲人蒙难，仅与弟云汉和侄女广娥幸存。1923 年她不顾非议，率先报名入刚办的殿市女子小学，刻苦攻读。1925 年考入横山高级女子小学，18 岁被亲族迫嫁给柴兴梁一董姓大户，她发誓定要冲出樊笼，做一个自由的人。1927 年秋考入榆林女师，1929 年在横山南关小学任教员。1935 年先后在周至、临潼任教。次年秋，在临潼经人介绍，与焦德温结婚，婚后觉察焦非抗日激进者，感情不和，进而斗争，忧愤成疾。1937 年 7 月含恨弃世。见 1993 年版《横山县志》。

## 雷宝华（1893—1981）

雷宝华，字孝实。祖籍陕西安康，生于四川雅安。1917 年毕业于天津国立北洋大学工科采矿冶金学系。后任工程师、国防设计委员会专门委员、北洋公学院教务长兼采冶工程系主任教授、陕西省政府委员兼建设厅长。抗战期间，历任资源委员会专门委员、西昌行辕经济建设设计委员会主任委员、中央设计局设计委员。抗战胜利后任北票煤矿公司董事兼总经理。1948 年去台湾，先后任台湾糖业公司总经理、"行政院"设计委员会委员。1981 年 2 月 6 日病故。见《中国近现代人名大辞典》。1989 年版《安康县志》有传。《中国国民党百年人物全书》《民国人物大辞典》均有载。

## 雷云祺（1909—1970）

雷云祺，名世英，号益三。祖籍湖北武昌，早年迁居陕西安康。1929 年冬毕业于兴安联中，同年在白河县参加陕鄂边防军，后编为杨虎城所属讨逆军第 27 路军，历任排长、连长、营长、副团长等职，参加过"双十二"事变。1941 年春被胡宗南逮捕，囚禁三年。保释出狱后回安康经营果园，从事农业生产。1946 年出任自卫营长。1948 年安康自卫团成立，充任副团长。1949 年夏，中共西北局城工部派杨实越敌占区来安康策反，雷云祺热情接待，通过白子星建立秘密联系，与自卫团团长鲁秦侠商议，选派亲信与人民解放军十九军五十五师保持密切联系，建立交通线。杨实、江庸、朱曼青、王国、五十五师参谋，由雷云祺借巡查前线之名，接应进入安康，开展策反活动。其间，他及时向解放军传递情报。1949 年 11 月下旬，他协助鲁秦侠带领自卫团起义，全力维持地方治安。11 月 27 日安康解放后，即配合大军追歼残敌，率部驻恒口维持治安，筹办给养。历任人民解放军五十五师一六五团副团长，陕西军区农业指导股股长，安康专署建设科科长、农林局长、第五办公室主任、安康县副县长、政协副主席、陕西省第三届人大代表。"文革"中惨遭迫害，被捕入狱错处死刑。1979 年平反昭雪。见 1989 年版《安康县志》。

## 雷颖（1920—?）

雷颖，字少平。陕西安康人。毕业于军政部兵工学校大学部造兵系、美国兵工学校正规军官高级班、美国三军工业大学、三军大学战争学院将官班。曾任技正、工程师、主任、组长。见《中国国民党百年人物全书》。

## 雷存德（1822—1874）

雷存德，字震泰，号春圃。清紫阳（今陕西紫阳）人。原籍湖北黄陂，其祖雷开万于乾隆三十一年（1766）迁紫，定居于大北铺石壁滩。其父雷明智，曾于乾、嘉年间紫阳饥荒时由鄂运粮至紫济荒，被封为"修织郎"。雷存德于成丰初入清军营，驻防湖北，由军功保举为千总，授五品衔；后归里办团练、乡勇，并建造炮船。同治元年（1862）奉命率炮船至石泉莲花石防堵太平天国西征军和川滇农民起义军，因功授守备衔。见 1989 年版《紫阳县志》。《民国重修紫阳县志》有传。见《地方志人物传记资料丛刊·西北卷》第 11 册。

### 雷明智

雷明智，清陕西紫阳人。刚正尚义重然让诺，道光十三年（1833）岁饥，捐钱平粜，全活甚多，又捐业二分，为金坪渡口恒产，太平天国之乱，与弟明友建寨汉南桑梓赖以捍卫。享年九十，县令唐赠额曰："不愧寿星魏"。《民国重修紫阳县志·懿行》。见《地方志人物传记资料丛刊·西北卷》第 11 册。

### 雷鸣瀛

雷鸣瀛，清商州（今陕西商洛）人。同治九年（1870）率团抗击回乱来敌，解救难民无算，民赖以安。大吏奖给六品衔。《民国续修陕西通志稿·孝义三》。见《地方志人物传记资料丛刊·西北卷》第1册。

## 雷振杰（1911—1941）

雷振杰，乳名新仓，化名天普。陕西丹凤茶房米家塬人。初中肄业，喜读史书，仰慕忠烈，以大马金刀，扫尽不平为夙愿，入地方武装当兵。他带领表弟张德盛，在甘河沟口公路截击别动队散兵，夺得手枪两支、机枪一挺，以孤胆闻名乡里。1938年4月加入"民先队"。1939年被捕入狱，英勇就义。见1994年版《丹凤县志》。

## 雷高捷（1842—1920）

雷高捷，字仰山，号南宫先生。甘肃景泰大芦塘人。同治贡生。父早逝，母送私塾就读，诚笃好学，后因兵燹而中辍。同治八年（1869），复受业于阎致祯先生门下。十二年，赴兰州，就读于兰山书院，学业优异，毕业时授于修职郎。回乡后，受芦塘父老挽留，弃政从教，历四十余载。任教期间，治学严谨，言传身教，循循善诱，学思并重，重视培养学生自治能力，要求言行相符，学以致用；勤于美化学习环境，好栽花木，每逢蒲节，校园里枣花盛开，清香满院，其友张友竹为塾题《枣香书屋》额。他不图名利，不阿官场，深得时人称誉，为大芦塘教育事业中有贡献、有名望的老前辈。他好诗文，工书法，左手能写大字，且苍劲端庄。他关心人民疾苦，光绪十三年（1887），组织群众抗震救灾，渡过难关；二十一年，青海、河州反清回民犯红水，他动员群众治理城防，保境安民。见1996年版《景泰县志》。

## 雷 镒

雷镒，清宁州（今甘肃宁县）蒋邑堡人。同治七年（1868）回匪陷堡，镒逃出，闻父被执，反至贼营，求以身代父死，贼不许。曰："释吾父有银若干，当尽献。"贼喜从之。及索银则骂曰："汝等罪当万死，尝欲索银，作反具耶？"遂遇害。《光绪甘肃新通志·忠节》。见《地方志人物传记资料丛刊·西北卷》第13册。

## 雷文奎

雷文奎，字聚五，甘肃临夏人。小楷法钟王。《临夏文史资料选辑》4。见《中国美术家人名辞典》（补遗一编）。

## 雷启霖（1905—1994）

雷启霖，字润生。宁夏平罗人。祖籍甘肃靖远县，曾祖父时逃难到平罗惠农尾闸村定居。父亲雷章汗曾在宁夏府中学读书，毕业后在平罗县城任小学教员。辛亥革命兴起后，清军残部前来平罗镇压，父亲惨遭杀害。雷启霖便随三爹雷冲汗生活。1916 年开始上学。1926 年被保送到西安中山学院，后考入北平中国大学。1934 年秋大学毕业返回宁夏，先后在宁夏中学、中卫中学任教。1938 年春在国民党宁夏党部任民运科长，后到陕西武功西北农学院任教。1946 年 9 月参加在南京召开的国民党制宪国大代表大会。1948 年加入中国国民党革命委员会。1949 年宁夏解放后，参与银川市协商委员会的筹备工作并任秘书长。1950 年 9 月当选为宁夏省第一届协商委员会委员和秘书长，兼任宁夏抗美援朝分会副主席。先后任宁夏民政厅副厅长、银川专员公署副专员、自治区民政厅副厅长。"文革"期间遭受冲击，1978 年 12 月恢复工作。历任中国国民党革命委员会中央委员、民革宁夏省委委员、宁夏协商会秘书长、银川协商会秘书长。民革宁夏自治区委员会副主任委员、主任委员，自治区民政厅副厅长，自治区一届至六届政协副主席，自治区人大代表、常委，二届至四届全国人大代表，五届至七届全国政协委员。见《中共石嘴山历史资料汇编》（1919—1949）。1999 年版《惠农县志》有传。

# 人名索引

雷超元〔清〕

雷朝圣〔明〕

雷朝亭〔清〕

雷潮夫妇〔南宋〕

雷潮宗〔明〕

雷车容等〔西魏〕

雷成〔北宋〕

雷成基〔清〕

雷成鲲〔清〕

雷成朴〔近代〕

雷成琪〔清〕

雷成睿〔明〕

雷成五〔近现代〕

雷成元〔近代〕

雷诚〔明 崇阳〕

雷诚〔明 丰城〕

雷承德〔清〕

雷承昊〔北宋〕

雷承宪〔清〕

雷乘龙〔北魏〕

雷澂〔现代〕

雷池昆〔清〕

雷炽〔北魏〕

雷冲〔明〕

雷冲汉〔清〕

雷冲霓〔清〕

雷冲霄〔清 大荔〕

雷冲霄〔清 平遥〕

雷翀〔明 常熟〕

雷翀〔明 郃阳〕

雷翀〔明 宁化〕

雷翀霄〔清〕

雷崇礼〔清〕

雷崇修〔近代〕

雷崇周〔现代〕

雷丑助〔南宋〕

雷楚材〔清〕

雷楚珪〔唐〕

雷楚佐〔明〕

雷春〔明〕

雷春华〔清〕

雷春鸣〔清〕

雷春沼〔清〕

雷纯〔清〕

雷淳〔清〕

雷次淮〔近现代〕

雷次宗〔南朝·宋〕

雷璁〔清〕

雷从民〔现代〕

雷从显〔明〕

雷漇〔南宋〕

雷凑使〔现代〕

雷翠英〔清〕

雷存德〔近代〕

雷洖〔清〕

雷蹉屠等〔前秦〕

第二字 D

雷大柏〔清〕

雷大备〔清〕

雷大才〔清〕

雷大道〔明〕

雷大芳〔清〕

雷大据〔北宋〕

雷大烈〔清〕

雷大鸣〔清〕

雷大升〔清〕

雷大通〔金〕

雷大错〔清〕

雷大晓〔清〕

雷大应〔清〕

雷大瀛〔清〕

雷大震〔明 中医〕

雷大震〔南宋 拨发官〕

雷大震〔清 中医〕

雷大镇〔清〕

雷大柱〔清〕

雷大壮〔明 宝庆〕

雷大壮〔明 上蔡〕

雷代述〔清〕

雷代诒〔清〕

雷道赐〔南朝·宋〕

雷道矩〔北宋〕

雷道勤〔南朝·陈〕

雷道升〔金〕

雷道生等〔北周〕

雷道之〔南宋〕

雷得昌〔明〕

雷德〔现代〕

雷德备〔唐〕

雷德复〔明〕

雷德刚〔清〕

雷德翰〔明〕

雷德宏〔明〕

雷德焕〔清〕

雷德进〔南宋〕

雷德久〔清〕

雷德诠〔元〕

雷德容〔现代〕

雷德润〔元〕

雷德田〔现代〕

雷德骧〔北宋〕

雷德逊〔北宋〕

雷德琊〔清〕

雷德谊〔元〕

雷德源〔北宋〕

雷德忠〔清〕

雷登朝〔明〕

雷登阁〔清〕

雷登甲〔近代〕

雷迪〔北宋〕

雷棣荣〔清〕

雷禛〔隋〕

雷电〔近代 蒲城〕

雷电〔明 恩县〕

雷电〔清 宁化〕

雷电辉〔清〕

雷垫〔明〕

雷殿安〔清〕

雷殿直〔北宋〕

雷錞〔晋〕

雷鼎甲〔清〕

雷定〔东汉〕

雷定真〔唐〕

雷东生〔清〕

雷动化〔清〕

雷动旸〔清〕

雷动之〔清〕

雷笃万〔清〕

雷度〔南宋〕

雷端午〔南宋〕

雷敦苏〔清〕

雷敦五〔清〕

雷燉〔元〕

雷多寿〔清〕

雷铎〔金〕

雷铎〔清〕

## 第二字 E

雷恶地〔后秦〕

雷恩钧〔现代〕

雷尔杰〔清〕

雷尔卿〔清〕

雷尔骧〔清〕

## 第二字 F

雷发〔金 浑源〕

雷发〔近代 长安〕

雷发〔明 安远〕

雷发财〔清〕

雷发达〔清〕

雷发聋〔近代〕

雷发庆〔清〕

雷法达等〔北魏〕

雷法生等〔北魏〕

雷法英〔明〕

雷法章〔现代〕

雷方春〔元〕

雷方声〔清〕

雷方运〔清〕

雷方震〔清〕

雷芳〔明〕

雷枋〔元〕

雷飞鸣〔明〕

雷飞鹏〔近现代〕

雷沸〔清〕

雷奋〔近代〕

雷丰〔南宋 盱江〕

雷丰〔清 浦城〕

雷丰〔清 西安〕

雷丰等〔北魏〕

雷丰声〔清〕

雷风恒〔清〕

雷风云〔近代〕

雷封〔清〕

雷锋〔当代〕

雷逢源〔清〕

雷讽〔唐〕

雷凤鼎〔近代〕

雷凤至〔明 孝子〕

雷凤至〔清 学正〕

雷夫龙等〔前秦〕

雷伏爱等〔唐〕

雷伏娥等〔西魏〕

雷孚〔宋〕

雷浮庭〔清〕

雷福春〔近代〕

雷福德〔后晋〕

雷福荣〔现代〕

雷府君〔唐〕

雷辅天〔清〕

雷妇师氏〔金〕

雷复〔明 金县〕

雷复〔明 宁远〕

雷复〔南宋 建安〕

雷复等〔元〕

雷复乾〔现代〕

雷复始〔清 嵩县〕

雷复始〔元 河中〕

雷复豫〔明〕

雷复震〔清〕

### 第二字 G

雷陔〔晋〕

雷敢〔现代〕

雷高捷〔近代〕

雷杲〔明〕

雷镐〔元〕

雷公〔上古〕

雷公达〔宋〕

雷功掌〔近代〕

雷攻〔现代〕

雷恭〔明〕

雷栱〔元〕

雷鼓英〔明〕

雷观〔宋 丰城〕

雷观〔元 河中〕

雷瑄〔金〕

雷瓘〔北宋〕

雷光地〔清〕

雷光甸〔清〕

雷光定〔南宋〕

雷光发〔近代〕

雷光焕〔近代〕

雷光庭〔南宋〕

雷光霆〔元〕

雷光熙〔现代〕

雷光业〔清〕

雷光宇〔近现代 浏阳〕

雷光宇〔清 重庆〕

雷光远〔宋〕

雷光赞〔清〕

雷光胄〔宋〕

雷广炽等〔隋〕

雷圭元〔现代〕

雷贵〔元〕

雷贵才〔近代〕

雷贵姬〔北魏〕

雷桂〔清〕

雷国楚〔清〕

雷国福〔清〕

雷国楫〔清〕

雷闻〔近现代〕

### 第二字 H

雷海〔唐〕

雷海清〔近现代 中医〕

雷海清〔唐 乐师〕

雷海宗〔现代〕

雷亥郎妻文氏〔北魏〕

雷瀚〔明 丰城〕

雷瀚〔清 福建〕

雷瀚〔现代 上杭〕

雷汉仁〔北魏〕

雷杭〔宋 永修〕

雷杭〔元 建安〕

雷浩〔明〕

雷和〔清 正宁〕

雷和〔元 秦州〕

雷贺〔明〕

雷鹤云〔近代〕

雷亨坤〔清〕

雷恒〔近代 中江〕

雷恒〔明 陈州〕

雷恒〔清 嘉禾〕

雷恒〔清 渭南〕

雷恒〔清 新建〕

雷恒成〔现代〕

雷恒焱〔近代〕

雷衡〔唐〕

雷衡信〔元〕

雷轰〔明〕

雷弘宇〔清〕

雷宏华〔清〕

雷宏儒〔清〕

雷宏震〔清〕

雷虹玉〔清〕

雷竑〔南宋〕

雷洪〔现代〕

雷洪畴〔近现代〕

雷洪俦等〔北周〕

雷洪畴兄弟〔近代〕

雷鈜〔南宋〕

雷鸿〔明〕

雷鸿堃〔现代〕

雷铉〔清〕

雷虎〔清〕

雷花头等〔北魏〕

雷华〔晋〕

雷华〔清 建安〕

雷华〔清 桐城〕

雷华万〔清〕

雷华玉〔清〕

雷铧〔明〕

雷化鳞〔明〕

雷化龙〔明 清流〕

雷化龙〔清 辽东〕

雷化龙〔清 三河〕

雷欢引等〔北周〕

雷涣〔北魏〕

雷焕〔唐 制琴家〕

雷焕〔西晋 丰城令〕

雷焕光〔清〕

雷焕然〔清〕

雷焕猷〔近代〕

雷焕章〔南宋〕

雷晖〔五代〕

雷辉郢〔清〕

雷辉〔清〕

雷廻姬〔北魏〕

雷会〔唐〕

雷惠远〔清〕

雷慧祖等〔隋〕

雷浑〔唐〕

第二字 J

雷机〔元〕

雷跻堂〔近现代〕

雷稽古〔明〕

雷吉生〔明〕

雷纪臣〔近代〕

雷纪明〔清〕

雷际泰〔清〕

雷济〔明 赣县〕

雷济〔南宋 不明籍〕

雷济纯〔清〕

雷济怀〔清〕

雷济民〔明〕

雷济兄弟〔明〕

雷继晖〔宋〕

雷继贤〔清〕

雷继远〔南宋〕

雷继祖〔清〕

雷继尊〔清〕

雷加赤〔明〕

雷浃并〔金〕

雷家春〔清〕

雷家瑞〔清〕

雷家玮〔清〕

雷家玺〔清〕

雷嘉祥〔明〕

雷甲〔北宋〕

雷监〔明〕

雷兼山〔清〕

雷简夫〔北宋〕

雷见龙〔清〕

雷剑秋〔近代〕

雷涧〔明〕

雷鉴莹〔清〕

雷蛟〔明〕

雷洁〔明〕

雷洁琼〔现代〕

雷捷〔明〕

雷金榜〔清〕

雷金科〔明〕

雷金声〔明〕

雷金玉〔清〕

雷进〔宋〕

雷进才〔北宋〕

雷近溪〔明〕

雷晋琳〔近代〕

雷晋龄〔清〕

雷晋美〔清〕

雷晋乾〔现代〕

雷晋日〔清〕

雷晋笙〔近现代〕

雷晋士〔清〕

雷晋暹〔明〕

雷晋瑜〔清〕

雷晋泽〔清〕

雷揩〔清〕

雷缙〔明〕

雷瑨〔近代〕　　雷觉世〔近代〕　　雷恪〔近现代〕

雷觐光〔清〕　　雷爵〔明〕　　　雷孔文〔明〕

雷经天〔现代〕　　雷爵臣〔北宋〕　　雷况〔北宋〕

雷惊〔明〕　　　雷君亮〔南宋〕　　雷况〔唐〕

雷惊百〔现代〕　　雷君祥〔近代〕　　雷奎〔元〕

雷景从〔后梁〕　　雷俊〔明〕　　　雷逵〔明〕

雷景凤〔清〕　　雷俊士〔明〕　　雷崑〔清〕

雷景焕〔南宋〕　　雷俊彦〔明〕　　雷塈祥〔近代〕

雷景郎等〔隋〕　　雷俊章〔清〕　　雷廓〔唐〕

雷景滂〔金〕　　雷峻〔清〕

雷景鹏〔清〕　　雷浚〔清〕　　　　第二字 L

雷景行〔清〕　　雷骏鸣〔明〕　　雷览仁等〔唐〕

雷景修〔清〕　　雷骏声〔清〕　　雷郎兴〔北周〕

雷景遇〔清〕　　雷竣〔明〕　　　雷浪六〔现代〕

雷景中〔唐〕　　　　　　　　　　雷老〔明〕

雷儆〔元〕　　　　第二字 K　　　雷乐〔明〕

雷竞振〔清〕　　　　　　　　　　雷乐善〔清〕

雷敬〔明〕　　　雷开〔商〕　　　雷礼〔明〕

雷敬儿〔清〕　　雷开登〔明〕　　雷礼禄〔清〕

雷靖〔南宋〕　　雷开发〔明〕　　雷礼门〔明〕

雷静元〔清〕　　雷开天〔清〕　　雷礼生〔清〕

雷静贞〔现代〕　　雷开瑄〔现代〕　　雷理卿〔近代〕

雷境〔明〕　　　雷恺〔近现代〕　　雷鲤〔明〕

雷炯〔明 丰城〕　　雷康〔元〕　　　雷立法〔现代〕

雷炯〔清 洛宁〕　　雷抗〔北宋〕　　雷栎〔元〕

雷九〔清〕　　　雷可权〔清〕　　雷砺琼〔现代〕

雷九专〔金〕　　雷可升〔清〕　　雷莲〔清〕

雷就〔南宋〕　　雷可章〔清〕　　雷莲伯〔近代〕

雷巨声〔现代〕　　雷克明〔现代 沔阳〕　　雷良〔清〕

雷珏〔唐〕　　　雷克明〔现代 武功〕　　雷良弼〔清〕

雷觉民〔宋〕　　雷克修〔清〕　　雷良翰〔清〕

雷克震〔清〕

雷良能〔清〕　　　　雷毛姑〔明〕　　　　雷鸣夏〔明 有著述〕

雷良树〔清〕　　　　雷茂林〔近代 亳州〕　雷鸣夏〔清 大荔〕

雷亮〔明〕　　　　　雷茂林〔清 邵阳〕　　雷鸣夏〔清 狄道〕

雷临〔宋〕　　　　　雷懋德〔清〕　　　　雷鸣夏〔清 华阴〕

雷临亨〔元〕　　　　雷门英〔明〕　　　　雷鸣夏〔清 正宁〕

雷霖〔明〕　　　　　雷梦得〔南宋〕　　　雷明香等〔北周〕

雷灵雨〔明〕　　　　雷梦麟〔明〕　　　　雷明祥〔现代〕

雷玲〔现代〕　　　　雷梦泽〔明〕　　　　雷鸣霄〔近现代〕

雷零〔明〕　　　　　雷绵祚〔明〕　　　　雷名扬〔清 赣县〕

雷令〔明〕　　　　　雷勉〔北宋〕　　　　雷名扬〔现代 永兴〕

雷缪孙〔清〕　　　　雷民望〔明〕　　　　雷鸣阳〔明 永宁〕

雷六御〔清〕　　　　雷明〔明〕　　　　　雷鸣阳〔清 崇义〕

雷龙〔明 巩昌〕　　　雷鸣〔明 三原〕　　　雷鸣矣〔清〕

雷龙〔现代 璧山〕　　雷鸣〔清 咸宁〕　　　雷鸣瀛〔近代〕

雷龙海〔近代〕　　　雷鸣〔现代 耒阳〕　　雷鸣玉〔现代〕

雷龙济〔南宋〕　　　雷鸣陛〔明〕　　　　雷鸣豫〔清〕

雷卢俊〔唐〕　　　　雷鸣春〔明 安庆〕　　雷鸣泽〔现代〕

雷篆等〔西魏〕　　　雷鸣春〔明 怀宁〕　　雷明智〔近代〕

雷鸾〔唐〕　　　　　雷鸣春〔明 耒阳〕

雷乱清〔南朝·梁〕　　雷鸣春〔明 临桂〕　　　第二字 N

雷轮〔清〕　　　　　雷鸣春〔明 鄱阳〕

雷嵛〔清〕　　　　　雷鸣春〔清 奉新〕　　雷乃发〔清〕

雷履平〔现代〕　　　雷鸣春〔清 铅山〕　　雷乃欣等〔清〕

雷履泰〔清〕　　　　雷鸣皋〔清〕　　　　雷乃元〔清〕

雷履祥〔清〕　　　　雷明德〔近现代 洛阳〕　雷男妃等〔隋〕

　　　　　　　　　　雷明德〔清 沈阳〕　　雷铙〔清〕

　　　第二字 M　　　雷明府等〔隋〕　　　雷能胜〔南朝·梁〕

　　　　　　　　　　雷明姬〔隋〕　　　　雷牛〔唐〕

雷买德〔北魏〕　　　雷名杰〔清〕

雷买德〔东魏〕　　　　　　　　　　　　　　第二字 P

雷买奴〔西魏〕　　　雷鸣鲁〔清〕

雷满〔唐〕　　　　　雷鸣时〔明〕　　　　雷攀桂〔清〕

　　　　　　　　　　　　　　　　　　　　雷攀龙〔明〕

雷雾〔南宋〕

雷逢〔西晋〕

雷逢年〔北宋〕

雷培株〔清〕

雷沛鸿〔近现代〕

雷沛霖〔清〕

雷沛涛〔近现代〕

雷沛泽〔近代〕

雷佩〔清〕

雷佩芝〔现代〕

雷彭源〔清〕

雷鹏〔清〕

雷鹏飞〔南宋〕

雷辟〔清〕

雷平周〔北宋〕

雷婆思〔南北朝〕

雷普明〔明〕

雷溥〔北宋〕

## 第二字 Q

雷祁〔南宋〕

雷奇〔后秦〕

雷琦〔北宋〕

雷麒〔明〕

雷其澄〔清〕

雷麒生〔清〕

雷启鳌〔明〕

雷启东〔明 湖广〕

雷启东〔明 新宁〕

雷启东〔明 仪封〕

雷启霖〔近代〕

雷启泮〔清〕

雷启鹏〔现代〕

雷启荣〔南宋〕

雷启祥〔清〕

雷启秀〔清〕

雷启瀛〔清〕

雷启员〔明〕

雷启蛰〔清〕

雷起剑〔明〕

雷起龙〔明 井研〕

雷起龙〔明 通州〕

雷起龙〔元 永修〕

雷起四〔明〕

雷起祥〔清〕

雷起云〔现代〕

雷起蛰〔明〕

雷迁〔东汉〕

雷谦〔清〕

雷千户〔南宋〕

雷乾纲〔明〕

雷潜〔明 建安〕

雷潜〔明 新宁〕

雷樵阳〔明〕

雷钦〔现代〕

雷青云〔清 崇阳〕

雷青云〔清 临武〕

雷清〔明 澄城〕

雷清女等〔西魏〕

雷清琦〔清〕

雷庆〔明〕

雷庆云〔清〕

雷屈弱等〔北周〕

雷去危〔南宋〕

雷群〔后燕〕

## 第二字 R

雷仁〔明 贵池〕

雷仁〔明 蓝山〕

雷仁〔清 宁朔〕

雷仁育〔清〕

雷仁智〔唐〕

雷稔〔明〕

雷日棠〔近现代〕

雷荣标等〔西魏〕

雷荣德〔近代〕

雷荣珂〔现代〕

雷輓〔清〕

雷如〔清〕

雷如合〔清〕

雷如昆〔明〕

雷汝岑〔清〕

雷汝器〔清〕

雷汝清〔清〕

雷瑞光〔清〕

雷瑞生〔现代〕

雷润〔明〕

雷弱儿〔前秦〕

## 第二字 S

雷三益〔南宋〕

雷森〔近代〕

雷僧等〔北周〕

雷埏〔元〕 雷声震〔清〕 雷士奇〔近现代〕

雷善堂〔现代〕 雷绳武〔清〕 雷士桢〔明〕

雷上儒〔明〕 雷胜〔北宋〕 雷氏〔北宋 雷州〕

雷上声妻〔明〕 雷师〔南宋〕 雷氏〔北宋 收藏家〕

雷尚珂兄弟〔明〕 雷师易〔金〕 雷氏〔北宋 苏晖妻〕

雷韶〔明〕 雷石榆〔现代〕 雷氏〔北宋 张延遒妻〕

雷韶杰〔现代〕 雷时〔清〕 雷氏〔北魏 拓跋衍母〕

雷少颖〔唐〕 雷时登〔清〕 雷氏〔东晋 王导妾〕

雷绍〔北魏 武川镇〕 雷时惠〔清〕 雷氏〔金 丁倅妻〕

雷绍〔南宋 建安〕 雷时惠〔元〕 雷氏〔明 刘长庚妾〕

雷绍〔唐 蜀〕 雷时举〔元〕 雷氏〔南宋 进贤〕

雷绍康〔现代〕 雷时明〔元〕 雷氏〔南宋 曾应龙妻〕

雷绍璞〔现代〕 雷时清〔元〕 雷氏〔三国 鄱阳〕

雷绍荣〔清〕 雷时声〔明〕 雷氏〔唐 魏府君妻〕

雷绍宗〔清〕 雷时夏〔清〕 雷氏〔元 孛术鲁远妻〕

雷申锡〔南宋〕 雷时祥〔清〕 雷氏〔元 王义妻〕

雷绅〔元〕 雷时行〔明〕 雷氏〔元 燕公楠母〕

雷审等〔北宋〕 雷时震〔明〕 雷世方〔南宋〕

雷慎行〔清〕 雷时蒸〔清〕 雷世猛〔唐〕

雷慎言〔清〕 雷时中〔明 建安〕 雷世明〔南宋〕

雷升〔明 辽东〕 雷时中〔南宋 武昌〕 雷世守〔清〕

雷升〔清 太湖〕 雷时中〔清 蓝山〕 雷世旺〔清〕

雷升〔元 富州〕 雷时忠〔元〕 雷世贤〔南宋〕

雷升卿〔南宋〕 雷识律〔现代〕 雷世兴〔近代〕

雷升云〔近现代〕 雷铽〔清〕 雷世瑄〔清〕

雷生〔唐〕 雷始奋〔明〕 雷世忠〔南宋〕

雷声〔明 禹城〕 雷始声〔明 商州〕 雷仕颉〔清〕

雷声澂〔清〕 雷始声〔清 太湖〕 雷仕清〔明〕

雷声纯〔清〕 雷士宏〔清〕 雷仕檀〔明〕

雷声迏〔清〕 雷士吉〔明〕 雷仕枏〔明〕

雷声远〔现代〕 雷士俊〔明〕 雷首〔清〕

雷寿等〔西魏〕

雷寿民〔北宋〕

雷寿南〔清〕

雷寿彭〔近现代〕

雷寿荣〔近现代〕

雷寿松〔北宋〕

雷寿之〔北宋〕

雷受明〔宋〕

雷授〔东汉〕

雷叔闻〔明〕

雷淑性〔现代〕

雷舒和〔清〕

雷述〔明〕

雷述三〔现代〕

雷树蕃〔现代〕

雷树垣〔近代〕

雷澍棠〔清〕

雷澍万〔清〕

雷水镜〔现代〕

雷顺〔元〕

雷说〔北宋〕

雷烁〔元〕

雷硕〔南宋〕

雷思〔金〕

雷思逮〔清〕

雷思霈〔明〕

雷思齐〔南宋〕

雷思起〔清〕

雷思泰〔明〕

雷四郎〔唐〕

雷嗣卿〔金〕

雷嗣庆〔南宋〕

雷嗣尚〔近现代〕

雷嗣文〔北宋〕

雷松筠〔清〕

雷崧生〔现代〕

雷宋臣〔北宋〕

雷肃之〔南朝·宋〕

雷璲〔南宋〕

雷燧〔元〕

雷鐩〔明〕

第二字 T

雷太初〔明〕

雷太和〔明〕

雷泰亨〔元〕

雷太平〔现代〕

雷谭〔三国〕

雷昙畅〔北魏〕

雷坦健〔清〕

雷堂〔明〕

雷腾霄〔清〕

雷腾云〔清〕

雷天宝等〔北魏〕

雷天铎〔清〕

雷天何〔近现代〕

雷天觉〔现代〕

雷天民〔北宋〕

雷天明〔现代〕

雷天生等〔北魏〕

雷天寿〔近代〕

雷天锡〔北宋 泰和〕

雷天锡〔宋 孝子〕

雷天扬〔近代〕

雷天一〔近现代〕

雷天有〔西晋〕

雷天则〔南宋〕

雷天柱〔清〕

雷天壮〔近现代 宣化〕

雷天壮〔清 渭南〕

雷天作〔金〕

雷添喜〔清〕

雷添祥〔元〕

雷填〔明〕

雷铁城〔北宋〕

雷铁崖〔近代〕

雷廷兰〔清〕

雷廷外聘妻侯氏〔清〕

雷廷秀〔清〕

雷廷珍〔近代〕

雷庭瑞〔近代〕

雷霆〔南宋 建安〕

雷霆〔清 无极〕

雷霆〔现代 祁阳〕

雷霆震〔明〕

雷珽〔清〕

雷通〔明 无为〕

雷通〔明 商州〕

雷通〔元 广西〕

雷通群〔近现代〕

雷同升〔明〕

雷同声〔明〕

雷铜〔东汉〕

427

雷统信〔现代〕

雷屯〔明〕

### 第二字 W

雷畹〔清〕

雷万春〔南宋 进士〕

雷万春〔唐 将军〕

雷万可〔清〕

雷万兴〔唐〕

雷万尊等〔北朝〕

雷汪度〔清〕

雷王保〔晋〕

雷望蓬〔清〕

雷威〔唐〕

雷维翰〔清〕

雷维洛〔清〕

雷维霈〔清〕

雷维垣〔清〕

雷蔚琛〔清〕

雷蔚瑞〔清〕

雷温〔明〕

雷文〔明 仪封〕

雷文〔唐 蜀〕

雷文伯〔北周〕

雷文成〔唐〕

雷文富〔现代〕

雷文刚〔宋〕

雷文海〔清〕

雷文焕〔清〕

雷文基〔清〕

雷文可等〔明〕

雷文奎〔现代〕

雷文楣〔清〕

雷文模〔清〕

雷文清〔现代〕

雷文柔〔南朝·后梁〕

雷文儒〔金〕

雷文瑞〔宋〕

雷文棠〔近现代〕

雷文韬〔明〕

雷文蔚〔清〕

雷文燮〔现代〕

雷文行〔近代〕

雷文兴〔现代〕

雷文扬〔唐〕

雷文英〔宋〕

雷文渊〔清〕

雷文中〔清〕

雷闻驱〔清〕

雷雯〔明 上蔡〕

雷雯〔清 宁化〕

雷雯溥〔清〕

雷五安〔西魏〕

雷五福〔清〕

雷五堃〔近代〕

雷务衡〔现代〕

### 第二字 X

雷希程〔清〕

雷希颜〔现代〕

雷希有等〔唐〕

雷息〔唐〕

雷锡晋〔清〕

雷熙春〔近现代〕

雷席珍〔清〕

雷禧〔元〕

雷先春〔清〕

雷先攀〔清〕

雷贤钟〔现代〕

雷咸〔唐〕

雷显〔明〕

雷显才〔近代〕

雷显和〔北齐〕

雷显忠〔北宋〕

雷显宗〔清〕

雷显祚〔明〕

雷现〔南吴〕

雷现〔清〕

雷宪〔北宋〕

雷宪瑞〔现代〕

雷献彩〔清〕

雷献瑞兄弟〔近现代〕

雷相〔北齐〕

雷香妙等〔隋〕

雷香香等〔隋〕

雷庠〔北宋〕

雷祥〔宋〕

雷祥云〔清〕

雷橡荣〔清〕

雷霄〔唐〕

雷小豹等〔北周〕

雷晓斋〔近现代〕

雷镱〔清〕

雷孝恭〔北宋〕　雷修〔金〕　雷亚霆〔现代〕

雷孝杰〔北宋〕　雷秀〔北宋〕　雷延昌〔清〕

雷孝若〔北宋〕　雷秀实〔金〕　雷延德等〔唐〕

雷孝孙〔北宋〕　雷嘘和〔清〕　雷延赋兄弟〔北宋〕

雷孝先〔北宋〕　雷绪〔东汉〕　雷延鲁〔后唐〕

雷孝绪〔北宋〕　雷轩成〔清〕　雷延美〔唐〕

雷孝友〔南宋〕　雷宣〔北宋 宁化〕　雷延寿〔近现代〕

雷校〔清〕　雷宣〔清 铅山〕　雷延显〔元〕

雷效曾〔清〕　雷宣化〔清〕　雷延珍〔清〕

雷效先〔清〕　雷宣义〔元〕　雷炎〔现代〕

雷啸岑〔现代〕　雷瑄〔明〕　雷研〔宋〕

雷敩〔南朝·宋〕　雷烜〔元〕　雷颜芬妻冯氏〔唐〕

雷协〔宋〕　雷学〔元〕　雷俨〔北宋 连州〕

雷爕〔明 瓯宁〕　雷学淦〔清〕　雷俨〔宋 不明籍〕

雷爕〔清 通州〕　雷学海〔清〕　雷俨〔唐 蜀〕

雷信孔〔近代〕　雷学淇〔清〕　雷衍祖〔清〕

雷星〔后秦〕　雷学谦〔清〕　雷琰〔清〕

雷星汉〔清〕　雷学涛〔清〕　雷缤〔明〕

雷星阶〔现代〕　雷学尹〔明〕　雷缤祚〔明〕

雷星恺〔清〕　雷巡检〔元〕　雷彦〔近代〕

雷星南〔近代〕　雷询〔唐〕　雷彦恭〔五代〕

雷行章〔明〕　雷恂〔明〕　雷彦国〔南宋〕

雷行之〔南宋〕　雷珣〔北宋〕　雷彦威〔五代〕

雷兴〔清〕　雷迅〔近代 开县〕　雷彦兴〔宋〕

雷兴翰〔现代〕　雷迅〔明 丰城〕　雷彦雄〔南宋 不明籍〕

雷兴侃〔清〕　雷迅〔明 青浦〕　雷彦雄〔五代 武陵〕

雷兴山〔清〕　雷迅〔唐 蜀〕　雷焱〔清〕

雷兴智〔近代〕　雷阳父〔元〕

雷兴祖〔南宋〕　**第二字 Y**　雷仰汤〔现代〕

雷幸考〔近代〕　雷尧〔北宋〕

雷雄〔现代〕　雷押牙〔五代〕　雷尧弼〔北宋〕

雷亚东〔现代〕

429

雷耀〔清〕　　　　雷镒〔近代〕　　　　雷英〔近现代〕

雷野僧〔明〕　　　雷翼极〔清〕　　　　雷英夫〔现代〕

雷邺〔唐〕　　　　雷殷〔近现代 邕宁〕　雷英胜〔清〕

雷一凤〔明〕　　　雷殷〔清 嘉禾〕　　　雷膺〔元〕

雷一龙〔清〕　　　雷殷符〔唐〕　　　　雷膺母侯氏〔金〕

雷一鸣〔清〕　　　雷殷荐〔清〕　　　　雷膺祚〔明〕

雷一声〔近现代 福安〕　雷殷南〔清〕　　雷迎晖〔清〕

雷一声〔明 鳌屋〕　雷寅〔清 高安〕　　雷盈〔南宋〕

雷一声〔元 不明籍〕　雷隐翁〔北宋〕　　雷莹〔清〕

雷一柱〔清〕　　　雷应〔清〕　　　　雷瀛〔明 丰城〕

雷伊〔清〕　　　　雷应昌〔北宋〕　　　雷瀛〔近现代 嘉禾〕

雷宜中〔南宋〕　　雷应畅〔清〕　　　　雷颖〔现代〕

雷宜祚〔清〕　　　雷应春〔南宋 郴州〕　雷映〔明〕

雷颐恭〔元〕　　　雷应春〔明 清流〕　　雷暎〔明〕

雷颐敬〔元〕　　　雷应科〔明〕　　　　雷墉〔元〕

雷颐正〔元〕　　　雷应龙〔明〕　　　　雷颙〔明〕

雷颐忠〔元〕　　　雷应隆〔清〕　　　　雷永弼〔明〕

雷乙〔元〕　　　　雷应奇〔明〕　　　　雷永道〔清〕

雷以动〔清 郐阳〕　雷应乾〔明 江陵〕　　雷永富〔近代〕

雷以动〔清 松滋〕　雷应乾〔明 镇箪卫〕　雷永吉〔唐〕

雷以鸣〔清〕　　　雷应时〔明 不明籍〕　雷永鸣〔清〕

雷以仁〔明〕　　　雷应时〔明 济宁〕　　雷永平〔清〕

雷以时〔明〕　　　雷应时〔明 芮城〕　　雷永清〔清〕

雷以堂〔清〕　　　雷应通〔明〕　　　　雷永铨〔现代〕

雷以诚〔近代〕　　雷应霄〔明〕　　　　雷永通〔现代〕

雷义〔东汉〕　　　雷应禹〔明〕　　　　雷永祚〔明〕

雷义胜〔清〕　　　雷应元〔南宋〕　　　雷用霖〔清〕

雷易〔北宋〕　　　雷应云〔南宋〕　　　雷由之〔清〕

雷益明〔南宋〕　　雷应运〔明〕　　　　雷友功〔清〕

雷逸民〔现代〕　　雷应震〔明〕　　　　雷友谅〔元〕

雷逸情〔明〕　　　雷应志〔明〕　　　　雷友直〔北宋〕

雷有邻〔北宋〕　　雷裕〔元〕　　　　雷元昭〔清〕

雷有容〔清〕　　　雷裕榜〔清〕　　　雷元照〔清〕

雷有终〔北宋〕　　雷裕能〔清〕　　　雷元真〔清〕

雷幼初〔清〕　　　雷裕祁〔清〕　　　雷沅〔清〕

雷佑精〔近代〕　　雷裕乾〔清〕　　　雷远〔元〕

雷瑜〔北宋 不明籍〕　雷裕炎〔清〕　　雷曰钫〔清〕

雷瑜〔明 蒲城〕　雷煜〔元〕　　　　雷曰履〔清〕

雷瑜〔现代 邵阳〕　雷毓渭〔清〕　　雷岳〔南汉〕

雷虞龙〔宋〕　　　雷毓秀〔清〕　　　雷钺〔明〕

雷宇仁〔近代〕　　雷遹〔元〕　　　　雷悦〔近现代〕

雷羽上〔明〕　　　雷豫〔北宋 润州〕　雷悦成〔近代〕

雷雨〔明 蒲城〕　雷豫〔南宋 进贤〕　雷悦智兄弟〔清〕

雷雨〔清 澄城〕　雷豫〔清 邰阳〕　　雷跃龙〔明 新兴〕

雷雨才〔清〕　　　雷豫〔元 浑源〕　　雷跃龙〔清 进贤〕

雷雨河〔清〕　　　雷渊〔金〕　　　　雷云〔金 不明籍〕

雷雨江〔清〕　　　雷渊博〔现代〕　　雷云〔明 金州〕

雷雨霖〔清〕　　　雷渊河〔清〕　　　雷云〔南宋 不明籍〕

雷雨润〔清〕　　　雷渊清〔清〕　　　雷云程〔清〕

雷雨施〔近代〕　　雷渊秀〔清〕　　　雷云飞〔近现代〕

雷雨顺〔清〕　　　雷渊智〔现代〕　　雷云孚〔现代〕

雷雨作〔近代〕　　雷元〔元〕　　　　雷云汉〔近代 淮宁〕

雷玉〔明〕　　　　雷元德〔北魏 不明籍〕　雷云汉〔近代 韩城〕

雷玉案〔清〕　　　雷元德〔清 蒲城〕　雷云祺〔现代〕

雷玉姜等〔北周〕　雷元和〔北魏〕　　雷云衢〔明〕

雷玉山〔清〕　　　雷元亨〔清〕　　　雷云西〔近现代〕

雷玉喜〔清〕　　　雷元吉〔近代〕　　雷云翔〔元〕

雷玉映〔清〕　　　雷元利〔清〕　　　雷云震〔现代〕

雷育民〔清〕　　　雷元明〔明〕　　　雷允恭〔北宋〕

雷育芝〔清〕　　　雷元儒〔清〕　　　雷运高〔清〕

雷钰堂〔现代〕　　雷元善〔明〕　　　雷运枢〔近现代〕

雷遇福〔清〕　　　雷元松〔清〕

431

第二字 Z

雷再浩〔近代〕

雷在丙〔清〕

雷在汉〔近现代〕

雷在夏〔清〕

雷在阳〔现代〕

雷在云〔清〕

雷载〔南唐〕

雷赞化〔清〕

雷泽〔北宋 不明籍〕

雷泽〔明 定襄〕

雷泽〔明 泰宁〕

雷泽〔现代 南昌〕

雷泽〔元 丹徒〕

雷占文〔清〕

雷湛〔清〕

雷章〔北宋〕

雷章仪〔清〕

雷昭奭〔北宋〕

雷兆麟〔清〕

雷兆梅〔清〕

雷照〔晋〕

雷照雄〔近代〕

雷肇〔元〕

雷哲〔明〕

雷贞〔北宋〕

雷珍〔明〕

雷桢〔南宋〕

雷祯〔明 新宁〕

雷祯〔元 高陵〕

雷臻璧〔现代〕

雷振〔明 不明籍〕

雷振〔现代 襄阳〕

雷振邦〔清 武举〕

雷振邦〔现代 作曲家〕

雷振芳〔清〕

雷振风〔清〕

雷振纲〔清〕

雷振关〔清〕

雷振华〔现代〕

雷振杰〔现代〕

雷振林〔清〕

雷振南〔现代〕

雷振声〔清 韩城〕

雷振声〔现代 合阳〕

雷振声〔现代 南昌〕

雷振迅〔清〕

雷振瀛〔近代〕

雷振远〔清〕

雷震〔明 新宁〕

雷震〔南宋 干办公事〕

雷震〔南宋 金坛〕

雷震〔南宋 眉州〕

雷震〔南宋 南昌〕

雷震〔宋 统领官〕

雷震〔唐 制琴家〕

雷震〔现代 黄陂〕

雷震〔现代 龙胜〕

雷震〔现代 泸县〕

雷震〔现代 长兴〕

雷震〔元 进贤〕

雷震春〔近代〕

雷震东〔近现代〕

雷震和〔近现代〕

雷震亨〔清 大荔〕

雷震亨〔元 秦州〕

雷震甲〔现代〕

雷震潜〔近现代〕

雷震清〔现代〕

雷震通〔金〕

雷振庚〔南宋〕

雷震远〔近代〕

雷镇华〔清〕

雷镇钰〔清〕

雷征一〔明〕

雷正〔明 新宁〕

雷正〔南宋 西乡〕

雷正〔清 不明籍〕

雷正芳〔近代〕

雷正绩〔明〕

雷正绾〔近代〕

雷正宪〔明〕

雷正新〔清〕

雷正印〔清〕

雷正宇〔明〕

雷政〔清〕

雷之霖〔清〕

雷之屏〔清〕

雷之威〔明〕

雷之荣〔清〕

雷之榆〔清〕

雷之载〔清〕

雷至刚〔清〕 雷周〔北宋〕 雷宗道〔宋〕

雷志〔金 浑源〕 雷周辅〔北宋〕 雷宗林〔现代〕

雷志〔南宋 知军〕 雷周式〔北宋〕 雷宗盛〔清〕

雷志波〔近代〕 雷周询〔北宋〕 雷宗泗〔近代〕

雷志德〔现代〕 雷宙宽〔明〕 雷祖博〔清〕

雷志勤〔南宋〕 雷洙〔南宋〕 雷祖材〔清〕

雷志雄〔清〕 雷柱〔清〕 雷祖昌〔清〕

雷陟〔南宋〕 雷祝平〔现代〕 雷祖迪〔清〕

雷致福〔清〕 雷铸寰〔近现代〕 雷祖述〔明〕

雷致虚〔金〕 雷壮〔清〕 雷缵绪〔清〕

雷智通〔明〕 雷壮衢〔现代〕 雷尊周〔明〕

雷中〔南宋〕 雷倬〔南宋〕 雷遵妃〔北朝〕

雷中魁〔清〕 雷孜〔宋〕 雷镈〔清〕

雷中庆〔北宋〕 雷子成等〔西魏〕 雷作〔宋〕

雷中田〔现代〕 雷子诚〔明〕 雷作和〔清〕

雷忠〔现代〕 雷子纯〔清〕 雷作霖〔清〕

雷钟德〔清〕 雷子发〔南宋〕 雷作敏〔明〕

雷仲〔北宋 库使〕 雷子坚〔明〕

雷仲〔南宋 统制〕 雷子□等〔西魏〕 其　　他

雷仲寰〔明〕 雷子霖〔明〕 方雷氏〔上古〕

雷仲显〔南朝·齐〕 雷子元〔北宋〕 嫘祖〔上古〕

雷仲益〔元〕 雷子质〔明〕 羸恢〔北宋〕

雷仲泽〔金〕 雷紫屏〔现代〕 累虎〔春秋〕

雷众保等〔北魏〕 雷自修〔现代〕 女节〔上古〕

雷重〔后秦〕 雷宗〔明〕

433

# 雷姓主要源流、郡望考

## "方雷氏"考

方雷氏最早出现于《国语》，后多见于姓氏著作。要弄清楚"方雷氏"，必须先了解"方雷"。韦昭注《国语·晋语四》："方雷，西陵氏之姓。"《姓氏考略》："方雷，黄帝妃西陵氏名方雷之后。"《商周金文姓氏通考》。"方雷，历史上的罕见复姓。为黄帝元妃西陵氏方雷的后代，现无此姓。金文方雷是方国名，方雷氏以国为氏。金文方雷氏始见于西周。方雷氏后来简化为雷，雷氏就取代了方雷氏。"《中国历史大辞典·先秦史卷》："方雷氏，传为上古氏族。黄帝次妃女节为方雷氏之女，生青阳（《史记·五帝本纪》司马贞索隐引皇甫谧说）。"《国语》晋语四："青阳，方雷氏之甥也。"《汉书·古今人物表》："方雷氏，黄帝妃，生玄嚣是为青阳。"

《元和姓纂》："雷，方雷氏之后。女为黄帝妃，生玄嚣，盖古诸侯国也。（《秘笈新书》）"〔民国〕守山阁丛书本《古今姓氏书辩证》："雷，出自古诸侯方（案，原本方作万，盖方万形近而讹，依《元和姓纂》改。）雷氏之后，以国为氏，后单姓雷。"《通志·氏族略》："以国为氏，夏商以前国。雷氏，方雷氏之后，女为黄帝妃，生元枵，盖古诸侯之国。"《姓氏急就篇》："方雷氏，《国语》方雷氏注：西陵氏之姓。《帝系》曰：黄帝取于西陵氏曰'累祖'，实生青阳。"《新锲簪缨必用增补秘籍新书》："雷《姓纂》方雷氏之后，女为黄帝妃，生玄嚣，盖古诸侯国也。"《路史》卷十四："韦昭《国语》注云，西陵即方雷，妄矣。按《世纪》：‘方雷氏生青阳。’《大戴礼》：‘西陵生玄嚣，不云是方雷。’而《人物表》：‘西陵氏乃在方雷之后。’盖世以《史记》谬谓：‘青阳为玄嚣，为少昊遂以方雷为嫘祖耳。’”《大戴礼记补注》："青阳，方雷氏之甥也。""青阳也是方雷氏所出己姓。""嫘祖之子是姬姓青阳，即玄嚣也。"《万姓统谱》："雷，冯翊，商音。方雷氏之后，女为黄帝妃，生玄枵。盖古诸侯之国。又望出豫章。"《续文献通考》：黄帝"次妃方累氏生子二人，曰休，曰清。"《古今图书集成·氏族典》："雷姓部汇考，郑樵《通志》以国为氏，夏商以前国。雷氏，方雷氏之后，女为黄帝妃，生元枵，盖古诸侯之国。"《新纂氏族笺释》卷七："雷。冯翊郡，系出方雷氏黄帝臣雷公之后。"《世本·雷学淇校辑本》："淇案：西陵氏。雷姓，炎帝神农氏之诸侯也。""韦昭《国语》注引《帝系》说，谓方雷是西陵之姓，雷累同。此误合黄帝二妃方雷氏与西陵氏为一人也。"

《大宋故雷公（有终）墓志铭》："其先曰方雷氏，女为黄帝妃，是生玄嚣。"方雷氏不仅是雷姓重要源流之一，也是方姓重要源流。《元和姓纂》卷五："方氏，周大夫方叔之后（岑补）。《风俗通》云，方雷氏之后。"主要姓氏著作如：《古今姓氏书辩证》《通志·氏族略》《万姓统谱》等均按此表述。"方雷氏"三个字是一个整体，只有三个字连起来才代表上古氏族名和人名。"方雷"一说是西陵氏之姓，一说是西陵氏之名，一说是历史上罕见复姓。由于"方雷氏"与炎黄同时代，甚至早于黄帝，与其相关的事情只是传说，未见文字记载。以"方雷氏"为始祖属于文化认同，无须过分解读。

## "西羌雷氏"考

由于古代姓氏诸书漏笔，大多数人仅知道雷姓源流为方雷氏，史籍记载和考古发现显示：雷氏另一个重要源流为西羌累姐氏改汉姓雷氏，简称西羌雷氏。

西羌：《后汉书·西羌传》："西羌之本，出自三苗，姜姓之别也。""初，累姐种附汉，迷唐怨之，遂击杀其酋豪，由是与诸种为仇，党援益疏。"这里所谓累姐种，种：部落集团。有的书籍又称为累姐羌。

《中国少数民族史大辞典》："累姐羌，西羌的一支。居河湟间（黄河、湟水、析支河交汇地区）。东汉初附汉，引起烧当羌首领迷唐的不满，遂杀其首领，部众离散。"马长寿《氐与羌》对于古羌族有详尽考述，也许由于累姐羌是小部落，有关累姐羌的姓氏起源、流变、迁徙等描述较少。按《氐与羌》："累姐部落，在赐支河曲。"《赐（析）之河曲之地望考略》："史书载：应劭曰：'《禹贡九州图》称析支属雍州，在河关之西，东去河关千余里，羌人所居，谓之河曲羌也'。'赐支《方舆纪要》谓：西宁卫西南塞外。即《禹贡》所谓析支也。亦曰析支河，羌人居此，谓之河曲。赐支河者，即青海南黄河曲处一部分之名。'"

《羌族种落及其得名理据考察》：累姐种落，"以父名母姓为种姓号。"《〈尔雅·释亲〉札记——论"姐""哥"词义的演变》："先秦蜀人呼母曰姐，是说亲属称谓。汉迄隋有乡姐、荡姐、累姐、弥姐（弥且）等种族，是以母姓为种号。疑二者有联系。"据此，累姐：累，父名；姐，母姓。累姐既是种落名，又是这个种落人的姓氏。但是，迄今为止，没有发现史料中记载有姓累姐的人。《北朝胡姓考·西羌诸姓》："雷氏，惟姓氏诸书，仅谓雷氏为方雷之后，女为黄帝妃，生元嚣云，不言羌族有雷氏。""疑雷氏本西羌累姐种，以种名首音为氏。后世子孙乃附会为黄帝妃嫘祖之裔。"《两晋南北朝至隋碑铭所见羌族姓氏研究》："累姐氏变雷氏。《后汉书·西羌传》载西羌有累姐种，复姓变单姓，取其'累'，并变音为'雷'。"

《十六国春秋·前秦录十》："雷弱儿，南安羌酋也。"《中国历代国家管理辞典》："南安郡，汉代设置的行政区。晋代沿制。属秦州。《晋书·地理志》：'南安郡［汉置，统县三（獂道、新兴、中陶）；户四千三百]。'"

《晋书·载记第十五》："新平羌雷恶地等尽应之，有众十余万。"《中国历代国家管理辞典》："新平郡，汉代设置的行政区。晋代沿置。属雍州。《晋书·地理志》：'新平郡：[汉置。统县二（漆、汾邑）；户二千七百]。'"

《魏书》卷九十四："王遇，字庆时，本名他恶，冯翊李润镇羌也。与雷、党、不蒙俱为羌中强族。自云其先姓王，后改氏钳耳，世宗时复改为王焉。"由此可见，北魏时期雷姓已经为冯翊羌中强族之一。《中

436

国历代国家管理辞典》："冯翊郡，晋代①设置的行政区。隶雍州。《晋书·地理志》：'冯翊郡[汉置，名左冯翊。统县八（临晋、下邦、重泉、频阳、粟邑、莲芍、郃阳、夏阳）；户七千七百]。'"《大清一统志》卷一百九十："李润镇，在府西北，亦曰李润堡。姚秦时为镇戍，后魏太和十一年置华州及华山郡于此，世宗时移治冯翊古城。《寰宇记》：李润镇在奉先县东北五十里。"

西安碑林、耀州药王山，以及陕西一些地方博物馆藏前秦到唐代刻有雷氏人名的碑铭五十余通，马长寿研究了《广武将军碑》《邓太尉祠碑》《雷标等五十人造像碑》《圣母寺四面造像碑》等二十五通，编著《碑铭所见前秦至隋初的关中部族》。按《碑铭所见前秦至隋初的关中部族》："到了乾封年间以后，又经过安史之乱和其他战争，而党项、羌浑、奴剌族又趁机南下，羌村所在的冯翊、澄城、华原（耀州）、富平、同官（铜川）诸县无不被其残扰。在这种情况下，渭北羌民之分崩离析，流落四方，更是无法避免的。虽然如此，渭北的羌民在唐代中叶以后是一天比一天地汉化，最后与汉族人融合为一族，彼此之间无所区别。在宋代明代，关中虽然仍有党、雷、井、屈、和、同、蒙等姓，但他们都是汉族，在政治、经济、文化方面已经看不到有丝毫羌族的因素了。"唐（武周）长寿二年《党□等造像碑》揭示：冯翊郡党氏"外迁"，他们与雷氏等羌人徙至江苏一带。陕西历史博物馆对魏晋南北朝时期雷氏及其他姓氏有专门介绍，馆刊第四辑刊登《魏晋南北朝时期陕西少数民族分布及姓氏》文章。《东汉以来内迁羌族在关中的分布研究》："从东汉开始，羌族民众开始内迁关中，到隋唐最终融入汉族。"

按《中国古代少数民族姓氏研究》："雷氏（累姐氏），雷氏为西羌大姓，望出南安、新平、冯翊等地。"由此可见：西羌雷氏在汉晋南北朝史籍有载，他们部族东汉初附汉，引起烧当羌首领迷唐的不满，遂杀其首领，部众离散。后迁至南安郡、新平郡、北地郡和冯翊郡，以居冯翊郡者最多，形成雷姓郡望——冯翊郡。北魏时期，冯翊郡雷氏为羌中强族之一。隋唐以后冯翊郡（同州）雷姓人逐步融入汉族，成为现代汉族的一部分。

---

① 《元和郡县志》：武帝更名左冯翊，魏除左字，但为冯翊郡，晋因之。

437

## 豫章郡考释

豫章郡是我国古代一个行政区，同时又是熊、罗、雷、谌等姓氏的郡望。郡望是指魏晋至隋唐时每郡显贵的世族，意即世居某郡为当地所仰望。

《辞海》："豫章。（1）古地区名。《左传》杜预注一作'在江北淮水南'〔昭公十三年（公元前 529 年）〕，一作'汉东、江北地名'〔定公四年（前 506 年）〕。后人解释不一：或以为古豫章不止一处，又有淮南、汉东二处，淮南、江南二处，和淮南、汉东、江南三处等说；或以为西起豫鄂间的淮南、汉东，东至皖西的淮南，南包括赣北的鄱阳湖一带都在豫章范围之内；或以为专指今安徽寿县、合肥市一带。（2）郡名。郡：春秋至隋唐时的地方行政区域名。"

《汉书·地理志第八上》："豫章郡，高帝置。莽曰九江。属扬州。户六万七千四百六十二，口三十五万一千九百六十五。县十八：南昌，莽曰宜善。庐陵，莽曰桓亭。彭泽，《禹贡》：彭蠡泽在西。鄱阳，武阳乡右十余里有黄金采。鄱水西入湖汉。莽曰乡亭。历陵，傅易山、傅易川在南，古文以为傅浅原。莽曰蒲亭。余汗，余水在北，至鄡阳入湖汉。莽曰治干。柴桑，莽曰九江亭。艾，修水东北至彭泽入湖汉，行六百六十里。莽曰治翰。赣，豫章水出西南，北入大江。新淦，都尉治。莽曰偶亭。南城，盱水西北至南昌入湖汉。建成，蜀水东至南昌入湖汉。莽曰多聚。宜春，南水东至新淦入湖汉。莽曰修晓。海昏，莽曰宜生。雩都，湖汉水东至彭泽入江，行千九百八十里。鄡阳，莽曰豫章。南野，彭水东入湖汉。安平。侯国。莽曰安宁。"

《后汉书·郡国志四》："豫章郡，高帝置。洛阳南二千七百里。二十一城，户四十万六千四百九十六，口百六十六万八千九百六。南昌。建城。新淦。宜春。庐陵。赣有豫章水。雩都。南野有台领山。南城。鄱阳有鄱水。黄金采。历陵有傅易山。余汗。鄡阳。彭泽彭蠡泽在西。柴桑。艾。海昏侯国。平都侯国，故安平。石阳。临汝永元八年置。建昌永元十六年分海昏置。"

《晋书·地理志下》："豫章郡，汉置。统县十六，户三万五千。南昌。海昏。新淦。建城。望蔡。永修。建昌。吴平。豫章。彭泽。艾。

康乐。丰城。新吴。宜丰。钟陵。"

《旧唐书·地理三》:"洪州上都督府,隋豫章郡。武德五年,平林士弘,置洪州总管府,管洪、饶、抚、吉、虔、南平六州,分豫章置钟陵县。洪州领豫章、丰城、钟陵三县。八年,废孙州、南昌州、米州,以南昌、建昌、高安三县来属。省钟陵、南昌二县入豫章。贞观二年,加洪、饶、抚、吉、虔、袁、江、鄂等八州。显庆四年,督饶、鄂等州。洪州旧领县四,永淳二年,置新吴县。长安四年,置武宁县,又督洪、袁、吉、虔、抚五州。天宝元年,改为豫章郡。乾元元年,复为洪州。旧领县四:豫章、丰城、高安、建昌。户一万五千四百五十六,口七万四千四十四。天宝领县六,户五万五千五百三十,口三十五万三千二百三十一。在京师东南三千九十里,至东都二千二百一十一里。"

综上所述,豫章郡为汉高帝五年(前202)置,治所为今南昌市。汉武帝元狩二年(前121)以后,辖境相当今江西省地。三国魏以后辖境逐渐缩小,南朝陈时包有今江西锦江流域、南昌、樟树等市地。隋开皇九年(589)废。大业及唐天宝、至德时又曾改洪州为豫章郡。乾元元年(758)再称洪州。五代南唐交泰二年(959)升洪州为南昌府。

豫章郡雷氏。汉晋以来,豫章郡雷氏有关史籍、文物班班可考。《后汉书》鄱阳雷义、《晋书》鄱阳雷焕、南昌火车站出土古墓鄱阳雷錩、雷陔,以及永修县出土古墓雷天有。按唐《〈新集天下姓望氏族谱〉考释》:"洪州豫章郡出八姓:罗、雷、熊、除、璩、谌、洪、□。"到了宋代,雷姓依然为豫章地方大姓,《太平寰宇记》卷一百六:"姓氏,豫章郡五姓,熊、罗、雷、谌、章。"


# 冯翊郡考释

冯翊郡是我国古代一个行政区,同时又是雷、党、吉等姓氏的郡望。郡望是指魏晋至隋唐时每郡显贵的世族,意即世居某郡为当地所仰望。

《辞海》:"冯(féng):姓。另见(píng)。辅助。汉代有左冯翊(郡)①,为三辅之一。见《汉书·地理志上》。""翊(yì):辅佐;护

---

① 原文为"左冯翊郡",疑词条有误。

卫。《旧唐书·马燧传》：'翊我戴我，实惟勋贤。'""郡（jùn）：春秋至隋唐时的地方行政区域名。""冯翊"最早与"左"字连用，为"左冯翊"。《汉书·地理志第八上》："左冯翊，故秦内史，高帝元年属塞国，二年更名河上郡，九年罢，复为内史。武帝建元六年分为左内史，太初元年更名左冯翊。"《汉书·百官公卿表第七上》："内史，周官，秦因之，掌治京师。景帝二年分置左（右）内史。右内史武帝太初元年更名京兆尹，属官有长安市、厨两令丞，又都水、铁官两长丞。左内史更名左冯翊，属官有廪牺令丞尉。"由此可见，"左冯翊"是行政区名，又是官职名。

三国魏左冯翊更名为冯翊郡。《元和郡县志》："武帝更名左冯翊，魏除左字，但为冯翊郡，晋因之。"《晋书·地理志上》："冯翊郡，汉置，名左冯翊。统县八，户七千七百。临晋故大荔，秦获之，更名。有河水祠，祠临晋水，故名。下邽秦武公伐邽戎，置有上邽，故加'下'。重泉。频阳秦厉公置，在频水之阳。粟邑。莲芍。合阳。夏阳故少梁，秦惠文王更名。梁山在西北。"

北魏置华州，西魏改冯翊郡为同州。隋治所改武乡为冯翊县（今陕西大荔），元初撤销冯翊县。《旧唐书·地理一》："同州上辅，隋冯翊郡。武德元年，改为同州，领冯翊、下邽、蒲城、朝邑、澄城、白水、合阳、韩城八县。三年，分朝邑置河滨县，分合阳置河西县，分澄城置长宁县。仍割河西、韩城、合阳三县，于河西置西韩州。九年，分冯翊置临沮县。贞观元年，省河滨、临沮二县。八年，省长宁县，废西韩州，以合阳、河西二县来属。垂拱元年，割下邽属华州。开元四年，割蒲城县属京兆府。天宝元年，改同州为冯翊郡。乾元元年，复为同州。乾元三年，以蒲州为河中府；割朝邑县入河中府，改河西县为夏阳县，又属河中府。旧领县九，户五万三千三百一十五，口二十三万二千一十六。天宝领县六，户六万九百二十八，口四十万八千七百五。在京师东北二百五十五里，至东都六百二里。"

据此，冯翊郡三国魏治所临晋（今陕西大荔），北魏移治高陆（今西安高陵）。隋治所又为临晋（今陕西大荔），辖境相当今陕西渭南市韩城、黄龙以南，白水、蒲城以东和渭河以北地区。

冯翊郡雷氏。西安碑林所藏前秦《邓太尉祠碑》《广武将军碑》分

440

别出土于陕西蒲城县和白水县，是目前发现石刻文献记载冯翊郡雷氏最早的史料。《魏书》卷九十四："王遇，字庆时，本名他恶，冯翊李润镇羌也。与雷、党、不蒙俱为羌中强族。"对于"冯翊李润镇"《碑铭所见前秦至隋初的关中部族》《李润镇与晖福寺纪略》有专门考述。隋唐时期，全国政治中心在长安（今西安市），豫章郡雷氏有人迁冯翊郡。按《古今姓氏书辨证》："雷，晋豫章人雷焕为丰城令，后徙冯翊。"《榘庵集·雷经历行状》："远祖自豫章徙冯翊，硕学长德，声烈书于信史。"虽然如此，大量存世碑铭显示，魏晋时期迁居冯翊郡的西羌雷氏，经过民族融合逐步汉化，唐朝后期完全汉化，仍然为冯翊雷氏主体。唐《〈新集天下姓望氏族谱〉考释》："同州冯翊郡出八姓：鱼、吉、党、雷、印、合、力、寇。"到了宋代，雷姓依然为地方大姓，《太平寰宇记》卷二十八："姓氏，冯翊郡五姓，郭、盖、雷、党、吉。"

附录二：

# 参考文献

## 史书类 54 种（按出版时间）

〔宋〕罗泌 著《路史》钦定四库全书 影印本

〔晋〕常璩 撰《华阳国志》钦定四库全书 影印本

〔北魏〕崔鸿 撰《十六国春秋》钦定四库全书 影印本

〔宋〕黄震 撰《古今纪要》钦定四库全书 影印本

〔明〕朱明埋 撰《画史会要》钦定四库全书 影印本

〔清〕乾隆《皇朝通志》钦定四库全书 影印本

〔明〕柯维骐《宋史新编》上海大光书局 民国二十五年版

〔宋〕司马光 编撰〔元〕胡三省 音注《资治通鉴》（全二十册）中华书局 1956 年版

〔清〕徐松 辑《宋会要辑稿》（全八册）中华书局 1957 年版

〔清〕毕沅 编撰 标点续资治通鉴小组 校点《续资治通鉴》（全十二册）中华书局 1957 年版

〔汉〕司马迁 撰〔南朝·宋〕裴骃 集解〔唐〕司马贞 索隐〔唐〕张守节 正义《史记》（全十册）中华书局 1959 年版

〔晋〕陈寿 撰 陈乃乾 校点《三国志》（全五册）中华书局 1959 年版

〔汉〕班固 撰《汉书》（全十二册）中华书局 1962 年版

〔南朝·宋〕范晔 撰〔唐〕李贤 等注《后汉书》（全十二册）中华书局 1965 年版

〔唐〕令狐德棻 等撰《周书》（全三册）中华书局 1971 年版

〔南朝·梁〕萧子显 撰《南齐书》（精装本全二册）中华书局 1972年版

〔唐〕姚思廉 撰《陈书》（全二册）中华书局 1972 年版

〔唐〕李百药 撰《北齐书》（全二册）中华书局 1972 年版

〔唐〕魏征 令狐德棻 撰《隋书》（全六册）中华书局 1973 年版

〔唐〕房玄龄 等撰《晋书》（全十册）中华书局 1974 年版

〔南朝·梁〕沈约 撰《宋书》（全八册）中华书局 1974 年版

〔北齐〕魏收 撰《魏书》（全八册）中华书局 1974 年版

〔唐〕李延寿 撰《北史》（全十册）中华书局 1974 年版

〔宋〕欧阳修 撰〔宋〕徐无党 注《新五代史》（全三册）中华书局 1974 年版

〔清〕张廷玉 等撰《明史》（全二十八册）中华书局 1974 年版

〔唐〕李延寿 撰《南史》（全六册）中华书局 1975 年版

〔后晋〕刘昫 等撰《旧唐书》（全十六册）中华书局 1975 年版

〔宋〕欧阳修 宋祁 撰《新唐书》（全二十册）中华书局 1975 年版

〔元〕脱脱 等撰《金史》（全八册）中华书局 1975 年版

〔宋〕薛居正 等撰《旧五代史》（全六册）中华书局 1976 年版

〔明〕宋濂 等撰《元史》（全十五册）中华书局 1976 年版

〔元〕脱脱 等撰《宋史》（全四十册）中华书局 1977 年版

〔明〕王洙 撰《宋史质》大华书局 1977 年版

赵尔巽 等撰《清史稿》（全四十八册）中华书局 1977 年版

上海师范大学古籍整理组 校点《国语》上海古籍出版社 1978 年版

《大清穆宗毅（同治）皇帝实录》新文丰出版股份有限公司 1978年版

柯劭忞 著《新元史》中国书店 1988 年版

〔明〕廖道南 撰 北京图书馆古籍出版编辑组 编《史部·杂史类·楚纪》书目文献出版社 1990 年版

严一萍 撰《殷商史记》（全三册）艺文印书馆 1991 年初版

〔清〕梁廷楠 著 林梓宗 校点《南汉书》广东人民出版社 1991年版

〔宋〕李焘 撰 上海师大学古籍所 华东师大学古籍所 点校《续资治

通鉴长编》（全三十四册）中华书局 1995 年版

周渭卿 点校《二十五别史·世本》齐鲁书社 2000 年版

〔西晋〕皇甫谧 撰 陆言 点校《二十五别史·帝王世纪》齐鲁书社 2000 年版

〔晋〕常璩 撰 严茜子 点校《二十五别史·华阳国志》齐鲁书社 2000 年版

〔南宋〕王称 撰 刘晓东 等点校《二十五别史·东都事略》齐鲁书社 2000 年版

〔宋〕王溥 撰《唐会要》（全二册）上海古籍出版社 2006 年 1 版

〔宋〕王钦若 等编纂 周勋初 等校订《册府元龟》（全十二册）（校订本）凤凰出版社 2006 年版

钱海岳 撰《南明史》（全十四册）中华书局 2006 年版

〔汉〕宋衷 注〔清〕秦嘉谟等 辑《世本八种》中华书局 2008 年版

陈欣 著《南汉国史》广东人民出版社 2010 年版

〔明〕陶宗仪 朱谋垔 撰 徐美洁 点校《书史会要 续书史会要》浙江人民美术出版社 2012 年版

〔清〕史宝安 编著 王强 编《大清宣统政纪》凤凰出版社 2013 年版

刘琳 等点校《宋会要辑稿》（全十六册）上海古籍出版社 2014 年版

黄章健 校勘《明实录》（附校勘记）（全一百八十三册）中华书局 2016 年版

## 地理志、地方志 238 种 （按行政区）

袁珂 校注《山海经校注》上海古籍出版社 1980 年版

〔唐〕李吉甫 撰《元和郡县志》光绪二十五年刊本 影印本

〔宋〕乐史 撰 王文楚等 点校 中国古代地理总志丛刊《太平寰宇记》（全九册）中华书局 2007 年版

〔明〕曹学佺 撰《蜀中广记》钦定四库全书 影印本

〔清〕穆彰阿 潘锡恩 等纂修《大清一统志》（全十二册）上海古籍出版社 2008 年版

北京图书馆 编《地方志人物传记资料丛刊·华北卷》（全六十六册）国家图书馆出版社 2002 年版

〔清〕周家楣 缪荃孙 等编纂《光绪顺天府志》（全八册）北京古籍出版社 1987 年版

〔清〕夏之荣 王继祖 纂《通州志》乾隆二十年刊本 影印本

编纂委员会 编纂《通县志》北京出版社 2003 年版

〔清〕储大文 纂《山西通志》钦定四库全书 影印本

〔清〕王轩 等纂《山西通志》光绪十八年刊本 影印本

编纂委员会 编纂《山西通志·人物志》中华书局 2008 年版

编纂委员会 编纂《平遥县志》中华书局 1999 年版

《中国地方志丛书：山西省闻喜县志》（台湾）成文出版公司 据民国二十四年石印本影印 1968 年版

编纂委员会 编纂《准格尔旗志》内蒙古人民出版社 1993 年版

北京图书馆 编《地方志人物传记资料丛刊·东北卷》（全十二册）国家图书馆出版社 2001 年版

编纂委员会 编纂《松江县志》上海人民出版社 1991 年版

江苏省地方志编纂委员会办公室 编纂《江苏通志稿·选举志》江苏古籍出版社 1993 年版

《中国地方志集成·江苏府县志辑·嘉庆新修江宁府志》凤凰出版社 2008 年版

编纂委员会 编纂《南京人物志》学林出版社 2001 年版

〔清〕冯桂芬 纂《苏州府志》同治十三年刊本 影印本

〔宋〕施谔 纂《淳祐临安志》光绪七年小春钱塘丁氏校刊 影印本

〔清〕何治基 等纂《安徽通志》光绪三年重修本 影印本

〔清〕廖大闻 等修《桐城续修县志》道光十四年刊本 影印本

〔清〕赵继元 符兆鹏 纂修《太湖县志》同治十一年刊 影印本

高寿恒 李英 修纂《太湖县志》民国壬戌年刊本 影印本

编纂委员会 编纂《太湖县志》黄山书社 1995 年版

北京图书馆 编《地方志人物传记资料丛刊·华东卷上编》（全八十册）国家图书馆出版社 2007 年版

〔清〕郝玉麟 等纂《福建通志》钦定四库全书 影印本

〔清〕孙尔准 修 陈寿祺 总纂《重纂福建通志》道光九年刊本 影印本

〔民国〕沈瑜庆 陈衍 等编《福建通志》（全十二册）方志出版社 2016 年版

〔清〕蒋有道 朱文佩 等纂修《南安府志》乾隆三十三年刊本 影印本

编纂委员会 编纂《南安县志》江西人民出版社 1993 年版

编纂委员会 编纂《莆田县志》中华书局 1994 年版

〔民国〕林善庆 主修《清流县志》福建地图出版社 1989 年版

编纂委员会 编纂《清流县志》中华书局 1994 年版

〔民国〕黎景曾 黄宗宪 修纂 宁化县志办 点校《宁化县志》厦门大学出版社 2009 年版

编纂委员会 编纂《宁化县志》福建人民出版社 1992 年版

〔清〕李绂 熊为霖 纂《汀州府志》钦定四库全书 影印本

〔明〕夏玉麟 汪佃 修纂 吴端甫 等点校《建宁府志》厦门大学出版社 2009 年版

〔清〕张琦 邹山 纂修《建宁府志》康熙三十二刊本 影印本

〔清〕陆登选 崔铣 纂《建安县志》康熙五十二年刊本 影印本

编纂委员会 编纂《建瓯县志》中华书局 1994 年版

编纂委员会 编纂《闽东畲族志》民族出版社 2000 年版

编纂委员会 编纂《古田县志》中华书局 1997 年版

编纂委员会 编纂《柘荣县志》中华书局 1995 年版

〔清〕范成 纂修《重修台湾府志》乾隆十二年刊本 影印本

〔清〕高其倬 陶成 纂《江西通志》钦定四库全书 影印本

〔清〕赵之谦 等纂《江西通志》光绪七年刊本 影印本

〔清〕谢启昆 等纂《南昌府志》乾隆五十四年刊本 影印本

编纂委员会 编纂《进贤县志》江西人民出版社 1989 年版

编纂委员会 编纂《永修县志》江西人民出版社 1987 年版

〔清〕石景芬 等纂《南安府志》同治七年刊本 影印本

〔清〕胡友梅 等纂《崇义县志》同治六年刊本 影印本

编纂委员会 编纂《铅山县志》南海出版公司 1990 年版

编纂委员会 编纂《余干县志》新华出版社 1991 年版

编纂委员会 编纂《临川县志》新华出版社 1993 年版

〔清〕毛辉凤 等纂《中国地方志丛书：丰城县志》（台湾）成文出版公司 据道光五年刊本影印 1975 年版

编纂委员会 编纂《丰城县志》上海人民出版社 1989 年版

编纂委员会 编纂《宜丰县志》中国大百科全书出版社上海分社 1989 年版

编纂委员会 编纂《泰和县志》中共中央党校出版社 1993 年版

〔清〕赵祥星 等纂《山东通志》康熙四十一年刊本 影印本

编纂委员会 编纂《山东省志·人物志》山东人民出版社 2004 年版

〔清〕汪鸿孙 刘儒臣 王金阶 纂《重修恩县志》宣统元年刊本 影印本

编纂委员会 编纂《单县志》山东人民出版社 1996 年版

〔清〕田文镜 等监修 孙灏 顾栋高 等纂《河南通志》钦定四库全书影印本

〔清〕张钺 何源洙 董榕 纂修《郑州志》乾隆十三年刊本 影印本

〔清〕管竭忠 修 张沐 纂《开封府志》康熙三十四年刻本 影印本

《中国地方志丛书：河南省仪封县志》（台湾）成文出版公司 据民国二十四年铅印本影印 1968 年版

《中国地方志集成·河南府县志辑·民国巩县志》上海书店 2013 年版

《中国地方志集成·河南府县志辑·嘉庆孟津县志》上海书店 2013 年版

《中国地方志集成·河南府县志辑·乾隆嵩县志》上海书店 2013 年版

《中国地方志集成·河南府县志辑·民国洛宁县志/光绪重修卢氏县志》上海书店 2013 年版

编纂委员会 编纂《洛宁县志》生活·读书·新知三联书店 1991 年版

编纂委员会 编纂《清丰县志》山东人民出版社 1990 年版

〔清〕查岐昌 纂《归德府志》乾隆十九年刊本 影印本

编纂委员会 编纂《商丘县志》生活·读书·新知三联书店 1991 年版

〔清〕董作栋 纂《鲁山县志》嘉庆元年刻本 影印本

编纂委员会 编纂《商城县志》中州古籍出版社 1991 年版

《中国地方志集成·河南府县志辑·民国淮阳县志》上海书店 2013 年版

《中国地方志丛书：河南省淮阳县志》（台湾）成文出版公司 据民国二十三年铅印本影印 1976 年版

编纂委员会 编纂《淮阳县志》河南人民出版社 1991 年版

编纂委员会 编纂《商水县志》河南人民出版社 1990 年版

《中国地方志丛书：河南省西平县志》（台湾）成文出版公司 据民国二十三年刊本影印 1976 年版

〔清〕杨廷望 张沐 修纂《上蔡县志》康熙二十九年刊本 影印本

《中国地方志集成·河南府县志辑·民国重修正阳县志》上海书店 2013 年版

〔清〕徐国相 等纂《湖广通志》康熙二十三年刊本 影印本

张仲炘 杨承禧 等纂《湖北通志》民国十年重刊 影印本

编纂委员会 编纂《湖北省志·人物》湖北人民出版社 2000 年版

武汉市汉阳区地方志办公室 编《乾隆汉阳府志》湖北人民出版社 2013 年版

〔清〕黄式度 等修 汪柏心 等纂《续辑汉阳县志》同治七年刻本 影印本

编纂委员会 编纂《襄阳县志》湖北人民出版社 1989 年版

〔清〕余士珩 纂《麻城县志》光绪八年刻本 影印本

〔清〕管贻葵 陈锦 纂《罗田县志》光绪二年刊本 影印本

编纂委员会 编纂《罗田县志》中华书局 1998 年版

《中国地方志集成·湖北府县志辑·同治咸宁县志》江苏古籍出版社 2001 年版

《中国地方志丛书：湖北省蒲圻县志》（台湾）成文出版公司 据道光十六年刊本影印 1975 年版

《中国地方志集成·湖北府县志辑·同治嘉鱼县志》江苏古籍出版社 2001 年版

《中国地方志集成·湖北府县志辑·同治崇阳县志》江苏古籍出版

社 2001 年版

编纂委员会 编纂《崇阳县志》武汉大学出版社 1991 年版

编纂委员会 编纂《当阳县志》中国城市出版社 1992 年版

编纂委员会 编纂《宣恩县志》武汉工业大学出版社 2004 年版

〔清〕翁元圻 修 汪煦 罗廷彦 袁名曜 纂《湖南通志》嘉庆二十五年刊本 影印本

编纂委员会 校《〈光绪湖南通志〉点校》（六卷）湖南人民出版社 2017 年版

编纂委员会 编纂《湖南省志·人物志》湖南出版社 1992 年版

编纂委员会 编纂《湖南名人志》中国档案出版社 1999 年版

《中国地方志集成·湖南府县志辑·乾隆长沙府志》凤凰出版社 2010 年版

编纂委员会 编纂《浏阳县志》中国城市出版社 1994 年版

《中国地方志丛书：湖南省安化县志》（台湾）成文出版公司 据同治十一年刊本影印 1975 年版

编纂委员会 编纂《常宁县志》社会科学文献出版社 1993 年版

〔清〕朱偓 陈绍谋 修纂《嘉庆直隶郴州总志》岳麓书社 2010 年版

〔清〕王闿运 汪敦灏 等修纂《同治桂阳直隶州志》岳麓书社 2011 年版

编纂委员会 编纂《桂阳县志》中国文史出版社 1994 年版

编纂委员会 编纂《永兴县志》中国城市出版社 1994 年版

《中国地方志集成·湖南府县志辑·同治嘉禾县志》凤凰出版社 2010 年版

《中国地方志丛书：湖南省嘉禾县图志》（台湾）成文出版公司 据民国二十七年刊本影印 1975 年版

编纂委员会 编纂《嘉禾县志》湖南出版社 1995 年版

《中国地方志集成·湖南府县志辑·同治临武县志》凤凰出版社 2010 年版

〔清〕吕恩湛 宗绩辰 纂《道光永州府志》岳麓书社 2008 年版

〔清〕胡元士 纂《东安县志》光绪元年刊本 影印本

编纂委员会 编纂《东安县志》黄山书社 1994 年版

《中国地方志集成·湖南府县志辑·民国蓝山县图志》凤凰出版社 2010 年版

编纂委员会 编纂《蓝山县志》中国社会出版社 1995 年版

编纂委员会 编纂《祁阳县志》社会科学文献出版社 1993 年版

〔清〕张扶翼 等 编纂 洪江市史志办公室 校注《雍正版黔阳县志》（校注本）线装书局 2017 年版

〔清〕许光曙 等纂《沅陵县志》同治十二年刊版 影印本

编纂委员会 编纂《麻阳县志》生活·读书·新知三联书店 1994 年版

编纂委员会 编纂《永顺县志》湖南出版社 1995 年版

编纂委员会 编纂《永顺县志》（1989—2010）方志出版社 2017 年版

〔清〕郝玉麟 等监修 鲁曾煜 编纂《雍正广东通志》钦定四库全书影印本

编纂委员会 编纂《中山市志》（1997—2005）广东人民出版社 2012 年版

地方志办公室 编《中山市人物志》广东人民出版社 2012 年版

编纂委员会 编纂《曲江县志》中华书局 1999 年版

〔清〕张洗易 纂《乳源县志》康熙二十五年刊本 影印本

〔清〕金鉷等 纂《广西通志》雍正十一年刊本 四库全书影印本

〔清〕谢启昆 监修《广西通志》嘉庆六年刊本 影印本

〔清〕苏宗经 等纂《广西通志辑要》光绪十六年刊本 影印本

编纂委员会 编纂《广西通志·人物志》广西人民出版社 2009 年版

编纂委员会 编纂《南宁市郊区志》方志出版社 2004 年版

编纂委员会 编纂《三江侗族自治县志》中央民族学院出版社 1992 年版

编纂委员会 编纂《融水县志》生活·读书·新知出版社 1998 年版

编纂委员会 编纂《桂林市志》中华书局 1997 年版

编纂委员会 编纂《龙胜县志》汉语大辞典出版社 1992 年版

编纂委员会 编纂《琼海县志》广东科技出版社 1995 年版

编纂委员会 编纂《南川县志》四川人民出版社 1991 年版

璧山县地方志办公室 整理《璧山县志（清代乾隆、嘉庆、同治点校本）》九州出版社 2015 年版

〔清〕黄延桂 修 张晋生 等纂《四川通志》钦定四库全书 影印本

〔清〕常明 等修 杨芳灿 等纂《四川通志》嘉庆二十一年重修本 影印本

〔明〕杨慎 编 刘琳 王晓波 点校《全蜀艺文志》（全三册）线装书局 2003 年版

编纂委员会 编纂《四川省志·人物志》四川人民出版社 2004 年版

编纂委员会 编纂《成都市志·民族志》四川辞书出版社 2001 年版

〔清〕王德嘉 高云从 纂《大足县志》清光绪三年刊本 影印本

苏洪宽 修 陈品全 纂《中江县志》日新印刷工业社 民国十九年版 影印本

编纂委员会 编纂《阆中县志》四川人民出版社 1993 年版

〔清〕张宁阳 陈献瑞 胡元善 纂修《井研县志》嘉庆元年刻本 影印本

〔清〕高承瀛 吴嘉谟 龚煦春 纂修《井研志》光绪二十六年刻本 影印本

编纂委员会 编纂《井研县志》四川人民出版社 1990 年版

编纂委员会 编纂《自贡市志》方志出版社 1997 年版

编纂委员会 编纂《富顺县志》四川大学出版社 1993 年版

编纂委员会 编纂《宜宾县志》巴蜀书社 1991 年版

编纂委员会 编纂《南溪县志》四川人民出版社 1992 年版

〔清〕赵模 修《江安县志》嘉庆十七年刊本 影印本

严希慎 陈天锡 等纂修《中国地方志丛书：江安县志》（台湾）成文出版公司 据民国十二年铅印本影印 1976 年版

编纂委员会 编纂《攀枝花市志》四川科学技术出版社 1994 年版

巴中县文教局 编《巴中县文化志》巴中县内部资料性图书 准印证〔91〕016 号

〔清〕陈庆门 宋名立 纂《直隶达州志》乾隆七年刊本 影印本

《民国渠县志》（一函五册）中国文史出版社 2015 年版

〔清〕曹抡彬 等纂《雅州府志》乾隆四年刊本 影印本

编纂委员会 编纂《汉源县志》四川科学技术出版社 1994 年版

〔清〕卫既齐 主修 吴中蕃 李祺 等纂《贵州通志》康熙三十六年刻本 影印本

编纂委员会 编纂《贵州省志·人物志》方志出版社 2015 年版

陈嘉言 修 陈矩 孙鸾 纂《民国修文县志稿》贵阳大中印刷所 民国三十七年影印本

〔清〕郑珍 莫友芝 纂《遵义府志》道光二十一年刊本 影印本

周恭寿 修 赵恺 杨恩元 等纂《续遵义府志》民国二十五年刻本 影印本

编纂委员会 编纂《威宁彝族回族苗族自治县志》贵州人民出版社 1994 年版

〔清〕王文韶 等纂《续云南通志》光绪二十七年刊本 影印本

巍山彝族回族自治县地方志办公室 编《康熙蒙化府志》德宏民族出版社 1998 年版

北京图书馆 编《地方志人物传记资料丛刊·西北卷》（全二十册）国家图书馆出版社 2001 年版

〔明〕马理 等纂 董健桥 等校注《陕西通志》三秦出版社 2006 年版

〔清〕沈清崖 等纂《陕西通志》雍正十三年刊本 影印本

杨虎城 邵力子 修 宋伯鲁 吴廷锡 等纂《续修陕西通志稿》民国二十三年铅印本 影印本

编纂委员会 编纂《陕西省志·人物志》三秦出版社 1998 年版

〔清〕严长明 舒其绅 等纂《西安府志》乾隆四十四年刊本

〔清〕陆耀遹 等纂《咸宁县志》嘉庆二十四年刊本 影印本

宋联奎 纂《民国咸宁长安两县续志》民国二十五年铅印本 影印本

〔清〕史传远 等纂《临潼县志》光绪十六年刊本 影印本

郝兆先 修 牛兆濂 等纂《续修蓝田县志》民国三十年刊本 影印本

〔清〕杨仪 王开沃 等纂《盩厔县志》乾隆五十八年刊本 影印本

〔明〕吕楠 纂修《中国地方志丛书：高陵县志》（台湾）成文出版公司 据嘉靖二十年刊本影印 1968 年版

〔清〕刘绍攽 纂修《三原县志》乾隆四十八年刊本 影印本

〔清〕宋伯鲁 周斯亿 纂《重修泾阳县志》宣统三年刊本 影印本

张道藏 修 曹骥观 等纂《续修醴泉县志稿》民国二十四年刊本 影印本

编纂委员会 编纂《礼泉县志》三秦出版社 1999 年版

编纂委员会 编纂《彬县志》陕西人民出版社 2000 年版

编纂委员会 编纂《长武县志》陕西人民出版社 2000 年版

〔清〕周方炯 等纂《凤翔府志》乾隆三十一年刊本 影印本

编纂委员会 编纂《岐山县志》陕西人民出版社 1992 年版

〔清〕乔世宁 纂《耀州志》乾隆二十七年刊本 影印本

编纂委员会 编纂《耀县志》中国社会科学出版社 1997 年版

〔清〕郭四维 纂《三水县志》同治十一年刊本 影印本

〔清〕姚景衡 纂《重辑渭南县志》道光九年刊本 影印版

编纂委员会 编纂《渭南县志》三秦出版社 1987 年版

〔清〕马先登 王守恭 纂《同州府续志》光绪七年刊本 影印本

〔明〕张光孝 纂《华州初志》译注本（四册）华县地方志编纂委员会 1985 年版

〔清〕李天秀 等纂《华阴县志》乾隆五十三年刊本 影印本

〔清〕钱坫 等纂《韩城县志》乾隆四十九年刊本 影印本

〔清〕熊兆麟 纂《大荔县志》道光三十年刊本 影印本

〔清〕周铭旗 纂《大荔县续志》道光三十六年刊本 影印本

〔清〕王鹏翼 纂《朝邑县后志》康熙五十一年刊本 影印本

李约祉 主纂 陕西省蒲城县地方志办公室 整理《民国三十七年蒲城县志稿》中国文史出版社 2015 年版

编纂委员会 编纂《蒲城县志》中国人事出版社 1993 年版

〔清〕路世美 等纂《澄城县志》道光二十八年刊本 影印本

编纂委员会 编纂《澄城县志》陕西人民出版社 1991 年版

编纂委员会 编纂《白水县志》西安地图出版社 1989 年版

〔明〕蔺世贤 等纂《嘉靖合阳县志》合阳县地方志编撰委员会 2017 年影印版

〔清〕叶子循 纂《顺治重修合阳县志》合阳县地方志编撰委员会 2017 年影印版

〔清〕钱万选 纂《宰莘退食录》合阳县地方志编撰委员会 2017 年

影印版

〔清〕萧钟秀《合阳县乡土志》光绪三十二年刊本 民国四年版

编纂委员会 编纂《合阳县志》陕西人民出版社 1996 年版

李阳明 主编《合阳县教育志》三秦出版社 1998 年版

编纂委员会 编纂《洛川县志》陕西人民出版社 1994 年版

〔清〕苏其炤 何丙勋 纂《道光增修怀远县志》民国十七年刊本 影印本

编纂委员会 编纂《横山县志》陕西人民出版社 1993 年版

编纂委员会 编纂《吴堡县志》陕西人民出版社 1995 年版

编纂委员会 编纂《安康县志》陕西人民出版社 1989 年版

编纂委员会 编纂《宁陕县志》陕西人民出版社 1992 年版

编纂委员会 编纂《紫阳县志》三秦出版社 1989 年版

〔清〕王如玖 纂《直隶商州志》乾隆九年刊本 影印本

编纂委员会 编纂《丹凤县志》陕西人民出版社 1994 年版

编纂委员会 编纂《镇安县志》陕西人民出版社 1995 年版

〔清〕许容 监修 礼迪 等撰 刘光华 等点校整理《甘肃通志》兰州大学出版社 2018 年版

编纂委员会 编纂《景泰县志》兰州大学出版社 1996 年版

〔清〕余泽春 等纂《重纂秦州直隶州新志》陇南书院 光绪十五年刊本 影印本

〔清〕王思温 雷文渊 等纂《重纂礼县新志》陇南书院 光绪十六年刊本 影印本

编纂委员会 编纂《徽县志》陕西人民出版社 2003 年版

〔清〕王学伊 等纂修《固原州志》（台湾）成文出版公司 据宣统元年刊本影印 1970 年版

编纂委员会 编纂《惠农县志》宁夏人民出版社 1999 年版

## 姓氏、民族专著 39 种（按出版时间）

〔宋〕王应麟 撰《姓氏急就篇》钦定四库全书 影印本

〔宋〕邓名世 撰《古今姓氏书辨证》钦定四库全书 影印本

〔明〕凌迪知 撰《万姓统谱》钦定四库全书 影印本

〔清〕熊峻运 撰《增补姓氏族谱笺释》雍正二年刻本 影印本

〔宋〕邓名世 撰〔清〕钱熙祚 校《古今姓氏书辨证》民国守山阁丛书 影印本

〔明〕陈士元 著《姓觿》王云五主编丛书集成初编 商务印书馆民国二十五年版

姚薇元 著《北朝胡姓考》中华书局 1962 年版

马长寿 遗著《氏与羌》上海人民出版社 1984 年版

〔清〕陈梦雷 编《古今图书集成》（明伦汇·氏族典）中华书局巴蜀书社 1985 年版

马长寿 著《碑铭所见前秦至隋初的关中部族》中华书局 1985 年版

高文德 主编《中国民族史人物辞典》中国社会科学出版社 1990年版

〔清〕王相 笺注《百家姓考略》中国书店 1991 年版

陈连庆 著《中国古代少数民族姓氏研究——秦汉魏晋南北朝少数民族姓氏研究》吉林文史出版社 1993 年版

〔唐〕林宝撰 岑仲勉 校记《元和姓纂》中华书局 1994 年版

王战英 宋学文 编著《近现代中国少数民族英名录》华夏出版社1994 年版

陈明远 汪宗虎 著《中国姓氏辞典》北京出版社 1995 年版

高文德 主编《中国少数民族史大辞典》吉林教育出版社 1995 年版

梁福义 编著《炎帝氏族考略》宝鸡市炎帝陵文管所 陕宝新出批〔95〕016 号

窦学田 著《中国古今姓氏大辞典》警官教育出版社 1997 年版

黄集良 主编《上杭畲族英才录》厦门大学出版社 1998 年版

王泉根 著《中国姓氏的文化解析》团结出版社 2000 年版

袁义达 张诚 著《中国姓氏：群体遗传和人口分布》华东师范大学出版社 2002 年版

〔清〕弘昼 等撰《八旗满洲氏族通谱》辽海出版社 2002 年版

〔清〕张澍 著《姓韵》三秦出版社 2003 年版

邹华享 主编《湖南家谱解读》湖南人民出版社 2004 年版

上海图书馆 编 王鹤鸣 主编《中国家谱总目》（全十册）上海古籍

出版社 2008 年版

袁义达 邱家儒 著《中国姓氏大辞典》江西人民出版社 2010 年版

杜若甫 主编《中国少数民族姓氏》民族出版社 2011 年版

洛阳市文物管理局 编著《洛阳出土少数民族墓志汇编》河南美术出版社 2011 年版

钱文忠 著《钱文忠解读百家姓》江苏文艺出版社 2013 年版

编纂委员会 编纂《广西雷氏族谱》广西人民出版社 2013 年版

徐铁生 编著《中华姓氏源流大辞典》中华书局 2014 年版

《图解经典》编辑部 编著《图解姓氏：画说百家姓 100 个姓氏的故事》北京联合出版社 2015 年版

易晴 点校 崔勇 注释《清代建筑世家样式雷族谱校释》中国建筑出版社 2015 年版

张亚初 著《商周金文姓氏通考》中华书局 2016 年版

徐铁生 编著《〈百家姓〉新解》中华书局 2017 年版

曾晓梅 吴明冉 集释《羌族石刻文献集成》（全四册）巴蜀书社 2017 年版

李吉 著《中国人的姓氏文化》化学工业出版社 2020 年版

## 人物辞典、工具书、科考书 82 种（按出版时间）

〔宋〕郑玉道 彭仲刚 撰 应俊 辑补 〔元〕左祥 续增补《琴堂谕俗编》钦定四库全书 影印本

陈邦贤 严菱舟 合编《中国医学人名志》人民卫生出版社 1955 年版

引得编撰处 编《三十三种清代传记综合引得》中华书局 1959 年版

〔清〕陈梦雷 等编《古今图书集成医部全录》人民卫生出版社 1959 年版

《辞源》（修订本）商务印书馆 1979 年修订版

朱保炯 谢沛霖 编著《明清进士题名碑录索引》（全三册）上海古籍出版社 1980 年版

编辑委员会 编《中国方志大辞典》浙江人民出版社 1983 年版

吴作桢 辑著《古今同姓名大辞典》上海书店 1983 年版

吴延燮 撰 张忱石 点校《北宋经抚年表 南宋制抚年表》中华书局1984 年版

中国科学院北京天文台 主编《中国地方志联合目录》中华书局1985 年版

〔明〕王圻 纂辑《续文献通考》（全六册）现代出版社 1986 年版

《明代地方志传记索引》大化书局 1986 年初版

牛贵琥 杨镰 著《金代人物传记资料索引》三晋出版社 1987 年版

王德毅等 编《元人传记资料索引》（全五册）中华书局 1987 年版

昌彼得 王德毅 程元敏 侯俊德 编 王德毅 增订《宋人传记资料索引》中华书局 1988 年版

张又达 编《中国军事人物辞典》黑龙江人民出版社 1988 年版

李云 主编《中医人名辞典》国际文化出版公司 1988 年版

俞慎初 主编《闽台医林人物志》福建科学技术出版社 1988 年版

星火燎原编辑部 编《中国人民解放军将帅名录》解放军出版社1988 年版

邱树森 主编《中国历代人名辞典》（增订本）江西教育出版社1989 年版

李盛平 主编《中国近现代人名大辞典》中国国际广播出版社 1989年版

中国妇女管理干部学院 编《古今中外女名人辞典》中国广播电视出版社 1989 年版

高树藩 编纂《中文形音义综合大字典》中华书局 1989 年版

廖盖隆 罗竹凤 范源 主编《中国人名大词典·历史人物卷》上海辞书出版社 1990 年版

庄树藩 主编《中华古文献大辞典·医药卷》吉林文史出版社 1990年版

陈荣华 陈柏泉 何友 等主编《江西历代人物辞典》江西人民出版社1990 年版

李慧 主编《陕西石刻文献目录集存》三秦出版社 1990 年版

陈日朋 主编《中华英烈辞典》北方妇女儿童出版社 1991 年版

马尚瑞 主编《北京古今名人辞典》新华出版社 1991 年版

周南京 主编《世界华侨华人词典》北京大学出版社 1993 年版

〔明〕徐春甫 编集 崔仲平 王耀廷 主校《古今医统大全》人民卫生出版社 1994 年版

李国玲 编纂《宋代纪传人物资料补编》四川大学出版社 1994 年版

杨家骆 编《四库全书百科大辞典》警官教育出版 1994 年版

胡孚琛 主编《中华道教大辞典》中国社会科学出版社 1995 年版

编纂委员会 编《中国历史大辞典·先秦史卷》上海辞书出版社 1996 年版

何英芳 编《清史稿纪表传人名索引》中华书局 1996 年版

吴树平 编《二十四史人名索引》(全二册) 中华书局 1998 年版

臧励龢等 编《中国人名大辞典》商务印书馆 1998 年影印版

陈予欢 编著《黄埔军校将帅录》广州出版社 1998 年版

单锦行 总主编《浙江古今人物大辞典》江西人民出版社 1998 年版

张㧑之 沈起炜 刘德重 主编《中国历代人名大辞典》(全二册) 上海古籍出版社 1999 年版

俞剑华 编著《中国美术家人名辞典》上海人民美术出版社 1999 年版

钱仲联等 总主编《中国文学大辞典》(修订本) 上海辞书出版社 2000 年版

李崇智 编著《中国历代年号考》(修订本) 中华书局 2001 年版

王澄 主编《扬州历史人物辞典》江苏古籍出版社 2001 年版

编委会 编《续编〈浙江古今人物大辞典〉》方志出版社 2001 年版

管林 主编《广东历史人物辞典》广东高等教育出版社 2001 年版

王蓉贵 沈治宏 编撰《中国地方志宋代人物资料索引续编》四川省辞书出版社 2002 年版

王俊良撰《中国历代国家管理辞典》吉林人民出版社 2002 年版

李雄飞 编《地方志人物传记资料丛刊·东北卷人名索引》国家图书馆出版社 2003 年版

朱铸禹 编著《中国历代画家人名词典》人民美术出版社 2003 年版

薛兆瑞 编著《金代科举》中国社会科学出版社 2004 年版

傅璇琮 主编《宋登科记考》凤凰出版社 2005 年版

王功仁 主编《山东省科考名录汇编》（上下）华文出版社 2005 年版

刘国铭 主编《中国国民党百年人物全书》团结出版社 2005 年版

杨保森 著《西北军人物志》中国文史出版社 2015 年版

淡泊 著《中华万姓谱》（上中下）中国档案出版社 2006 年版

北京图书馆古籍影印编辑组 编《历代名人姓氏全编》（全四册）北京图书馆出版社 2006 年版

陈予欢 编著《保定军校将帅录》广州出版社 2006 年版

来新夏 主编《清代科举人物家传资料汇编》（全一〇一册）学苑出版社 2006 年版

赵禄祥 编《中国美术家大辞典》（上下）北京出版社 2007 年版

乔晓军 编著《中国美术家人名辞典》（补遗一编）三秦出版社 2007 年版

乔晓军 编著《中国美术家人名辞典》（补遗二编）三秦出版社 2007 年版

黄秀文等 编《地方志人物传记资料丛刊·华北卷人名索引》国家图书馆出版社 2007 年版

徐友春 主编《民国人物大辞典》（增订版）河北人民出版社 2007 年版

恩施州政协 编《恩施名人》中国文史出版社 2007 年版

夏征农 陈至立 主编《辞海》第六版彩图本 上海辞书出版社 2009 年版

陈予欢 编著《陆军大学将帅录》广州出版社 2009 年版

史志办公室 编《新会名人辞典》中国县镇年鉴社 2009 年版

薛国屏 著《中国古今地名对照表》上海辞书出版社 2010 年版

上海古籍出版社 编《清代诗文集汇编总目录·索引》上海古籍出版社 2011 年版

〔清〕王梓材 冯云濠 撰 舒大刚 等校点《宋元学案补遗》人民出版社 2012 年版

萧启庆 著《元代进士辑考》（台湾）中央研究院历史语言研究所

2012 年版

王冠 张爱芳 郑伟 编《地方志人物传记资料丛刊·西北卷人名索引》国家图书馆出版社 2013 年版

赵振铎 著《集韵校本》上海辞书出版社 2013 年版

龚延明 祖慧 编著《宋代登科总录》（全十四册）广西师范大学出版社 2014 年版

吴洪泽 主编《全宋文篇目分类索引》四川大学出版社 2014 年版

杨倩描 主编《宋代人物辞典》（全二册）河北大学出版社 2015 年版

李云 主编《中医人名大辞典》中国中医药出版社 2016 年版

郑翔 主编《江西历代进士全传》（全六册）上海古籍出版社 2016 年版

李峰 汤钰林 编著《苏州历代人物大辞典》上海辞书出版社 2016 年版

王恒柱 李迎 编《地方志人物传记资料丛刊·华东卷上编人名索引》（全两册）国家图书馆出版社 2020 年版

## 诗文集、专集、史料笔记 158 种（按出版时间）

〔元〕李道谦 撰《终南山祖庭仙真内传》正统道藏版 影印本

〔明〕高出 撰《镜山庵集》天启年刻本 影印本

〔明〕张居正 撰《新刻张太岳先生文集》万历四十年唐国达刻本 影印本

〔唐〕虞世南 撰《北堂书抄》钦定四库全书 影印本

〔唐〕徐坚 撰《初学记》钦定四库全书 影印本

〔宋〕周紫芝 撰《太仓稊米集》钦定四库全书 影印本

〔宋〕王致远 撰《开禧德安守城录》钦定四库全书 影印本

〔宋〕沈遘 撰《西溪集》钦定四库全书 影印本

〔宋〕曾攻 撰《隆平集》钦定四库全书 影印本

〔宋〕董嗣杲 撰〔明〕陈贽 和《西湖百咏》钦定四库全书 影印本

〔元〕姚燧 撰《牧庵集》钦定四库全书 影印本

〔明〕杨荣《杨文敏公集》钦定四库全书 影印本

〔明〕《太常续考》文渊阁四库全书 影印本

〔清〕《钦定书画谱》钦定四库全书荟要 影印本

〔清〕祝德麟 撰《悦亲楼诗集》嘉庆二年姑苏张遇清刻本 影印本

〔清〕傅守谦《达可斋文初集》民国八年刻本 影印本

金毓黻 主编《李铁君先生文钞》辽海书社 影印本

刘声木 撰《桐城文学渊源考》民国卢江刘氏刊本 影印本

〔元〕赵道一 撰《历世真仙体道通鉴续篇》正统道藏（1923 年版）影印本

《第五军抗日阵亡将士传略》上海图书馆（图书号 7090-1）民国二十一年 10 月 24 日出版

王云五 主编《丛书集成·后山居士诗话》商务印书馆 1939 年版

《雷公次淮纪念册》民国二十九年版 影印本

唐圭璋 编《全宋词》（全五册）中华书局 1965 年版

张一麟 著《心·太平室集》中国文献出版社 1966 年版

〔明〕方孔照 撰《全边略记》台北广文书局 1974 年初版

〔清〕方若 王壮弘 增补《增补校碑随笔》上海书画出版社 1981 年版

〔宋〕蔡正孙《诗林广记》中华书局 1982 年版

〔清〕法式善 等撰《清秘述闻三种》中华书局 1982 年版

〔宋〕蔡修 撰 冯惠民 沈锡麟 点校《铁围山丛谈》中华书局 1983 年版

〔金〕刘祁 撰 崔文因 点校《归潜志》中华书局 1983 年版

〔清〕董诰等 编《全唐文》（全十二册）中华书局 1983 年版

〔南朝 宋〕雷敩 撰著〔清〕张骥 补辑 施仲安 校注《雷公炮炙论》江苏科技出版社 1985 年版

〔宋〕吴处厚 撰 李益民 点校《青箱杂记》中华书局 1985 年版

〔宋〕刘敞 撰《公是集》（全八册）中华书局 1985 年北京新版

〔清〕李桓 周骏富 辑《国朝耆献类征初编》（全六十五册）明文书局 1985 年版

〔清〕朱汝珍 周骏富 辑《词林辑略》明文书局 1985 年版

〔清〕陈继聪 撰 周骏富 辑《江表忠略》明文书局 1985 年版

〔清〕陆增祥 撰《八琼室金石补正》文物出版社 1985 年版

〔金〕元好问 撰 常振国 点校《续夷坚志 湖海新闻夷坚续志》中华书局 1986 年版

孔凡礼 点校《苏轼文集》（全六册）中华书局 1986 年版

唐文权 编《雷铁崖集》华中师范大学出版社 1986 年版

〔宋〕阮阅 撰 周本淳 陈新 校点《诗话总龟》人民文学出版社 1987 年版

王仲荦 著《蜡华山馆丛稿》中华书局 1987 年版

施淑仪 辑《清代闺阁诗人征略》上海书店 1987 年版

刘文典 撰 冯逸 乔华 点校《淮南鸿烈集解》中华书局 1989 年版

〔清〕胡聘之 纂《山右石刻丛编》（全六册）山西人民出版社 1988 年版

徐世昌 辑《晚晴簃诗汇》（全四册）中国书店影印 1988 年版

〔宋〕杨万里 撰《诚斋集》（全五册）四部丛刊初编集部 上海书店 1989 年影印版

北京图书馆金石组 编《北京图书馆藏中国历代石刻拓本汇编》（全一百册）中州古籍出版社 1989 年版

宿县政协文史资料征集委员会 编《宿县文史资料》第三辑 1989 年版

〔清〕王昶 著《金石萃编》陕西人民美术出版社 1990 年版

陈宏天 高秀芳 点校《苏辙集》（全四册）中华书局 1990 年版

陕西革命先烈褒恤委员会 编《西北革命史征稿》上海书店 1990 年版

陈柏泉 编著《江西出土墓志选编》江西教育出版社 1991 年版

王仁波 主编《隋唐五代墓志汇编》（全四册）天津古籍出版社 1991 年版

傅璇宗 倪其心 孙钦善 陈新 许逸民 主编《全宋诗》（全七十二册）北京大学出版社 1991 年版

〔明〕于谦 撰《忠肃集》四库明人文集丛刊 上海古籍出版社 1991 年版

孙致中 等校点《纪晓岚文集》（全三册）河北教育出版社 1991

年版

周绍良 赵超 编《唐代墓志汇编》（全二册）上海古籍出版社 1992
年版

〔清〕吴伟业 撰 李学颖 点校《绥寇纪略》上海古籍出版社 1992
年版

〔清〕钱仪吉 撰《碑传集》中华书局 1993 年版

董国柱 编《高陵碑石》三秦出版社 1993 年版

〔唐〕郑处诲 撰 田廷柱 点校《明皇杂录》中华书局 1994 年版

〔宋〕李昉 夏剑钦 王异斋 等校点《太平御览》（全八册）河北教
育出版社 1994 年版

〔清〕郭元釪 撰《全金诗增补中州集》上海古籍出版社 1994 年版

疏获 主编《浮山志》黄山书社 1994 年版

吴钢 主编《全唐文补遗》（全九辑）三秦出版社 1995 年版

雷贞干 著《著名的民主主义宣传家雷铁崖》成都出版社 1995 年版

〔明〕洪应明 著 杨曾文 斯亦 译《白话仙佛奇踪》中国文联出版公
司 1996 年版

〔清〕陆心源 撰 李建国 校注《宋诗纪事补遗》山西古籍出版社
1997 年版

〔唐〕韦应物 陶敏 王友胜 校注《韦应物集校注》上海古籍出版社
1998 年版

刘景龙 李玉昆 主编《龙门石窟碑刻题记汇录》中国大百科全书出
版社 1998 年版

〔清〕严可均 辑《全上古三代秦汉三国六朝文》（全四册）中华书
局 1999 年版

周绍良 主编《全唐文新编》（全二十二册）吉林文史出版社 1999
年版

罗月霞 主编《宋濂全集》（全四册）浙江古籍出版社 1999 年版

高峡 主编《西安碑林全集》广东经济出版社 1999 年版

徐发苍 主编《曲靖石刻》云南民族出版社 1999 年版

黄挺 马明达 著《潮汕金石文征》（宋元卷）广东人民出版社 1999
年版

郁贤皓 著《唐刺史考全编》安徽大学出版社 2000 年版

张进忠 编著《澄城碑石》三秦出版社 2000 年版

〔清〕顾嗣立 席世臣 编 吴申锡 点校《元诗选癸集》（全二册）中华书局 2001 年版

洛阳文物局 编 朱亮 主编《洛阳出土北魏墓志选编》科学出版社 2001 年版

许登文 主编《历史文化名城商丘览胜》中州古籍出版社 2001 年版

〔元〕同恕 撰《榘庵集》山西古籍出版社 2003 年版

中国文物研究所 陕西省古籍整理办公室 编《新中国出土墓志》（陕西·壹）文物出版社 2003 年版

中国文物研究所 陕西省古籍整理办公室 编《新中国出土墓志》（陕西·贰）文物出版社 2003 年版

诚举 胡兴文 蔡莉 译注《华夏文化经典宝库：忍经·劝忍百箴》云南大学出版社 2003 年版

张宝章 雷章宝 张威 编《建筑世家样式雷》北京出版社 2003 年版

傅璇宗等 主编《五代诗话》杭州出版社 2004 年版

杨明珠 编《司马光茔祠碑志》文物出版社 2004 年版

李修生 主编《全元文》（全六十一册）凤凰出版社 2004 年版

饶宗颐 初撰 张璋 总撰《全明词》（全六册）中华书局 2004 年版

〔元〕王恽 撰《秋涧集》吉林出版集团 2005 年版

黄怀信 主撰 孔德立 周海生 参撰《大戴礼记汇校集注》（上下）三秦出版社 2005 年版

汪庆柏 编著《清代人物生卒年表》人民文学出版社 2005 年版

雷正良 主编《样式雷建筑文化新论》江西科学技术出版社 2005 年版

〔宋〕梅尧臣 著 朱东润 编年校注《梅尧臣集编年校注》上海古籍出版社 2006 年新版

曾枣庄 刘琳 主编《全宋文》（全三百六十册）上海辞书出版社 2006 年版

孙继民 主编《河北新发现石刻题记与隋唐史研究》河北人民出版社 2006 年版

唐中六 著《巴蜀琴艺考略》四川人民出版社 2006 年版

王德荣 史耀增 主编《合阳文史资料：合阳方志资料选辑》（第十一辑）内部图书 2006 年版

李长凤 主编《八公山志》黄山出版社 2007 年版

李志斌 主编《合阳文史资料：合阳佛教文化专辑》（第十三辑）内部图书 2007 年版

王俭 主编《中共石嘴山历史资料汇编》（1919—1949）宁夏人民出版社 2007 年版

毛远明 校著《汉魏六朝碑刻校注》（全十一册）线装书局 2008 年版

张益贵《广西石刻人名录》漓江出版社 2008 年版

苏州大学图书馆 编《耆献写真：苏州大学图书馆藏清代人物图像选》中国人民大学出版社 2008 年版

吉家林 著《屈原〈天问〉解疑》学苑出版社 2009 年版

陈中华 秦凤岗 王福民 等编《药王山石刻集萃》中国传媒大学出版社 2009 年版

〔宋〕司马光 撰 李之亮 校注《司马温公集编年校注》巴蜀书社 2009 年版

陈中华 编著《神奇的药王山》中国传媒大学出版社 2009 年版

姚春鹏 译注《黄帝内经》中华书局 2010 年北京版

韩理洲 等辑校编年《全北魏东魏西魏文补遗》三秦出版社 2010 年版

编纂委员会 编《清代诗文集汇编》（全八百册）上海古籍出版社 2010 年版

雷正良 主编《雷礼与"样式雷"建筑文化——纪念雷礼诞辰 500 周年学术研讨会论文集》中央广播电视大学出版社 2010 年版

龚笃清 著《湘人著述表》岳麓书社 2010 年版

〔明〕孙继皋 撰《孙宗伯集》无锡文库（第四辑）凤凰出版集团 2011 年版

林庆彰等 主编《晚清四部丛刊》第六编（全一百二十册）第九十五册

〔清〕雷钟德《晚香堂诗存》据十四年安康雷氏铅印本影印 文听阁图书有限公司 2011 年版

汪楷 主编《陇西金石录》甘肃人民出版社 2011 年版

牛济 著《张煦张赞元父子年谱》陕西人民教育出版社 2011 年版

〔元〕揭傒斯 著 李梦生 标校《揭傒斯全集》上海古籍出版社 2012 年版

〔明〕张岱 撰 李小龙 整理《夜航船》中华书局 2012 年版

〔清〕况周颐 著 潘琦 主编《广西历代文献集成：况周颐集》（全七册）广西师范大学出版社 2012 年版

傅璇琮等 著《新编唐五代文学编年史》（全四册）辽海出版社 2012 年版

周阿根 著《五代墓志汇考》黄山书社 2012 年版

周立 主编《洛阳出土墓志目录续编》国家图书馆出版社 2012 年版

赵君平 赵文成 主编《秦晋豫新出墓志蒐佚》国家图书馆出版社 2012 年版

〔明〕焦竑 编《国朝献征录》（全八册）广陵书社 2013 年版

〔清〕孔广森 著 王丰先 校《大戴礼记补注》中华书局 2013 年版

中华书局编辑部《全唐诗》（增加本）（全十五册）中华书局 2013 年版

杨镰 主编《全元诗》（全六十八册）中华书局 2013 年版

张燕 编著《陕西药王山碑刻艺术总集》（全八册）上海辞书出版社 2013 年版

南京图书馆 编《二十世纪三十年代国情调查报告》凤凰出版社 2013 年版

王小民 主编《五彩大荔》（内部资料）陕内资图批字 GW（2012）38 号 2013 年版

〔金〕元好问 编 萧和陶 点校《中州集》（全二册）华东师范大学出版社 2014 年版

赵力光 主编《西安碑林博物馆新藏墓志续编》陕西师范大学出版总社 2014 年版

陈国强 主编《黄帝陵碑刻》陕西人民出版社 2014 年版

周德富 辑注《雷思霈诗集注》湖北人民出版社 2014 年版

叶雷 著《雷氏三代传奇——湘南嘉禾雷飞鹏家族史解密》江苏文艺出版社 2014 年版

〔南朝 宋〕刘义庆 撰 〔南朝 梁〕刘孝 标注 余嘉锡 笺疏注《世说新语笺疏》中华书局 2015 年版

〔宋〕王应麟 著〔清〕翁元圻 等注 栾保群 田松青 吕宗力 校点《困学纪闻》上海古籍出版社 2015 年版

故宫博物院 陕西省古籍整理办公室 编《新中国出土墓志》（陕西·叁）文物出版社 2015 年版

〔清〕况周颐 原著 蔡登山 主编《民初大词人况周颐说掌故：眉庐丛话》（全编本）（台湾）独立作家出版 2016 年版

叶炜 刘秀峰 主编《墨香阁藏北朝墓志》上海古籍出版社 2016 年版

〔明〕曹陈 编 白岭 译《舌华录》中州古籍出版社 2017 年版

魏宏利 著《北朝关中地区造像记整理与研究》中国社会科学出版社 2017 年版

朱礼生 左叶蝶 著《清宫巨匠：样式雷》中国文联出版社 2017 年版

〔清〕毛凤枝 编 魏宏利 点校汇编《〈关中石刻文字新编〉点校汇编》中国社会科学出版社 2018 年版

唐文治 著 邓国光 辑释 陈国明 等辑校《唐文治文集》（全六册）上海古籍出版社 2018 年版

何新所 编著《新出宋代墓志碑刻辑录》（北宋卷）（全六册）文物出版社 2019 年版

〔清〕周爱诹 编撰 赵可 权斌 校注《蒲城文献征录》海天出版社 2019 年版

合阳县文化和旅游局 合阳县楹联协会 编《中国对联集成·陕西卷·合阳楹联分卷》2019 年版

三原南郊中学校史编写组《三原南郊中学校史》（内部资料）2019 年版

〔宋〕李昉 等著《太平广记》（全四册）中华书局 2020 年版

何新所 编著《新出宋代墓志碑刻辑录》（南宋卷）（全八册）文物

出版社 2020 年版

齐运通 主编《洛阳新获墓志百品》国家图书馆出版社 2020 年版

## 期刊、论文 87 种（按出版时间）

秦中行《从一件墓志看北宋王小波、李顺起义》，文物，1974 年 12 期

许智范《乐平、永修、上高县发现古墓葬》，文物工作资料，1976 年 01 期

白永波《雷敩与〈雷公炮炙论〉研究》，江西中医药，1981 年 04 期

邵春宝《试论厘金制的产生》，山西师院学报（社会科学版），1983 年 01 期

罗焕章《雷履平先生事略》，成都大学学报（社科版），1988 年第 2 期

董亚军《深影拍连续剧〈血战睢阳〉》，电影评介，1989 年 12 期

李正民《雷渊评传》，山西大学师范学院学报（综合版），1991 年 第 3 卷 第 3 期（总期第 9 期）

张平一《从承德的匾额看清代中期白莲教起义》，文物春秋，1991 年 03 期

赵友琴《雷允上墓志铭及其它》，中成药，1992 年 05 期

郑珉中《宋宣和内府所藏"春雷"琴考析》，故宫博物院院刊，1993 年 02 期

张伯讷《雷允上墓志铭拓片》，中国中医药年鉴，1993 年

谢汉杰 仇世增《梓潼〈战绩歌〉碑、鸭鹤岩碑考》，四川文物，1993 年 6 期

陕西省文物普查队《耀县新发现的一批造像碑》，考古与文物，1994 年 02 期

宫大中《"洛阳雷氏"的碑志搜集及其传人的现有收藏》，中国书法，1994 年 06 期

胡大浚 张春雯《梁肃年谱稿》，甘肃社会科学，1996 年 6 期

林志杰《大成国起义与太平天国革命关系考析》，广西民族大学学

报（哲学社会科学版），1996 年 03 期

《魏晋南北朝时期陕西少数民族分布及姓氏》，陕西历史博物馆馆刊（第四辑），1997 年第 6 期

刘安志《唐五代押牙（衙）考略》，魏晋南北朝隋唐史资料，1998 年 00 期

张清常《〈尔雅·释亲〉札记——论"姐""哥"词义的演变》，中国语文，1998 年第 2 期（总期第 263 期）

罗宏才《陕西民国时期文物大案（七）——耀县碑石捐赠归公案》，文博，2000 年 03 期

杜成辉《金末文坛领袖雷渊——兼论辽金时期西京的出版印刷业》，雁北师范学院学报，第 16 卷第 6 期 2000 年 12 月

《于右任咏〈广武将军碑〉三首》，碑林集刊，2001 年 00 期

江西省文物考古研究所 南昌市博物馆《南昌火车站东晋墓葬群发掘简报》，文物，2001 年 02 期

潘人夫《紫金庵罗汉欣赏》，风景名胜，2001 年 06 期

西安碑林博物馆 段志凌《〈同州圣教序〉碑阴题记辑释》，碑林集刊，2003 年 00 期

张威 陈秀《朱启钤〈样式雷考〉疏证》，文物，2003 年 12 期

白化文《曹元忠与雷延美》，出版史料，2004 年 04 期

艾俊川《吴敬梓集外诗一首》，文献，2004 年 03 期

陕西省考古研究所 白水县文物管理文员会《陕西白水北宋妙觉寺塔基及地宫的发掘》，考古与文物，2005 年 04 期

宋奕《样式雷家族四百年传奇》，中华遗产，2005 年 04 期

熊明《虚构与汉魏六朝杂传的小说化——从〈雷焕别传〉说起》，辽宁大学学报（哲学社会科学版），2006 年 7 月第 34 卷第 4 期

杨榕《明清福建民间戏曲碑刻考略》，文献，2006 年 03 期

刘仲华《雷学淇及其〈竹书纪年〉研究》，唐都学刊，2006 年 06 期

白彬《江西南昌东晋永和八年雷陔墓道教因素试析》，南方文物，2007 年 01 期

杨军 严振洪 胡胜 等《南昌市火车站东晋雷鋾墓》，中国考古学年

鉴，2007 年

杨双群《魏晋南北朝碑刻人名研究》西南大学硕士论文，2007 年

章宏伟《明代工部尚书雷礼生平考略》，中国紫禁城学会论文集（第六辑下），2007 年

李松《依据图像还是文字——以北魏雷氏造像碑的断代为例》，民族艺术，2008 年 02 期

孟陶 曹金刚《陕西陶瓷及耀州窑今昔》，中国陶艺家，2008 年 02 期

赵铮《雷浚〈说文引经例辨〉平议》，沙洋师范高等专科学校学报，2008 年 03 期

何蓓洁 王其亨《朱启钤〈样式雷考〉与雷氏传人》，《圆明园》学刊第七期——纪念圆明园建园 300 周年特刊，2008 年

孟苗《新编晋剧〈汇通天下〉重现晋商精神》，山西日报，2008 年 9 月 5 日

潘荣阳《台湾戏神雷海青信仰》，福建大学学报（哲学社会科学版），2009 年第 3 期

张丽华《雷瑨、雷瑊〈闺秀诗话〉》，苏州大学学报（哲学社会科学版），2009 年 2 期

杨涛《东汉以来内迁羌族在关中的分布研究》，延安职业技术学院学报，2010 年 03 期

高然 苑黎《"大代持节齮州刺史山公寺碑"考释》，考古与文物，2010 年 03 期

金鉴《样式雷家族传奇》，海内与海外，2010 年 01 期

庄辉《王文治与其亲家雷翀霄》，中国书法，2011 年 01 期

曹雪筠 杨军 方晓阳《江西南昌雷鋽墓出土墨锭的分析研究》，南方文物，2011 年 02 期

何蓓洁 王其亨《样式雷与〈雷氏族谱〉》，紫禁城，2011 年 03 期

刘枚《地方志人物传记资料的检索》，江苏教育学院学报（社会科学），2011 年 7 月第 27 卷第 4 期

吕莎《上堡古国：昔日起义地今日安乐居》，中国社会科学报，2011 年 9 月 27 日第 005 版

齐鲁青 李海江《血色大唐》，电影文学，2011 年 23 期

陈国军《明代小说家雷燮事迹初探》，文学遗产，2012 年 02 期

曾晓梅 吴明冉《两晋南北朝至隋碑铭所见羌族姓氏研究》，北方文物，2012 年 03 期

曾晓梅 吴天德《羌族种落及其得名理据考察》，四川民族学院学报，2012 年第 04 期

余全有《关于嫘祖故里研究中的几个地名问题》，天中学刊，2012 年 04 期

张威《雷金玉参建的"海淀园庭工程"是圆明园》，圆明园学刊（第十三期），2012 年

庚新顺《百年雷家三英豪——记革命家雷在汉、雷沛涛、雷经天》，文史春秋，2012 年 10 期

屈荣芳《三阳雷氏》，寻根，2013 年 05 期

王庆昱《新出〈梁赠太傅冯翊雷公墓志铭并序〉考释》，唐史论丛（第十六辑），2013 年 4 月

黄振材 张宝宁《〈明清进士题名碑录索引〉校误八则》，大学图书情报学刊，2013 年 3 月第 31 卷第 2 期

《一百个最具影响力的家族》，中华遗产，2013 年第 11 期

王万洪《苏轼〈书张少公判状〉发微》，四川省干部函授学院学报，2013 年 04 期

鲍远航《南朝宋雷次宗〈豫章记〉考论》，东南大学学报（哲学社会科学版），2014 年 04 期

干鸣丰《川西古民居雷畅故宅之史迹探秘》，青春岁月，2014 年 19 期

周德富 秦兴友《晚明荆楚文学的一面旗帜——雷思霈其人其诗》，三峡文化研究，2015 年 00 期

朱供罗 雷兴龙等《雷跃龙年谱（上）》，玉溪师范学院学报（第 31 卷），2015 年第 2 期、第 3 期

陈友良《清儒雷铉的理学背景及正学观述略》，孔子研究，2015 年 03 期

白文《陕西富县博物馆藏北魏隋代造像碑研读》，敦煌学辑刊，

2016 年 2 期

周运中《彭蠡泽名由来与彭氏、雷氏》，地方文化研究，2016 年 02 期

黄会奇 李红举《从石刻看北朝关陇的民族分布及其融合》，齐齐哈尔大学学报（哲学社会科学版），2016 年 1 月

张矢的《金代诗人雷馆研究心得》，现代语文（学术综合版），2016 年 05 期

龙成松《中古胡姓家族研究——以族源、地域、文化为中心》，武汉大学博士论文，2016 年

牛梦笛 王前《话剧〈样式雷〉：再现匠人世家传奇过往》，光明日报，2016 年 3 月 11 日第 11 版教科文新闻

徐希平 彭超《雷铁崖杜鹃情怀对杜诗及巴蜀文化传统之传承》，西南民族大学学报（人文社科版），2016 年 02 期

胡鸿《蛮女文罗气的一生——新出墓志所见北魏后期蛮人的命运》，魏晋南北朝隋唐史资料，2017 年 01 期

胡耀飞 谢宇荣《唐末五代初朗州雷氏政权的兴衰和意义》，唐史论丛（第二十四辑），2017 年 2 月

曾晓梅 吴明冉《从石刻文献看隋唐关中羌人分布》，阿坝师范学院学报，2017 年 02 期

郭士星《弘扬晋商精神 打造戏曲精品——晋剧历史剧〈日昇昌票号〉观后》，戏友，2017 年 03 期

许超 李小仙《浙江余姚发现孙吴时期虞氏家族成员墓》，中国文物报，2017 年 9 月 22 日第 008 版

戴德寿《宋代（莱州胶水）蔡延庆存世石刻题记辑考》，今日平度，2019 年 2 月 25 日副刊

陈志平《苏轼与〈江声帖〉——兼及宋人书论中的"尊题"现象》，中国书法，2020 年第 02 期

刘缙 张柯《文本书写与北宋关中雷氏家族历史形象的重建》，宋史研究论丛（第二十七辑），2020 年第 02 期

曾育荣 黄柏权《朗州蛮与唐末五代长江中游政治地理格局的变

迁——以雷氏父子为中心的考察》，思想战线，2020 年 04 期

蒋凌霞《侗族木构建筑营造技艺历史名匠传承谱系研究》，文化月刊，2020 年 05 期

朱成军《北宋〈雷溥墓志铭〉考略》，美术大观，2020 年第 09 期

# 后　记

　　经过近十年艰辛的努力终于迎来本书付梓喜信，心情久久难以平静。这是个人处女作，编者不为名利秉笔直书，力求通过人物考证梳理雷氏历史脉络，探究雷氏真实历史。查阅这么多文献无疑是一项浩大工程，必须掌握正确方法，才能尽快找到想要查找的内容。庆幸的是我们生活在一个资讯高度发达的互联网时代，网络不仅能够引路，而且还能够提供思路。以国家图书馆、中华书局为代表的专家组编撰出版了各类专业人名索引，为检索提供了方便，才能令本书的编撰事半功倍。根据《地方志人物传记资料的检索》，《中国地方志联合目录》收录方志8264种，《台湾地区公藏方志目录》收录方志4600余种。国家图书馆出版的《地方志人物传记资料丛刊》分为华北卷、东北卷、华东卷、华中卷、华南卷、西南卷、西北卷。目前华北卷、东北卷、西北卷、华东卷（上编）已经出版人名索引。编者以为，本书收录的正史以及明代以前的人物相对齐全，明代以后由于存世文献较多，人物收录可能有遗漏，这一缺憾只能通过今后增订或者编辑续集来弥补。

　　唐龙朔元年（667）《雷大岑造像记》《八琼室金石祛伪》被列为伪刻。北魏正光三年（522）《雷彰墓志》《洛阳出土北魏墓志选编》被明确为伪刻。唐宝历二年（826）《雷府君（贞）墓志》《河北新发现石刻题记与隋唐史研究》被疑为伪刻。广东开平水口"溯源家塾"倡建者中的雷姓人，编者所见资料无具体名讳，这些人物未收录。"国家图书馆网站-碑帖菁华"中陕西华阴《雷珍及妻张氏王氏合葬志》、陕西蒲城《雷先登及妻杨氏墓志》、陕西商州《雷百顺及妻屈氏墓碑》、陕西蒲城《雷君墓志》、四川南溪《雷孝子赞》等清代墓志，由于字迹模糊难于辨认，且未找到著录，墓志中人物亦未收录。

2015 年，编者应邀撰写了《中原雷氏统谱序》，其中有："中原是中华雷氏的祖源地，源自于神农氏炎帝十世榆罔之子曰：'雷'。'雷'辅佐黄帝打败蚩尤，分封方山。后人以祖名、地名分雷姓、方姓。夏朝末年，因战乱雷氏西迁关中，居西岐。周兴起，文、武二王均与雷氏有至深交往。倡公先封'冯翊王'，震公后'食采冯翊'，又封'豫章侯'，居豫章。"由于自己当时对雷姓源流了解不多，没有经过考证盲目抄搬网传资料，现在看来这段话存在一些问题。首先，"神农氏炎帝十世榆罔之子曰：'雷'。'雷'辅佐黄帝打败蚩尤，分封方山"的提法早期史料和姓氏著作未见，出自明代宋濂《方氏族谱序》，但这段话句末有"未详孰是"四字，说明宋濂本人也不能肯定自己的说法是否正确。其次，"后人以祖名、地名分雷姓、方姓"这句话疑为当代人杜撰，雷姓以祖名为氏，与唐代以来大多数姓氏著作"以国为氏"相悖。再次，"夏朝末年，因战乱雷氏西迁关中，居西岐。周兴起，文、武二王均与雷氏有至深交往。倡公先封'冯翊王'，震公后'食采冯翊'，又封'豫章侯'，居豫章"这段话缺乏史料支撑，且商周时期并无"冯翊""豫章"这两个地名，显然不能使人信服。

本书编撰过程得到古代史专家、朋友以及姓氏研究热心人士的支持、帮助和鼓励。咸阳师范学院历史文化学院雷依群教授欣然接受编者请求，在自己学术课题任务繁忙的情况下，挤出时间为本书写序言。洛阳师范学院考古专业教授赵振华多次耐心解答编者提出的疑难问题，毫不吝啬为编者提供参考资料。广西南宁年过八旬老教授雷寅威根据自己多年实践经验，对于近现代人物界定提出良好建议。一些朋友随时把自己新发现的雷氏人物及时转告编者，有的还把相关人物资料提供给编者。在此，对这些专家、朋友和热心人士表示真诚感谢！由于历史原因，本书引文中的古籍资料不可避免对农民起义军、少数民族、下层民众、妇女等有蔑称，个别人物事迹有不实内容，这并不代表编者观点，敬请读者以批判的目光看待。编者自身水平所限，本书肯定有不少缺点和错误，欢迎读者批评指正。

编　者

二〇二二年孟春

**图书在版编目（CIP）数据**

历代雷氏人物／雷献民编著． -- 北京：中国文史
出版社，2023.2

ISBN 978-7-5205-3763-6

Ⅰ．①历… Ⅱ．①雷… Ⅲ．①姓氏-研究-中国
Ⅳ．①K810.2

中国版本图书馆 CIP 数据核字（2022）第 180021 号

责任编辑：薛媛媛

出版发行：中国文史出版社

社　　址：北京市海淀区西八里庄路 69 号院　　邮编：100142

电　　话：010-81136606　81136602　81136603（发行部）

传　　真：010-81136655

印　　装：北京新华印刷有限公司

经　　销：全国新华书店

开　　本：720×1020　1/16

印　　张：31　　　　字数：468 千字

版　　次：2023 年 2 月第 1 版

印　　次：2023 年 2 月第 1 次印刷

定　　价：93.80 元